백범일지

백범일지

김구 지음 | 양윤모 옮김

더스토리

맨 앞장에 수록된
〈여인신양아서與仁信兩兒書〉

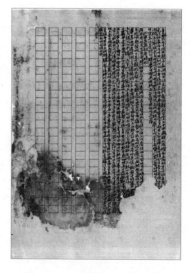

《친필본》 시작 부분으로, 제목이 '백범일지상권'으로 되어 있다. 아랫부분이 심하게 마모
되어 있는데 글씨체는 매우 정돈되어 있다.

1928년 처음 작성될 때의 《친필본》 모습으로, 여기에도 지워진 부분이 보인다.

김구가 수정했다가 다시 살리라는 표시가 있는 《친필본》의 한 부분이다.

김구가 추가했다가 다시 지워버린 《친필본》의 한 부분이다.

《친필본》 중에서 가장 많은 내용이 추가로 기록된 부분이다.

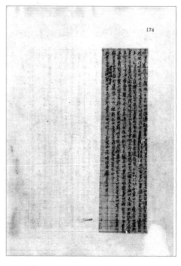

나중에 수정한 이후 다시 적어 끼워 넣은 듯
한 부분이다.

《친필본》상권 마지막 부분으로,《필사본》
상권 다른 부분과 필체와 용지가 다르다.

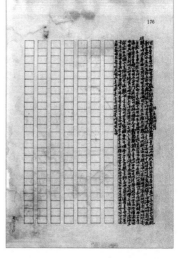

《친필본》의 〈백범일지하권자인언白凡逸志下卷自引言〉이다. 앞 페이지 두 번째, 세 번째 사진
과 같은 필기도구와 필체로 정연하게 작성되었다.

《친필본》하권의 첫 부분으로, '백범일지하권'이라는 큰제목 다음에
'상해 도착'이라는 소제목이 두 번째 줄 상단에 적혀 있다.

김구가 나중에 추가한 부분이다. 《필사본 2》
는 바로 이 부분을 그대로 추가 기록하였다.

《친필본》205쪽 '오두' 부분을 보면, 김구가 나
중에 추가한 후 다시 지워버린 흔적이 보인다.

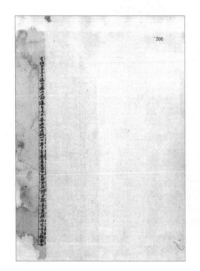

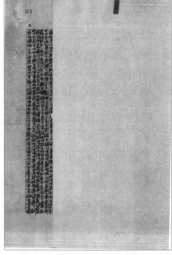

대단히 많은 부분이 의식적으로 잘려나간 흔적이 보인다.

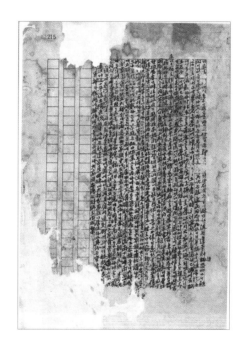

《친필본》 끝부분이다.

【필사본】

《필사본 1》 첫 부분 〈유양아서遺兩兒書〉
이다.

《필사본 1》에 수록된 〈여인신양아서與仁
信兩兒書〉이다.

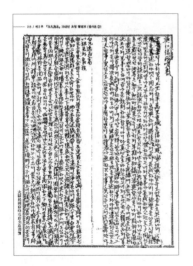

《필사본 2》에 수록된 〈여인신양아서〉와
상권 첫 부분이다.

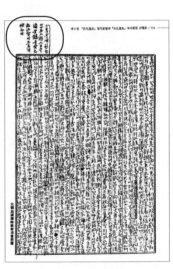

《필사본 2》에 김구가 직접 추가한 부분이다.

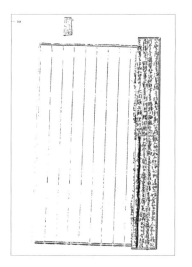 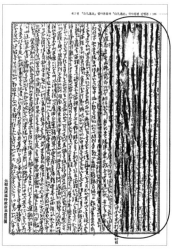

《필사본 2》의 삭제된 부분과 지운 부분이다.　《필사본 2》의 지운 부분이다.

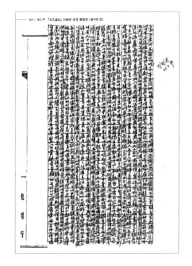

《필사본 2》에 삽입되어 있는《친필본》212쪽이 복사된 부분이다.
복사된《친필본》부분이 재판소 용지 위에 위치해 있다.

《국사원본》에 수록되어 있는《백범일지 상하편 수본手本》표지이다.

《국사원본》에 사진으로 수록되어 있는 붓으로 쓴〈仁信兩兒의게 與한다〉 첫 부분이다.

《국사원본》간행 관련 정보가 있는 맨 뒷부분이다.

| 일러두기 |

1. 이 책의 현대어 번역은 《친필본》을 토대로 진행하였다. 사실과 연대의 옳고 그름을 떠나서 그리고 김구가 인용한 고전 용어가 올바르게 사용되었는지 여부를 떠나서, 있는 그대로 번역하였다. 꼭 필요한 경우 각주를 달았다.

2. 이 번역에 활용한 책은 다음과 같다.

① 국사문고 제1집으로 간행된 《金九 自敍傳 白凡逸志》이다. 이 책은 편집 겸 발행자가 '金九自敍傳「白凡逸志」出版事務所'로 되어 있으며, 총발매원이 '圖書出版 國士院'이고 발행일은 단기 4280년(서기 1947년) 12월 15일이다(이 《백범일지》는 《백범 김구전집》 제2권, 417~839쪽에 실려 있다). 김구는 〈저자의 말〉에서 "이 책을 발행하기 위하야 국사원 안에 출판소를 두고 김지림 군과 삼종질 홍두가 편집과 예약 수리의 일을 하고 있는바 혹은 번역과 한글 철자법 수정으로 혹은 비용과 용지의 마련으로 혹은 인쇄로 여러 친구와 여러 기관에서 힘쓰고 수고한 데 대하여서 고마운 뜻을 표하여 둔다"라고 하였다.

② 《白凡金九自敍傳 원본 백범일지》(우현민 현대어 번역, 서문당, 1994 수정 발행)

③ 《직해 김구 자서전 백범일지》(윤병석 직해, 집문당, 1995)

④ 백범학술원 총서 1권으로 출판된 《金九自敍傳 白凡逸志》(나남출판, 2002)
여기서 ③은 《친필본》을 지금의 맞춤법으로 그대로 옮긴 것이며, ④는 《친필본》을 한 자의 수정도 없이 그대로 활자화한 것이다.

3. 모든 문장은 가능한 한 현대 맞춤법에 기준을 두고 번역하였다.

4. 《친필본》은 작성 시기가 오래되어 보존 상태가 안 좋은 곳이 있어, 글자가 마모된 부분들이 꽤 있다. 이런 부분들은 《필사본》들과 《국사원본》을 참조하여 연결한 부분도 있다.

5. 본문 중 ( )의 내용은 김구가 직접 넣은 설명이다.

6. 본문 중 〔 〕의 내용은 옮긴이의 해설로 간단한 설명은 〔 〕 안에 넣어 본문 문장 안에 포함시켰다. 그리고 내용이 길고 자세한 설명이 필요한 경우 아래 각주로 처리하였다.

7. 중국, 일본의 인지명은 한자의 한글 발음대로 적었고, 대신 일본 이름의 경우에 〔 〕 안에 외래어표기법에 맞춰서 원어 발음을 적었다.

8. 본문에서 한자는 처음 나올 때 한 번만 쓰고 이후 동일한 한자의 경우 표기하지 않았다. 단, 앞서 나왔지만 문장 이해에 필요하다고 판단될 경우 재표기하였다.

· 차 례 ·

《백범일지》친필본 해제 · 16

백범일지 상권

인仁과 신信 두 아이에게 주는 글 · 91

조선祖先과 가정 · 93
출생 및 유년 시대 · 96
학동學童 시대 · 104
학구學究 시대 · 116
동학 접주 · 118
청국 시찰 · 144
국모보수國母報讐 · 168
투옥 · 177
사형 선고 · 196
대사령친전정형大赦令親電停刑 · 197
파옥 · 205
치도緇徒 · 230
야소교耶蘇教와 교육자 · 266

재차 투옥(하얼빈 사건) · 288
3차 투옥(15년역) · 298
옥중 생활 · 334
농부 · 372
출국 · 377
경무국장 · 381
상처喪妻 · 383
국무위원 · 384

백범일지 하권

백범일지하권자인언白凡逸志下卷自引言 · 391

상해 도착 · 396
경무국장 · 399
민족주의와 공산주의 · 408
정의부, 신민부, 참의부 · 413
국무위원 · 415
미국과 하와이 동포 성금 · 419
이봉창 투탄 · 422
윤봉길 의거 · 431

가흥 피신 · 441
장개석 면담 · 454
5당 통일 논의 · 456
망명 가정 · 462
광동 이전以前 · 471
광복군 · 479
대가족 · 481

부록 1 • 나의 소원 · 493
부록 2 • 김구와 인천 그리고 탈옥 _ 치하포 사건의 전말 · 508
옮긴이 후기 · 530

김구와 《백범일지》에 대하여

1. 김구, 삶의 궤적과 사유의 확장

한국 근현대사에서 백범 김구만큼 '민족'과 '독립'이라는 명제에 초지일관한 인물도 드물 것이다. 김구의 일생은 시간적으로는 1870년대에서 1940년대를 포괄하고 있으며, 공간적으로는 한반도와 중국 대륙을 무대로 전개되었다. 이 두 가지 측면은 김구의 삶을 분석하고 해석하는 데 매우 중요한 포인트라 할 수 있다.

그것은 첫째, 시간적인 관점에서 볼 때 한국의 중요한 역사적 계기 내지는 사건들과 김구의 삶이 정면으로 마주하고 있다는 점이다. 이를테면 동학사상과 동학농민운동, 위정척사사상과 의병운동, 기독교의 수용과 구국계몽운동, 경술국치와 3·1만세운동 이후의 독립운동 그리고 해방 후 자주통일국가수립운동 등 한국 근현대의 중요한 사상적·역사적 전개와 궤적을 함께하고 있는 것이다.

물론 그렇다고 김구가 위 사건들 모두 적극적인 자의식을 가진 상태에서 개입하였다는 것을 의미하지는 않는다. 그렇지만 김구의 개인적인 지식과는 무관하게, 그의 자서전에서 어떤 형태로든지 그러한 사건들에 대한 '개인적 차원'에서의 견해 내지는 평가가 이루어지고 있다는 점에 주목한다면, 그의 사상적 면모를 파악하는 데 중요한 관점으로 지적될 수 있을 것이다.

둘째, 공간적으로 김구의 삶은 40대 중반을 경계로 하여 한반도와 중국으로 분리되다가, 일흔 살이 되어 다시 본국으로 돌아오게 되었다. 김구 일생에서 이러한 공간적인 '분리와 통합'은 그의 현실 인식이나 사상을 해석하는 데 중요한 하나의 포인트로 지적될 수 있다. 특히 김구를 비롯한 임시정부 고수파들은 고국에서 사회·경제적 기반을 회복할 가능성이 전무했을 것이라는 점을 감안할 필요가 있다. 따라서 이러한 사회·경제적 조건이 그들의 이념적인 성향을 결정했을 수도 있다는 것이다. 다시 말해서 임시정부(혹은 임시정부 요인들)가 지향한 국가의 이념적인 목표가 대단히 진보적으로 표현될 수 있었던 배경에는 그들의 공간적 조건이 작용했을 거라는 점이다.

이를테면 임시정부의 건국 강령에 중요한 사상적 영향을 주었던 조소앙(조용은)은 해방 후 한 신문기자와의 대담에서, 임시정부의 이념적 지향에 대해 영국의 노동당보다 진보적이라는 견해를 피력한 바가 있다.[1] 실제로 조소앙은 임시정부의 건국 강령과 국가 건설

---

1 조소앙, 〈임시정부의 성격〉《소앙선생문집》(삼균학회, 1979), 56쪽을 참조하라.

에 관한 내용에서 '민족자결의 원칙'과 함께 '철저한 균등 사회 건설'을 강조하였다.

그리고 김구 역시도 그의 사회·경제적 입장을 표현한 여러 성명서나 기고문 등에서 이른바 '삼균주의'에 입각한 민주국가 건설을 강조하고 있다.[2] 특히 김구는 〈나갈 길은 명백하다〉라는 글에서 이렇게 말했다.

소련식 민주주의가 아무리 좋다 하여도 공산독재정권을 세우는 것은 싫다. 미국식 민주주의가 아무리 좋다 하여도 독점자본주의 발호로 인하여 무산자를 외롭게 할 뿐 아니라 낙후한 국가를 자기 상품 시장화하는 데는 찬성할 수 없다. 우리는 진실로 국제적으로 평등한 입장에서 서로 친선을 촉진하면서 우리가 삼천만의 이익을 위하여 우리 마음대로 살아갈 수 있는 정치·경제·교육의 균등을 기초로 한 자주독립의 조국을 가지기만 원하는 것이다. 더구나 반쪽의 조국만이 아니라 통일된 조국을 원하는 것이다.[3]

김구는 이렇게 자주와 통일 그리고 삼균주의에 입각한 국가 건설을 목표로 하고 있음을 분명히 천명하고 있다. 김구의 이러한 입장은 물론 1947년에 간행된《김구 자서전 백범일지》에 함께 수록된 〈나의 소원〉에서도 강조한 것이다.

---

2 〈나의 소원〉, 〈나갈 길은 명백하다〉, 〈자주평등행복의 신한국〉 등의 글을 참조하라 (이상은《백범김구전집》에 모두 실려 있다).
3 《서울신문》(1949년 1월 1일자)

이 두 가지 사실은 김구의 정치·사상적인 측면을 이해하고자 할 때 중요한 관점을 제시해준다. 좀 더 분석적으로 본다면, 중국 망명 이전까지 김구의 활동 무대는 주로 황해도 일대를 중심으로 이루어지고 있었다. 물론 1894년 이후 압록강과 두만강 유역을 종람하면서 의병 활동에도 참여하는 등의 활동을 하기도 하지만,[4] 대부분의 활동은 안악과 장연 지역을 중심으로 한 황해도에서 이루어졌다.

이러한 김구의 활동 무대를 고려할 때, 중앙이 아닌 이른바 변방에서의 활동은 그의 사상 형성이 제한적으로 이루어졌음을 의미한다. 그리고 당연한 것이지만 그의 사회의식이 그 이전까지의 경험에 의지하여 표출되었음을 나타내주기도 한다. 우리 앞에 있는 자서전《백범일지》는 바로 그러한 김구 의식 세계의 변화를 적나라하게 나타내주고 있다.

아마도 1948년 대한민국정부 수립 이후, 종교와 관련된 책 이외에《백범일지》만큼 많은 출판사에서 복간을 거듭한 저술은 거의 없을 것이다. 필자가 대충 갖고 있는《백범일지》복간본만 하더라도 10여 종이 넘는다. 물론 이게 다는 아니다. 서울 효창동에 있는 백범기념관에 전시된 혹은 보관된《백범일지》간행본만 해도 20여 종을 헤아리고 있다.

그런데 문제가 하나 있다. 그것은《백범일지》의 종류에 관한 것

---

4 《백범일지》에 따르면, 김구는 강계의 김이언 의병 부대와 일정한 관련을 갖고 있었으며 또한 청나라 인사들과 관련된 활동도 어느 정도 보인다(김구,《친필을 원색영인한 김구 자서전 백범일지》(집문당, 1994, 이하《친필본》), 55~60쪽을 참조하라. 필자의《백범일지》번역은 바로 이 책을 기본 텍스트로 사용하였다).

이다. 지금 우리가 보고 있는《백범일지》에는 적어도 네 가지의 다른《백범일지》가 있다. 사실 다르다고 보기보다는 각각 다른 시기에 쓰였고, 쓴 사람이 여러 명일 가능성이 있다는 의미다. 그러니까《백범일지》는 한 종류가 아니라 적어도 네 종류로 구분할 수 있다. 물론 그렇다고 해서 김구 삶의 궤적이나 의식 세계를 규명하고자 할 때, 다양한 모습의《백범일지》가 절대적으로 걸림돌이 된다는 의미는 아니다. 다만 앞에서 언급한 바와 같이《백범일지》의 여러 모습이 갖는 의미를 좀 더 분명하게 밝히는 만큼, 현대사의 위인으로 추앙받는 김구 본래 모습에 좀 더 다가갈 수 있을 것이다.

그럼 이제 이렇게 다양한 모습으로 존재하는《백범일지》자체에 대한 이야기들을 해보도록 하자.

2.《백범일지》의 구성과 편집

1) 보물로 지정된《백범일지》

현재 김구가 친필로 작성한《백범일지》는 보물로 지정되어 있다. 대한민국의 문화재를 지정하고 관리하는 문화재청에 제시되어 있는《백범일지》항목에 관한 내용은 다음과 같다.

종목 보물 제1245호

명칭 백범일지1929년(상권)1943년(하권)(白凡逸志一九二九年(上卷)一九四三年

(下卷))

분류 기록유산/전적류/필사본/일기류

수량/면적 2권 1책

지정(등록)일 1997.06.12.

소재지 서울특별시 서대문구 충정로9길 10-10 (충정로2가)

　　　재단법인 김구재단

시대 일제강점기

소유자(소유단체) 재단법인 김구재단

관리자(관리단체) 백범기념관

* 문화재청 홈페이지에서 인용

이어 문화재청은《백범일지》에 대해 다음과 같이 소개하고 있다.

이 책은 독립운동가이며, 정치가인 백범 김구(金九, 1876~1949) 선생이 직접 쓴 자서전으로, 상·하 2권으로 구성되어 있다. (중략) 일기의 상편은 1929년 김구가 53세 되던 해에 상해임시정부에서 1년 정도 독립운동을 회고하며 국한문혼용체로 김인, 김신 두 아들에게 쓴 편지 형식으로, 〈우리 집과 내 어릴 적〉, 〈기구한 젊은 때〉, 〈방랑의 길〉, 〈민족에 내놓은 몸〉 등의 순서로 기록하고 있다. 하편은 김구가 주도한 1932년 한인애국단의 두 차례에 걸친 항일거사로 인해 상해를 떠나 중경으로 옮겨가며 쓴 것으로 〈3·1운동의 상해〉, 〈기적 장강 만리풍〉 등의 제목 아래 민족 해방을 맞게 되기까지의 투쟁 역정을 기록하고 있다. 임시정부 환국이나 삼남 순회 대목의 서술은 1945년 말 정도에 첨부하여 기록한 것으로 보인다. 더욱이 상·하편 뒤에 붙은 〈나의 소원〉은 완전 독립의 통일국가 건설을 지향하는 김구의 민족 이념 정신이 잘 나타나 있다. 이《백범일지》는 1947년 12월 15일 국사원에서 처음 김구의 아들 김신에 의해 초간 발행을 필두로 오늘날까지 국내외에서 10여 본이 출판사를 통해 중간되었다. 더욱이 김구가 상해 이후 중경까지 27년간 임시정부 요직을 두루 지내며 틈틈이 써놓은 친필 원본이란 것과 임시정부의 1차 사료인 동시에 독립운동사 연구 및 위인전기사료로 귀중한 자료이다.

• 문화재청 홈페이지 참조

위에서 언급한 대로, 문화재청이 보물로 지정한《백범일지》는 김구가 직접 쓴《백범일지》이다. 그리고 그에 대한 설명 역시 대체적으로 볼 때, 큰 무리는 없어 보인다. 다만, '오늘날까지 국내외에서 10여 본이 출판사를 통해 중간되었다'는 설명은 좀 약소한 듯이 보이는데, 백범김구기념관 도서관 소장 목록만 보아도 대략 40여 종은 넘는다. 또한 김구가 환국 후에 기록한 삼남 지방 등의 여행기에 대해, '임시정부 환국이나 삼남 순회 대목의 서술은 1945년 말 정도에 첨부하여 기록한 것으로 보인다'라고 하였지만, 실제 이 글에는 1946년 이후 일도 있으므로 이 부분도 정확한 설명은 아닌 듯하다.

그렇지만 무엇보다도 문화재청의 설명에서 문제가 되는 부분은《백범일지》자체에 대한 설명이 너무 부족한 데에 있다.《백범일지》를 보물 제1245호로 지정한 문화재청의 설명에 따르면, 보물로 지정된《백범일지》는 분명히 김구가 직접 쓴《백범일지》이다.

그런데 어떤 부분은 좀 이해하기 힘들게 설명한 부분도 있다. 이를테면 위 인용문 중 '〈우리 집과 내 어릴 적〉, 〈기구한 젊은 때〉, 〈방랑의 길〉, 〈민족에 내놓은 몸〉 등의 순서로 기록하고 있다'라는 부분이다. 이 내용은 분명히 '보물', 곧 김구의 친필《백범일지》에 대해 설명하는 가운데 나오는 내용이다. 당연히 일반인들은 여기 제시된 일종의 목차가 친필《백범일지》에 나와 있을 거라고 생각할 것이다. 그런데 이러한 목차는 친필《백범일지》에는 '없다.' 이처럼 보물로도 지정된《백범일지》는 문화재를 전담하는 문화재청의 설명으로도 요령 있게 이해하기는 힘들게 되어 있다.

2) 여러 가지《백범일지》

지금 우리한테 남아 있는《백범일지》는 최소 네 가지다.[5] 편의상 공개되고 출간된《백범일지》를 기준으로 구분해보기로 하자.

첫 번째《백범일지》는 김구가 직접 쓴《백범일지》가 있다. 이른 바 친필본으로서, 간행본의 제목은《친필을 원색영인한 김구 자서전 백범일지》(집문당, 1994, 이하《친필본》)이다. 앞에서 언급한 보물 제 1245호로 지정된 책이다. 이 간행본은 제목 그대로 김구가 써놓은 글을 사진 찍어 엮은 것이다. 그러니까 김구와 김구 가족이 보관하고 있던 원래 모습 그대로 세상에 나온 것이다.

간행된《친필본》은 기술적으로 더할 나위 없이 친필의 모습을 거의 완벽하게 재현하였다. 그래서 더욱《친필본》에 대한 이러저러한 이야깃거리가 있는지도 모르겠다. 먼저《친필본》의 구성을 보면 다

---

5 이 네 가지의《백범일지》는《백범김구전집》(대한매일신보사, 1999, 이하《전집》) 1권과 3권에 모두 실려 있다.

음과 같다.

〈여인신양아서서與仁信兩兒書〉(이하 〈여인신양아서〉)

〈백범일지상권白凡逸志上卷〉(이하 〈상권〉)

〈백범일지하권자인언白凡逸志下卷自引言〉(이하 〈자인언〉)

〈백범일지하권白凡逸志下卷〉(이하 〈하권〉)[6]

　그런데 이 각각의 문서들은 작성 시기가 서로 다르고. 〈상권〉과 〈하권〉의 작성 용지와 작성 도구에도 차이가 있다. 〈여인신양아서〉는 백지에 가는 붓으로 작성되었고, 〈상권〉은 2~3쪽을 제외한 나머지 부분이 '원고용지原稿用紙 국무원國務員'이라고 인쇄된 15칸 30줄의 괘지에 만년필로 칸과 줄에 구애받지 않고 연이어서 작성되었다. 또한 〈상권〉의 2, 3쪽과, 〈자인언〉과 〈하권〉 모두는 10칸 24줄의 붉은 선이 그어진 괘지에 가는 붓으로 작성되었다. 총 215쪽의 《친필본》 분량 중 1쪽부터 174쪽까지가 〈상권〉, 175쪽에서 끝까지가 〈하권〉으로 대별된다.

　다음 친필본의 체제를 본다면, 원래 김구는 《백범일지》를 작성할 때 제목을 구분하지 않고 자신의 생애를 기술한 듯이 보인다. 그러다 여러 번 수정하는 과정을 거치면서 장차 자식들 혹은 동지들의 편의를 위하여 곳곳에 소제목을 적어 넣었던 것으로 추정된다. 물론 〈상권〉 처음에 '조선祖先과 가정家庭', '출생出生과 유년 시대幼年時

6 이 부분들은 본책 앞에 실린 사진을 참고하라.

24

代'라고 한 것으로 보아, 처음 의도는 일정한 제목을 기입한 체제를 구상했던 것 같다.

그렇지만 이러한 의도는 어떠한 사정으로 일관되게 유지하지 못하였고, 이후부터는 제목이 본문과 구분되지 않은 채 작성 괘지의 위 혹은 옆 공백 부분에 기입되어 있다. 더욱이 〈상권〉 처음에 보이는 위와 같은 제목이 적힌 용지는 〈하권〉을 작성할 때의 용지와 같다. 뿐만 아니라 글씨체 역시 〈상권〉의 다른 부분들과 다르게 〈하권〉의 글씨체와 같다. 그러니까 《친필본》의 〈상권〉 2~3쪽은 〈상권〉이 작성된 이후 어느 시기에 다시 정서精書된 것으로 보인다.

〈여인신양어서〉는 김구가 두 아들(김인과 김신)에게 보내는 편지다. 이 편지는 수정과 가필이 그대로 드러나 있는 상태로 실려 있다. 그리고 종이 자체가 너무 오래되고 낡아서 부분적으로 글씨가 마모되어 있는 상태이다. 또한 이 편지를 언제 작성하였는지에 대한 정보 역시 표기되어 있지 않다. 다만, 김구는 이 편지에서 자신의 나이를 쉰세 살로 표기하고 있다.

한편 김구는 〈상권〉 맨 마지막에서 다음과 같이 적고 있다.

차서此書를 쓰기 시작한 지 1년이 넘은 11년 5월 3일에 종료하였다.
임시정부 청사에서

여기서 11년은 대한민국 11년으로 1929년이다. 그러니까 김구는 1928년 5월 이전에 〈상권〉을 쓰기 시작해서 1929년 5월 3일에 탈고한 것이 된다. 그리고 〈여인신양어서〉는 김구가 쉰세 살(1928)

에 쓴 것이다. 이후 김구는 이 편지를 최소 한 차례 이상 수정하는데, 그 이유를 다음에 살펴볼《친필본》〈상권〉을 베껴 쓴 '필사본'의 존재에서 찾을 수가 있다.

두 번째《백범일지》는 김구가 유언으로 자식들에게 남기기 위해 써놓은 〈백범일지상권〉을 그대로 옮겨 쓴 문서이다(이를 편의상《필사본 1》이라 칭하도록 하자). 물론 여기서 표현한 '백범일지상권'이라는 용어는 원래의 용어가 아니라, 김구가 〈백범일지하권〉을 작성한 다음 붙인 새로운 명칭이다. 이《필사본 1》의 전체 제목은 '유양아서遺兩兒書'이다. '두 아들에게 주는 글'이라는 뜻인데,《친필본》의 〈여인신양아서〉에서 김구가 의도한 목적—두 아들에게 자신의 일생 경력을 알게 하려는 목적—에 정확하게 들어맞는 제목이라 하겠다. 이《필사본 1》에 제시된 '유양아서'라는 제목은 이후 다른《백범일지》에는 전혀 보이지 않는다.

그 이유를 생각해보면,《백범일지》의 성격이 시간이 지나면서 바뀌었다는 점이다. 다시 말해서 김구 자신의 사정으로 인해《백범일지》에 부여하는 의미가 달라졌다는 것이다. 특히《친필본》〈상권〉과 〈하권〉의 기록 이유가 완전히 다르다는 점이 중요하다.《친필본》〈상권〉의 경우는 그야말로 자신의 일생 경력을 자식들에게 알리려는 의도가 거의 전부였다고 보인다. 이에 비해《친필본》〈하권〉은 독립운동에 대한 일종의 역사적 기록이라 할 수 있다.

이를 명확하게 해주는 김구의 진술이 있다. 좀 길지만 매우 중요한 표현이 집중되어 있으므로 직접《친필본》원문을 인용해보도록 하자. 물론 이 내용은《필사본 1》에는 없다. 이 내용은 1942년 김구가 〈백범일지하권〉을 쓰고 난 다음, 혹은 작성하기 전에 자신의 소감을 피력한 것이기 때문이다.

上卷 記錄을 終了한 後 東京事件과 虹口炸案 等이 進行되었나니 萬幸으로 成功되어 臭被囊의 最後를 告할가 하여 本國에 있는 子息들이 長成하여 海外로 渡來커든 信傳하여 달아는 付託으로 上卷을 謄寫하여 美包 幾位 同志의 보내엿으나 下卷을 쓰는 今日에는 不幸으로 賤命이 姑保되엿고 지금 子息들도 已爲 長成하엿으니 上卷으로 付託한 것은 問題가 없이 되엿고 지금 下卷을 쓰는 目的은 (몇 글자가 지워져 있다—필자) 하여곰 내의 伍十年 奮鬪事績을 閱覽하여 許多過誤로 殷鑑[7]을 作하여 覆輸踏襲을 避免하라는 것이다.《친필본》〈백범일지하권자인언〉)

위 내용 중 지워진 몇 글자는, 나중에 언급할《필사본 2》에 있는 〈백범일지하권자인언〉에 '해내외동지海內外同志들'로 되어 있다. 그러니까《친필본》〈상권〉은 자식들에게 자기 경력을 알리기 위해 쓴 것이고, 〈하권〉은 자신의 독립운동 사적을 주로 중국과 미주, 하와이에 있는 동포들에게 알리기 위해 작성하였다는 것이다.

김구는 그러한 기록을 '은감殷鑑'이라는 용어로 표현하고 있다. '은감'은 '은나라의 거울'을 의미하지만, 보통은 '역사 기록'이라는 의미로 비유하여 많이 쓰고 있다. 이를테면, 많이 알려진 중국의 역사책《자치통감資治通鑑》은 '올바른 정치의 밑바탕이 되는 옛적부터 내

---

7 출전은《시경》의 〈대아大雅〉편 「탕지십蕩之什」이며, 그 원문은 다음과 같다.
　文王曰咨 咨女殷商 人亦有言 顚沛之揭 枝葉末有害 本實先撥 殷鑑不遠 在夏後之世

려온 거울'이라는 뜻으로, '역사 기록' 자체를 의미한다고 하였다.

위 인용문에 보이는 '취피낭臭被囊'이라는 용어도 실제 생활에서는 잘 안 쓰는 표현이다. 여기서 '취臭'는 '냄새(를 맡다)'라는 뜻이고, '피낭被囊'은 '껍질 주머니'라는 의미다. 고로 '취피낭'의 뜻은 '냄새 나는 껍질 주머니'라 하겠고, 김구 자신의 육체를 비유한 것으로 자신을 매우 낮추어 부르는 말이다.

또 위 인용문에 보이는 '등사謄寫'는 '글이나 그림 따위를 원본에서 옮겨 베낀다'는 의미다. 곧, 자식들에게 전해주려는 목적으로 자신의 일생 경력을 적은 《친필본》〈상권〉을 베껴 기위(幾位 : 몇몇 혹은 몇 분, 몇 사람) 동지'에게 보냈던 것이다. 또 '고보姑保'라는 말은 '아직 그대로 부지하고 있다', '그럭저럭 지내다'는 의미다. 그래서 위 인용문을 한글 표현으로 옮겨보면 다음과 같다.

〈상권〉의 기술을 마친 후, 동경 사건과 홍구 폭발 계획 등이 진행되었는데 천만다행으로 성공하였다. 그렇지만 한낱 냄새나는 몸뚱이로 최후를 마치지나 않을까 해서, 본국에 있는 자식들이 장성하여 해외로 건너오거든 전해주라고 부탁하여 〈상권〉을 등사하여 미주, 하와이의 몇 명 동지에게 보냈었다. 그러나 〈하권〉을 쓰는 오늘, 불행히 천한 목숨이 그대로 부지되었고, 자식들도 이미 장성하였으니 〈상권〉으로 부탁한 것은 문제가 없게 되었다. 지금 〈하권〉을 쓰는 목적은 (국내외 동지들이) 내가 50년 동안 분투했던 여러 일들을 잘 살펴보고 그중 있었던 많은 과오를 거울삼아 다시 답습하지 않도록 하기 위함이다.

한편, 《필사본 2》에도 《친필본》과 마찬가지로, 김구가 두 아들에게 남기는 편지가 있다. 제목도 같다. 다만, 《필사본 1》과 함께 실린 이 편지에는 '大韓民國十年 五月 三日父書'라는 기록이 있다. 그러니까 김구는 이 편지를 대한민국 10년, 곧 1928년 5월 3일에 스스로 작성하였음을 밝히고 있는 것이다.

《필사본 1》과 함께 있는 이 편지는, 《친필본》에 있는 편지와 달리 정연한 글씨체로 거의 완전한 모습으로 남아 있다. 또한 이 편지에서 김구는 자신의 나이를 쉰네 살이라고 밝히고 있다. 《친필본》에 있는 편지를 작성할 때는 쉰세 살이라고 했으니까, 대충 1년 뒤에 《친필본》을 그대로 베낀 《필사본 1》을 완성하고 이 편지를 쓴 것이라 볼 수 있다. 다만 《필사본 1》에 있는 이 편지는 분명히 김구가 작성한 것으로 보이지만 《필사본 1》 전체를 김구가 썼는지는 확실하게 말할 수가 없다. 왜냐하면 《필사본 1》은 후반부로 갈수록 글씨체가 혼란된 모습을 보여주고 있기 때문이다.

이와 관련해서 〈상권〉 맨 마지막 부분(《친필본》 174쪽)을 보면, 이전 〈상권〉 기록의 필체와 필기도구가 다른 것처럼 보인다. 아마도 어떤 사정으로 멸실된 것을 나중에 새로 쓴 부분이 아닌가 한다. 이 부분은 오히려 《필사본 1》의 마지막 부분과 글씨체가 거의 같다. 다만, 이 부분의 원문 중 위에서 인용한 '차서此書를 쓰기 시작한 지 1년이 넘은 11년 5월 3일에 종료하였다. 임시정부 청사에서'라는 《친필본》의 기사가 《필사본 1》에는 '차此 기록記錄을 시작한 지 1년이 넘은 11년 5월 3일에 종료하였다. 임시정부 청사에서'라고 변형되어 있다. 이런 부분은 《친필본》과 《필사본 1》 사이에 여러 군데에서 보인다.

그런데 중요한 것은 《필사본 1》은 《친필본》과 비교할 때 거의 완벽할 정도로 내용이 그대로 옮겨져 있다는 사실이다. 이를테면 《친필본》에는 여러 제목이 무질서하게 제시되어 있는데, 《필사본 1》에는 《친필본》에서 지시한 부분에 정확하게 제목이 기록되어 있어서 《친필본》의 내용이 요령 있게 구분되어 있다.

세 번째 《백범일지》는 《친필본》을 옮겨 적은 것으로, 한 사람이 베껴 쓴 것이다(이를 《필사본 2》라고 하자). 우선 《필사본 2》는 〈여인신양아서〉와 〈상권〉, 〈하권〉 그리고 〈백범일지하권자인언〉 등을 모두 갖추고 있다. 그러니까 사실상 《친필본》과 거의 같은 《백범일지》인 것이다. 아마도 최후까지 김구 곁을 지킨 엄항섭이 필사한 것으로 보이지만 확실한 근거가 있는 것은 아니다. 아무튼 《필사본 2》는 《필사본 1》과 달리 《친필본》 전체와 가장 흡사한 《백범일지》로서 현재까지 발견된 유일한 필사본이다.

그래서 이 《필사본 2》의 필사자는 《친필본》의 모든 내용을 필사한 다음 '종終'이란 글자를 넣어 마침내 일을 무사히 끝마쳤음을 확실하게 밝히고 있다. 그렇지만 이 《필사본 2》 역시도 부분적으로 혹은 상당한 분량의 내용이 의도적으로 지워진 부분이 있고, 또 수정과 가필된 부분이 보인다.

마지막으로 네 번째 《백범일지》는 가장 많이 알려져 있고, 실제로 가장 많은 사람들이 접한 《김구 자서전 백범일지金九自敍傳白凡逸志》이다. 1947년 12월 15일 국사원에서 발행되었다(이를 《국사원본》이라 칭하겠다).[8]

이 《국사원본》은 처음 세상에 나온 이후, 김구의 유족이 이른바 저작권에 관한 모든 권리를 열어놓은 책이다. 다시 말해서 누구든지 마음만 먹으면 아무런 제약 없이 무한정으로 출간이 가능하게 된 것이다. 그리하여 지금은 얼마나 많은 출판사에서 복간을 거듭했는지 정확하게 파악이 안 될 정도이다. 게다가 책의 내용 역시도 《국사원본》 그대로, 혹은 그림으로, 또는 축약되고 여러 가지가 부가된 다양한 형태로 존재하고 있다.

그래서 어떤 사람들은, 김구가 원래의 모습과는 비교할 수 없을 정도로 '위인'으로 존경받고 관심 받게 된 가장 결정적인 이유가 바로 이 《국사원본》의 출간이었다고 보기도 한다. 게다가 이 《국사원본》은 춘원 이광수가 거의 전적으로 번역하였다는 김구 유족의 발언으로, 그 의도를 놓고 여러 이야기가 나오기도 하였다.

아무튼 이 《국사원본》은 어려운 국한문 혼용(거의 한자로 이루어진) 《친필본》을 현대 한글 문체로 번역한 것이다. 실제 이광수가 했는지는 확언할 수 없지만 《국사원본》은 유려한 문체로 구성되어 있어 읽으면 읽을수록 감동과 격정이 유발되는 효과를 주고 있으며, 그렇지 않아도 격변의 시대를 살았던 김구의 일생을 더욱 드라마틱하게 만들어주고 있다. 그런데 이 《국사원본》 역시도 《친필본》 문장 형태를 완전히 버린 것은 아니다. 김구는 비록 한문이 많이 섞인 문장으로 《친필본》을 구성하고 있지만, 김구 문장 자체를 가능한 잘 살린 번역본이 《국사원본》이기도 하다.

---

8 국사원은 아마도 《백범일지》를 간행하기 위해 특별히 조직된 임시 기구인 듯하다.

다만《국사원본》은《친필본》이 공개되면서 그 내용이 상당 부분 빠지거나 축약된 부분이 발견되어, 김구의 진면모를 상당 부분 변형시킨 혐의를 받고 있기도 하다. 하지만 그런 점을 감안하더라도 《국사원본》은 그 나름대로 또 하나의 완전한《백범일지》로 볼 충분한 근거가 있다.

그 이유는 첫째,《국사원본》에는 김구가 귀국한 이후 38선 이남 여러 지역을 방문하면서 남긴 여행기 성격의 기록이 추가되어 있다. 바로 이 점이《국사원본》을 독립적인《백범일지》로 주목해야하는 이유이다. 물론 이 추가된 부분은 지금 남아 있는 상태로 보아 김구가 직접 작성한 것은 아니라는 점 역시 강조할 필요는 있을 것이다.[9]

그렇지만 무엇보다도《국사원본》을《친필본》이나《필사본 1, 2》와 다른 차원에서 접근하게 만드는 것은, 〈나의 소원〉이라는 전혀 다른 성격의 글이 부가되어 있다는 점이다. 〈나의 소원〉이라는 글은,《국사원본》이 출간된 1947년 시점에 김구의 사상적 집합을 이해할 수 있는 결정적인 문건으로 평가되는 중요한 내용을 담고 있다. 지금까지 김구의 사상을 이해하고자 할 때, 아마도 가장 중요한 위치를 점하고 있는 자료라고 해도 과언이 아닐 것이다.

특히 김구의 민족주의사상을 논할 때 빠짐없이 언급되는 대부분의 내용들은 바로 〈나의 소원〉에서 인용하고 있다. 그만큼 〈나의 소원〉의 내용은, 그 분량의 많고 적음을 떠나서 김구 자체를 이해

9《국사원본》에 추가된 이 부분은,《전집》에 〈계속〉이라는 제목으로 실려 있다.

하는 데 핵심적인 문건이다. 이처럼 중요한 문건이 김구의 적극적인 관심 아래 간행된《국사원본》에 수록되어 있는 것만으로도,《국사원본》은 독립적이고 전혀 새로운 차원의《백범일지》로 인정하지 않을 수 없다.

그렇다면 이렇게 다양한 모습으로 존재하는《백범일지》를 우리는 어떻게 이해할 것인가. 이제 좀 더 구체적으로 들어가서《백범일지》에 대한 이야기를 해보도록 하자.

3)《백범일지》의 제목과 목차에 대해

다음은 우리가 지금껏《백범일지》로 알고 있는 제목에 대해 알아보도록 하자. '백범일지白凡逸志'라는 제목이 처음 등장한 것은 〈백범일지상권〉과 〈백범일지하권자인언〉에서 보이는 대로 김구가 자신의 사적을 글로 남기기 시작하면서이다. 지금 보이는 대로라면 〈상권〉이 완성된 1929년으로 볼 수 있다.

그렇지만 이는 단순하게 본 것이고 문제는 좀 복잡하게 얽혀 있다. 먼저《친필본》〈하권〉에 의하면, 김구는 1929년 5월 3일에 완료한《백범일지》를 '편編'으로 호칭하고 있으며, 소요 시일에 대해서는 '1년 2개월'이라고 다음과 같이 정확하게 기록하고 있다.

〈백범일지상편〉을 쓰기 시작하여 1년 2개월에 상편上編을 종기終記하였는데 경과 사실經過事實의 모년 모월 모일을 기입한 것은 매매(每每 : 매번) 본국 계신 모친께 상서上書하여 하답을 받아 기입하였으나 지금 하편下篇을 쓰는 때에도 모친 곧 생존하였더라면 도움이 많으련만 애재哀哉로다(《친필본》 202쪽, 필자가 띄어쓰기를 하였고 일부 한자를 한글로 바꾸었다).

이 인용문은 다음 두 가지 점에서 매우 중요한다. 첫째, 김구는 이곳에서 자신의 기록을 처음으로 '상편'과 '하편'이라는 용어로 구분하고 있다는 점이다. 그런데 막상 현존 간행된 《친필본》은 '상권'과 '하권'으로 표기되어 있다. 이 사실은 우리가 보고 있는 《친필본》의 체재가 처음 김구가 기록한 당초의 모습에서 변형되었을 것이라는 추측을 하게 한다. 둘째, 김구는 이른바 〈상편〉을 쓸 때 사건의 연도에 대한 상당한 부분을 당시 국내에 있던 모친에게 의존하였다는 점이다. 이 사실은 〈백범일지상권〉의 기록 어느 경우든지 모친의 기억에 부분적으로 의존했다는 것을 알 수 있다.

한편 《국사원본》의 〈저자의 말〉에 의하면,[10] '어린 두 아들에게 내가 지낸 일을 알리자는 동기에서 쓴 것'이 〈상련〉이고, '주로 미주와 하와이에 있는 동포를 염두에 두고 민족운동에 대한 나의 경륜과 소회를 고하려고 쓴 것이 〈하편〉'이라 하였다. 물론 '상편'이든 '상권'이든 이 문제가 그렇게 중요하지는 않을 수도 있다.

하지만 《백범일지》의 제목과 연관 지어 생각해보면 꼭 그렇지만도 않다. 왜냐하면 '친필본 《백범일지》' 이외에도, 친필본을 베껴 쓴 '《백범일지》 필사본'이라는 것이 전해지고, 여기에는 제목과 관련된 중요한 단서가 있기 때문이다.

---

10 《국사원본》 〈저자의 말〉 1~7쪽을 참조하라.

김구는 〈백범일지상권〉을 완성한 이후 어느 시기에, 누구로 하여금 이를 베껴 쓰게 하였다. 이 필사본은 1999년 간행된 《백범김구전집》 제2권에 수록되어 있고, 필사본 원본은 아니지만 미국 컬럼비아대학교에 소장된 마이크로필름을 인화한 것이다(《필사본 1》).

이 《필사본 1》은 아마도 미국 샌프란시스코에 있는 신한민보사에 보낸 것으로 추정되고 있다. 김구는 이 《필사본 1》을 다음과 같은 편지와 함께 보낸 것으로 보인다.

貴社員 全體 同志의게 懇托하나이다
九는本以不文으로長篇記文이처음이오또한막음임니다年來로漸漸風前燈火의生命을僅保하나倭놈의極端活動으로는어느날에무슨일을當할지알수없으며九亦원수손에命脈을斷送함이至願인즉時間問題일것이외다그럼으로幼稚한子息들에게一字의遺書도없이죽으면넘어도無情할듯하야一生經歷을槪述하야玆에仰托하오니微體가壤土化한後卽子息들이長成한後에探傳하여주시면永湲感謝하겠나이다그以前에는社庫에封置하시고公布치말아주옵소서

그러니까 김구가 장편의 글을 쓰게 된 가장 중요한 이유는, 어린 자식들에게 자신의 일생 경력을 알려주기 위해서였다. 일본 제국주의 세력에 맞서 싸우는 대한민국임시정부에서의 활동으로 가중되는 생명의 위협 속에서, 김구는 어린 자식들에게 유서를 남기고자 했던 것이다. 그리고 자식들에게 전해지기 전까지는 이 장편의 기문記文을 공포하지 말고 신문사 창고에 보관해주기를 희망하고

있다.

《필사본 1》은 김구의 이러한 희망대로 그 제목이 '유양아서'로 되어 있다. 아니, 원래 김구가 기록한 장편의 글 자체의 제목을 '유양아서'로 보는 것이 타당할 것이다《백범김구전집》제2권, 32쪽). 그런데 지금 전해지는《친필본》은 시작부터 제목이 '백범일지상권'으로 되어 있다. 그리고 앞에서 잠시 언급한 바와 같이《친필본》〈상권〉의 1쪽과 2쪽은, 기록 용지와 도구가《친필본》〈하권〉의 것과 완전히 같다. 그러니까 1929년 김구가 직접 쓴《친필본》〈상권〉의 앞부분은 지금 남아 있지 않고, 1942년 집필이 완료된《친필본》〈하권〉과 함께 쓰인 것만 남아 있다.

따라서 김구는 아마도 1942년 이전 혹은 이후, 1929년 써놓았던 《친필본》〈상권〉에 대한 전면적인 개고를 생각했을 수 있다는 추정이 가능하다. 다만, 대한민국임시정부를 이끌던 상황에서 여러 제약 조건들로 인해 전면적인 개고를 하지 못한 것으로 보인다.

한편,《친필본》과《국사원본》에 보이는 제목은 다음과 같다.[11]

---

11 중국어판《백범일지》(《金九自敍傳白凡逸志》, 民主與建設出版社, 北京, 1994) 목차는 다음과 같다.
著者的話.
上編 : 序一, 給仁, 信兩兒
1. 出生和童年時代 2. 加入東學黨 3. 淸溪洞時期 4. 江界城地域
5. 離開淸溪洞 6. 鴟河浦事件 7. 死刑面前爭生存 8. 越獄 9. 三南行
10. 麻谷寺削髮爲僧 11. 轉變爲改化派 12. 入基督敎 13. 獻身新敎育事業
14. 安岳事件 15. 被判十七年徒刑 16. 西大問監獄的鐵窓生活
17. 三一萬歲事件 18. 流亡上海

《친필본》목차

上卷

㈠祖先과家庭, ㈡出生及幼年時代, 學童時代, 學究時代, 東學接主, 淸
國視察, 國母報讐, 投獄, 死刑宣告, 大赦令親電停刑, 破獄, 緇徒, 耶蘇教
와教育者, 再次投獄(哈爾賓事件), 三次投獄(15年役), 農夫, 出國, 警務局長,
喪妻, 國務委員

下卷

㈠自引言, ㈡上海到着

《국사원본》목차

상편

머리말—인, 신 두 어린 아들에게

우리 집과 내 어릴 적(선조와 고향, 아버지의 가난과 불평, 어리신 어머니의

下編 : 緒 言
1. 臨時政府在上海成立 2. 李奉昌義士謀殺日皇未遂事件 3. 尹奉吉義士的上海義擧
4. 遭到同胞的狙擊 5. 參戰光復軍 6. 此後之事 7. 踏上祖國的大地
我的願望
白凡金九先生年表

이와 같은 중국어판《백범일지》의 목차는, 1989년 '서문당본'의 목차와 대동소
이한 것으로서, 일단은 본문에서 보이는 바와 같은《친필본》의 목차와는 상당히
다른 것을 알 수 있다. 그리고 중국어본의 대본이 되었다는 '수초본手抄本'은 김구
의《친필본》이 아니다. 왜냐하면 중국어판《백범일지》의 표기 방식은《친필본》
의 표기와 달리,《서문당본》과《국사원본》의 표기 방식을 혼용하고 있기 때문이
다. 예컨대 〈하편 서언〉에 '我爲什麼寫呢?'라는 부분이 있는바, 이는《국사원본》
의 〈하편 머리말〉의 '나는 왜 백범일지를 썼던고?'(같은 책, 265쪽)라는 표기를
옮긴 것이다. 물론, 이 〈서언〉은《친필본》〈백범일지하권자인언〉을 번역한 것이
아니고,《국사원본》의 〈상편 머리말〉을 옮긴 것이다.

난산으로 태어난 나, 나의 글공부, 과거 보다가 낙제, 동학에 입도, 해주성 싸움의

패전, 청계동 안 진사와 고 선생)

기구한 젊은 때(압록강변의 망명과 강계성 습격의 패전, 약혼과 파혼, 치하포

사건, 인천 감옥에서의 사형 언도와 탈옥)

방랑의 길(숨은 지사들과의 사귀임, 마곡사에서 중이 됨, 평양의 술 먹고 시 짓

는 파계승, 효도, 혼인, 교원 생활)

민족에 내놓은 몸(을사신조약과 상동회의, 교육운동, 나석주, 노백린, 이재명과

나, 신민회와 나, 나의 체포와 십칠 년 징역, 서대문 감옥과 인천 감옥의 내 생활,

왜의 악형, 애국지사들의 운명, 출옥과 농촌 생활, 기미 三월 一일)

하편

머리말

三.一운동의 상해(상해에 모인 인물들과 나, 경무국장 시대, 왜적의 밀정을 처

치, 이동휘와 공산당, 국무령에 취임하여 임시정부를 지키던 일, 이봉창 사건과

윤봉길 사건, 피취 박사 부처와 가흥 저씨 집의 신세)

기적장강만리풍奇跡長江萬里風(가흥의 망명 생활, 장개석 장군과의 회견, 낙양

군관학교, 남경의 망명 생활과 왜의 폭격, 장사 이주와 내 가슴에 박힌 탄환, 광동

유주를 거쳐 중경에, 독립단 공산당의 옥신각신, 중경의 7년 생활, 광복군 조직과

서안 부양에서의 특별 군사 훈련, 귀국 삼남 순례)

나의 소원(민족국가, 정치 이념, 내가 원하는 우리나라)

《친필본》의 목차는 김구가 나중에 적어 넣은 것이며,《국사원본》

의 목차는 1947년 간행 시 정리된 것이다. 위의 제목을 일별해서도

알 수 있듯이, 김구의 생애는 상당한 곡절로 점철되어 있으며 또한 그의 삶 자체가 한국 근대사의 중요한 역사적 계기들과 직간접적으로 연결되어 있다. 뿐만 아니라 《친필본》의 이러한 간결하면서도 강인한 어투의 제목은, 위에 보이는 바와 같이 다분히 문학적이며 감상적인 《국사원본》의 목차와 비교할 때 김구의 투쟁적인 삶의 모습을 그대로 표현해주는 것이라 할 수 있다.

《국사원본》의 목차에는 자세한 소제목이 붙어 있다. 이는 《국사원본》의 간행 목적과 관련이 있다. 김구는 1947년 민중들에게 특별한 메시지를 위 목차에 보이는 〈나의 소원〉을 통하여 전하고 있다. 《국사원본》에 보이는 자세한 설명식의 목차는 바로 그 목적에 적당하면서도 호소력을 지닌 용어로 간결하게 표현되고 있는 것이다.

그런데 여기서 한 가지 지적해둘 것은, 앞에서 잠시 언급하였지만 영인된 《친필본》2, 3쪽과 4쪽 이하의 작성 용지 그리고 도구의 차이에 대해서이다. 그러한 차이는 《친필본》2, 3쪽이 〈하권〉의 작성 시기와 동일함을 나타내주고 있는데, 이는 김구가 생애의 앞부분을 후에 전면적으로 수정한 게 아닌가 한다. 또한 3쪽의 맨 끝부분과 4쪽의 직선으로 그어 지워버린 첫 줄의 내용이 일치하는 것으로 보아서 아마도 어떠한 사정에 의해(그것이 보관상의 훼손이든지 분실이든지) 다시 기술한 것으로 이해된다.

한편 김구가 〈여인신양아서〉에서 언급하였듯이, 《친필본》이 처음부터 일관된 목적을 가지고 비교적 긴 시간을 소비하여 작성되었다는 사실은, 《백범일지》가 여러 번에 걸쳐 수정과 가필의 과정을 거쳤을 것이라는 추측을 가능케 한다. 앞에서도 언급했지만 〈상권〉은 1928년 3월경부터 시작하여 1929년 5월 3일에 탈고되었고, 〈하권〉은 중경 화평로 오사야항 1호 임시정부 청사에서 1942년에 집필되었다. 〈하권〉의 경우 얼마간의 기간이 소요되었는지는 모르지만, 《친필본》〈하권〉에 의하면 김구는 《백범일지》 집필의 소요 시일을 '1년 2개월'로 다음과 같이 정확하게 기록하고 있다.

白凡逸志上編을 쓰기始作하여 一年二個月에 上編을終記하였는데經過事實의某年某月某日을記入한것은每每本國계신母親께上書하여下答을받아記入하였으나지금下篇을쓰는때에도母親곧生存하였더라면도움이많으련만哀哉로다.[12]

앞서도 잠시 이야기했지만 이 인용문은 여러 가지 측면에서 주목할 필요가 있다. 첫째는 김구가 처음으로 '상편'과 '하편'이라는 용어로 구분하고 있는 점으로 보아, 어느 시점에서 자신의 회고록을 보다 체계적으로 정리할 의도가 분명히 있었던 것으로 보인다. 둘째는 이른바 '상편'을 쓸 때, '연기年紀'에 대한 상당 부분을 국내에 있던 모친에게 의존했다는 내용을 통해 〈상권〉(김구에 의한다면 '상편'이다)의 기록이 모친의 기억에 부분적으로 의존하고 있다는 것을 알 수 있다.

한편 《국사원본》의 〈저자의 말〉에 의하면, '어린 두 아들에게 내가 지낸 일을 알리자는 동기에서 쓴 것'이 '상편'이고, '주로 미주와

---

12 《친필본》, 202쪽

하와이에 있는 동포를 염두에 두고 민족운동에 대한 나의 경륜과 소회를 고하려고 쓴 것'이 '하편'이라 하였다. 이어서 김구는 《백범일지》의 출간에 대하여 '내가 살아서 고국에 돌아와서 출판할 것은 몽상도 아니하였다'라고 전제하고, 자신이 《백범일지》의 발행을 동의하게 된 것은 다음과 같은 이유에서였다고 한다.

내가 잘난 사람으로서가 아니라 못난 한 사람이 민족의 한 분자로 살아간 기록이므로써이다. '백범白凡'이라는 내 호가 이것을 의미한다. (중략) 더 간절히 바라는 것은 저마다 이 나라를 제 나라로 알고 평생에 이 나라를 위하여 있는 힘을 다하게 되는 것이다. 이러한 뜻을 가진 동포에게 이 '범인의 자서전'을 보내는 것이다.[13]

위 문맥은 여러 가지 각도에서 검토할 필요가 있지만 《친필본》과 《국사원본》 사이에는 '어떤' 간격이 있을 수 있다는 점이다. 즉, 《친필본》〈상권〉은 목숨도 담보할 수 없는 급박한 처지에서 자식들에게 남기는 '유서'의 성격으로 작성된 것이다. 〈하권〉 작성 동기는 독립운동가들과 주로 미주의 동포들에게 자신의 30년에 걸친 독립운동 사적을 기록하여 거울로 삼기 위함이었다. 이에 비해 《국사원본》은 해방된 동포들이 이 책을 읽음으로써, 자신이 특별한 존재가 아닌 민족의 평범한 한 사람으로서 민족독립운동과 자주독립의 열망을 지켜왔다는 것을 느끼게 하기 위한 것이었다. 그리고 그러한

13 《국사원본》6~7쪽

것은 결코 특별한 사람이 하는 것이 아니라 민족 개개인이 얼마든지 노력하면 할 수 있는 일임을 강조하고 있다.[14]

또한 중요한 것은 그 자신이 밝힌 대로,《국사원본》에는 자신의 '정치 철학' 내지 '민족 철학'을 밝히는 글이 첨가되어 있다는 사실이다.[15] 그리하여 다음과 같은 언급을 보면, 김구는 〈나의 소원〉이 첨부된《국사원본》의 출간으로 어떠한 효과를 기대하고 있는 것이다.

（전략) 우리는 우리의 철학을 찾고, 세우고, 주장하여야 한다. 이것을 깨닫는 날이 우리 동포가 진실로 독립정신을 가지는 날이요, 참으로 독립하는 날이다. 〈나의 소원〉은 이러한 동기, 이러한 의미에서 실린 것이다. 다시 말하면 내가 품은, 내가 믿는 우리 민족 철학의 대강령을 적어본 것이다. 그러므로 동포 여러분은 이 한 편을 주의하여 읽어주셔서 저마다의 민족 철학을 찾아 세우는 데 참고를 삼고 자극을 삼아주시기를 바라는 바이다.[16]

위 내용은 김구가 〈나의 소원〉을 특별히《국사원본》에 부기한 이유를 잘 보여주고 있다. 여기에는 1947년(혹은 그 전후)이라는 시점이 매우 중요한데, 당시 남북한 별개의 정부 수립 움직임이 가시화

---

14 《국사원본》〈저자의 말〉 5~6쪽을 참조하라.

15 이 부분은 〈나의 소원〉이라는 제목으로《국사원본》끝부분에 마치 부록처럼 실려 있다. 그리고 여기에는 '민족국가', '정치 이념', '내가 원하는 우리나라'라는 목차가 있다.

16 《국사원본》〈저자의 말〉 3~4쪽

되고 정치 지도층과 정치 집단은 물론이고 대중들 또한 그러한 분위기에 일방적으로 휩쓸려 들어가는 시대적인 분위기를 이해할 필요가 있다. 따라서 김구는《국사원본》을 간행함으로써, 자신의 독립운동 사적과 더불어서 강한 정치적 성격을 지닌 논설을 통하여 자신(혹은 대한민국임시정부 집단)의 정치적 견해를 자연스럽게 펼칠 수 있는 공간을 확보했다고 볼 수 있다. 그렇기 때문에《국사원본》의 출간은 그러한 정황을 고려하여 독해할 필요가 있으며, 그 간행 동기로 보아도《친필본》 상하권에 비해 강한 정치적인 목적을 갖고 있는 '저술'이라고 이해되어야 할 것이다.

다음은《국사원본》의 번역과 간행까지 김구의 의도가 얼마만큼 개입되었는가 하는 문제를 살펴보도록 하자. 우선 김구의 둘째 아들인 김신은 자신도 전해들은 이야기라고 전제하고, 이광수가 자신의 전과前過를[17] 속죄하는 마음으로《백범일지》의 윤문에 관련하기를 희망하였고 결국은 윤문 작업에 깊숙이 관여하였다고 전하고 있다. 그러면서 자신의 부친은 아마도 그러한 사실을 모르고 있었을 것이라는 뉘앙스의 증언을 하였다.[18] 그리고 김광주金光洲는 이광수가《백범일지》를 번역하고 윤문하는 작업을 할 때, 자신과 관련된 부분을 축소시킨 것을 발견하고 항의를 하였는데 김구가 오히

---

17 이광수는 상해에서 대한민국임시정부가 수립된 이후, 그 기관지이자 일종의 선전 기관인《독립신문》을 실질적으로 이끌면서 주로 논설을 통하여 대한 독립의 당위성을 주장한 독립운동가이다. 그러나 얼마 후 귀국하여 일제 총독부와 밀접한 연관을 맺으면서 언론과 소설을 통해 대중계몽운동을 전개하였다.

18 김윤식, 〈백범과 춘원〉《정경문화》(1986년 10월호), 42~43쪽

려 자신을 나무랐다는 증언을 하고 있다.[19] 이렇게 본다면《국사원본》의 간행에 김구가 일정 정도 개입했다고 추측할 수 있다. 특히 현재 간행되어 있는《친필본》의 용지와 필체 그리고 필기도구 등을 고려해보면, 김구가 의도적으로《친필본》의 여러 곳을 삭제하고 수정한 것으로 보이는데 아마도《국사원본》의 간행 방침과 관련이 있을 듯하다.

이렇게 본다면 비록《국사원본》에서 이루어진《친필본》의 윤문이 전적으로 김구의 교열하에 이루어졌다고는 할 수 없더라도,《친필본》이《국사원본》으로 변질되고 수정과 삭제가 이루어진 사실을 김구가 아예 몰랐다고 보기는 어렵다.

3.《백범일지》판본 비교

1)《백범일지》첨삭 부분 검토

김구는《친필본》을 모두 작성하고 나서 아마도 몇 번인가 그 내용을 면밀하게 검토, 수정한 것으로 보인다. 그런 부분들 중 몇몇은 완전하게 지워지지 않아서 처음 작성할 때의 모습을 부분적으로 알 수 있게 하는 내용이 있는데, 여기서는 그런 부분 중 확인 가능한 내용을 복원·검토하여 김구가 원래 작성했던 내용이 후에 어떻게 바뀌었는지를 살펴보고자 한다. 이러한 과정을 통해《백범일지》

---

19 이 내용은 손충무,《상해임시정부와 백범 김구》(1988년 개정판), 49~50쪽을 참조하라.

의 변천 과정을 보다 면밀하게 살필 수가 있을 것이며,《친필본》과 《필사본 1》,《필사본 2》와《국사원본》상호간의 관계와 작성 시기에 관한 결과를 도출할 수 있을 것으로 기대한다. 이하의 쪽수는 간행된《친필본》의 쪽수를 표시한 것이다.

① 아래 4쪽의 지운 내용은 김구가 1928년 최초 친필로 썼던 부분이다. 그런데 이후 언제인가 선을 그어 지웠다.

《친필본》4쪽 지운 내용 瘇處를治療하고竹針으로딱지를뜻고膿을搾出하여내의面上에痘痕이甚大하다고한다.

이 부분은 자신의 안면이 얽게 된 원인을 적은 곳인데, 아마도 〈백범일지하권〉을 작성하고 나서 이후 언제인가 다시 정리된 내용은 다음과 같다.

《친필본》3쪽 瘇處를治療함과갖이竹針으로膿汁을搾出하엿음으로내 面上에痘痕이大하다는 것이다.
《필사본 1》 瘇處를治療하듯이竹針으로딱지를뜻고膿을搾出하여내의面 上에痘痕이甚大하다고한다.
《국사원본》 내가 마마를 치른 것이 세 살 아니면 네 살 적인데 몸에 돋은 것을 어머니가 예사 부스럼 다스리듯 죽침으로 따서 고름을 빼었으므로 내 얼굴에 굵은 벼슬 자국이 생긴 것이다.

《친필본》4쪽 이후는 1928년 작성된 최초의 '친필본'이며,《친필본》3쪽은 그 용지와 필기구 그리고 필체로 보아 〈하권〉이 완성된 이후 언젠가 '친필본' 전체를 다시 재구성 혹은 정리할 목적으로 다시 적은 것이다.《필사본 2》에는 이 부분을 포함하여 앞 몇 장이 망실되어 있다. 이렇게 본다면 우선《친필본》4쪽이 원래 내용이고, 〈상권〉이 완성된 다음《필사본 1》이 필사되었고, 나중에《친필본》3쪽으로 재정리가 이루어진 것으로 일단은 생각할 수 있다.[20]

② 122쪽과 125쪽은 김구가 교육 사업에 매진할 당시의 모습을 회고한 부분이다. 아마도 이 부분은 김구가 누군가에게 필사를 시키면서 어떤 지침을 준 것으로 보이는 내용을 지시했다가 지운 것으로 보인다. 그 지시 내용은 다음과 같다.

《친필본》122쪽 以下붙어一二伍頁第一行까지는削除(理由는細碎◎雜하
　　　　　　　　고体礼에졈잔치못 해보이는것)
《친필본》125쪽 第一二二頁第一三行第三字(나는)以下로同頁第一行까
　　　　　　　　지削除◎◎

그러니까 김구는 누군가에게 필사를 시키면서 친필로 작성한 40행을 삭제하고 필사하라는 지시를 하였고,[21] 《필사본 1》은 바로

20《국사원본》, 6쪽
21《친필본》〈상권〉의 쪽당 분량은 일정치가 않다. 김구가 〈상권〉 내용을 적은 용지는 가로 30줄, 세로 15줄의 괘지인데, 44쪽까지는 이에 맞추어 기록하고 있지만

46

이러한 지시를 충실하게 따르고 있는 것이다. 이 부분을 비교하면 다음과 같다.

《친필본》 122쪽　내의게뿐안이라愛國者라면뉘게지뜨겁은同情을가지는
　　　　　　　　것을보앗다 나는長連에屬住할때海州本鄉에省墓次로
　　　　　　　　갓다(40행 생략—필자)幻燈會 席上에서한말이다安岳에
　　　　　　　　서師範講習을畢하고(122~125쪽)

《필사본 1》 146쪽　내의게뿐안니라愛國者라면뉘게든지뜨겨운同情을가
　　　　　　　　지는것을보앗다安岳에서師範講習을畢하고陽山學校
　　　　　　　　를廓張하야

　그런데 이러한 필사의 과정이《필사본 2》에서는[22] 다시《친필본》의 내용을 그대로 필사하고 있다.[23] 따라서 김구가 자신이 다소 감정적인 회고였다고 생각한 부분은 일단 삭제하고 필사를 시킨 것이 지금 보는《필사본 1》이다. 그리고 이후 어느 시기에 자신이 지시한 내용을 다시 지우고 원래의 친필을 다시 필사케 한 것이 지금 보는《필사본 2》인 것이다. 따라서《필사본 1》은 말 그대로 김구의 뜻을 충실하게 받들어《친필본》에서 이렇게 저렇게 하라고 지시한 내용까지 그대로 필사하였고,《필사본 2》역시도 김구가 다시 지시

후부터는 괘지의 칸과 줄에 개의치 않고 오른쪽부터 세로로 빽빽하게 내용을 기록하였다. 44쪽 이후의 분량은 대개 16줄에서 20줄 정도이다.

22 《필사본 2》,《전집》 2, 283쪽
23 《필사본 2》,《전집》 2, 283~284쪽

한 대로 충실하게《친필본》을 복원시켜 필사한 것이다.

김구가 삭제하라고 지시한《친필본》의 내용은, 김구가 황해도 장연에서 유지자有志者의 도움으로 생활을 해결하면서 교육 계몽 활동에 헌신할 시기에, 고향인 해주에서 계부를 비롯한 고향 사람들을 만나 겪었던 부분이다. 그런데 이 부분은 김구 자신이 보기에는 그 내용이 번잡하고, 또 고향 어른들에게 혹여 누가 되어 예의에 어긋난다고 생각할 여지도 충분히 있다고 보인다.

그 내용은 첫째, 김구가 자기 계부를 만났을 때 자신이 장연의 유지인 오인형吳寅炯의 도움으로 생활하며 교육에 종사한다고 하자, 계부(김준영金俊永)가 의심을 품다가 직접 장연에서 조카(김구)의 활동 모습을 보고서야 오해를 풀었다는 내용이다. 둘째는 김구가《친필본》에서 강조한 바 있는 고향의 양반들에게 구국의 방책으로 신교육을 통한 인민 계몽의 중요성을 갈파하였으나, 그들은 마치 김구를 천주교나 권하는 사람으로 생각했다. 또한 그동안 양반이자 국가의 중견 세력으로 자임해왔으면서 현재 나라가 위기에 빠지자, 자기들(강씨와 이씨) 책임이 아니라는 식으로 변명만을 늘어놓아서 이에 김구가 통렬하게 비난하는 부분이다. 셋째는 고향의 양반뿐만 아니라 자기와 같은 '상놈'들도 깨이질 못하고 과거의 타성에 젖어 있는 것에 대한 안타까움을, 마치《친필본》을 쓸 때 바로 앞에서 벌어진 것과 같은 느낌으로 회고하는 내용이다.

그런데 이 부분은 김구가 구국계몽운동의 사상적 논리를 갈파하는 매우 중요한 내용이다. 그리하여 만약 이 부분이《친필본》〈하권〉 일부에서 보는 것과 같이 삭제되어버렸다면, 김구의 구국계몽

사상이라든가, 혹은 1907년을 전후로 하여 황해도의 한 지역에서 반상班常이 신사조新思潮에 대해 가지고 있던 인식의 일단을 놓칠 수도 있었을 것이다. 그러므로 《필사본 1》이나 《필사본 2》는 모두 《친필본》의 지시에 따라 충실하게 필사를 한 것이다. 따라서 이 부분만을 놓고 본다면, '원본'이라는 문제를 생각할 때 현재 영인 간행된 《친필본》이 갖는 우선권을 알 수가 있다.

③ 아래 148쪽의 지운 내용은 《친필본》 전체를 통해서 유인하게 성서聖書의 내용을 인용한 부분이다.

《친필본》 148쪽 지운 내용　그리하여 耶蘇聖書에 肉體는 魔鬼를 服從하고
靈魂은 上帝를 服從한다는 것을 더욱 意味깊게
생각하고

김구가 기독교에 입교를 하였다는 명확한 진술이 《친필본》에는 보이지 않지만, 이 기록을 통해 상당한 정도로 기독교를 믿었다는 것을 확인할 수 있다. 물론 김구가 기독교 교회와 연결되어 있었을 거라는 증거는 《친필본》에서 어렵지 않게 발견할 수 있다. 김구는 처음 교육계몽운동에 투신할 때 우종서라는 인물로부터 기독교 신앙을 권고받고 '나도 解喪後에 耶蘇도 믿고 新敎育을 獎勵하기로 결심하고 있었다'라고 하였으며, 백남훈이라는 인물을 인도하여 예수를 신봉하게 하였다고도 기록하고 있다. 그리고 김구의 종형이 되는 김태수와 같이 기독교를 신봉하였다는 기록도 있고, 을사늑약 대처

방안을 논의코자 경성 상동의 교회에 모였을 때 김구는 진남포에 있는 '에버트청년회' 총무 자격으로 그 회를 대표하여 참석했다.[24]

이렇게 본다면 김구가 기독교에 입교한 것을 《친필본》의 기록으로도 충분히 입증할 수가 있다. 다만 그 입교가 단순히 신앙적인 차원이었는지, 혹은 교육계몽운동을 위한 하나의 방편이었는지, 아니면 이 두 가지 이유가 복합적으로 작용하였는지는 《친필본》의 기록만 가지고 판단하기가 어렵다. 그렇지만 김구가 지워버린 《친필본》의 내용으로 본다면, 단순히 구국을 위한 신교육운동에 헌신하기 위해 방편적으로, 혹은 소극적으로 기독교를 신앙한 것은 아니라는 사실을 확인할 수가 있다.[25]

그런데 《필사본 1》은 이 부분 이전의 내용이 상당 부분 빠져 있으며 내용도 다르다. 《친필본》과 《필사본 1》의 기록은 다음과 같다.

《친필본》 내의 心理狀態가 被捕以前以後에 大變動生는함을 自覺하겟다
    被捕以前에는 十數年來에 聖經을 들고 會堂에서 說敎하거나 敎

---

24 《친필본》 112~117쪽을 참조하라.

25 다음과 같은 기록을 보면 김구가 단순히 구국계몽운동 차원에서만 기독교를 수용하지는 않다는 것을 확인할 수 있다.
  "안악 시찰 보고서에 의하면 작년에 개종한 김구와 오순형이라는 두 청년은 영혼을 구원하는 전도 사업과 다른 사람들에게 영혼을 불러일으키는 일로 이미 널리 알려져 있다고 한다. 그들은 좋은 집안 출신들로서 경제적 형편도 안정되어 있으므로, 많은 시간을 성경 공부와 전도에 바칠 수 있다. 김씨는 작년 가을에 개종하였고, 평양 겨울 사경회를 비롯하여 여러 달 동안 사경회에 참석하였다. 올해(1904) 2월에 해주에서 장연읍으로 이사하였는데, 그곳에서 쉬지 않고 가르치고 전도하고 있다."(옥성득, 〈백범 김구의 개종과 초기 전도 활동〉《한국기독교역사연구소소식》(제47호) 30쪽에서 재인용)

鞭을들고敎室에學生을敎訓하엿음으로一事一物에良心을本
位로삼아邪心이發할때마다(16줄 생략—필자)나는또年反問한
다官吏로서法律을無視하지안느냐한즉밋인개모양으로官吏
戱弄한다忿氣撑天하여죽도록被打하엿다그러나倭놈이나를
뭉어리돌노認定하는것은참깃부다오냐나는죽어도倭놈에게
對하야뭉어리돌에精神을품고죽겟고사하도뭉어리돌의責務
를다하고말니라는생각이深刻되여진다나는죽는날까지倭魔
의所謂法律을一分이라도破壞할수만잇거던斷行하고倭魔戱
弄을惟一痼樂으로삼고普通사람으로맛보기難한別種生活에
眞髓를맛보리라고決心하엿다.[26]

《필사본 1》 내의心理狀態가被捕前後가大變動임을自覺하겟다從前數十
　　　　　年間은敎育에從事함으로一事一物이라도良心을本位삼아
　　　　　邪心이發할때마당先自責己치안고는敢히他非를責지못함
　　　　　이거의習慣을成하여엿음으로學生들이나知己間에忠愛◎◎
　　　　　◎信仰을밧고지내엿으나(몇 글자 안 보임—필자)倭魔의所謂
　　　　　法律이라는것은一分이라도破壞할숙만잇거든斷行하기로
　　　　　決心되야倭魔戱弄을惟一痼樂으로삼고倭놈이나더러뭉어
　　　　　리돌이라하니나는죽어도倭놈의게對하야뭉어리돌의精神
　　　　　을품고죽겟고사라도뭉어리돌의責務를다하고야말니라는
　　　　　생각으로◎◎◎람의맛브기難한別種生活의眞髓를맛보리

26 《친필본》, 148쪽

라고 作定하엿다.[27]

이에 비해 《필사본 2》는 《친필본》에 충실하여 빠진 내용은 없고, 다만 김구가 지운 내용은 필사되지 않았다. 그렇다면 이러한 《친필본》과 《필사본 1》과의 차이를 어떻게 설명할 수가 있을까.

첫 번째 가능성은 《친필본》의 작성 시기와 그 경위라는 측면에서 조명할 수가 있다. 《친필본》에 보이는 대로[28] 김구가 상당한 공력을 들여 기록하였다는 점을 감안해볼 때, 그리고 《필사본 1》이 《친필본》의 내용을 거의 그대로 필사하였다는 것을 볼 때, 《필사본 1》의 모습이 원래 '《친필본》의 원본'일 가능성이 있다. 이 경우 문제가 좀 더 복잡해질 가능성이 있고, 또 한편으로는 '《친필본》 원본의 복원' 가능성을 열어줄 수도 있다. 문제가 복잡해질 가능성이라는 것은 《친필본》 〈상권〉의 작성이 1년 2개월 소요되었다고 했는데, 이는 《친필본》 〈하권〉의 완성 이후에도 전반적인 수정이 이루어졌음을 의미한다. 그리하여 현재 우리가 보고 있는 《친필본》은 어쩌면 《국사원본》의 간행 이전까지 수정 작업이 이루어졌을 가능성이 있다.

두 번째는 필사자가 부분적으로 《친필본》의 모습을 변형시켰을 가능성이다. 따라서 이 경우는 《필사본 1》의 이용 가능성의 폭을 제한할 수밖에 없을 것이다.

---

27 《필사본 1》, 《전집》 2, 170~171쪽

28 《친필본》 〈상권〉의 경우, 김구는 아마 수시로 교정을 보고 수정 작업을 하였던 것으로 보인다. 특히 단어 하나하나에도 적확한 표현을 모색한 흔적이 여러 곳에서 보일 정도로 문장의 표현에 전력을 기울였다.

④ 아래 170쪽의 지운 부분 역시 김구 자신이 수정·첨가를 하고 있는 부분이다.

《친필본》 170쪽 지운 부분 安岳邑에到着한즉 "아즉小兒들은곳곳에서萬
歲를부른다"

이 부분 수정된 내용은 다음과 같다.

金鏞震君이말을한다鴻亮드러上海를가랫드니十萬을주어야가지그러
치못하면不發한다고하니先生붙어가시고鴻亮은追後로갈셈대고요.[29]

그런데 이 수정한 내용의 필체는 본문의 필체와 상당히 다르다. 필체라는 측면에서 보았을 때, 이 수정한 부분은 《친필본》 같은 쪽에 있는 다른 첨가한 부분의 필체와도 완전히 다르다. 따라서 이 부분은 굳이 비교를 하자면, 《친필본》〈하권〉 203쪽과 205쪽 위 공란에 첨가되어 있는 필체와 상당히 같다(참고로 출판학에서는 이처럼 책 위쪽에 적어 넣는 경우, 위 여백을 '오두鰲頭'라고 한다).

그리고 《친필본》〈하권〉의 이 첨가된 부분의 필체는, 《친필본》〈하권〉의 해당 본문 필적과도 완전히 다르다. 그러므로 《친필본》에 있는 이 두 부분은 어쩌면 〈하권〉을 완전히 고치고 다시 윤문을 한 어느 시기에 수정한 것으로 보인다. 이 부분 역시 《필사본 1》에는

---

29 《친필본》, 170쪽의 위쪽 공란에 적혀 있다.

수정된 내용이 아닌 원래의 내용이 필사되어 있다.[30] 그러므로 이 경우도 ⑥과 마찬가지의 추정이 가능하다. 이에 비해《필사본 2》에는 김구가 수정한 내용이 필사되어 있다.[31] 따라서《친필본》의 경우, 김구의 의도대로 필사된 것은《필사본 2》라고 볼 수가 있다.

그런데 여기서 한 가지 생각해볼 문제가 있다.《친필본》과《필사본 2》,《국사원본》의 작성 순서에 대해서인데,《친필본》에 수정과 첨삭이 이루어진 내용 중에서 어떤 힌트를 얻을 수가 있고 그 힌트는 〈하권〉 203쪽과 205쪽 위 공란에 첨가되어 있는 내용을 통해 얻을 수 있다.

먼저《친필본》203쪽 상단에 추가된 내용을 보면 다음과 같다.

南京서母親生辰에靑年團과우리老同志들의收金獻壽하려는눈치를채인母親은그돈대로주면내口味대로飮食을맨드러먹겟다하심으로그돈을드린즉短銃을사서日本놈죽이랴고도로보태어靑年團에下賜하섯다.

이 부분은《필사본 2》에는 빠져 있다. 따라서 이 내용은 최소한《필사본 2》가 필사된 이후에 추가된 것으로 생각할 수가 있겠다. 이러한 추측은 김구가 위 내용을 203쪽 상단에 기록하면서, 먼저 추가로 보충해서 적은 인물 이름(최동오崔東旿와 조성환曹成煥) 부분을 피해서 위의 내용을 이어가고 있는 것을 보아도 알 수가 있다. 그런데

30《전집》2, 206쪽
31《전집》2, 321쪽

《국사원본》에는 이 두 가지 추가된 내용을 전제로 윤문되고 정리되어 있다.[32]

그리고《필사본 2》에는 위 두 가지 중, 김구가《친필본》에 먼저 보충하여 적어놓은 인물명인 최동오와 조성환만《필사본 2》본문에 보이고, 이후에 보충한 위 인용문은 빠져 있는 것이다. 따라서 다른 주변적인 상황을 배제하고《필사본 2》가 필사된 시점을 조심스럽게 추정한다면, 일단 김구가 귀국한 이후《친필본》이 국사원에서 간행될 준비 과정에서《필사본 2》가 필사되었을 것으로 생각할 수 있을 것이다.

한편,《친필본》205쪽 상단 추가된 내용을 보면 다음과 같다.

한갓遺憾인것은李雲漢韓奸놈도韓人인즉日人의총을맞고(몇 글자 안 보임―필자)韓人의銃을맞고生存함이日人의銃의死亡함만不如

그런데《필사본 2》에는 이 부분이 역시 상단 공백 부분에 적혀 있는데, 다음에 보듯이 그 내용은 상당히 다르다.

李雲漢이정탐이나其亦韓人인즉倭놈銃을맞고死亡함이도로◎快하다[33]

《필사본 2》상단에 적힌 이 부분은 물론 김구 자신의 필체이다.

32《국사원본》, 331~332쪽 참조하라.
33《전집》2, 354쪽

따라서 김구는 《필사본 2》를 필사시킨 후 어느 시기에 다시 이 부분을 추가로 보충한 것으로 보인다. 그리고 《국사원본》 역시 추가된 이 부분을 보고 윤문, 정리하였다. 이렇게 본다면 《필사본 2》의 필사는 《국사원본》의 간행보다 훨씬 이전에 필사된 것으로 보이며, 어쩌면 《국사원본》의 간행 준비 작업의 일환으로 필사된 게 아닌가 싶기도 하다.

《국사원본》의 완성(내지 탈고)은 1947년 11월 15일 이전으로 볼 수 있으므로, 일단 《필사본 2》의 필사는 그 이전에 이루어진 것으로 보인다. 곧 《국사원본》 출간의 관계자들은 203쪽과 아래에 보이는 205쪽에 김구가 보충한 내용을 토대로 《친필본》의 번역과 윤문을 한 것으로 추정할 수 있으며, 《필사본 2》를 필사한 인물은 203쪽과 205쪽에 있는 김구가 보충한 부분을 보지 못하고 필사한 것으로 생각된다. 따라서 《필사본 2》의 최초 필사는 최소한 1947년 11월 15일 보다는 이전 어느 시기에 이루어진 것으로 추정할 수 있다.

⑤ 《친필본》〈하권〉 후반부에는 그 이전 부분에서 볼 수 없는 대대적으로 삭제된 흔적이 있다. 기존에 영인된 《친필본》을 보면, 205쪽은 쪽당 29줄 중 16줄이 완전 삭제되어 있고 206쪽은 1줄만 남아 있다. 그리고 207쪽은 쪽당 20줄 가운데 8줄이 잘려나갔으며, 208쪽은 많은 부분이 삭제되었다가 다시 편집되어 있는 듯하다. 또한 212쪽은 29줄 중 9줄이 삭제되었으며 213쪽은 불과 6줄만 남아 있다.

그런데 그중에서 207쪽과 208쪽의 경우, 다른 쪽의 삭제와 좀 다른 모습을 보이고 있다. 그것은 207쪽과 208쪽의 약 절반 부분인데, 우선 글씨체가《친필본》〈하권〉의 다른 부분들과 다르다. 그리고 용지의 사용에서도 〈하권〉의 경우 칸 구분 없이 행간에도 빽빽하게 기록되어 있는 것에 비해, 이 부분은 붉은색으로 구분된 칸에만 두 줄로 기록하고 칸과 칸 사이는 공백으로 남겨놓았다. 따라서 기록의 분량 자체가 〈하권〉의 다른 부분들에 비해 9줄이 적다(물론 글자의 크기도 〈하권〉 다른 쪽에 비해 크다).

그러므로 이 부분(207쪽과 208쪽의 약 절반 부분)은 〈하권〉의 다른 부분들과 쓰인 시기가 다르다고 일단 추정할 수 있다. 특히 208쪽의 앞부분은 나중에 쓰인 부분들과 같은 쪽에 연결시킨 듯이 용지의 상태가 약간 휘어져 있다. 따라서 207쪽과 208쪽의 약 절반 부분은 〈하권〉의 본래 모습이 아닐까라는 추측을 강하게 암시하고 있으며, 어느 시기엔가 김구 자신이(혹은 누구에 의해서이든지)《친필본》자체에 대한 전반적인 검토 내지는 편집 과정에서 살린 내용으로 보인다. 게다가 208쪽의 앞부분 중에서 두 줄가량은 붓으로 지워져 있다.

이러한 흔적들은《친필본》에서 해당 부분의 내용에 대해 상당히 고심하였거나, 아니면 이 부분의 기록이 정치·사회적으로(혹은 독립운동계에서) 대단히 민감한 문제를 언급하였을 것이라는 추측을 하게 한다. 왜냐하면 207쪽과 208쪽의 약 절반 부분을 포함해서, 205쪽과 208쪽에 이르는《친필본》의 내용이 심하게 잘려나갔거나 지워진 부분을 감안한다고 해도 문장의 연결이 전혀 이루어지지 않기 때문이다.

이러한 측면은 영인된《친필본》212쪽에서 213쪽에 걸쳐 삭제된 부분을 전후로 한 내용이 어떤 일관된 기록이었을 것이라는 점과는 좀 다른 면이 있다. 207쪽과 208쪽의 약 절반 부분을 포함해서, 205쪽과 208쪽에 이르는《친필본》의 내용을 영인된《친필본》에 의거해서 각 쪽의 연결 부분을 살펴보면 다음과 같다.

㉠ 205쪽 끝부분

廣東省主席鳴鐵城氏의게介紹信을親筆로作成하여주니大問題

㉡ 206쪽(한 줄만 남아 있다)

言約하고三日後에廣州에서回還한즉大家族과母親께서無事히安着되엿다亞細亞旅館全部를家族住宅으로柏園은

㉢ 207쪽 첫 부분

解決되엿다大家族一行보다一日을先發하여廣州에到着하니以前부터中國軍界에服職하던李俊植蔡元凱의周旋으로東山柏園은臨時政府廳舍로亞細亞旅館은全部大家收容케되엿다

㉣ 207쪽 끝부분

梁起鐸先生의게旅費를보내그卽時南京으로와서갖이長沙出發에參加하라하엿으나到期不來함으로不得已그저떠나서

㉤ 208쪽 첫 부분

會하고廣州에敵機空襲이甚하여大家族과母親을佛山○○○接處

ⓗ 208쪽 연결되는 끝부분

長沙에 到着하여 張治中省主席을 面會하고 重慶行의 便宜請한즉 快諾하고 公路車票三枚와 貴州省主席鳴鐵城氏의게 介召信을 作送하엿기로 重慶으로 出發하여

ⓢ 208쪽 연결되는 첫 부분

十餘日에 貴陽에 到着하엿다 多年南中國土地肥沃하고 物産豊 富한곧에 만보아서그런지는 不知나

위에서 ⓒ ⓓ ⓔ에 걸친 부분은 그 사이에서도 편집이 이루어진 듯한 흔적이 보인다. 그 이유는 특히 208쪽 앞부분이 대단히 혼란스럽게 편집되어 있는데, 잘려나가 잘 보이지는 않지만 첫 줄 중간에 '를하듯하며 靑年들의게 分派的'이라는 내용이 확인되는 부분과 ⓔ 부분은 아마도 각기 다른 내용을 기록한 다른 쪽일 가능성이 있다. 따라서 207쪽과 208쪽은 《친필본》〈하권〉을 작성한 후, 어느 시기에 편집하고 나서, 또다시 정리하는 과정에서 원래의 《친필본》 중 일부가 삽입된 것으로 볼 수 있다.

이처럼 205쪽에서 208쪽에 이르는 《친필본》 자체가 이와 같은 사정이다 보니, 《필사본 2》 역시도 《친필본》에 해당하는 부분은 4분의 3쪽 정도는 삭제가 되었고,[34] 다음 약 9줄 정도는 붓으로 지워져 버려 지금에 이른 것으로 보인다.[35] 이제 《친필본》의 위 기록에 해

---

34 《전집》 2, 355쪽

당하는《필사본 2》의 기록을 보면 다음과 같다.

㉠ 廣東省主席嗚鐵城氏의게介紹信을親筆로作成하여주니大問題는解
決되엿다《전집》2, 355쪽)

㉡ 中國中央에打電하되(반줄가량이 붓으로 지워짐—필자)重慶을갈터이니
回示하라하엿드니오라는回電을밧고羅泰燮曺成煥兩同志의게介紹信
과갓이自己가貴陽軍票三枚을買送하엿음으로西南汽車公司車로險山
峻嶺을經하여十餘日에貴陽에到着하엿다多年南中國土地肥沃하고物
産豊富한곳에만보아서그런지는不知나《전집》2, 336쪽)

여기《필사본 2》의 경우에도 쪽당 26줄 중에 22줄이 잘린 쪽과,[36]
8줄 반 정도가 붓으로 지워진 쪽이 있다.[37] 위에서 인용한 ㉠과 ㉡
의 내용이 바로 그 끝부분과 첫 부분에 해당하는 기록이다. 여기도
마찬가지로 이 내용만 보아서는 그 의미 전달이 되지 않는다. 그렇
지만《친필본》에 비해 비교적 정리가 되어 기록되었다는 것을 알
수가 있다.

이처럼《친필본》은 물론이고 그것을 거의 그대로 필사한《필사
본 2》역시도 해당 부분이 전혀 문장으로 연결되어 있지 않다는 것
을 알 수가 있다. 이에 비해《국사원본》은 이처럼 혼란되어 있는 부
분을 매우 잘 정리하여 기술하고 있다.《국사원본》에서 위 해당 부

35《전집》2, 336쪽
36《전집》2, 355쪽
37《전집》2, 356쪽

분의 기록을 보면 다음과 같다(기호는《친필본》과 연관된 기록 부분을 표시한 것이다).[38]

　㉠ 호남의 장치중 주석이 광동성 오철성吳鐵城 씨에게 소개하여준 것이었다.

　㉡ 광주에서는 중국 군대에 있는 동포 이준식李俊植, 채원개蔡元凱 두 분의 알선으로 동산백원東山柏園을 임시정부의 청사로, 아세아 여관을 전부 우리 대가족의 숙사로 쓰게 되었다. (5줄 생략—필자) 향항에서 이틀을 묵어서

　㉣ 광주로 돌아오니 거기도 왜의 폭격이 시작되었으므로 또 나는 어머니와 우리 대가족을 불산佛山으로 이접하게 하였다. 이것은 오철성 주석의 호의와 주선에 의함이었다. 이 모양으로 광주에서 두 달을 지나, 장개석 주석에게 우리도 중경으로 가기를 원한다고 청하였더니 오라는 회견이 왔기로 조성환, 나태섭羅泰燮 두 동지를 대동하고 나는 다시

　㉥ 장사로 가서 장치중 주석에게 교섭하여 공로公路 차표 석 장과 귀주성 주석 오정창吳鼎昌 씨에게로 하는 소개장을 얻어가지고 중경 길을 떠나

　㉦ 십여 일 만에 귀주성 수부에 도착하였다. 내가 지금까지에 본 중국은 물산이 풍부한 지방뿐이었으나

• 이상 띄어쓰기는 필자가 하였다.

---

38 《국사원본》, 335~337쪽

위 인용문들에서 확인할 수 있는 것은 《국사원본》의 편집이 대단히 기술적이면서 고도로 정제된 문장으로 표현되어 있다는 것이다. 이 점은 특히 대대적인 삭제의 흔적이 있는 《친필본》과 비교해볼 때 더욱 부각된다. 우리는 여기서 다시 한번 《국사원본》이 지금 남아 있는, 즉 영인된 《친필본》 혹은 《친필본》을 대본으로 쓰인 《필사본 2》를 토대로 편집되고 정서되었으리라고 추정할 수 있다.

이상 《친필본》 205~208쪽의 내용상 혼란된 부분과 그에 해당하는 《필사본 2》 그리고 《국사원본》의 해당 부분을 상호 비교해보았다. 그 결과 대략적으로 《친필본》에 보이는 삭제된 부분의 분량으로 봐서 《필사본 2》에 빠진 부분은 아마도 《친필본》의 해당 부분을 그대로 옮겨 적었을 가능성이 있다고 생각된다. 그리고 《국사원본》은 살펴본 것처럼 대단히 소략하게 기술하고 있기는 하지만, 대체로 문장이 매끄럽게 연결되어 있는 것을 알 수가 있다. 따라서 《국사원본》은 편집되기 이전의 《친필본》 내지는 《필사본 2》를 토대로 정리되고 윤문된 것으로 보인다.

⑥ 209쪽 지운 부분, 여기는 《친필본》과 《필사본 2》의 관계를 좀 더 명확하게 보여주는 부분이며, 《필사본 2》의 집필 시기에 대해서도 시사를 주고 있다. 특히 이 부분은 《친필본》과 《필사본 2》 모두 정확하게 한 글자도 틀리지 않게 쓰고 지운 내용인데, 이런 경우는 《친필본》과 《필사본 2》의 관계에서 유일하다. 그렇지만 어떤 내용을 지웠는지 지금 완전하게 알아볼 수는 없다. 다만 《친필본》과 《필사본 2》를 상호 비교하면서 불완전하지만 확인이 가능한 글자를

적어보면 다음과 같다.

내가長沙에서生命을保存한것은自己愛子濟星(五歲時)이가代身死亡(○○
昌時)하엿다고까지[39]

물론《국사원본》에는《친필본》과《필사본 2》에서 모두 지워버린
위 내용이 빠진 채 정리되어 있다. 이 부분(《국사원본》, 339쪽)에 관한
한《국사원본》은 김구의 의도를 충실하게 따른 것이 된다.

⑦ 아래 214쪽 여섯 번째 줄의 지운 부분은 위의 경우들과 달리
매우 진하게 지워져 있어서 거의 판독할 수가 없다.

---

39 여기 '○○'으로 표시한 곳의 글자는《친필본》과《필사본 2》를 비교해볼 때 쓰인
글자의 형태가 다르다.《친필본》의 경우 무리해서 추정해본다면 '君宜'로 생각할
수 있지만,《필사본 2》에 의한다면 최소한 '君宜'로 볼 수는 없을 것 같다. 그렇지
만 그 글자는 형태로 보아 '君宜'로 추정이 가능하다고 생각한다. 본문에서 복원
한《친필본》의 내용을 정리하면 다음과 같다.
"내가 장사 사건(남목청 총격 사건)으로 사경을 헤매면서도 목숨을 부지할 수
있었던 것은, 유진동의 아들인 ◎星이가 대신 죽었기 때문이라고, 君(유진동)이
의창宜昌에 있을 때 나에게 말하였다."(《친필본》209쪽)〔여기서 의창은 지명으
로, 유진동은 중국 고령에서 폐병요양원장으로 있다가 임시정부를 따라서, 의창
과 만현을 거쳐 중경으로 왔다고 김구는 기록하고 있다.〕
《친필본》의 이 부분은 김구에게 도움을 주었던 의사 유진동과 그 부인인 강영과
에 대한 진술인데, 그들이 얼마나 자신에게 진지하고 도움을 주었는지를 설명하
는 부분이다. 그리고 김구는 그들이 피난 중에도 자신과 가족의 안위를 돌보기 위
해 위험을 무릅쓰고 왔다는 사실을 강조하면서, 유진동의 자신에 대한 충실함이
어느 정도인지를 유진동 자신의 진술을 토대로 기록하고 있다. 한 회고록에 의하
면 유진동이 상해에서 고학으로 의과대학을 다닐 때 김구와 안창호가 학비를 보
조해주었고, 뿐만 아니라 유진동은 상해와 만주 방면을 잇는 연락책 역할도 하였
다고 한다(김광주,〈상해시절회상기〉《세대》(1965년 12월호) 252쪽 참조하라).

◎◎◎本國◎◎◎◎

김구가 지운 다음 수정한 내용은 다음과 같다.

內地로護送中船中에서자근親妹를相見◎은倭놈의게被殺되고自己는
內地로押送한다는[40]

김구가 수정해놓은 이 부분은 마모가 심해서 무슨 내용인지 정확히 파악하기가 매우 어렵다. 그런데《필사본 2》에는 김구가 고친이 부분의 내용이 다음과 같이 기록되어 있다.

內地로護送中船中에서자근親妹를相見則母親과어린동생은倭놈의게被殺되고自己는內地로押送한다는말을듯고好相은氣絶而死云云[41]

이 부분의 현《친필본》상태는 마모가 심하여 김구가 수정한 내용 모두가 남아 있지 못하다. 따라서 남아 있는 글자로 이 부분을《필사본 2》와 비교해보면, 김구의 의도대로 정확하게《필사본 2》에 필사된 것으로 보인다. 따라서 앞에서도 언급하였지만《필사본 2》의 경우 필사자의 착오로 상당한 양이 빠진 경우는 있지만, 김구의 의도를 충실하게 반영하여 필사한 것으로 보인다. 그러므로《필사

40《친필본》, 214쪽

41《전집》2, 360쪽 18~20줄

본 2》에《친필본》의 내용이 부분적으로 빠져 있다고 해도, 김구가 《필사본 2》를 면밀하게 검토한 것이 사실인 만큼《필사본 1》이 갖는 성격과는 다른 차원에서 조명되어야 한다고 생각한다.

다시 말해 '원본'의 정의를 생각해볼 때,《필사본 1》보다는 오히려《필사본 2》가 갖는 의미가 보다 확실하다는 것이다.《필사본 1》이 비록《친필본》을 거의 그대로 옮겼다고는 하더라도, 또한 혹여 김구 자신이 필사했다고 하더라도, 김구가 그것을 다시 검토했다는 근거는 명확하지 않다. 따라서《필사본 1》은 말 그대로《친필본》을 베꼈다는 것에 의미를 둔다면 둘 수도 있을 것이다. 그에 비해《필사본 2》는 본고에서 살펴본 대로 김구가 면밀하게 검토한 흔적이 있고, 또한 아마도 김구가 직접 지운 부분도 있는 것으로 보아서 《친필본》에 버금가는 의미를 둘 수 있다고 생각한다.

2) 원본의 문제

사전적인 의미에서 '원본'은 첫째, 베끼거나 고치거나 한 것에 대한 근본이 되는 문건이며 둘째, 등사·초록·개정·번역 따위를 하기 전의 본디의 책이고 셋째, 작성자가 확실한 문서 등으로 일반적으로 정의하고 있다.[42] 그리고 이러한 사전적 정의에 작자의 '의도'를 포함시킬 수가 있다. 이러한 정의를《백범일지》에 대입시켜볼 때 일차적인 원전은 물론《친필본》이 될 것이다.

그렇지만《백범일지》의 경우 문제가 단순하지만은 않다. 왜냐하

---

42 신기철·신용철 편저,《새우리말큰사전》(삼성출판사, 1983년 수정증보 2판), 2544쪽

면 김구의 의도를 고려할 때《백범일지》의 원본은 최소한 두 가지로 볼 수 있기 때문이다. 첫째는 1929년과 1942년에 각각 완성된 것으로, 김구가 직접 친필로 기록하였다. 둘째는 김구가 해방 후 귀국해서 1947년 간행한《국사원본》이다.

지금까지 필자는 영인된《친필본》이 김구의 친필이라는 점을 전제로 하였다. 왜냐하면 누차 지적하였지만,《친필본》상하권은 김구 자신의 필체로 몇 차례에 걸쳐 수정되고 보완된 모습을 보이기 때문이다.[43] 만약에 원본의 개념을 김구의 친필 작성 여부보다 작성 '시기'에 우선권을 둔다면, 아마도《친필본》중에서 많은 부분, 특히 〈상권〉의 첫 부분과 〈하권〉의 경우 문제가 될 것이다. 특히《친필본》〈상권〉의 1~2쪽은 용지와 기록한 도구 그리고 필체에 있어서 1942년에 썼다는《친필본》〈하권〉의 많은 부분과 같다.

그렇다고 할 때《친필본》〈상권〉의 나머지 부분이 쓰인 시기 (1929년에 완성)와《친필본》〈상권〉 1~2쪽의 기록 시기가 다르다고 해서, 〈상권〉 1~2쪽의 내용을 과연 '원본'으로 볼 수 없다고 할 수가 있겠는가. 물론 그럴 수는 없을 것이다. 이 문제와 관련해서《친필본》과《필사본 1》의 다음과 같은 부분을 보도록 하자.[44]

① (今日토록基洞주위에世居하는)晉州姜氏와德水李氏等土班들의게賤待와

---

43 예컨대 〈하권〉의 경우, 203쪽과 205쪽, 215쪽의 상하 여백에 설명이 첨가되었거나 수정된 흔적이 보이고 있는데, 이는 김구 자신의 필체가 분명하다. 그리고 〈여인신양아서〉의 경우는 앞에서 검토한 바 있다.

44 《필사본 2》는 이러한 내용을 포함하여 상당한 분량의 기록이 결락되어 있다.

壓制를代代로받아온것이다그實例를略擧하면우리金門處女를姜李氏
門中으로出家하는것은榮光으로알지만은姜李氏處女가우리金門으로
시집오는것은보지못하였으니婚姻의賤待요姜李氏들은代代로坊長(今面
長)을世襲으로하지만은우리金哥는代代로尊位의職外에一步難進(尊位는
坊長命令을受하여內各戶에稅金을收捧하는職任이니라)하니就職卽政治的壓
制요姜李氏들은兩班의淫威를施하여金門의土地를强佔하고金錢을强
奪한後農奴로使用하엿나니經濟的壓迫이요姜李氏들은비록編髮小我
라도우리金門에七十八十老人을對하면劣等語를使用하여이랫나저랫
나이리하게저리하게의賤待를받는反面에우리집老人들은姜李氏의子
孫들의加冠한童子라도반드시敬語를◎◎하엿나니此는言語의賤待이
다.[45](밑줄—필자)

② (到今껏周圍에世居하는)晉州姜氏와德水李氏等土班들의게賤待와壓制
를世襲받아온實例를略擧하면一婚姻이니우리집딸을姜李氏의게出家
는하엿어도姜李氏의딸을迎來하긴難天上이엇고二所任이니姜李氏들
은坊長(今面長)을世襲으로하되우리祖先들은代代로尊位(各戶의稅金받는任
者)가되여坊長의命令을服從하엿고三經濟이니姜李氏들은兩班의淫威
를施하야金錢을强奪하고土地를强占하난◎農奴로使用하엿고四使用
語이니姜李氏들은編髮小兒라도우리집老人들을面對하면◎◎나저랫
나이리하게저리하게의下等語를使用하는反對로우리祖先은겨우姜李
氏의게는갓치이랫나저랫나를하나加冠만하엿으면세살을먹은者에게

45《친필본》〈상권〉, 2쪽

라도반듯이 恭待를하○○[46](밑줄─필자)

③ 이리하여 우리는 판에 박힌 상놈으로 텃골 근동에서 양반 행세하는 진주 강씨, 덕수 이씨들에게 대대로 천대와 압제를 받아왔다. 우리 문중의 딸들이 저들에게 시집을 가는 일은 있어도 우리가 저들의 딸에게 장가드는 일은 없었다.[47]

위 기록은 양반 집안인 진주 강씨와 덕수 이씨 집안을 비교하면서 김구가 자신 집안의 사회·경제적 처지에 대해 기록한 내용이다. ①은 《친필본》〈상권〉에 있는 내용인데, 김구가 〈하권〉을 정리하면서 나중에(1942년 이후) 다시 정리한 부분이며, ②는 《친필본》〈상권〉을 완성한 다음 얼마 지나지 않아서 필사한 혹은 필사시킨 《필사본 1》의 내용이다(1929년). 그리고 ③은 《국사원본》의 해당 부분이다(1947년).

①과 ②를 비교해보면 첫째, ①에는 '존위尊位'에 대한 설명이 부가되어 있다. 둘째, ①이 ②에 비해 구사하는 용어가 좀 더 세련되고 명확하다(예컨대, 혼인의 천대 ← 혼인, 취직, 정치적 압제 ← 소임, 경제적 압박 ← 경제, 언어의 천대 ← 사용어 등). 셋째, 전체적인 문맥이 상당히 정돈되어 있다. 그리고 《친필본》과 《필사본 1》에 자세하게 기록되어 있는 신분적 차별에 대한 기술이 《국사원본》인 ③에서는 대폭적으

---

46 《필사본 1》, 《전집》 2, 31~32쪽

47 《국사원본》, 4쪽

로 삭제되면서 신분 차별의 구체적 내용이 빠져 있다.

①과 ②의 내용이 보여주는 이러한 차이는 1929년과 1942년(혹은 그 이후, 1947년 이전)이라는 시간적 간격과 아무런 관련이 없다고 할 수는 없겠지만, 그렇다고 해서 '원본'에 대한 새로운 기준을 세울 만큼 큰 차이가 있다고도 할 수 없다. 따라서 현재 영인된《친필본》의 모든 내용은 '원본'이라고 봐도 큰 무리가 없다고 생각한다.[48]

다음은《국사원본》을 과연 '원본'으로 볼 수가 있는지에 대해서이다.《국사원본》의 경우는 특히 김구의 '저술 의도'가 중요한 포인트라 할 수 있다.《국사원본》의 경우 상당히 많은 부분이 윤문, 삭제, 축약되어 있을 뿐만 아니라 부분적으로《친필본》과 틀린 내용이 발견되고 있어서 불안감을 주는 것도 사실이다. 그렇지만《국사원본》이 부분적으로《친필본》의 내용을 잘못 번역한 곳이 있다고 해도,《국사원본》의 간행에 김구가 전혀 관여하지 않았다고 보기는 어렵다. 김구는《국사원본》의 간행에 임하여 다음과 같이 언급하였다.

---

48 다만,《필사본 1》과《친필본》〈상권〉 2쪽의 다음과 같은 부분은 특별히 유의할 필요가 있다.
"丙子年七月○○日子時에基洞大宅(祖父와伯父개신큰집에서)分娩하엿다내의一生이넘어도崎嶇할預徵이던지甚한難産이되여"(《필사본 1》,《전집》2, 33쪽)
"丙子年七月十一日子時(祖母忌日)에俗名웅덩이大宅祖父伯父가居住하는집에서分娩되엿(이하 마모됨—필자)도崎嶇한預兆이든지類例가稀少한難産이엿든것이다"(《친필본》〈상권〉, 3쪽)
여기서도《친필본》〈상권〉의 내용이 훨씬 더 정리되어 있음을 알 수 있다. 그리고《필사본 1》에서 밑줄 친 부분을 보면, 김구가 생일을 기재하지 않고 있다. 그 이유는 1926년 생활의 곤란으로 어머니 생신을 차려드리지 못하였는데, 나석주라는 인물로부터 자신이 생일 선물을 받게 된 것을 반성하면서 죽는 날까지 자신의 생일은 기념도 하지 않고,《친필본》에도 생일을 기록하지 않는다는 결심을 하였기 때문이다(《친필본》, 173쪽 참조하라).

나는 내가 살아서 고국에 돌아와서 이 책을 출판할 것은 몽상도 아니하였다. 나는 완전한 우리의 독립국가가 선 뒤에 이것이 지나간 이야기로 동포들의 눈에 비추이기를 원하였다. 그런데 행이라 할까 불행이라 할까 아직 독립의 일은 이루지 못하고 내 죽지 못한 생명만이 남아서 고국에 돌아와 이 책을 동포의 앞에 내어놓게 되니 실로 감개가 무량하다.[49]

위의 내용으로 보건대 김구가 이 책의 간행에 아무런 역할도 하지 않았다면, 과연 《국사원본》의 출간이 감개가 무량한 것이 될 수는 없을 것이다. 또한 "내가 이 책을 발행하기에 동의한 것은 내가 잘난 사람으로서가 아니라 못난 한 사람이 민족의 한 분자로 살아간 기록이므로써이다"[50]라고 언급하고 있는데, 자신이 관여하지도 않은 책의 간행에 동의하기는 힘들 것으로 보인다.

그렇다면 '원본'에 대한 문제는 다음과 같이 정리할 수 있을 것이다.

첫째, 기존 영인된 《친필본》을 원본으로 본다. 비록 《친필본》〈하권〉의 경우 해방 후 수정·삭제되어 다시 편집한 부분이 있다고 할지라도 그러한 작업에 김구의 의도가 개입되지 않았다는 근거가 명확하지 않은 이상, 그것은 김구의 '친필본'인 것이다. 이러한 점에서 해방 전 김구가 남긴 가장 체계적이며 또한 비교적 시간적인

---

49 《국사원본》〈저자의 말〉, 12쪽
50 위의 책, 6쪽

여유를 갖고 작성한 《백범일지》는 김구의 의식 구조라든가, 사상을 연구하는 데 있어서 그 어느 자료에 우선하는 가치를 지닌다고 생각한다. 둘째, 1947년에 간행된 《국사원본》도 원본으로 인정한다. 그 이유는 《국사원본》 역시 김구의 당시 관점에서 간행되었기 때문이다. 《국사원본》이 출간될 때 '번역과 한글 철자법 수정으로' 여러 친구들이 수고하였다고 김구가 밝히고 있지만, 그렇다고 해서 《국사원본》의 출간에 김구의 의사가 전혀 개입하지 않다고는 할 수가 없을 것이다.

그리하여 《친필본》이나 《국사원본》은 모두 동일한 조건과 이유로 '원본'의 자격이 있다고 생각한다. 다만 문헌 해석에 대한 차이점과 김구 자신의 관점 등의 변화 모습이 저술의 시기적 차이로 인해 명확하게 드러나 있으며, 이러한 점이 오히려 현상에 대한 김구의 인식 변화를 규명하는 데 중요한 자료로 이용할 수 있다는 점에서 주목된다.

4. 《백범일지》의 여러 간행본과 독법讀法에 대하여

1) 《백범일지》 간행본에 대하여

지금까지 조금 번잡하게 설명한 해설은, 여러 형태와 내용으로 존재하는 《백범일지》가 어떤 과정을 거쳐 현재에 이르렀는가에 초점을 두고 작성되었다. 그리하여 김구의 《친필본》과 두 종류의 《필사본 1, 2》 그리고 1947년에 간행된 《국사원본》의 내용을 상호 비교하면서 각각의 선후 관계와 결락缺落 부분에 대한 내용을 살펴보았다.

《친필본》에 보이는 수정과 가필, 삭제 부분을 중심으로《필사본》들과 비교하여, 특히《필사본 2》의 필사 시기와 그 목적을 추정하였다. 이러한 과정을 거쳐 자연스럽게《백범일지》의 '원본'에 대한 문제까지 다루게 되었다. 그 결과《필사본 2》는 아마도 1947년《백범일지》의 최초 간행본, 즉《국사원본》의 간행을 위한 준비로 필사되었을 것이라는 조심스런 추정을 하게 되었다. 비록《친필본》이 여러 차례에 걸쳐 수정과 가필, 삭제가 이루어졌다고 하더라도, 그러한 사실들이《친필본》의 '원본' 성격을 규정하는 데 장애가 되지는 않는다는 점을 지적하였다.

《국사원본》의 경우《친필본》의 내용을 부분적으로 잘못 독해하였다고 할지라도, 그리고 대대적인 윤문과 축약이 있었다고 해도, 그것 역시 새로운《백범일지》로서 권위를 갖는다고 보았다. 김구가《국사원본》의 간행에 어떤 형식으로든 관여하였다면, 그것은 나름대로 '원본'의 성격을 갖는다고 하겠다. 그리하여 현재 완본에 가까운 형태로 남아 있는《백범일지》는 모두 김구 자신의 관점을 거친 결과라는 것을 확인할 수 있다.

현재 현대어로 번역된《백범일지》는 대략 세 가지로 구분할 수 있다. 첫 번째는 김구가 귀국한 후 1947년 간행한《국사원본》이고, 두 번째는 1989년 서문당에서 출간한《원본백범일지》로 이것의 대본이 된 것은 김구의 측근이 원래의《친필본》을 필사한《필사본 2》이다. 그런데 이 두 가지는 김구가 직접 쓴《친필본》이 공개되지 않은 상태에서 번역된 것이다. 그러니까《백범일지》의 완본이 아니었던 관계로 그동안 자료로서의 신빙성과 자료로 인용을 할 때 여러 의문점을 해소하지 못하였다.

그러다가 1994년 김구 유족에 의해 김구가 직접 쓴《친필본》이 집문당에서 간행되었다. 김구 유족에게 전해오던 원래 모습 그대로 영인된《친필본》이 간행된 이후,《친필본》을 거의 그대로 옮긴《직해 김구 자서전 백범일지》(집문당, 1995, 이하《직해본》)가 출간되었다.《친필본》과《직해본》이 간행된 이후, 이를 바탕으로 여러 출판사에서 이른바 '원본'이라는 타이틀을 걸고 여러 번역본이 출간되기 시작하였다. 물론 이 번역본들은 거의 대부분《친필본》과《국사원본》을 통합해서 나온 것들이다.

또한 1999년에는 김구와 관련된 거의 모든 자료를 망라해서《백범김구전집》13권(이하《전집》)이 간행되었다. 이《전집》에는 기존에 알려진《친필본》과《필사본 1, 2》,《국사원본》이 모두 실려 있어 김구의 사상 및《백범일지》자체를 연구하는 데 지금까지 크게 도움이 되고 있다. 특히《전집》에는 김구가 귀국 후 구술한 것을 정리하였다는, 〈계속繼續〉이라는 문건도 함께 실려 있다. 이 〈계속〉이라는 문건의 작성자가 누군지는 잘 모르지만, 김구가 귀국 후 38선 이남 지역을 순행한 내용이 추가되어 있는《국사원본》의 해당 부분과 대충 일치하고 있다.

그러니까 우리가 일반적으로 이야기하는《백범일지》는, 다음과 같은 과정을 거친 모든《백범일지》를 포괄하고 있는 용어라고 볼 수 있다. 곧 1928년 김구가 직접 작성하기 시작한《친필본》〈상권〉

과 이른바 '유영아서'라는 제목으로 남아 있는 《필사본 1》로부터 출발해서 《필사본 2》 그리고 1947년 최초로 출간되어 세상에 나온 《국사원본》. 이 모든 것이 《백범일지》라는 하나의 개념으로 귀결된 다고 하겠다.

여기에 위에서 언급한 여러 현대문으로 된 번역본들까지 합치면, 《백범일지》라는 책은 마치 여러 물줄기가 흘러 들어갔고, 또 흘러 들어가고 있는 커다란 저수지와 같다. 물론 중국어, 독일어, 영어 등 각국에서 간행된 외국어 번역본은 빼고서라도 말이다. 게다가 근래에는 '원본'이라는 타이틀에서 한 걸음 더 나아가, 이른바 '정 본正本'이라는 제목을 단 《백범일지》까지 등장하기도 하였다(열화당, 2015).

물론 여기서 '정본'이라 함은, 1994년 출간된 친필본의 모습 그 대로 한자는 한자로, 한글은 한글대로, 《친필본》에 있는 글자 그대 로 활자화해서 간행했다는 의미다.[51] 사실 《친필본》이 이와 같은 모

---

51 열화당 홈페이지에 보이는 《백범일지》 간행을 소개하는 부분을 직접 인용하면 다음과 같다.

"《정본 백범일지》는 원본의 체제와 같은 세로쓰기를 채택하였는데, 특히 첫째 권 '한문 정본'은 원본의 한자는 한자 그대로, 한글은 한글 그대로 표기하는 것 을 원칙으로 삼았고, '오늘에 맞는 세로쓰기'가 되게 하기 위해 한자마다 어깨글 자로 독음을 달아 가독성을 높였다."

그리고 이런 고난도의 작업을 한 이유 중 하나로 바로 《국사원본》의 존재를 들 고 있다. 역시 열화당 홈페이지에 있는 다음 기록을 보자.

"안타깝게도 《백범일지》의 출간은 처음부터 단추가 잘못 꿰어졌다. 원본성原本 性이 크게 훼손된 것이다. 첫 출간 당시 원고의 윤문을 한 이는 춘원 이광수 선 생으로 알려져 있는데, 그로 인해 백범의 냄새가 많이 지워져버렸고, 중국 상해 와 중경의 긴박했던 독립운동 현장에서 기록한 원본의 생생함이 적잖이 희석되 었으며, 백범 특유의 투박한 듯한 문체가 윤색되었을 뿐 아니라, 심지어는 인명

74

습으로 출간된 것은 2002년도이다. 《김구 자서전 백범일지金九自敍傳 白凡逸志》(나남출판, 2002)라는 제목으로 출간된 이 책은, 판형이 가로쓰기 형식으로 되어 있는 것만 빼고는 《친필본》을 그대로 활자로 옮긴 것이다.

이런 종류의 작업은 물론 대단히 의미가 있다. 김구는 각종 언론의 조사에서 현대인에게 가장 큰 영향을 주는 인물로 뽑히는데, 그런 김구가 직접 구사한 한자와 한글 용어를 있는 그대로 체험할 수 있다는 그 자체만으로도 의미가 있을 것이다. 또한 《친필본》의 내용을 있는 그대로 읽을 수 있다는 것은, 한국 근대사의 주요 국면들마다 직간접적으로 관련을 맺으며 행적을 남긴 역사적 인물이 직접 쓴 당대當代의 체험을 생생하게 공유할 수 있다는 점에서도 의미가 크다고 하겠다.

그런데 우리는 한 가지 분명한 사실을 간과해서는 곤란하다. 보물로 지정되기까지 한 김구의 《백범일지》는 《친필본》만 중요한 것이 아니라는 점이다. 이 기록물은 특이하게도 지금까지 두 종류의 필사본이 남아 있고 전혀 새로운 차원의 《백범일지》, 곧 《국사원본》도 출간되었다. 그리고 전해지는 여러 형태의 《백범일지》는 바로 김구 자신이 여러 번 수정하고 지웠으며, 심지어 잘려나가기도 하였다. 특히 《친필본》에는 상당한 분량의 삭제된 모습이 남아 있다. 과연 이 삭제가 누구에 의해, 어떠한 의도로 이루어졌는가는 아

과 지명의 착오, 내용의 뒤바뀐 서술, 원문의 대폭 생략 등, '원본에서 가장 멀어진 판본'이라는 평가를 받고 있기도 하다."(이상의 내용은 'http://youlhwadang. co.kr/book/4932/'에서 인용하였다)

마도 영원히 풀 수 없는 숙제로 남아 있을 가능성이 크다.

또한 앞에서 자세하게 본 바와 같이, 김구가 적극적으로 개입한 필사본 자체도 여러 차례 수정과 가필이 이루어진 것으로 확인된다. 이런 상황에서 《친필본》을 토대로 번역하였든, 《친필본》과 《필사본 1》, 《필사본 2》를 비교해서 번역하였든, 혹은 여기에 《국사원본》까지 추가해서 번역하였든, 이런 종류의 작업과, '원본'이라든지, '정본'이라든지 하는 타이틀이 과연 어떤 의미가 있을까라는 의문을 지울 수가 없다.

게다가 앞에서도 자세하게 언급하였지만, 1928년 김구가 처음 기록을 남기려고 마음먹은 이유는 바로 자기 자식들에게 그때까지 자신이 '어떻게 살아왔는지'를 알려주기 위함이었다. 바로 유서인 것이다. 이런 사정은 김구가 두 아들에게 전하는 편지에 잘 나타나 있다. 그래서 이때 기록을 필사한 《필사본 1》의 제목이 '유양아서'인 것이다. 지금 널리 알려져 있는, 너무나도 유명한 우리가 아는 '백범일지'라는 제목은 세상에 아직 나오지도 않았다.

'백범일지'라는 제목은, 김구가 〈유양아서〉 이후의 기간에 관한 이야기를 기록하는 시점인 1941년에 등장한다. 《친필본》에 보이는 대로 '상해 도착'이라는 제목으로 시작하는 첫 부분에 바로 '백범일지하권'이라는 제목이 보이고 있는 것이다(《친필본》, 177쪽). 그리고 이 부분 바로 앞에 〈백범일지하권자인언〉이 실려 있고, 여기서 '본국에 있는 자식들이 장성하여 해외로 도래커든 신전信傳하여 달라는 부탁으로 상권을 등사하여'라는 기록이 있다. 이런 내용으로 보아 아마도 김구는 1941년 다시 기록을 시작하면서부터 '백범일지'

라는 제목을 확정하였고, 이전에 자신이 기록하여 두었던 〈유양아서〉 내용을 〈백범일지상권〉으로 정한 것이 아닐까 한다.

물론 지금 전하는 《친필본》에는 첫 부분부터 제목이 〈백범일지상권〉으로 되어 있다(《친필본》, 2쪽). 그런데 앞서도 이야기했지만 《친필본》 첫 부분인 2쪽과 3쪽은 1928년에 작성된 게 아니라, 〈백범일지하권자인언〉을 쓸 때와 같은 필기도구로 같은 용지에 작성된 것으로 보인다. 그러니까 김구는 1941년 혹은 1942년(혹은 그 이후 언제든) 《친필본》 전체를 재구성하면서 지금 우리가 알고 있는 '백범일지'라는 제목을 확정하였고, 1929년 완성한 내용은 〈상권〉으로, 1941년 쓰기 시작한 내용은 〈하권〉으로 구분하였다고 보인다.

그런데 다른 한편으로 김구는 자신의 기록물을 '상편'과 '하편'으로 구분하기도 하였다. 이를테면 《친필본》 〈하권〉 마지막 부분에서 '백범일지 상편을 쓰기 시작하여 1년 2개월에 상편을 종기終記하였는데 (중략) 지금 하편을 쓰는 때에도'라고 하여서, 자신의 기록을 '상편'과 '하편'으로 칭하고 있다(《필사본 2》와 《국사원본》 역시 모두 이 부분을 '상편'과 '하편'으로 쓰고 있다). 또한 친필을 그대로 영인해서 간행한 《친필본》에는 표지가 보이지 않지만, 《국사원본》에 실려 있는 《친필본》 표지를 보면, 〈백범일지상하편수본白凡逸志上下編手本〉이라 적혀 있는 것이 보인다. 이것으로 봐서 김구가 자신의 기록을 '상하편'으로 구분하였다는 사실을 알 수 있다.

이처럼 김구는 자신의 유서이자 독립운동사적을 기록한 역사서로까지 인식하고 저술하였던 《친필본》을 '상하권'과 '상하편'의 두 가지 표현으로 구분하고 있다. 또한 《국사원본》 목차 바로 이전 쪽에는 '붓으로 써두었던 "백범일지"의 원문의 일면'이라는 제목으로 사진 한 장이 있다. 이 사진을 보면 '백범일지상권자인언'이라는 제목이 있고, 바로 '인신仁信양아兩兒의게여與한다'라는 소제목으로 시작하는 내용이 있다. 사진 제목에서처럼 붓으로 쓴 글인데, 다음과 같은 내용이다.

只今汝父는汝等이居住하는故鄕에서水陸數千里를隔한他國에서此逸志를書함은將來汝等이長成하여아비의經歷알고싶어할때에보여달라고付託하여몇몇親舊의게今傳하엿거니와汝等이年幼하여直接으로말하지못하는것이遺憾이지만은◎의世上事 가뜻과 갗이되느냐내나희伍十三歲의老身으로精神氣力이衰退할뿐아니라…….

이 내용은 분명히 나중에 수정된 것이다. 앞에서 살펴보았던《친필본》에 실려 있는 〈여인신양아서〉와는 상당한 차이가 있다. 위 첫째 줄에 보이는 '일지逸志'라는 표현만 봐도 한눈에 그 차이를 알 수가 있다. 또한 본책 앞에 실린 사진에 보이는 제목 '백범일지상권자인언白凡逸志上卷自引言' 역시 '백범일지하권자인언'과 짝을 이루기 위해 나중에 새롭게 붙여진 것이다. 그러니까 김구는《백범일지》의 제목과 두 아들에게 주는 편지의 형식과 내용 모두 여러 차례 수정과 교정을 반복하였다. 그러므로《친필본》이 공간公刊된 이후,《친필본》을 토대로 새롭게 간행된 여러 형태의 번역본이나 교감본들이 내세우는 이른바 '원본'이나 '정본'이라는 명칭이 과연 어떤 의미를 갖는 것인지, 어떤 의미에서 '정본'이고 '원본'인지 한번 생각해볼

78

문제라 하겠다.

그렇다면 이처럼 다양한 형태로 존재하는《백범일지》를 우리는 어떻게 이해하고 어떻게 활용할 것인가. 일차적으로 필자가 생각해 본 것은《백범일지》가 우리에게 주는 의미를 찾는 것이다. 여러 가지가 있겠지만 다음과 같은 관점에서《백범일지》를 마주하는 것도《백범일지》를 읽는 하나의 독법이 될 것으로 생각된다.

2)《백범일지》독법의 한 사례 _《백범일지》를 통해본 백범 김구 선생의 사상

1947년은 김구에게 매우 특별한 해이다. 아니, 김구뿐만 아니라 우리 전 민족에게도 특별한 날로 기억될지도 모른다. 바로 김구의 유일한 저서가 세상에 나온 해로,《김구 자서전 백범일지》(이하《일지》)가 그 책이다. 본문 366쪽과 부록(〈나의 소원〉) 19쪽으로 구성된 이 책은 그동안 많은 출판사에서 복간을 거듭하였다. 아마도 현존하는 도서 중 가장 많은 이종異種이 존재하는 책일 것이다. 가히 '민족의 고전', '현대의 고전'으로 불릴 만한 일이다.

그럼,《일지》의 어떤 부분이 매력 있어서 그토록 오랫동안 복간을 거듭하며 국민적 도서로 읽혀왔을까. 물론 여기에는 설명 가능한 많은 이유가 있다. 한 인간의 드라마틱한 삶의 과정과 조국 독립을 위한 단심丹心이 있으며, 한 가족이 여러 비극적 상황을 극복해가며 사회적으로 성장해가는 의지의 집합이 있다. 또한 한 개인의 경험을 통해 한국 근대사의 중요한 국면들을 체험할 수 있는 내용이 박력 있는 문장으로 전개되어 있다.

이 모든 것이 《일지》의 매력일 수 있지만 다는 아닐 것이다. 무엇보다 《일지》는 평범한 '김창암金昌巖'에서 '김창수金昌洙'로, 다시 '김구金龜'와 '김구金九'로 이어지는 결코 평범하지 않은 인물로 성장하는 과정이 '있는 그대로' 드러나 있다는 점을 기억해야 한다. 너무나 평범해서 비범하게 되었으나, 너무나 비범해서 오히려 평범한 '백범'의 일상사이자 유서이며 은감이다. 그리하여 《일지》에는 경험에서 우러나오는 진실성이 그대로 녹아 있다. 그 진실성을 '생각'이라 하든, '이념'이라 하든, 혹은 그 '무엇'이라 부르든, 여기서는 일단 '사상'이라 하자. 황해도 해주 땅 '상놈'으로 태어나 대한민국 임시정부 '주석'으로 서거한 삶이다. 좀 무겁게 느껴질지라도 김구의 삶을 '사상'이라는 개념으로 정리할 수만 있다면, 편의적으로 그렇게라도 접근할 수만 있다면, 그것도 《일지》를 읽는 하나의 독해법이 될 듯하다.

그렇다면 김구의 삶에서, 경험에서 뽑아낼 수 있는 사상의 내용은 무엇일까. '애기 접주'로 동학 농민군의 선봉장이 되어 해주성을 공격하였으니, 동학의 평등과 개벽사상일까. 아니면 '구전심수口傳心授'로 배운 위정척사사상을 갖고 강계 의병에 참여하였고, 이어 안악 치하포에서 일본인을 때려죽여 명성황후의 복수를 하였으니 척사위정의 사상일까. 또 감옥에서 탈옥한 이후, 공주 마곡사에서 승려 생활을 하였으니 불교의 윤회사상일까. 아니면 기독교를 수용하고 독실한 기독교 신자와 결혼하였으니 기독교의 구원사상이라 할까. 그것도 아니면 소련식 '민주주의'와 미국식 '민주주의' 중에서 미국식 민주주의의 우월성을 적시하였으니 자유민주주의사상일까.

이것들 중에서 과연 《일지》에 나타나는 김구의 사상은 무엇일까. 이들 모두라고 할까, 아니면 이들 중 조금이라도 더 많은 부분을 차지하는 것으로 김구의 사상을 말할까. 전문 연구자들을 포함해서 김구의 삶에서 교훈을 얻고자 했고 얻고자 하는 많은 사람들도 역시 수많은 고민을 거듭했을 법하다. 근대사의 거의 모든 국면을 관통하는 김구의 삶의 궤적을 다시 한번 실감하지 않을 수 없다.

그런데 김구의 삶과 그 해석에서 결코 떨어질 수 없는 한 인물이 있다. 바로 평생 스승이자 어머니인 곽낙원 여사이다. 김구의 어머니에 대한 경외감과 존경심은 《일지》를 읽는 또 하나의 즐거움이자 교훈이다. 그렇지만 무엇보다도 김구의 사상을 이해하고자 할 때 다음과 같은 김구의 회고는 하나의 중요한 시사를 주고 있다. 9년 만에 만난 아들에게 어머니는 다음과 같이 말한다.

나는 지금부터는 '너'라는 말을 고쳐서 '자네'라 하고 잘못하는 일이라도 말로 꾸짖고 회초리는 쓰지 않겠네. 들어보니 자네가 군관학교를 하면서 많은 청년들을 거느린다니 남의 사표師表가 된 듯하여 나도 체면을 보아주자는 것일세.

이에 대한 김구의 반응은 "나는 나이 60이 다 차서 어머님께서 주시는 큰 은전을 입었다"라는 것이다. 바로 후세 교육에 대한 어머니의 인식이 잘 드러나는 부분이며, 특히 《일지》에 나타난 김구의 삶을 규정하는 백미라 하겠다. 사실상 '교육'에 대한 김구의 열망과 실천은 그의 삶에서 알파와 오메가이다. 다시 말해 처음이자 끝이다.

신분의 굴레에서 벗어나고자 어려운 살림에도 김구과 그의 부모는 '교육'에 매달렸다. 위정척사만이 삶의 목적으로 알던 김구가 새로운 세계에 눈을 뜨게 된 것도 신서적을 통한 교육이었다. 그가 한평생 엄혹한 독립운동가의 삶을 굳건하게 유지할 수 있었던 것도, 유학과 동학, 불교와 기독교, 공산주의와 민주주의를 고루 접하며 얻은 학습의 효과였을 것이다.

'김창수'에서 '김구金龜'로 다시 '김구金九'로 바뀌는 삶의 궤적은, 곧 김구의 교육 체험과 일치한다. 국모복수國母復讐로 일인日人을 때려죽이고 인천 감옥에 있을 때 문맹 범죄자들을 교육시켜 감옥이 '학교'가 되었다는 일화는 유명하다. 동시에 마음을 다스리기 위해 아버지가 넣어준 《대학大學》을 외울 정도로 읽었다는 기록을 보면, 마치 조선 시대 선비들이 혼자 길을 가면서 유교 경전을 외웠다는 풍경을 연상케 한다. 바로 교학상장敎學相長이다.

김구의 교육에 대한 기억은 꽤 이른 시기부터 등장하는데, 그만큼 삶에서 중요하기 때문이다. 《일지》에 보이는 교육 경력을 정리하면, 먼저 과거 시험에 실패한 후 관상 공부를 하다가 싫증을 느끼고 집에서 수양을 했다. 그때 1년여 병서兵書를 읽었는데 이른바 '훈장질'을 하며 지냈다. 이어 마곡사에서 중이 된 이후, 평양에 머물면서 최재학과 전효순의 부탁으로 두 사람의 자제 친척들을 가르쳤으며, 1900년에는 강화에서 김경득 집안의 자제들과 주변 20여 명의 아이들을 가르치기도 했다. 이때 김구가 사용한 교재는 《동몽선습童蒙先習》과 《사략史略》, 《천자문千字文》 등이었다. 그리고 1903년 이후에는 아예 구국을 위한 방도로서 '교육'을 택하여 황해도 각지에서 교육가로 맹활약하였다.

심지어 감옥에서 나온 후인 1917년 교육운동 동지인 김홍량金鴻亮의 도움을 받아, 농촌 개량을 목적으로 동산평 농장의 농감監農을 맡았다. 그는 그곳의 누대에 걸친 악폐를 철폐하고 소작인의 생활 향상을 위해 네 가지 규칙을 만들었는데, 그중 두 가지가 교육 관련 내용이었다. '학령 아동이 有한 자로 학교에 입학시키는 자는 일등지 이 두락씩을 가급加給함', '집에 학령 아동이 있는데 입학을 시키지 않는 자에게 이왕에 소작지에서 상등지 이 두락을 수회함'이라는 두 규칙을 시행하기 위해 김구는 가석방 상태였는데도 농장에 학교를 설립하고 교사를 초빙하였으며 스스로 교과를 담당하기도 하였다. 김구의 교육에 대한 의지를 짐작할 수 있는 대목이다.

그렇다면 김구는 무엇 때문에 그렇게 교육을 중요시하였을까. 《일지》에는 명확하게 그 목적이 제시되어 있다. "인재를 양성하여 장차 완전한 국가의 일원이 되도록 함으로써 약한 제 나라를 강하게 하고 어둠으로부터 광명을 되찾는 것", 바로 이것이다. 구국운동 때 교육의 목적이 이러하였다면, 해방된 조국에서 교육의 목적은 과연 무엇이었을까.

김구는 비록 현실적으로 어렵더라도 사해동포의 아름다운 목표가 교육을 통해 가능하다고 하였으며, 민주주의의 발전을 위해서도 교육의 힘이 필요하다고 역설하였다. 또한 인후지덕仁厚之德을 갖추고 홍익인간의 이상을 가진 우리 민족이 장차 세계에서 가장 아름답고 최고로 발달한 문화를 건설할 자격이 있다고 확신하였다. 그리고 그러한 자격은 무력과 경제력에 좌우되는 게 아니라 바로 교육의 힘으로만 가능하다는 것이다. 그러므로 김구가 생각하는 교육은 단순히 생활의 기술을 가르치는 것만을 의미하지는 않는다. 그는 교육의 기초를 우주와 인생과 정치에 대한 철학이라 갈파하였다. '교육은 백년대계'라는 옛 사람의 언명이 생각나는 요즘, 바로 그 교육의 목표와 내용을 감동적으로 적시한 김구의 혜안이 그저 놀라울 뿐이다. 게다가 교육에 대한 열정과 동포에 대한 바람을 다음과 같이 피력하고 있다.

"내 나이 이제 70이 넘었으니 몸소 국민 교육에 종사할 시일이 넉넉지 못하거니와 나는 천하의 교육자와 남녀학도들이 크게 마음을 고쳐먹기를 빌지 아니할 수 없다."

《일지》맨 끝에 보이는 구절이다.[52]

5. 나머지 말

지금까지 《친필본》, 《필사본 1》, 《필사본 2》, 《국사원본》 등 여러 형태로 존재하는 《백범일지》에 대해, 사실적인 차원에서 가능한 한 객관성을 유지하면서 그 성립 경위와 체제 등을 살펴보았다. 그리하여 이른바 이미 출간된 원본 내지는 정본이라는 《백범일지》에 대

---

52 지금까지 《백범일지》에 대해 해설한 내용은, 필자의 《김구의 백범일지와 민족주의사상 연구》(인하대학교 박사학위논문, 2001)과 여기저기 발표한 글들을 토대로 보완한 것이다.

한 규정이 갖는 함의가 과연 무엇인지 간략하게나마 갖고 있는 생각을 피력하였다.

결과적으로 현존하는《백범일지》모두 각각 그 성격과 의미가 나름대로 충분히 역사적인 의미가 있다는 것을 밝혔다. 특히 가장 중요한 김구의 저술 의도라는 측면에서 볼 때,《백범일지》는 시간적으로나 공간적으로 김구의 생각이 충분히 반영된 결과물이었다는 것이 이 글의 잠정적인 결론이다. 이런 결과가《백범일지》에 대한 환원적인 이해일 뿐이라는 비판을 받는다고 해도 어쩔 수가 없다는 생각이다. 왜냐하면《백범일지》는 그 자체로 역사적인 결과물이며, 김구 자신이 직접 기록하였든지 아니든지 간에 모두 김구의 의도에서 단 한순간도 벗어난 적이 없다는 엄연한 결과를 외면해서는 안 되기 때문이다.

이렇게 한번 생각해보자.《백범일지》는 김구의 저술이다. 김구는 두 차례에 걸쳐《백범일지》를 작성하였다. 그런데 그 저술 목적은《친필본》〈상권〉과 〈하권〉이 완전히 다르다. 〈상권〉은 김구가 명확하게 밝혔듯이, 온전히 자식들에게 주는 유서의 성격을 강하게 갖고 있다. 물론 자식들에게 남긴 편지에서, 사건이 발생한 년도나 날짜 등에 대한 오류는 있을지언정 사실 그 자체는 자신이 겪었던 있는 그대로 쓴 것이라는 점을 강조하고 있다. 그럼에도 김구는 끊임없이 이 유서를 수정하고 가필하고, 심지어는《친필본》〈하권〉을 작성하는 와중에서도 실현되지는 않았지만 전면적인 개고의 의도를 드러내기도 하였다.

그런데 〈하권〉은 독립운동 과정에 대한 기록이다. 자신이 상해

망명 이후 직접 겪었던 사실들을 포함해서 전문(傳聞)한 내용들이 함께 기록된 것이다. 김구는 〈하권〉의 성격을 유교적 세계관에 입각해서 '은감'이라는 고급스런 용어로 규정했다. 즉, 잘한 것은 잘한 대로 널리 알리고 잘못되었다고 생각되는 것도 있는 그대로 기록에 남겨 후세 사람들에게 다시는 잘못을 반복하지 말라는 뜻으로 기록한 역사적 저술이라는 것이다.

이처럼 《친필본》〈상권〉과 〈하권〉은 명확하게 다른 성격을 갖는 저술이었다. 하지만 시간이 지나고 김구가 독립운동계에서 차지하는 비중이 높아지면서, 서로 다른 두 가지의 저술이 하나로 통합되기에 이르렀다. 그리하여 아무리 빨라도 1941년경 《백범일지》라는 제목이 탄생하였으며, 그렇게 《친필본》〈상권〉(혹은 '상편')과 〈하권〉(혹은 '하편')은 《백범일지》로 통합된 모습으로 등장하였다. 그리고 통합된 이후 《백범일지》는 다시 한번 차원이 다른 모습으로 세상에 드러난다.

1947년 국한문인 《백범일지》는 국사원에서 쉬운 현대적인 한글로 세상에 나오게 되었다. 여기에는 《친필본》 내용뿐만 아니라 중경에서의 생활, 해방 전후 사건들, 해방 후 대한민국임시정부를 중심으로 활동했던 독립운동가들이 상해를 거쳐 국내로 귀환하는 과정이 추가되었다. 또한 치하포 사건으로 김구가 피신을 하면서 인연을 맺었던 지역들을 귀국 후에 여행하면서 남긴 기록도 첨가되었다. 또한 '내가 품은, 내가 믿는 민족철학의 대강령'이라는 〈나의 소원〉이라는 문건도 실려 있다. '민족국가', '정치 이념' 그리고 '내가 원하는 우리나라' 등의 소제목이 붙은 이 글은 김구의 사상적 측면을 이해하는 데 가장 중요한 문건으로 평가되고 있다. 그리하여 연구자들을 포함한 많은 사람들이 김구를 이해하는 길잡이가 되었다.

그런데 이 모든 것을 포함해서 필자가 《국사원본》을 주목하는 이유는, 이 판본이 바로 '《백범일지》의 최종본'이라는 점 때문이다. 《친필본》과 비교해서 번역이 잘못된 부분, 고의든 아니든 빼먹거나 누락된 부분, 축약시킨 부분 등 많은 문제점을 안고 있는 판본이 《국사원본》인 것도 사실이다. 동시에 우리가 잊지 말아야 할 것은 《국사원본》과 김구의 '의도'에 대한 것이다. 분명히 《국사원본》은 김구 생존 시기에 간행되었을 뿐만 아니라 일정 부분 김구의 관여 아래 이루어진 《백범일지》라는 사실이다. 게다가 이 《국사원본》을 위해 따로 두 자식에게 보내는 글인 〈인신양아의게여한다〉도 작성하였다.

모든 상황을 종합해보면 《친필본》이 작성된 다음 어느 시기부터 끊임없이 《백범일지》는 변화를 거듭하였으며, 이 과정을 주도한 것은 바로 김구 자신이었다는 점이다. 확언까지는 할 수 없지만 현재 우리가 보고 있는 《친필본》의 여러 삭제 부분 역시도 김구에 의해 이루어진 결과라고 보인다. 그렇다면 이제 우리는 《백범일지》를 어떻게 읽고 이해할 것인가라는 문제로 다시 돌아가게 될 것이고, 그런 과정을 반복하면서 《백범일지》를 남긴 김구 자체에 대한 이해 역시도 깊어질 거라는 생각을 갖게 된다. 왜냐하면 역사적 인물로서의 김구와 《백범일지》가 우리에게 주었고 주는 영향이 너무나 크기 때문이다.

백범일지 상권

인仁과 신信 두 아이에게 주는 글

　너희들은 아직 나이가 어리고 또한 반만 리 바다 먼 곳에 떨어져 있어 그때마다 이야기해줄 수도 없으므로 그동안 내가 겪었던 일들을 간략하게 적어 몇몇 동지에게 남겨놓는다. 장차 너희들이 장성하여 나의 경력을 알고 싶어 할 정도가 되면 보여주라고 부탁하였다.

　내가 가장 한스러워하는 바는 너희 형제가 장성하였더라면 부자간의 서로 따뜻한 사랑으로 이야기하겠지만 그렇지 못하여 만족스럽지 못하다는 것이지만 세상일이 어찌 뜻과 같이 되겠느냐. 내 나이 벌써 쉰세 살이 되었지만 너희 나이는 겨우 열 살과 일곱 살의 어린아이들이니 너희의 나이와 지식이 늘어날수록 나의 정신과 기력은 점점 약해질 것이다. 그뿐 아니라 이미 왜구에게 선전포고를 내리고 지금은 죽음의 기로에 서 있는 것이다.

　지금 이 글을 기록하는 것은 결코 너희 형제가 나를 본받으라는 것이 아니다. 내가 진심으로 바라는 것은 너희도 대한민국의 한 국민이니 동서고금의 수많은 위인 중에서 가장 숭배할 만한 이를 택하여 스승으로 섬기라는 것이다. 그러나 너희가 자라더라도 아비의 경력을 알 길이 없을 것이므로 내가 이 글을 쓰는 것이다. 다만 유감스러운 것은 세월이 많이 지난 사실이므로 잊어버린 것도 많다는 것이다. 그러나 보태거나 꾸며 넣은 것은 없으니 믿어주기 바란다.[53]

---

53 이 내용은 《친필본》과 《필사본 1》을 참조하였다. 이 편지의 원문은 다음과 같다. "汝等은아직나히얼이고또한半萬里重域을隔하야時時(이하 마모됨—필자)其間나의所經歷을略述하야몟몟同志의게寄與하며將來너의들이長(이하 마모됨—필자)經歷을알고싶어할程度에밎으거든뵈여달나고부탁하엿거니와나의가장(이하 마모됨—필자)바는너의兄弟가長成하엿드면父子間서로땃뜻한사랑의談話로一次說與(이하 마모됨—필자)면滿足할것이나世上事가所願과갓이아니하야나의나은벌셔五十三歲이엿만汝等(이하 마모됨—필자)幼兒인즉너희의年期와知識이添進할사록나의精神과氣力은衰(退?—필자))할뿐아니라임의倭仇에게宣戰布告를下하고現下死線에立함에랴今에此를記함은결코너의兄弟로하여금나를效則하라함이아니라眞心으로바라는바는너의도또한大韓民國의一員인즉(東?)西古今의許多한偉人中에가장崇拜할만한니를選擇하야師事함함에잇을뿐이(몇 글자 안 보임—필자)너의들이將次長成하더라도아비의一生經歷을(세 글자 안 보임—필자)간는故로此를略述하거(이하 마모됨—필자)다만遺憾되는것은(記憶中에)年久한事實임으로忘失한바가多有(이하 마모됨—필자)한것은事實인즉믿어주기를바란다." 《친필본》 맨 앞장에 붙어 있는 〈여인신앙아서〉)

백범일지 상권

조선祖先과 가정[54]

우리 선조는 안동 김성金姓이니 김자점金自點의 방계이다. 당시 김자점이 반역죄로 전 가족이 멸망을 당할 때 우리 선조는 처음에는 고양군으로 망명하였으나 그곳 역시 서울에서 가까운 곳이었으므로 먼 시골인 해주읍에서 서쪽으로 80리 떨어진 백운방(白雲坊, 지금은 운산면으로 개칭되었다)의 기동(基洞, 텃골)인 팔봉산 아래 양가봉 밑에 숨어 은거하였던 것은 족보를 상고해도 명백하다. 그곳 후포리(後浦里, 텃개) 선산에는 나의 11대 조부모의 산소를 비롯하여 대대로 묘를 썼고 그 산 아래에는 할머님의 산소도 있었다. 그때는 조선의 전성시대이므로 전국을 통하여 문무 양반과 상인 계급이 빈틈없이 조

---

54 《백범일지》 중에서 《친필본》의 이 부분은 매우 주의 깊게 볼 필요가 있다. 그리고 《친필본》에서는 '조선과 가정', '출생 및 유년 시대'에만 번호가 매겨져 있고, 이 후로는 번호를 매기지 않았다. 이 부분에 대해서는 해제 24~25쪽을 참조하라.

직되어 있었다. 우리 선조들도 양반이 싫고 상놈 행세를 즐겨했을 리는 없지만 김자점의 일족임을 감추고 멸문지화를 면하기 위하여 일부러 상놈이 되었던 것이다.

양반 냄새가 나는 문화생활을 한쪽에 치워버리고 시골의 생업인 농사일에 착수하여 임야를 개척하며 생계를 이어가다가 영원히 판박이 상놈이 된 원인이 있었다. 이조 시대 군제軍制로 역둔토驛屯土 이외에 이른바 군역전이라는 명목을 가진 땅이 있었다. 누구든지 가난한 사람이 이 땅을 갈아먹다가 국가 유사시에 정부에서 징병령이 떨어지면 이 땅을 경작해 먹고살던 자는 병역에 응하는 것이 규칙이었다. 우리 조상네가 이 땅(기동 북쪽 텃골 고개 너머 왼쪽 변에 있는 장미전長尾田)을 갈아먹은 이후로 아주 패(牌 : 명찰) 찬 상놈이 되었던 것이다.

그때 나라에서는 존문천무(尊文賤武 : 문을 존중하고 무를 천하게 여기다)의 폐풍弊風이 있었다. 그래서 우리는 지금까지도 기동 근처에 살아오던 진주 강씨와 덕수 이씨 등 토반들에게 대대로 천대와 압제를 받아왔던 것이다. 그 실례를 열거하면 다음과 같다.

우리 김씨 문중의 처녀가 강씨와 이씨 문중으로 시집가는 것은 영광으로 알아도 강씨와 이씨의 처녀가 우리 김씨 문중으로 시집오는 것은 보지 못하였으니 이는 혼인의 천대요, 강씨와 이씨들은 대대로 방장(坊長, 지금의 면장)을 세습하였지만 우리 김가는 존위(尊位, 존위는 방장의 명령을 받고 각 호마다 세금을 징수하는 직책이다) 직 이외에는 한 걸음도 나가지 못하니 이는 취직, 즉 정치적 압제요, 강씨와 이씨들은 양반의 위엄을 부려 김씨 문중의 토지를 강점하고 금전을 강탈한 후 농노로 사용하였으니 경제적 압박이요, 강씨와 이씨들은 비록 머리를 땋은 어린아이라도 우리 김씨 문중의 70~80대 노인을 대하면 반말을 쓰며 '이랬나' '저랬나' '이리하게' '저리하게' 하는 천대를 하는 반면에, 우리 집 노인들은 강씨와 이씨 자손들의 가관加冠[55]한 아이에게도 반드시 경어를 사용했으니 이는 언어의 천대였다.

그런데 좀 이상스러운 것은 기동을 집안 터로 하고 대대로 내려온 우리 가문도 전성시대에는 기와집이 즐비하였고, 또 선산의 묘에는 석물이 웅장하게 서 있었으며 세전노비[世傳奴婢 : 대대로 전해오던 노비]까지 있었다는 것이다. 내 나이 열 살 남짓 때 본 것으로 우리 문중에 혼례나 장례가 있을 때에 이정길이란 사람이 언제나 와서 일을 보았는데, 이 사람은 본래 우리 집의 종으로서 속량 받은 사람이라 하니 그는 이른바 종의 종이었던가 보다. 우리보다도 더 흉악한 운명을 가진 사람도 있었던 것이다.

역대를 상고해보면 문사文士도 없지 않았으나 이름난 이는 없었고 언제나 불평객만 많았다. 내 증조부는 가짜 어사질을 하다가 해주 영문[營門 : 감영]에 갇혔으나 서울 어느 양반의 청탁 편지를 얻어다 대고 겨우 형벌을 면하셨다는 말을 집안어른들께 들었다.

그 당시 가정 형편으로는 증조 항렬 네 분 중에 한 분이 생존해 계셨고, 조부 형제도 모두 생존하셨고, 아버지 4형제는 다 살아계시다가 백부인 백영伯永은 할아버지보다 먼저 돌아가셔서 내가 다

---

55 성년식인 관례를 치르며 갓을 처음 쓰는 일을 말한다.

섯 살 때에 종형들과 함께 곡하던 것이 기억난다. 아버지 순영淳永은 4형제 중에 둘째 분으로서 집이 가난하여 장가를 못 가고 노총각으로 계시다가 스물네 살 때에 삼각혼三角婚이라는 기괴한 방법으로 혼인을 하였으니, 이것은 세 성씨가 각기 혼인 당사자인 자녀를 서로 바꾸는 것이었다.

내 외숙은 내 고모가 (---8자 결락---) 내 어머님은 장연목 감방 문산촌 현풍 곽씨의 딸로 열네 살에 성혼하여 내외분 아들이 (---9자 결락---) 종조부 댁에 의거하여 살았다. 어머님은 나이는 어리고 할 일은 많아 무쌍한 고생을 하셨으나 내외분의 정분은 좋았던 탓으로 2~3년 후에 독립 가정을 이루어 지내시던 때에 내가 태어나게 되었다. 어머님은 꿈에 푸른 밤송이에서 붉은 밤 한 톨을 얻어서 감추어둔 것이 태몽이라고 늘 말씀하셨다.

출생 및 유년 시대

나는 병자년 7월 11일 자시에 기동 속명俗名 웅텅이 큰댁이라는 조부와 백부가 사시는 집에서 태어났다. 내 일생이 기구할 예조[預兆 : 미리 나타나는 조짐]였는지 그것은 유례가 없는 난산이었다. 진통이 일어난 지 6~7일이 되어도 순산은 아니 되고 어머님의 생명이 위태롭게 되었다. 의학으로 혹은 미신으로 온갖 시험을 다해도 효험이 없자, 자못 황급한 가운데 어른들은 아버지가 소의 길마[소나 말의 등에 없는 안장]를 머리에 쓰고 지붕에 올라가서 소의 울음소리를 내야 한다고 강제했으나 아버지는 응하지 않다가 할아버지의 엄명을 듣고서야 그렇게 한 뒤에 내가 나왔다.

집안은 가난하고 나이 겨우 열일곱 살 되시는 어머님은 항상 내가 귀찮아서 이서 죽었으면 좋겠다고 탄식했다고 한다. 게다가 젖이 부족해 암죽을 먹이고 아버지가 나를 품속에 품고 다니시며 이웃 산모에게 애걸하여 젖을 얻어 먹이셨다 한다. 먼 친척 할머니뻘 되는 직포댁이 깊은 밤중이라도 조금도 싫은 빛 없이 내게 젖을 물리셨다는 말을 들었다. 내가 열 살 남짓할 때 그 어른이 작고하여 기동 동쪽 기슭에 매장하니 나는 그 산소 앞을 지날 때마다 경의를 표하였다. 내가 서너 살 때 천연두를 겪었는데 고름이 돋을 쯤에 어머니가 보통 종기를 치료하듯이 죽침으로 따서 고름을 빼내었으므로 내 얼굴에 마마 자국이 크다는 것이다.[56]

다섯 살 때, 부모님은 종조와 재종조, 삼종조 여러 댁이 강령군 삼가리의 배산임수한 곳으로 이사하였으므로 그들을 좇아 이거移居하였다. 거기서 2년을 살았는데, 그곳은 외롭게 떨어진 곳으로 산 어귀의 호랑이 길목에 자리 잡고 있어, 호랑이가 사람을 물고 우리 문 앞을 지나갈 정도였으므로 밤이면 한 걸음도 문밖에는 나가지

---

56 현존하는《친필본》의 처음부터 여기까지(3~4쪽) 내용은 나중에 새롭게 작성된 것이다. 분실 때문인지 혹은 인멸된 것인지는 확언할 수 없다. 하지만《친필본》의 이 부분은, 김구가《친필본》〈백범일지하권자인언〉을 작성할 때, 혹은 그 전후에 다시 새롭게 작성한 것이다. 이와 관련해서 김구의《친필본》을 보관해왔고 공개한 아들 김신은《친필본》의 보존 상태에 대해 다음과 같이 언급하고 있다. "이 영인본을 출간하게 된 동기는 6·25전란 때 전전하면서 보관하다 보니 습기를 받아 지면이 번져 문장 자체가 희미해져가는가 하면 용지도 60여 년이나 지난 지금 날이 갈수록 인멸되어가 영구보존이 어려워 영인본을 출간하기로 하였다."《친필본》, 218쪽)

못하였다. 낮이면 부모님은 농사하러 나가거나 혹은 바다에 무엇을 잡으러 나가시고 나는 이웃 마을 신풍 이 생원 집에 가서 그 집 아이들과 놀다가 오는 것이 일과였다.

어느 여름날에는 시골 아이들이 늘 하는 대로 아랫도리만 입고 배꼽 위는 알몸으로 그 집 사랑에서 놀고 있었다. 그런데 그 집 아이들 중에는 나와 동갑 되는 아이도 있었으나 두세 살 위 되는 아이들도 있었다. 그 애들이 해주 놈 때려주자고 공모하고는 나를 무리하게 매질했다. 한차례 얻어맞은 나는 분김에 곧 집에 돌아와서 부엌에서 큰 식칼을 가지고 다시 그 집으로 가서 그 애들을 찔러 죽일 결심을 하였다. 사랑 앞문으로 들어가면 그들이 보고 대비할 테니 칼로 울타리를 뜯고 있는데, 마침 그 집 안마당에 있던 열일고여덟 살 된 처녀가 칼을 든 채 안으로 들어오는 나를 보고 놀라 소리소리 질러 오라비들을 불렀다. 그래서 나는 또 그놈들에게 붙들려 실컷 얻어맞고 칼까지 빼앗기고 집으로 돌아와 칼 잃은 죄로 시치미를 떼고 있었다.

또 하루는 집에 혼자 앉아서 몹시 궁금해하고[심심하다] 있는데 엿장수가 문 앞으로 지나가면서 "헌 유기나 부러진 수저로 엿들 사시오" 하고 외쳤다. 나는 엿은 먹고 싶었으나 엿장수가 아이들의 자지를 잘라간다는 말을 어른들에게 들은 일이 있으므로 방문을 꽉 닫아걸고 엿장수를 불렀다. 주먹으로 문구멍을 뚫고 아버지께서 들고 자시는 좋은 숟가락을 발로 디디고 분질러서—헌 숟가락이라야 엿을 주는 줄 알았기 때문이다—반은 두고 반만 문구멍으로 내다 밀었더니 엿을 한 주먹 뭉쳐서 창구멍으로 들이밀었다. 잘 먹고 있는데 아버님께서 밖에서 들어오셨다. 엿과 반 동강 숟가락은 그대로 가지고 있었다. 아버님이 묻기에 사실대로 아뢰었더니 다시 그런 짓을 하면 엄벌을 주겠다고 말씀으로만 꾸중을 하셨다.

그다음에는 아버지께서 엽전 스무 냥을 방 아랫목 이부자리 속에 두고 나가시는 것을 보았다. 혼자 심심은 하고 앞 동구 밖 거리 집에서 떡을 파는 줄은 알고 있었다. 돈을 전부 꺼내 온몸에 감고 문을 나서서 떡집으로 가는데 도중에서 삼종조를 만났다.

"너 이 녀석. 돈을 가지고 어디를 가느냐?"

"떡 사 먹으러 가요."

"네 애비가 보면 큰매 맞는다. 어서 집으로 들어가거라."

돈은 그 할아버지가 빼앗아 아버지에게 전하였다. 먹고 싶은 떡도 못 해먹고 마음이 자못 불평不平하여 집에 와 있노라니, 뒤따라 아버지께서 들어오셔서 한마디 말씀도 없이 빨랫줄로 나를 꽁꽁 동여 들보 위에 매어달고 회초리로 때리니 아파서 죽을 지경이었다. 어머니도 밭에서 돌아오지 않으신 때라 말려줄 이도 없었다.

이때 재종조인 장련 할아버지가(이분은 한방 의사로 나를 퍽 사랑해주던 분이셨다) 마침 지나가시다가 내가 악을 쓰고 우는 소리를 듣고 달려 들어오셔서, 불문곡직하고 들보에 달린 나를 끌러 내려놓으신 뒤에야 아버지께 까닭을 물으셨다. 아버지의 설명을 다 듣지도 않고 장련 할아버지는 나이는 아버지와 동갑이지만 아버지뻘 되는 권위로, 아버지께서 나를 치시던 회초리를 빼앗아 아버지의 머리와 다리를 함부로 한참 동안이나 때리고 나서 비로소 "어린것을 그렇게 무지하게 때리느냐"고 책망하셨다. 나는 아버지께서 매를 맞는 것이 퍽도 고소하고 장련 할아버지가 퍽도 시원하고 고마웠다.

장련 할아버지는 나를 업고 들로 나가서 수박과 참외를 실컷 사 먹이고는 할아버지 댁으로 업고 가셨다. 장련 할아버지의 어머니 되시는 종조모께서도 내가 아버지한테 매 맞은 연유를 들으시고는 아버지의 잘못을 책망하시고 "네 아비 밉다. 집에 가지 말고 우리 집에서 살자" 하시더니 밥과 반찬을 잘하여주는지라, 얼마큼 마음 이 기쁘고 아버지가 그 할아버지에게 맞던 것을 생각하니 상쾌함 도 짝이 없었다. 그렇게 여러 날을 묵고서 집에 돌아왔다.

한때는 여름 장맛비가 와서 근처에 샘들이 솟아 여러 갈래 작은 시내를 이루었다. 나는 붉은 염색과 푸른 염색을 통으로 꺼내다가 샘이 나는 곳에 풀어놓고 붉은 시내, 푸른 시내가 합류하는 기이한 광경을 구경하며 좋아하다가 어머님께 몹시 매를 맞았다.

종조부는 이곳에서 작고하여 해주 본향으로 100여 리나 되는 원 거리 운구를 하게 되었다. 편한 방법으로 상여에 바퀴 하나를 달고 사람이 끌고 갔는데 가다가 도리어 불편하다고 바퀴를 떼고 어깨 에 메고 가던 것이 기억난다.

일곱 살 때에는 여기 와서 살던 가까운 친척들이 한 집 두 집 도 로 기동 본향으로 돌아가기 시작했는데, 나는 아버님과 삼촌들의 등에 업혀 오던 것이 기억난다. 고향에 돌아와서 어머니와 아버지 는 농업을 하시고 생활을 하는데, 아버지 학식은 겨우 이름이나 쓰 는 정도였지만 골격이 준수하고 성정이 호방하여 술이 한량이 없 었다. 문득 술에 취하기만 하시면 강씨, 이씨를 만나는 대로 통타痛 打하여 주고, 해주 감영에 갇혀 지내기를 한 해에도 몇 번씩 되풀이

하여 문중에 소동을 일으켰다. 인근 양반들이 아버지를 주목하고 미워했지만 용이하게 제압하지 못하는 모양이었다.

그때 시골 관습으로는 누가 사람을 때려서 상해를 가하면 다친 사람을 때린 사람의 집에 떠메다가 누이고 그가 죽나 사나를 기다리는 것이었다. 그래서 우리 집에는 한 달에도 몇 번씩 온몸이 피투성이가 되어서 다 죽게 된 사람을 메어다가 사랑에 누이곤 했다. 부친이 비록 주량이 과하지마는 술 취하면 나오는 습관 때문이 아니라 순전하게 불평에서 나온 것이었다. 그같이 몹시 맞은 자들은 아버지와 직접 관계가 있어서가 아니었다. 아무 상관도 없는 사람이라도 강한 것을 믿고 약한 자를 능멸하는 것을 보면 친불친親不親을 막론하고《수호지》에 나오는 호걸식으로 참지 못하고 패주었다. 이렇게 아버지가 불같은 성정이신 줄을 알므로 인근 상놈들은 두려워 공경하고 양반들은 무서워 피하였다. 해마다 연말이 되면 아버지는 닭과 계란, 담배 같은 것을 많이 장만하여서 어디론가 보냈다. 그러면 답례로 역서歷書와 해주묵海州墨 같은 것들이 왔다.

내 나이 여덟아홉 살 때 깨달은 것은 아버지가 한 달에 몇 번씩 소송을 만나 해주에 잡혀가게 됨으로 직접적인 고통을 면하기 위해 양반들은 감사나 판관에게 가 붙는 반면에, 아버지는 영리청營吏廳이나 사령청使令廳에 계방契房[57]이라는 수속을 밟아 매번 연말 그 개인에게 선물을 하였던 것이다. 이렇게 계방이 되어두면 감사의 영문이나 본아本衙에 잡혀가서 옥이나 영청에 갇히는 일이 있더라

---

57 조선 시대 때, 공역의 면제나 그 밖의 다른 도움을 받으려고 관아의 낮은 관리들에게 미리 돈이나 곡식 등을 주는 행위를 말한다.

도 계방인 까닭에 영리營吏와 사령使令들이 사정을 봐주어 표면적으로는 몇 달 몇 날 동안 갇히는 것 같으나 그것은 명색뿐이요, 사실은 영리·사령들과 같은 방에서 같은 밥을 먹고 편히 있고, 또 설사 태장·곤장을 맞는 일이 있다 하더라도 사령들은 매우 치는 시늉을 하고 맞는 편에서는 죽어가는 엄살만 하면 그만인 것이었다.

그뿐 아니라 만일 아버지께서 되잡아 양반들을 걸어서 소송을 하여 그들이 잡혀오게 되면 재산은 있는 대로 허비하게 되고, 제아무리 감사나 판관에게 뇌물을 써서 모면한다 하더라도 아버지의 편인 범 같은 영속營屬들에게 별별 고통을 다 당하게 된다. 이렇게 해서 1년 동안에 황해도에서 10여 명의 부자가 가산을 탕진하고 망하게 되었다는 말을 들었다. 아버지를 무서워하는 인근 양반들의 회유책이었는지 아버지를 도존위[都尊位 : 존위 중 우두머리]에 천거하였다.

그러나 아버지는 도존위 공무를 행할 때 양반에게 가까이하려던 다른 존위와는 반대로, 세금을 거둘 때에 양반에게는 가혹하게 받아내지만 빈천한 사람의 것은 자담하여 낼지언정 그들에게 가혹하게 행하는 일은 없었다. 이 때문에 3년이 못 되어서 아버지는 공전 흠포公錢欠逋[58]를 내고 면직당하셨다. 아버지는 인근에 사는 양반들에게 꺼림과 미움을 받아서 그들의 부인과 아이들까지도 김순영이라는 이름만 들어도 손가락질하고 미워하였다. 그래서 아버지가 양반의 사랑에 갔을 때 다른 양반들이 죽 앉아 있으면 주인으로부터 "하, 김 존위 왔는가" 하는 반말을 들었지만, 조용한 때에는 이따금

---

58 공전'은 정부나 지방 관아에서 소용되는 돈을 말하며, '흠포'란 관청의 돈이나 물건 등을 사사롭게 쓰는 행위를 말한다.

"이랬소", "저랬소" 하는 이른바 반공대말을 하는 것을 보았다.

아버지의 어렸을 때 별명은 '효자'였다. 할머니께서 돌아가실 때 아버지께서 왼손 무명지를 칼로 잘라서 할머니의 입에 피를 흘려 넣으셨기 때문에 소생하셔서, 사흘을 더 사시고 나의 생일과 같은 날에 돌아가셨다는 것이었다. 아버지의 항렬에는 4형제분이 계셨는데 그중 백부는 백영이요, 둘째는 아버님 순영, 셋째는 필영, 넷째는 준영이었다. 백부와 셋째는 능력도 학벌도 없는 농사꾼이었고, 아버지와 넷째 삼촌은 특이한 성질이 있었다. 준영 삼촌은 주량이 심대하고 국문을 배우는데 한겨울 동안에 '각' 하다가 '갈' 하고는 끝내 못 배우고 말았다. 그리고 술을 마시면 주사가 대단하여서 취하기만 하면 큰 풍파를 일으키는데, 아버지와는 반대로 아무리 취하여도 양반에게는 감히 손을 못 대면서 일가 친족에게만 위아랫사람 할 것 없이 욕을 보이고 싸움질을 능사로 한 까닭에 조부님과 아버지가 늘 때려주었다.

아홉 살 때, 할아버지가 돌아가시고 장례날인데 큰 연극이 벌어졌다. 준영 삼촌이 술에 취하여 상여가 나가려 할 때에 호상인護喪人들을 모조리 때려 보내니, 급기야 인근 양반들이 큰 생색을 내어 자기 집 하인들을 한 사람씩 보내 상여를 메도록 하였는데 이 사람들까지 다 때려 쫓았다. 결국은 준영 삼촌을 결박하여 집에 가두고 집안 식구들끼리 상여를 들어다가 장례를 마쳤다.

장례를 지낸 뒤에 종증조할아버지가 가족회의를 소집하여 준영 삼촌의 두 발 뒤꿈치를 잘라 폐인을 만들어 평생을 앉은뱅이로 있게 하자는 결의를 하고 발 뒤를 베어버렸다. 분한 김에 그렇게 하기는 했으나 힘줄은 다 상하지 않아 병신까지는 안 되었다. 그러나 그가 종조부 댁 사랑에 누워서 호랑이 우는 듯하는 바람에 나는 무서워 근처에도 못 갔다. 지금 생각하니 이것이 상놈의 본색이요, 소위 所爲라고 아니할 수 없다.

그때 어머니는 내게 이런 말씀을 하셨다.

"너의 집에 허다한 풍파가 거의 술 때문이니, 두고 보아서 너도 또 술을 먹는다면 나는 단연코 자살을 하더라도 네 꼴을 안 보겠다."

나는 이 말씀을 깊이 새겨들었다. 이때쯤 나는 국문을 배워서 고담(古談, 소설)[59]은 볼 수 있었다. 한문도 천자문을 이 사람 저 사람에게 배웠다. 하루는 집안 어른들이 지난 이야기를 하는 중에 크게 격동(激動 : 충격)을 받았다. 몇 해 전에 문중에 새로 혼인한 집이 있었는데, 어느 할아버지가 서울 갔던 길에 총관(聰冠, 馬尾冠)[60]을 하나 사서 숨겨두었다가 밤에 내어 쓰고 새 사돈을 보러 갔다가, 이웃 동네 양반들에게 발각되어 그 관이 찢어지고 그로부터 다시는 관을 못 쓰게 되었다는 것이다.

학동學童 시대[61]

나는 힘써 물었다. 그 사람들은 어찌하여 양반이 되고 우리는 어찌하여 상놈이 되었는가를. 대답은 "침산砧山 강씨도 그 선조는 우

---

59 옛이야기를 가리킨다.

60 양반이 사용하던 '말총갓'으로 말의 갈기나 꼬리로 만들었다.

리 선조만 못하였으나 그 집안에 진사가 셋이나 생존해 있지 않느냐. 오담鰲潭 이 진사 집도 그렇다." 나는 또 물었다. "진사는 어떻게 되느냐"고. 답은 "진사 급제는 학문을 공부하여 큰 선비가 되면 과거를 보아서 되는 것이다"라고 하였다. 이 말을 들은 후부터 나는 공부할 마음이 간절하여 아버지께 서당에 보내달라고 졸랐다.

그러나 아버지도 주저하지 않을 수 없었다. 우리 동네에는 서당이 없고 다른 곳에 보내야 하는데 양반의 서당에서는 나를 받아주지도 않으려니와, 가령 들어간다 하더라도 양반의 자식들이 멸시할 것이니 그 꼴은 못 보겠다는 것이었다. 그래서 얼른 결단을 못하다 마침내 우리 문중 학령 아동들과 이웃 동네 상놈 친구의 아이들을 모아서 새로 서당을 하나 만들기로 하였다.

훈료訓料는 가을에 쌀과 보리를 모아주기로 하고, 이름은 잊었지만 청수리에 사는 이 생원이라는 양반 한 분을 모셔오기로 하였다. 이 생원은 지체는 양반이지만 글이 짧아서 양반 서당에서는 데려가는 데가 없기 때문에 우리 서당으로 오신 것이었다. 나는 그 선생님이 오신다는 날 너무 좋아서 못 견딜 지경이었다. 머리를 빗고 새 옷을 갈아입고 마중을 나갔다. 저쪽에서 나이가 쉰 남짓 되어 보이는 키가 후리후리한 노인 한 분이 오시는데 아버지께서 먼저 인사를 하시고 나서 나에게 "창암아, 선생님께 절하여라" 하시기에 나

---

61 《친필본》에서 김구는 이 부분부터 소제목 앞에 번호를 매기지 않았는데, 유서를 작성한 당시의 내용을 이후 다시 정리, 재편집하면서 체제와 목차를 순차적으로 체계화하려고 했던 것 같다. 다만, 이 부분부터 다시 정리할 시간 여유가 없었든지, 아니면 그럴 필요가 없었든지 등의 이유로 손을 대지 않은 것으로 보인다.

는 공손하게 절을 하고 나서 그 선생을 우러러보니, 마치 신인神人이라 할지 상제上帝라 할지 어찌나 거룩하여 보이는지 그 느낌을 말로 다 할 수 없었다.

우선 우리 사랑을 글방으로 정하고 우리 집에서 선생의 식사를 받들기로 하였다. 그때 내 나이 열두 살이었다. 개학하는 첫날 나는 '마상봉한식馬上逢寒食'[62] 다섯 자를 배웠는데 뜻은 알든 모르든 기쁜 맛에 밤에도 어머니 밀麥마磨질[63]을 도와드리면서 자꾸 외웠다. 새벽에는 일찍 일어나서 선생님 방에 나가서 누구보다도 먼저 배워서 밥그릇 망태를 메고 먼 데서 오는 동무들을 내가 또 가르쳐주었다.

선생님은 우리 집에서 석 달을 지내고는 다른 학동의 집으로 옮아가게 되었다. 근처의 산동(山洞 : 산촌) 신 존위 집 사랑으로 글방을 옮기게 되어서 아침이면 나는 밥그릇 망태를 메고 산 고개를 넘어서 다녔다. 집에서 서당에 가기까지, 서당에서 집에 오기까지 내 입에서는 글소리가 끊어지는 일이 없이 통학하였다. 글동무들 중에는 나보다 정도가 높은 아이도 있었으나 배운 것을 시험을 보면 언제나 내가 최우등이었다.

반년 만에 선생님과 신 존위 사이에 반목이 생겨서 이 선생을 내

---

62 당나라 시인 송지문의 〈도중한식途中寒食〉에 나오는 구절이다.
馬上逢寒食 말 위에서 한식날을 맞으니
途中屬暮春 고향 가는데 봄이 저물어간다
可憐江浦望 아쉬워라, 포구에서 바라보니
不見洛橋人 낙교의 고향 사람 보이지 않는다
63 원문에는 '어머님밀(麥)磨질을도와드리면서'라고 되어 있다. '보리나 밀을 매통에 갈아 껍질을 벗기는 일'을 말한다.

보내게 되었는데, 표면적인 이유는 이 선생이 밥을 너무 많이 자신다는 것이었으나 사실은 자기 손자는 둔재여서 공부를 잘 못하는데 내 공부가 일취월장하는 것을 시기하기 때문이었다. 한 번은 한 달에 한 번 보는 시험 때에 선생님이 내게 조용히 부탁하신 일이 있었다.

"네가 늘 우등을 하였으니 이번에는 일부러 글을 못 외우는 것처럼 하고 내가 뜻을 물어도 일부러 모른다고 하여라."

나는 "그리하오리다" 하고 약속하고 그대로 하였다. 이리하여 그날은 신 존위의 아들이 처음으로 한 번 장원을 하였다. 신 존위는 대단히 기뻐서 이날 술을 빚고 닭을 잡아 한 턱을 잘 먹은 적이 있었다. 그러나 끝내는 이 선생이 해고되었으니 참으로 소위所謂 상놈의 행사行事라 아니할 수 없다.

하루는 내가 아침밥을 먹기 전에 선생님이 우리 집에 오셔서 나를 불러 작별 인사를 하셨다. 나는 정신이 아득하여 선생님의 품에 매달려서 방성대곡하였다. 선생님도 눈물이 비 오듯 하였다. 눈물로 작별한 후 나는 며칠 동안은 밥도 잘 아니 먹고 울기만 하였다.

그다음에 곧 그와 같은 돌림 선생님 한 분을 모셔다가 공부를 계속하게 되었으나 호사다마 격으로 이번에는 아버지께서 돌연 전신불수가 되었다. 그때부터 나는 공부를 전폐하고 아버지 심부름을 하지 않으면 안 되었다. 근본이 옹색한 살림에 의사와 약값으로 가산이 탕진되었다. 네댓 달 치료 후에 아버지는 반신불수가 되어 말소리도 분명치 못하고 한 다리 한 팔을 쓰지 못했으나 반쪽이라도 쓰는 것이 신기하였다. 그러나 돈이 없으니 고명한 의원을 모셔오기는 불가능하고 부모님 내외가 무전여행을 떠나 문전걸식을 하며 어디든지 고명한 의원을 찾아 치료하고자 집을 떠났다. 집과 가마솥까지 다 팔아 없어지고 나는 백모님 댁에 맡겨진 몸이 되어서 종형들과 송아지 고삐를 끌고 산허리와 밭머리에서 세월을 보냈다.

나는 부모가 그리워 견딜 수가 없어 여행하는 부모님을 따라 신천, 안악, 장련 등지로 돌아다녔다. 그러다가 나만 장련 대촌의 친척(장련 재종조의 누이) 집에 맡겨두고 부모님 내외만 본향으로 할아버지 대상제大祥祭[64]를 거행하러 가시고 말았다. 그 댁도 농가인 까닭에 주인과 함께 구월산에 나무를 베러 갔는데 내가 어렸을 때는 몸이 크지를 못해 나뭇짐을 지고 다니면 마치 나뭇짐이 걸어가는 것 같았다. 그런 고역은 처음 당하는 것이라 고통스러운 데다가 그 동네에는 큰 서당이 있어 밤낮으로 글 읽는 소리가 들리니 그럴 때마다 말할 수 없는 비통한 감회를 금할 수 없었다.

그 후 부모님이 그리로 오신 후에 나는 고향으로 가서 공부를 하겠다고 몹시 졸랐다. 그때는 아버지도 한편 팔다리도 좀 더 쓰고 기력도 차차 회복이 되어갔다. 내가 그같이 공부에 열심인 것을 가상히 여겨 고향으로 돌아오게 되었다. 급기야 고향에 돌아와 보니, 의식주를 해결할 길이 조금도 없는지라 일가들이 얼마씩 추렴하여 거처를 장만하고 나는 또 서당에 다니게 되었다. 책은 빌려서 읽지만 필묵(筆墨 : 붓과 먹) 값은 나올 데가 없었다. 어머님이 김품(김매기 품팔이)과 길쌈을 하여 먹과 붓을 사주실 때에는 어쩌나 감사한지

---

64 사람이 죽고 두 돌 만에 지내는 제사이다.

이루 말로 다 형용할 수 없었다.

그러나 나이 열네 살이나 되고 보니, 선생이라고 만나는 이가 대부분 고루했으며 아무개 선생은 '벼 열 섬짜리', 아무개 선생은 '닷 섬짜리' 하고 훈료가 많고 적은 것으로 선생의 학력을 짐작하였다. 내 어린 소견으로 보아도 그들은 마음씨나 일하는 것에 있어 남의 스승이 될 자격이 보이지 않았다.

그때 아버지는 종종 내게 이렇게 훈계하셨다.

"밥벌어먹기는 장타령이 제일이니 너도 큰 글 하려고 애쓰지 말고 행문行文이나 배워라."

'우명문사단右明文事段' 하는 땅문서 작성하기, '우근진소지단右謹陳訴旨段' 하는 소장 쓰기, '유세차감소고維歲次敢昭告' 하는 축문 쓰기, '복지제기자미유항려僕之第幾子未有伉麗' 하는 혼서지婚書紙 쓰기, '복미심伏未審' 하는 편지 쓰기를 짬짬이 연습하여, 나는 무식한 무리 중에서 그래도 하나의 밝은 별이었다. 문중에서는 내가 장차 존위 하나는 하리라고 촉망받게 되었다.

그때 내 한문은 겨우 글을 이어가는 정도였지만《통감痛鑑》,[65] 《사략史略》[66]을 읽을 때에 '왕후장상 영유종호[王侯將相 寧有種乎 : 왕과 제후, 장수와 정승의 씨가 따로 있겠는가)' 하는 진승陳勝의 말이나 칼을 빼어서 뱀을 베었다는 유방劉邦의 행동이나 빨래하는 여인에게 밥을 빌어 먹었다는 한신韓信의 사적을 볼 때에는, 나도 모르는 사이에 두 어

---

65 북송 때 사마광이 지은 《자치통감》으로, 이곳에서는 《자치통감》을 간추려 엮은 송나라 때 강지의 《통감절요》를 가리킨다.

66 원나라의 증선지가 지은 중국의 역사책인 《십팔사략》을 가리킨다.

깨에서 신바람이 나는 것이었다. 그리하여 어찌해서든지 공부를 계속하고 싶었으나 집안 형편이 말이 아니어서 고명한 스승을 찾아 떠날 수는 없어 아버지께서도 무척 고민을 하셨다.

우리 동네에서 동북으로 10리쯤 되는 학명동에 사는 정문재鄭文哉라는 분은 우리와 같은 계급인 상놈이었으나 과거하는 글로는 당시에 굴지의 큰 선비이고 백모와는 재종 남매간이었다. 그 정씨 집에는 사방에서 선비들이 모여들어 시를 짓고 부賦를 지었으며, 한편에는 서당도 함께 열어 아이들을 가르치고 있었다. 아버지께서 그에게 간청하여 훈료 없이 통학하며 배우는 학동으로 허락을 얻으셨다. 나는 몹시 만족하여 1년 내내 날마다 밥 망태를 메고 험한 산, 깊은 골짜기를 걸어서 기숙하는 학생들이 일어나기도 전에 도착하는 일이 많았다. 제작(製作 : 글짓기)으로는 과문(科文 : 과거 시험)의 초보인 '대고풍십팔구大古風十八句'[67]를, 학과學課로는 한당시漢唐詩와 《대학大學》, 《통감》을, 습자(習字 : 글씨 연습)로는 분판粉板[68]만을 썼다.

이때에 임진년 경과(慶科 : 조선의 마지막 과거 시험)를 해주에서 보인다는 공포가 났다. 어느 날 정문재 선생은 아버지께 이런 말씀을 하셨다.

"이번 과거에 창암이를 데려가면 좋겠는데, 글씨를 분판에 쓰는 정도면 명지明紙에도 쓸 만하지만 종이에 연습이 없으면 첫 자도 잘

---

67 7언 18구로 된 우리나라 특유의 한시체이다.

68 분판은 분을 기름에 개어서 널조각에 발라 만든 것이다. 주로 서당에서 많이 사용하였다. 종이는 값이 비싸 경제적으로 상당히 부담이 되었기 때문에 서당에서의 습자 수업은 분판에 붓으로 쓰고 물걸레로 다시 지워서 쓰는 방식으로 글자 연습을 하였다.

못 쓸 것이오. 장지壯紙[69] 종이에 연습을 좀 했으면 좋겠는데 노형이 빈한하여 종이를 마련할 도리가 없겠지."

"종이는 내가 마련을 해볼 테지만 글씨만 쓰면 되겠나?"

"글은 내가 지어줌세."

아버지는 몹시 기뻐하며 어찌하며 천신만고로 장지 다섯 장을 구해오셨다. 나는 기쁘고 감사하여 글 선생의 가르침에도 정성을 다하여 연습하고 보니 백지가 먹지가 되어버렸다.

과거 날이 가까워오자, 우리 부자는 과거 볼 돈이 없으므로 과거 보는 중에 먹을 만치 좁쌀을 등에 지고 정 선생을 좇아 해주로 갔다. 여관에 들 형편이 못 되므로 전부터 아버지와 친한 계방의 집에 사처를 정하고 과것날을 맞았다. 관풍각(觀風閣, 선화당 쪽) 주위에는 새끼줄을 빙 둘러 쳐놓았고, 정각에 소위 부문(赴門, 과장의 문을 엶) 한다는데 선비들이 접접(接接 : 접마다)이 (흰 천에 산동접山洞接, 석담접石潭接 등 각기 접의 이름을 써서 장대 끝에 달고, 대규모의 지양산(紙陽傘 : 종이로 만든 양산)을 들고 도포에 유건儒巾을 쓴 사람들이 자기들 접이라고 금을 그어놓은 지점을 미리 점하려고 용자(勇者, 힘센 사람들)를 선도로 해서) 이러한 대혼잡을 연출하는 장면도 볼만하였다. 원래 과장에는 노소가 없고 귀천도 없이 무질서한 것이 유풍(遺風 : 풍속)이라 했다.

또 가관인 것은 늙은 선비들의 걸과乞科[70]라는 것이었다. 관풍각을 향해 (새끼 그물 구멍으로 모가지를 쑥 들이밀고) 구두口頭로 진정하는

69 우리나라에서 만든 종이의 하나로 두껍고 질기다.
70 소과에 낙방한 늙은 선비가 시험관에게 다시 시험을 보게 해달라고 간청하는 것을 말한다.

말이,

"소생의 성명은 아무개이옵는데 먼 시골에 살면서 과거마다 참여하였사온데 금년이 일흔 몇 살이올시다. 요다음은 다시 참과 못하겠사오니 이번에 초시라도 한번 합격이 되오면 사무여한(死無餘限 : 죽어도 한이 없다)이올시다."

혹은 큰 소리로 부르짖고 혹은 방성대곡도 하니, 한편 비루하기도 하고 또 한편으로는 가련해 보이기도 하였다.

우리 접接에 와서 보니 선생과 접장들이 글을 짓는 사람은 짓고, 글을 쓰는 사람은 쓰기만 하였다. 나는 선생님에게 노유老儒들이 걸과하는 모양을 말씀드리고, "이번에는 제 이름으로 아니 보고 아버지의 이름으로 과지科紙를 작성해주시면 좋겠다"하고 "저는 앞으로도 기회가 많지 않겠느냐"고 하였다. 선생님이 내 말에 감복하여 쾌히 허락하자, 이 말을 듣고 있던 접장 한 분이 말했다.

"그럴 일이다. 네 글씨가 나만 못할 것이니 너의 부친 명지는 내가 써주마. 후일 네 과거는 더 공부하여 네가 짓고 네가 쓰도록 하여라."

"네 고맙습니다."

그날은 아버님 명의名義로 과지를 작성하여 새끼 그물 사이로 시관試官 앞을 향해 쏘아 들여보냈다. 그러고 나서 앞의 광경을 보면서 이런 말 저런 말을 들었다. 시관에 대해 불평하는 말로는 "통인 놈들이 시관에게는 보이지도 않고 과지 한 아름을 훔쳐갔다"느니, "과장에서 글을 짓고 쓸 때는 남에게 보이지 않으려고 하는데 그 이유는 글을 지을 줄 모르는 자가 남의 글을 보고 자기의 글로

112

써서 들여보낸다"는 것이었다. 또 괴이한 말은 돈만 있으면 과거도 할 수 있고 벼슬도 할 수 있다는 것이었다. 글을 모르는 부자들이 거유巨儒의 글을 기백 냥, 기천 냥씩 주고 사서 진사도 하고 급제도 하였다는 것이다. 또 이번 시관은 누구인데 서울 아무 대신에게 청편지를 부쳤으니 반드시 된다고 자신하는 사람, 아무개는 시관의 수청 기생에게 주단 몇 필을 선사했으니 이번에는 꼭 과거를 한다고 자신하는 사람도 있었다.

나는 과거에 대한 의문이 생기기 시작했다.

'위의 몇 가지 현상만 보아도 과거 제도를 실시하는 나라에서 (나라가 임금이요 임금이 곧 나라로 알고 있는 시대) 과거가 무슨 필요가 있으며, 이 모양의 과거를 한다면 무슨 가치가 있는가. 나는 혈심血心을 다하여 장래를 개척하기 위하여 공부를 하는데 선비의 유일한 통로인 과거의 꼬락서니가 이 모양이고 나랏일이 이 지경이면, 내가 시를 짓고 부를 지어 과문육체科文六體[71]에 능통한다 하여도 아무 선생 아무 접장 모양으로 과장科場의 대서업자에 불과할 것이다. 나도 이제는 앞길을 다른 길로 연구해야겠다.'

과거에 불쾌한 마음과 비관을 품고 집에 돌아와 아버님과 상의를 하였다.

"이번에 과장에서 여러 가지를 살펴보니 내가 어떻게 해서든지 공부로 성공하여 강가와 이가의 압제를 면해볼까 하였으나, 유일한 진로인 과장의 악폐가 이러하니 내가 비록 거유가 되어 학력으

---

71 문과 과거 시험에서 보던 시詩, 부賦, 표表, 책策, 의義, 의疑의 여섯 가지를 말한다.

로는 강씨와 이씨를 압도한다 하여도 그들에게는 돈의 마력이 있으니 어찌하겠습니까. 또한 거유가 되도록 공부를 하려면 얼마간의 금전이 있어야겠는데, 집안이 이렇게 가난하니 앞으로는 서당 공부도 그만두겠습니다."

아버님도 역시 옳게 여기셨다.

"너 그러면 풍수 공부나 관상 공부를 해보아라. 풍수에 능하면 명당을 얻어 선조를 모셔 자손이 복록을 누리게 되고 관상을 잘 보면 선인군자善人君子를 만나게 되느니라."

나는 이 말씀을 매우 유리하게 여겨서 "그것을 공부해보겠습니다. 책을 얻어주십시오"라고 하였더니, 아버님께서는 우선《마의상서麻衣相書》한 권을 빌려다주셨다. 나는 독방에서 공부하였는데 공부하는 방법은 거울을 앞에 놓고 얼굴 여러 부분의 이름을 배워 내 얼굴에서부터 다른 얼굴까지 익히는 것이 첩경이었다. 그러고 보니 흥미가 있는 것은 다른 사람의 얼굴상보다 나의 상을 볼 필요가 있다고 생각되어 문밖으로 나오지도 않고 석 달 동안 공부했다.

그러나 아무리 내 얼굴을 관찰해보아도 한 군데도 귀격貴格이나 부격副格과 같은 좋은 상은 없고 얼굴과 온몸에 천격賤格, 빈격貧格, 흉격凶格뿐이었다. 지난번 과정에서 얻은 비관에서 벗어나기 위하여《마의상서》를 공부하였으나 내 상을 보고는 그보다 더한 비관에 빠지고 말았다. 짐승 모양으로 그저 살기 위해서 살아야 할까. 세상에 살고 싶은 마음이 조금도 없었다.

그런데《마의상서》중에 이런 귀결이 있었다. '상호불여신호 신호불여심호相好不如身好 身好不如心好 : 얼굴 좋은 것이 몸 좋은 것만 못하고, 몸

114

좋은 것이 마음 좋은 것만 못하다).' 이것을 보고 나는 '얼굴이 좋은 사람好相人'보다 '마음이 좋은 사람好心人'이 되어야겠다는 생각을 굳게 하였다. 이제부터는 외직 수양은 어찌되든지 내적 수양에 힘써야만 사람 구실을 하겠다고 마음을 먹었다. 전에 공부를 잘하여 과거를 하고 벼슬을 하여 천한 것을 면해보겠다던 생각은 순전히 허영이요, 망상으로 호심인好心人이 취할 바가 아니라고 생각되었다. 그러나 '불호심인不好心人이 호심인 되는 방법이 있는가'라고 스스로 물어보니 대답은 역시 막연했다.

《마의상서》는 덮어버리고 지가서地家書[72]도 좀 보았으나 거기에서도 취미를 얻지 못하고 이번에는 병서를 읽기 시작하였다.《손무자孫武子》,《오기자吳起子》,《삼략》,《육도六韜》 등을 읽어보니 알지 못할 것이 많았다. 하지만 장재(將材 : 장수의 재목)에 있어서, '태산복어 전심부망동 여사졸동감고 진퇴여호 지피지기백전불패[泰山覆於前心不妄動 與士卒同甘苦 進退如虎 知彼知己百戰不敗 : 태산이 무너져도 마음이 흔들리지 말고, 병졸과 더불어 달고 쓴 것을 함께하며, 나아가고 물러감을 호랑이같이 하며, 남을 알고 나를 알면 백 번 싸워도 지지 않는다)'라는 구절은 매우 흥미 있어 외우고 읽었다.

그 후 1년 동안(열일곱 살 때) 문중의 어린아이들을 모아놓고 훈장질을 하면서 잘 알지도 못하는 병서만 읽고 있었다.

---

72 풍수지리에 근거를 두고 묏자리나 집터 따위의 좋고 나쁨을 알아보는 책이다.

학구學究 시대

그러할 즈음에 사방에는 뜬소문과 괴이한 말들이 어지러웠다. 어디서는 이인異人이 나타나서 바다에 떠다니는 화륜선을 못 가게 떡붙들어놓고 세금을 내야 놓아 보낸다고 했고, 머지않아 정도령이 계룡산에 도읍을 하고 조선 국가는 없어질 테니 밭은목에 가서 살아야 제2세 양반이 된다고 했으며, 아무개는 계룡산으로 이사를 하였다는 등, 그러한 것들이었다.

우리 동네에서 남쪽으로 20리쯤 떨어진 포동浦洞이란 곳에 사는 오응선과 이웃 동네에 사는 최유현 등은 충청도에서 최도명崔道明[73]이라는 동학 선생에게 입도하여 공부를 하고 있는데 방을 드나듦에 있어 문을 여닫지 않고도 홀연히 있다가 홀연히 없어지고 공중으로 걸어 다닌다 하며, 선생인 최도명은 하루 사이에 충청도를 다녀온다고 하였다.

나는 호기심이 생겨 한번 가서 보고 싶은 생각이 났다. 그런데 그 집을 찾아가는 예절로 고기를 먹지 말고 목욕하고 새 옷을 입고 가야 대접을 한다고 했다. 나는 어육魚肉도 먹지 않고 목욕하고 머리를 빗어 땋아 늘이고 청색 도포에 녹색 대를 두르고 열여덟 살 되는 정초에 포동 오씨 댁을 방문하였다.

마침내 그 집 문전門前에 다다르니 안에서 무슨 글 읽는 소리가 들리는데, 보통 시나 경전을 읽는 소리와 달라서 마치 노래를 합창하는 것 같았으나 의미는 알 수가 없었다. 공경하며 문에 나아가 주

---

73 동학의 2대 교주인 최시형을 가리킨다. 1897년 손병희에게 도통을 전수하였고, 1898년 3월 원주에서 체포되어 서울로 압송되어 6월 2일 교수형을 당하였다.

인 면회를 청하였더니 말쑥한 청년 한 사람이 나와서 접대를 하는데 알고 갔던 대로 상투를 짜고 통천관을 쓴 양반이었다.

내가 공손히 절을 하니 그도 맞절을 공손히 하며 첫말은 "도령은 어디서 오셨소"였다. 나는 황공하여 내 본색을 말하였다. 그리고 "제가 비록 어른(가관加冠의 의미)이 되었어도 당신께 공대를 듣지 못할 텐데, 하물며 아이인데 어찌 공대를 듣겠소" 하였다. 그는 감동하는 빛을 보이면서 "천만의 말씀이오. 다른 사람과 달리 나는 동학도인道人이기 때문에 선생의 교훈을 받아 빈부귀천에 차별이 없습니다. 조금도 미안해 마시고 찾아온 뜻이나 밀씀하시오"라고 했다.

나는 이 말만 들어도 별세계에 온 것 같았다. 나는 묻기 시작했다.

문 : "제가 온 까닭은 선생이 동학을 하신단 말을 듣고 도리를 알고 싶어 왔습니다. 저 같은 아이에게도 말씀해주실 수 있겠습니까?"

답 : "그처럼 알고 싶어 오셨다는데 내가 아는 데까지는 말씀해드리겠습니다."

문 : "동학이란 학學은 어떤 종지宗旨이며 어느 선생이 천명하였습니까?"

답 : "이 도는 용담 최수운崔水雲[74] 선생께서 천명하셨으나 이미 순교하셨고, 지금은 조카 최해월崔海月[75] 선생이 대도주大道主가 되셔서 포교 중입니다. 종지로 말하면 말세의 간사한 인류로 하여금 개과

---

74 동학의 1대 교주인 최제우를 말하여 '수운'은 호이다. 서른일곱 살에 동학을 창도하였고 이후 체포되어 참형을 당했다. 《동경대전東經大全》,《용담유사龍潭遺詞》 등을 지었다.

75 동학의 2대 교주인 최시형을 가리킨다.

천선하여 새 백성이 되게 하여 장래에 진주(眞主 : 참주인)를 모시어 계룡산에 새 나라를 세우는 것입니다."

나는 단번에 몹시 기쁜 마음이 일어났다. 내 관상에서 낙제를 하고 호심인이 되기로 마음으로 맹세한 나에게 '천주天主를 몸에 모시고 체천행도體天行道한다'는 말은 아주 절실했던 것이다. 상놈 된 원한이 골수에 사무친 나에게 동학에 입도만 하면 차별대우를 철폐한다는 말에, 작년에 과장에서 비관을 품었던 것이 더욱 연상되었다.

나는 동학에 입도할 마음이 불길같이 일어났다. 오씨에게 입도할 절차를 물으니 백미 한 말, 백지 세 묶음, 황초 한 쌍을 가지고 오면 입도식을 행하여 준다고 하였다. 《성경대전聖經大全》[76]과 《팔편가사八編歌辭》[77]와 《궁을가弓乙歌》 등 동학 서적을 읽어보고 집에 돌아왔다. 아버님에게 오씨와 얘기한 일체를 상세히 보고하니 아버님께서는 쾌히 허락하시고 입도식에 쓸 예물을 준비하여 주셨다.

동학 접주

나는 이런 예품禮品을 가지고 곧 가서 입도하고 동학 공부를 열심히 했다. 아버님도 이어 입도하셨다. 그 당시 사람들의 마음 상태로 양반들은 가입하는 자가 드문 반면에 내가 상놈인 만큼 상놈들의 취향이 동학으로 많이 쏠려 들어왔다. 불과 수개월 만에 연비(聯臂,

---

76 《동경대전》을 가리킨다.
77 《용담유사》를 가리킨다.

부하라 할까 제자라 할까)[78]가 수백 명에 달했다.

그때 나에 대한 근거 없는 뜬소문이 인근에 두루 유포되었다. 나를 찾아와서 "그대가 동학을 하여 보니 무슨 조화가 나더냐?"고 물으면, 나는 정직하게 "제악막작중선봉행(諸惡莫作衆善奉行 : 모든 악을 저지르지 않고 여러 가지 선을 행한다)이 동학의 조화"라고 대답해주었다. 그러나 듣는 자들은 자기네에게는 아직 그런 감추어진 조화를 보여주지 않는 것으로 생각하고, 퍼뜨리기를 김창수(金昌洙, 그때부터 쓰던 이름)가 한 길 이상 떠서 걷는 것을 보았다고 한 것이다. 이렇게 잘못 전해진 말이 점점 불어나고 널리 알려져 황해 일대는 물론이고 평안남북도에까지 연비가 수천 명에 이르게 되었다. 당시에 나는 해서(海西 : 황해도), 관서(關西 : 평안도와 황해도 북부) 양서 동학당 중에 연소자였지만 가장 많은 수의 연비를 가졌기 때문에 별명이 '아기 접주'였다.

이듬해 계사년癸巳年[79] 가을에 오응선, 최유현 등은 충청도 보은에 계신 해월 대도주로부터 각기 자기 연비들의 명단을 보고하라는 경통(經筒, 공함公函)을 받고, 도내에서 명망 높은 도유道儒 15명을 선발하는데 내가 뽑히게 되었다. 편발(編髮 : 길게 땋아 내린 머리)로 가기가 불편하다 하여 갓을 쓰고 출발하게 되었다. 연비들이 여비를 마련하였고, 토산예품土産禮品으로는 해주에서 향묵을 특별히 만들어 가지고 육로, 수로를 통해 보은군 장안이라는 동네에 도착하였다.

---

78 다른 판본에서는 '連臂'로 기록되어 있다.

79 계사년은 1893년으로, 동학 농민 전쟁이 일어난 1894년 갑오년의 착오로 보인다.

이 집 저 집 이 구석 저 구석에서 '시천주조화정侍天主造化定 영세불
망만사지永世不忘萬事知 지기금지원위대강至氣今至願爲大降'의 주문 외우
는 소리가 들리고, 한쪽은 떼를 지어 나가고 한쪽은 몰려 들어오니
집이 있는 대로 사람이 가득가득하였다. 접대인에게 우리 일행 15명
의 명단을 주어 해월 선생에게 통자(通刺 : 면회를 청하다)를 하였다. 잠
시 후 황해도 도인들을 부른다는 통지를 받고 15명이 일제히 해월
선생 처소로 갔다. 인도자의 뒤를 따라 그 집에 가서 해월 선생 앞
에 15명이 한꺼번에 절을 하자, 선생도 역시 한번에 앉아서 상체를
구부리고 손을 땅에 짚고 답례의 절을 하시며 멀리서 수고스레 왔
다는 간단한 인사를 하였다.

우리 일행 중에 대표로 15명이 각기 작성한 명단을 선생 앞에 드
렸다. 선생은 그 명단 책을 문서 책임자에게 맡겨서 처리하라고 분
부를 하셨다. 그리고 다른 동행들도 그런 생각이었겠지만, 우리가
불원천리하고 간 것은 선생이 무슨 조화 주머니나 주지 않나 하는
마음과, 선생의 도골도풍道骨道風의 모습은 어떠한가 보려는 생각이
간절하였기 때문이었다. 선생은 연세가 거의 예순이 되어 보이는데
수염이 보기 좋게 약간 검은 오리(가닥)가 보이고 면모는 맑고 수척
한데 머리에 큰 흑립을 쓰고 저고리만 입고 앉아 일을 보셨다. 방문
앞에 놓인 무쇠 화로 약관藥罐에서는 독삼탕獨蔘湯을 달이는 김과 냄
새가 나는데 선생이 잡수신다고 하였다.

방 안팎에는 많은 제자들이 옹위하는데 그중에서 더욱 친근히
모시는 자는 손병희, 김연국 두 사람으로 선생의 사위라 하며 그 외
에 유명한 제자 박인호 등이 있었다. 내가 보기에 손씨는 젊은 청

넌이고, 김씨는 나이가 마흔 가까워 보이는데 순실한 농군 같아 보였다. 손씨는 문필도 있어 보이고 부서〔符書 : 미래에 일어날 일을 손으로 직접 적어눈 글〕에 '천을천수天乙天水'라고 쓴 것을 보아도 필재가 있어 보였다.

그 무렵 남도 각 관청에서는 동학당을 체포하여 압박하는 반면에, 고부에서는 전봉준이 벌써 군사를 일으켰다고 우리가 그 자리에 있을 때에 들어와서 보고하는 것을 들었다. 이어서 아무 군수는 도유의 전 가족을 다 잡아가고 가산 전부를 강탈하였다고 하였다.

선생은 진노하는 안색을 하며 순 경상도 어조로 "호랑이가 물러 들어오면 가만히 않아 죽을까! 참나무 몽둥이라도 들고 나가서 싸우자" 하였다. 선생의 이 말이 바로 동원령이었다. 각지에서 와서 대령하던 대접주들이 물 끓듯 밀려나가기 시작했다. 우리 15명에게도 각자의 명의로 접주라는 첩지帖紙를 하부〔下付 : 내려주다〕하는데 해월인(海月印, 원체圓體에 전자篆字로 각刻)을 날〔捺 : 눌러 찍다〕하였다.

선생에게 하직하는 절을 하고 속리산을 구경하고 귀로에 들자, 벌써 곳곳에 무리가 되어 백의패도자(白衣佩刀者 : 흰옷에 칼을 찬 사람)를 종종 만나게 되었다. 그리고 광혜원 장에 도착하니 수만 동학군이 진영을 벌이고 행인들을 검사하는데, 가관인 것은 인근 양반 중에 평소 동학당을 학대하던 자들을 잡아다가 길가에 앉히고 짚신을 삼기는 것이었다.

우리 일행은 증거를 보더니 무사히 통과시켜주었다. 부근 촌락의 경황은 밥을 짐으로 져서 이른바 도소道所라는 곳으로 보내는데 그 수를 세기 어려웠고, 논에서 벼를 베던 농군들이 동학당이 물밀듯

모이는 것을 보더니 낫을 버리고 도망가는 것도 보였다. 경성을 지나면서 보니 벌써 경군京軍이 삼남을 향하여 가고 있었다.

같은 해 9월경에 고향으로 돌아와 보니 황해도 동학당들도 다소 양반과 관리의 압박도 있었고, 동시에 삼남에서 향응하라는 경통이 속속 올라왔다. 그러므로 우리 15명의 접주를 비롯하여 모두 모여 회의한 결과 거사하기로 결정하였다. 제1회 총소집 위치를 죽천장(포동 부근 시장)으로 정하고 각 처에 경통을 보냈다. 나는 팔봉산 밑에 사는 까닭으로 '팔봉八峯'이란 접명을 짓고 푸른 천에 '팔봉도소八峯道所' 넉 자를 크게 쓰고 표어로는 '척왜척양斥倭斥洋' 넉 자를 써서 달았다.

회의한 요점은 이러했다. 거사를 곧 하게 되면 경군과 왜병이 와서 접전을 할 터이니, 연비 중에 무기가 있는 이를 수집하여 군대를 편제하기로 하였다. 나는 본시 산골에서 자라났고, 또한 상놈인 까닭에 산포수인 상놈 연비가 가장 많았다. 인근 부호에게서 약간의 호신용 무기를 수집한 외에 대부분은 사냥꾼 포수들이 자기들의 총기를 가져온 것으로 군대로 편성하니 총 가진 군인이 700여 명이었다. 무장 방면에서 보면 거사 초에 있어서 누구의 접보다 우월한 위치에 있었다.

최고회의에서는 수부首府[80]인 해주성을 먼저 함락시키고 탐관오리와 왜놈을 잡아 죽이기로 결정하고, 팔봉 접주 김창수를 선봉으로 하기로 하였다. 그것은 나이가 어리나 평소에 무학에 연구가 있

---

80 한 도道 안에서 감영이 있던 곳을 말한다.

었고 무엇보다 순전한 산포수로 편성된 것이 가장 적합하다는 것이나, 사실 그 이면에는 자기네가 총알받이가 되기 싫다는 이유도 있었던 것이다. 그러나 나는 승낙하였다. 즉시 전체는 뒤에서 따르고 나는 선봉이라는 사령기를 잡고 말을 타고 선두에 서서 해주성으로 나아갔다.

해주성 서문 밖 선녀산 위에 진을 친 후에 총지휘부에서 총공격령이 내려 선봉에게 작전 계획을 맡기므로, 나는 이런 계획을 세워 올렸더니 채용되었다.

지금 성내에 아직 경군은 도착하지 못했고 오합지졸로 편성한 수성군 200여 명과 왜병 7명이 있을 뿐이다. 선발대로 하여금 먼저 남문을 향하여 진공하게 하면 선봉이 이끄는 부대는 전력으로 서문을 공격, 함락할 터이니 총지휘소에서는 형세를 살펴 허약한 곳을 응원하시오.

그러는 즈음에 왜병이 성 위에 올라 시험적으로 총 네다섯 방을 쏘았다. 그러자 남문으로 향하던 선발대가 도주하기 시작했는데 왜병은 남문으로 나와 도주하는 군중을 향하여 총을 연발하였다. 나는 전군을 지휘하며 선두에 서서 서문 밑에 도착하여 맹공을 하는데, 홀연 총지휘소에서 퇴각령을 내렸다. 선봉대는 미처 돌아서기도 전에 만산편야(滿山遍野 : 산과 들에 그득먹하게 덮여 있는 모양)에 도망하는 빛이었다.

퇴각하는 원인을 물어보니 도유 서너 명이 남문 밖에서 총에 맞아 죽었기 때문이라 했다. 그런즉 선봉군도 퇴각하지 않을 수 없었

다. 비교적 조용하게 퇴각하여 해주 서쪽 80리의 회학동 곽 감역監
役[81] 집에 선도대先導隊를 보내고 후방의 퇴병退兵을 집합하기로 하
고, 마지막으로 군인을 이끌어 회학동에 도착하니 무장 군인들이
전부 집합되어 있었다. 대부분 정돈을 시키고 나서 이번의 실패에
분개하여 군대 훈련에 힘을 다하기로 하였다. 원근遠近 지방의 동학,
비동학을 불문하고 전에 장교의 기술이 있는 자는 정중하게 모셔
다가 총술과 보행, 체조를 가르쳤다.

하루는 문밖에 어떤 사람이 면회를 청하기에 만나보니, 문화 구
월산 밑에 거주하는 이름이 정덕현鄭德鉉과 우종서禹鍾瑞라는 두 사람
이었다. 나이는 나보다 열 살 남짓 많은데 경험이 많고 박식한 인사
들이었다. 찾아온 이유를 물어보니 태연하게 말했다.

"동학군이란 한 놈도 쓸 것이 없는데 풍문에 그대가 좀 낫다는
말을 듣고 한번 보고자 왔소."

비밀 면회가 아니었기 때문에 좌중에서 그 두 사람을 지목하여
'도를 훼방하는 자'니, 혹은 '무뢰한이니' 하는 갖은 시비가 일어났
다. 나는 크게 화를 내며 좌중 모든 사람들을 꾸짖었다. "이 손님들
이 나와 면담하는 때에 이렇게 혼잡 무례함은 나를 돕는 것이 아니
고 나를 멸시함이오"라고 하고, 다시 좌중을 향하여 좀 나가달라고
청하여 세 사람만 회담하게 되었다.

나는 공손히 정, 우 두 사람에게 말하였다.

"선생들이 이렇게 수고도 마다 않고 오신 것은 소생에게 좋은 계

---

81 조선 시대 건축 관련 사무를 맡아보던 벼슬이다.

책을 가르쳐줄 성의가 있기 때문이 아닙니까?"

정씨가 말하였다.

"내가 설혹 계책을 말하여도 군이 듣고만 말지, 실행할 자격이 있는지가 의문이오. 요새 동학군 접주나 하는 자들이 호기 충천하여 선배를 눈 밑에 두고 보는 판에 군도 접주의 한 사람이 아닌가?"

나는 더욱 기세를 낮추어 말했다.

"본 접주가 다른 접주들과 다를지 그것은 소생을 가르쳐주신 후에 시행 여하를 보시는 것이 어떠하겠습니까?"

정씨가 흔쾌히 악수하고 방침을 말했다.

"첫째, 군기정숙(軍紀正肅, 병졸을 대하여도 서로 인사하고 서로 존대어 사용을 폐지할 것). 둘째, 득민심(得民心, 동학당이 총을 갖고 촌락들을 횡행하며 소위 곡물이나 돈 등을 징집하는 등의 강도적인 행위들을 금지할 일). 셋째, 초현문 (招賢文, 현명한 사람을 모신다는 글)을 내어 경륜지사(經綸之士)를 많이 모을 것. 넷째, 전군(全軍)을 구월산에 집합하고 훈련을 실시할 것. 다섯째, 양식은 재령·신천 두 군(郡)에 왜군이 쌓아놓은 쌀이 수천 석 있으니 그것을 몰수하여 패엽사에 옮겨놓을 것 등이오."

나는 마음 가득히 기뻐하며 다섯 가지 계책(五個策)을 시행하기로 결정하였다. 즉시 총소집령을 내려 집합장에 나가서 정씨는 모주(謀主, 우씨는 종사(從事)라고 널리 선언하고 전군을 지휘하여 두 분에게 최상의 경례를 행하였다. 이어서 간략한 군령 몇 조(條)를 공포하게 하고 위반자는 태(笞)와 곤(棍) 벌을 내리게 하였으며, 구월산으로 이동할 준비에 착수하였다.

어느 날 밤, 안 진사 태훈(泰勳)의 밀사가 왔다. 안 진사는 본진인 회

학동 동쪽 20리 되는 천봉산이란 큰 산 너머 신천군 청계동에 살고 있었는데, 문장과 명필이 황해도 지방은 물론 경향(京鄕 : 서울과 시골) 에 저명하고 지략을 겸비하여 당시 조정 대관들에게도 크게 대우를 받는 이였다. 그는 동학이 궐기함을 보고 이를 토벌하기 위하여 자제로 하여금 군을 담당케 하고, 300여 명의 포수를 모집하여 청계동 자택에 의려소(義旅所 : 일종의 의병 사령부)를 설립하였다. 경성 모대신의 원조와 황해 감사 ○○의 지도하에 벌써 신천에서는 동학토벌에 성적이 좋아 각 접이 두려워 대비하는 중이었고, 우리도 청계 동쪽을 경계하던 터였다.

정씨 등이 밀사와 만나 나눈 내용은 "안 진사는 비밀 조사를 통해 그대의 연소담대(年少膽大)한 인품을 몹시 사랑하여 병사를 내어 토벌하지는 않을 터이나, 김창수는 인근의 당에서 큰 군대를 옹위하고 있으니 만일 청계를 침범하다가 패멸을 당하게 되면 인재가석(人才可惜 : 인재가 아깝다는 말)이란 후의에서 밀사를 보냈다"는 것이었다. 즉시 참모회의를 열고 의결한 결과, 남이 나를 치지 않으면 나도 남을 치지 않는다는 것과, 양방에서 불행에 빠지게 될 경우 서로 도와준다는 밀약이 성립되었다.

기정(旣定 : 이미 결정된) 방침대로 구월산 패엽사로 군대가 출발하였다. 패엽사를 본영으로 삼고 동구(절 입구)에는 파수막을 짓고 군인의 산 밖 출입을 엄금하였다. 신천군에 왜가 사들여 쌓아놓은 백미 1000여 석을 몰수하여 놓고, 산하 각 호에 훈령을 내려 백미 한 석을 패엽사까지 운반하는 자는 백미 서 말씩을 준다고 하였더니 그날 안에 전부가 절 안에 옮겨 쌓이게 되었다. 그것은 운반비를 후

126

하게 준 까닭이었다.

각 동에 훈령하여 동학당이라 칭하고 금전을 강요하거나 행패하는 자가 있을 때에는 급히 보고하라 하고, 고발되는 대로 군인을 보내 체포하여 무기가 있는 자는 무기를 뺏은 후에 곤장과 태장으로 엄히 죄를 다스리고, 도수행패자(徒手行悖者 : 맨손으로 행패를 부리는 자)도 엄중히 다스리니 사방이 안도하고 인심이 안정되었다.

매일 군인들로 하여금 실탄 연습과 전술을 가르쳤다. 초현문을 발포한 후에, 나는 길잡이를 앞세우고 구월산 안팎에 사람 알아볼 줄 아는 인사를 조사하여 홀로 걸어서 그를 방문하였다. 월정동 송종호(宋宗鎬) 씨를 스승으로 섬기기로 하고 사람과 말을 보내어 산사에 모시고 고문을 받으니, 송씨는 일찍이 상해에 머물러 해외 사정도 정통하고 사람됨이 기걸하고 영웅의 기풍이 있었다. 풍천군으로부터 허곤(許坤)이라는 명사가 와서 합류하니 허씨는 문필이 뛰어나고 당시 할 일을 아는 이였다.

패엽사에는 가장 도승(道僧)이라고 그 명성이 경향에 널리 알려진 하은당(荷隱堂)이란 중이 모든 절의 일을 총괄하는데, 제자와 배우는 사람을 합해 수백 명의 남녀 승도가 있었다. 때때로 하은 대사에게 도학설을 듣기도 하고, 간간이 최고회의를 열어 장래 방침을 토의하였다. 이때는 경군과 일병이 해주성을 점거하고 근방에 산재한 동학 기관을 소탕하고 점차 서진하여 옹진, 강령 등지를 소탕하고 학령으로 넘어온다 하는 때였다.

구월산 주변에 널리 퍼져 있는 동학 가운데 이동엽(李東燁)이란 접주가 큰 세력을 점하고 있었다. 그의 부하 중에는 종종 패엽사 부근 촌락에서 노략질을 하다가 우리 군인에게 잡혀 와서 무기를 뺏기고 형벌을 당하고 돌아간 자가 있었다. 나의 부하 중에도 간간 마을에 가서 재화를 약탈하다가 엄한 형벌을 받고 이동엽의 부하가 되는 자가 증가하였으며, 도적질을 하고 싶은 자가 밤에 도주하여 이동엽의 부하로 들어간 자도 있으니 나의 세력은 날로 줄어들었다.

최고회의에서 될 수 있는 대로 기회를 봐서 김창수의 동학 접주 감투를 벗기기로 하고(이런 조치는 병권兵權을 빼앗고자 하는 야심이 아니고 나로 하여금 보신保身케 하려는 방책이다), 허곤을 평양에 보내어 장호민張好民의 소개를 얻어 황주병사黃州兵使에게 양해를 받아 패엽에 있는 군대를 허곤에게 인도케 하기로 했다. 그래서 허곤은 송종호의 편지 한 장을 가지고 평양으로 출발하였다.

이때는 열아홉 살인 갑오甲午 납월(臘月 : 섣달)경이었다. 며칠간 신열과 두통이 심하여 조실 방에서 혼자 치료 중이었는데, 하은당이 문병을 와서 자세히 보더니 "홍역도 못했던 대장이구려" 하였다. 영장領將[82] 이용선에게 보고하고 나를 문병하고자 하는 사람들의 출입을 금지시키고 하은당이 치료를 맡았다. 여승당女僧堂의 나이 많은 수행자 중에서 홍역에 경험 있는 자를 택하여 조리케 하였다.

하루는 이동엽이 전군을 이끌고 공격한다는 급보가 있은 후, 찰나에 총을 쏘고 칼을 휘두르는 자들이 절 안에 가득해지고 우리 군인들은 흩어져 달아나고 육박전을 벌이기도 한다고 하였다. 이동엽이 "김 접주에게 손을 대는 자는 사형에 처한다"고 호령하였다. 이

---

82 조선 시대에 지방 관아에 속한 하급 장교이다.

는 나를 미워하지 않아서가 아니라 나는 해월 선생이 날인한 접주니 동학의 정통이요, 이동엽 접주는 제2세인데 임시 임종현林宗鉉[83]의 차첩을 받은 자이므로 나에게 박해를 가했다가 후일 큰 화를 받을까 두려웠기 때문이었다. 이동엽은 "영장 이용선만 사형에 처하라" 했다. 나는 그 말을 듣고 뛰어나가 "이용선은 나의 지도 명령을 받아서 모든 것을 시행했을 뿐이니 만일 이용선에게 죽을죄가 있다면 그것은 곧 나의 죄이니 나를 총살하라"고 큰 소리로 꾸짖었다.

이동엽은 부하에게 명령하여 나의 손발을 꼭 껴안고 움직이지 못하게 하고 이용선만 끌고 나갔다. 잠시 후 동구에서 포성이 들리자, 절 안에 있던 이동엽의 부하는 거의 물러나갔고 이용선이 총살되었다는 보고가 들어왔다. 나는 이 말을 듣고 즉시 동구에 달려가 본즉, 과연 이용선은 총을 맞아 의복 전체에 아직 불이 붙어 타고 있었다. 나는 머리를 감싸고 통곡을 하다가 나의 저고리(어머님이 남의 윗사람 노릇을 한다고 나이 스무 살 즈음에 처음으로 지어 보내신 명주실로 만든 저고리)를 벗어 이용선의 머리를 싸서 동네 사람에게 말하여 잘 매장케 하였다. 내가 눈 속에서 벌거벗은 몸으로 호곡하는 것을 본 이웃 사람들이 의복을 가져다주었다.

그날 밤으로 부산동缶山洞 정덕현 집에 가서 당한 일을 설명하니, 정씨가 말하기를 "이용선 군의 죽음은 불행이나 형은 지금부터 일을 다 끝낸 장부니, 며칠간 홍진(홍역) 여독이나 조리하고 나와 함께 풍진을 피하여 유람이나 떠납시다" 하였다.

---

83 황해도 지역의 동학 농민군 중 가장 과격한 지도자였다.

내가 이용선의 원수를 갚아야 한다고 하니 정씨는 이렇게 말했다.

"의리로는 당연하나 지금까지 구월산을 소탕하려는 경군과 왜가 아직 맹공을 펴지 못했던 것은 산 밖에 이동엽의 형세가 크고, 산사에는 우리가 또 천험에 의지한 비교적 정예병이라는 것을 염탐하고 있었기 때문입니다. 그러나 오늘 소문을 듣고서는 즉각 이동엽을 섬멸하고 곧 패엽을 점령하리니, 원수를 갚고 말 여지가 없습니다."

이용선은 함경도 정평 사람으로 평상시 장삿길에 황해도에 와서 거주하였는데, 수렵하는 총술이 있고 무식하나 사람을 부리는 재능이 있어 화포 영장에 임명하였던 것이다. 그 후에 그의 자질〔子姪 : 자식과 조카〕들이 와서 정평 본향으로 이장할 때 동리 사람들에게 이씨 피살 당시의 정황을 듣고 시신을 파내다가 나의 저고리로 그의 얼굴을 싼 것을 보고서 나에 대하여 악감을 품지 않고 가더라는 말을 들었다.

정씨 집에서 2, 3일을 요양한 후에 장연군 몽금포 근처 마을로 피란하여 석 달을 은거하였다. 동쪽에서 전해오는 풍문을 들으니 이동엽은 벌써 잡혀가서 사형을 당하고 해서 각 군의 동학은 거의 소탕되었다 했다.

정씨와 같이 기동 본집에 와서 부모님을 뵈옵는데 매우 불안한 상태에 있었다. 그것은 왜병이 죽천장에 진을 치고 부근 동학당을 수색하는 중이기 때문이었다. 그래서 부모님께서는 도로 먼 곳에 가서 화를 피하라고 말씀하셨다. 다음 날 정씨는 청계동 안 진사에게 가보자고 했으나 나는 주저하였다. 안씨가 용납한다 하여도 패군지장(敗軍之將)인 나로서 포로와 같은 대우를 한다면 갔던 길이 후회

될까 염려되었기 때문이었다. 정씨는 힘써 안 진사가 밀사를 보낸 진의가 원병(援兵 : 원군)적 술책이 아니라, 진정 형의 연소담대한 재능을 아껴서이니 염려하지 말고 동행하자고 힘써 권하였다.

나는 정씨와 함께 그날로 천봉산을 넘어 청계동구에 당도하였다. 그 동네는 사방이 험준하고 수려한데 주밀치는 못하나 40~50호 인가가 여기저기 있었다. 동네 앞에는 한 줄기 긴 시냇물이 흐르고 있는데, 석벽 위에는 안 진사가 직접 써서 새긴 '청계동천淸溪洞天' 네 자가 흐르는 물소리를 따라 움직이는 것 같았다.

동구(마을 어귀)에 작은 산이 있는데, 산마루에 포대가 있고 지키는 군사가 묻기에 명함을 주자, "의려장(안태훈을 말한다)의 허가가 있다"라면서 위병(衛兵 : 호위병)이 인도하였다. 위병을 따라 의려소(안 진사댁)로 들어가면서 관찰한즉, 문 앞에 작은 연못을 파고 연못에는 한 칸의 초정을 지어놓았는데 안 진사 6형제가 평소에 술을 마시고 시를 읊으며 소일하는 곳이라 했다. 대청에 들어가니 벽 위에 안 진사가 친필로 쓴 '의려소'라는 석 자의 가로 액자가 붙어 있었다.

우리의 명함을 본 안 진사는 정당(正堂 : 본채의 대청)에서 우리를 맞아서 친절히 영접하고, 수인사 후에 첫 말이 "김 석사가 패엽사에서 위험을 벗어난 후에 내 생각에 몹시 걱정이 되어 애를 써서 계신 곳을 찾아보았으나, 아직 계신 곳을 모르던 터에 오늘 이처럼 찾아주시니 감사합니다"라고 말했다. 그리고 다시 나를 향하여 "양친께서 생존해 계시다던데 두 분은 어디 편히 계실 곳이 있겠습니까?"라고 했다.

"별로 계실 만한 곳은 없고 아직 본동에 계십니다."

즉시 오일선에게 30여 명의 단총(担銃 : 총을 들다) 군인을 일일이 점고(點考)하여[84] 맡기고, 당일로 기동에 가서 부모님을 모시고 이웃 동네의 소와 말을 구해 우리 집 가산 전부를 옮기게 하라고 명령하였다. 그리고 인근에 집 한 채를 매입하여 그날로 청계동 거주를 시작하니 내가 스무 살 되던 을미년(乙未年) 2월이었다.

안 진사가 친절히 부탁했다.

"날마다 사랑에 와서 내가 없는 사이라도 나의 동생들과 놀고 사랑에 모이는 친구들과도 담화를 하든지 서적을 보든지 마음대로 안심하고 지내시오."

안 진사는 6형제로, 안 진사 6형제의 장형(長兄)은 태진, 그다음은 태현, 안 진사 태훈은 항지삼(行之三 : 셋째)이요, 제4 태건, 제5 태민, 제6 태순으로 모두 학식이 풍부하고 인격이 상당했는데 그중에서도 안 진사가 학식으로나 기량으로나 탁월했다.

안 진사는 나에게 가끔 시험적으로 물어보기도 하고 담론도 했으나 실지로 나는 유치한 행동이 많은 때였다. 봄기운이 화창한 어느 날이었다. 포군들을 데리고 술과 안주를 준비하여 유쾌하게 놀다가, 씨름 잘하는 사람을 모아 씨름을 시켰다. 마지막 결승에 오른 두 사람이 용맹스럽게 씨름을 하는데 재주와 용기가 서로 비등하여 쉽게 승부가 나지 않았다. 안 진사는 나에게 어느 사람이 이길 듯한가를 물어봄으로 나는 이렇게 대답하였다.

"키가 크고 힘 있어 보이는 사람이 좀 작은 사람에게 질 것으로

---

84 명부에 일일이 점을 찍어가며 사람의 수를 조사한다는 의미다.

생각됩니다."

진사는 그렇게 보이는 이유를 물었다.

"내가 보는 바로는 아까 씨름할 때에 키 큰 사람의 바지가 찢어져 그 불기가 드러나게 되어 기운을 다 쓰지 못하는 빛이 있으니, 나는 단연코 그 사람이 질 것으로 압니다."

말을 마치기도 전에 과연 그 사람이 지는 것을 본 진사는 나를 더욱 사랑하게 되었다.

진사에게는 아들이 셋 있는데, 장자는 중근重根이니 그때 나이 열여섯 살에 상투를 쪼졌고 자주색 수건으로 머리를 동이고 돔방총(보통 장총이 아니고 메고 다니기에 편리하도록 만든 것)을 메고 노인당과 신상동으로 날마다 수렵을 일삼고 다녔다. 영기가 발발하여 여러 군인들 중에서도 사격술이 제1위라고 하였다. 사냥할 때에는 나는 새, 달리는 짐승을 백발백중하는 재주가 있다 하였다. 태건 씨와 조카가 늘 같이 다녀 어떤 때는 하루에도 노루, 고라니를 여러 마리 잡다가 그것으로 호군(犒軍 : 군인들을 위로하여 잘 먹이다)을 하였다.

진사의 6형제가 거의 다 술 마시기를 좋아하고 책 읽기 또한 좋아하는지라 짐승을 사냥해오면 6형제가 반드시 한데 모이고 그 밖에 오주부, 고산림, 최선달 등이 함께했는데, 나는 술 마시고 시를 읊는 데는 아무 자격이 없었으나 그래도 부름을 받아 산짐승과 들새의 진미를 함께 맛보며 지냈다.

진사는 자기 아들과 조카들을 위하여 서재를 만들었는데, 당시 빨간 두루마기를 입고 머리를 땋아서 늘어뜨린 여덟아홉 살의 정근과 공근은 글을 읽어라 써라 독려하여도 큰아들 중근에게는 공부하지 않는다고 질책하는 것을 보지 못하였다.

진사 6형제는 모두가 글하는 선비의 체격이었으나 유약해 보이는 이는 아무도 없었다. 그중 진사는 안광眼光이 찌를 듯하여 사람을 위압하는 기운이 있었다. 당시 조정 대관 중에서도 글을 통해서나 면담으로 항명을 당해 그 당장에는 안 진사를 악평하던 자라도, 직접 만나기만 하면 저도 모르게 공경하는 태도를 가지게 된다고 했고 내가 보기에도 그러했다. 퍽 소탈하여 무식한 하류들에게도 조금도 교한한 빛이 없이 친절하고 공손하므로 상류로부터 하류까지 낙여위용(樂與爲用 : 즐겁게 놀며 더불어 잘 지내다)하였다.

면모面貌는 대단히 맑았으나 술이 지나쳐 비홍증(鼻紅症 : 코가 붉게 되는 증상) 있는 것이 결점으로 보였다. 당시 시객들이 안 진사의 명작 율律을 읊는 것을 많이 들었고 자신도 종종 나에게 뜻있는 작품을 많이 들려주었으나, 기억나는 것은 동학당이 창궐하던 때에 '효갈도생무적거 석문녕사유성래(曉蝎徒生無跡去 夕蚊寧死有聲來 : 새벽 빈대는 살고자 자취도 없이 도망가고, 저녁 모기는 죽을지언정 소리 내어 달려든다)'만 생각난다. 황석공의《소서素書》[85]를 자필로 써서 벽장문에 붙이고 주흥이 날 때는 늘 낭독하곤 했다.

안 진사의 조부[86] 인수 씨는 12~13대 동안이나 대대로 해주부에서 살아오다가 진해 현감을 지낸 후에는 많은 재산을 강근지친(強近之親 : 가깝게 지내는 친지)들에게 분배하여 주고 자기는 300여 석 추수

---

85 중국 진나라 때의 병법서로 한 고조가 천하를 통일하는 데 기여했다.
86 안인수는 안태훈의 아버지로 '부친'이라고 해야 맞다. 표기 오류로 보인다.

할 자본만 남겼다. 그리고 청계동이 산수가 수려할 뿐 아니라 족히 피란지가 되겠다고 생각하고 큰 손자 중근이 두 살 때에 청계동으로 옮겨왔다.

안 진사는 과거 준비를 위해 경성 김종한 집에 여러 해 동안 머무르며 과거 시험에 참가하였고, 결국 소과에 합격한 것도 김종한이 시관이었던 때라 한다. 그리하여 안 진사가 김종한의 문객이니 식구니 하는 소문이 그 당시에 있었다. 나는 날마다 그 사랑에 다니며 놀았다. 그런데 연세가 쉰 남짓이나 되어 보이고 기골이 장대하고 차림이 매우 검소한 노인이 종종 사랑에 오면, 안 진사는 지극히 공경하여 윗자리에 모셨다.

하루는 안 진사가 나를 소개하며 그분에게 배알을 시킨 후에 나의 약력을 그분에게 고했다. 그분은 고능선高能善이라는 학자로 사람들이 "고산림高山林, 고산림" 하고 불렀다. 고능선은 해주 서문 밖 비동에서 대대로 거주하였고 유중암柳重庵 중교重敎[87] 씨의 제자요, 유인석柳麟錫 의암毅菴[88]과는 동문으로 당시 해서에서 근검한 생활로 손꼽히는 학자였다. 안 진사가 의병을 일으킬 때에 고능선을 모사로 모셔오고 그의 모든 가족을 옮겨 청계동에 살게 하였다. 하루는 역시 안 진사 사랑에서 고씨를 뵙고 종일 논 후 헤어져갈 즈음에 고씨는 나에게 이렇게 말을 하였다.

"창수, 내 사랑 구경은 좀 아니하겠나?"

---

87 유중교의 호는 성재省齋이다. '중암重菴'은 김평묵金平默의 호이다. 모두 이항로의 문인이다.

88 유인석의 호는 '의암義菴'이다.

나는 고마워서 대답했다.

"선생님 사랑에도 가서 놀겠습니다."

다음 날 고 선생 댁을 방문하였다. 고 선생은 얼굴에 기쁜 빛을 띠고 친절히 영접했다. 큰아들 원명元明을 불러와서 인사를 시켰는데, 원명은 나이가 서른이 넘었고 영민하게는 보이나 웅위관후〔雄偉寬厚 : 위엄 있고 너그러운 모습〕한 그 부친을 따라가지는 못하리라고 보였다. 둘째는 성인이 되어 사망하고 과부 며느리만 같이 살고 있었다. 원명은 열대여섯 살 된 장녀와 네다섯 살 된 딸까지 두 딸을 두었고 아직 아들은 없다고 하였다.

고 선생이 거처하는 사랑은 작은 방이었는데 방 안에 쌓인 것은 거의가 책이었으며, 사방 벽에는 고대 이름난 현인과 달사達士들의 좌우명과 자기가 마음에 두어야 할 글 등을 써서 돌려 붙여놓았다. 고 선생은 무릎을 개고 단정히 앉아 마음을 닦기도 하고, 간간《손무자》와《삼략》외의 병서도 읽는 듯했다.

고 선생과 이야기를 하는 중에 선생이 말씀하셨다.

"자네가 매일 진사 사랑에 다니며 놀지만 내가 보기에는 자네에게 절실히 유익할 정신 수양에는 별 이익이 없을 듯하니, 매일 내 사랑에서 나와 같이 세상일도 얘기하고 문자도 토론함이 어떠한가?"

나는 황공하고 감사하여 말했다.

"선생님이 이처럼 후히 용납해주시나 소생이 어찌 감당할 만한 재질이 있겠습니까?"

고 선생은 미소를 띠며, 분명히 설명은 아니하나 나를 사랑하는 마음이 충만한 것을 엿볼 수 있었다.

나의 그 당시 심리 상태를 말하면, 처음에는 과거장에서 비관을 품었다가 희망을 관상 공부로 옮겼고, 나의 얼굴이 너무도 못생긴 것을 비탄하다가 호심인이 되리라는 결심을 하였고, 호심인이 되는 방법이 아득하던 차에 동학의 수양修養을 받아 새 국가 새 국민을 꿈꾸었으나 지금 와서 보면 그도 역시 포풍[捕風 : 바람 잡는 일]이었다. 이제 패장의 신세로 안 진사의 후의를 입어서 생명만은 보전하지만 장래를 생각하면 어떤 곳에다 발을 디디고 진로를 잡는 것이 좋을까 하여 가슴에 답답함을 느끼던 즈음이었다.

고 선생이 나를 사랑하는 빛이 보이지만 참으로 내가 저처럼 고명한 선생의 사랑을 바로 받을 만한 소질이 있는가 하는 생각이 들었다. 내가 그분의 과분한 사랑을 받는다 하여도 종전에 과거니 관상이니 동학이니 하던 것과 같이 효과를 내지 못한다면 내 자신이 타락됨은 둘째치고라도, 고 선생과 같이 순결해 보이는 양반에게 누를 끼칠까 두려움이 생겼다.

나는 고 선생에게 진정으로 말했다.

"선생님! 선생님은 저를 자세히 보시고 가르쳐주십시오. 저는 불과 스무 살에 일생 진로에 대하여 자기자오[自欺自誤 : 스스로 행한 거짓과 잘못]로 많은 실패를 경험했으며 지금에 이르러서는 참으로 민망합니다. 선생님이 저의 자격과 품성을 밝혀보시고 장래 나아갈 바가 있어 보이거든 사랑도 하여 주시고 교훈도 하여 주시려니와, 만일 좋은 사람이 될 조짐이 없다면 저는 고사하고 선생님의 높은 덕에 누를 끼치게 됨을 원치 아니하나이다."

나도 모르는 사이에 눈물이 고였다. 고 선생은 나의 마음에 고통이 있음을 알고 극히 동정하는 말로 이르셨다.

"사람이 자기를 알기도 쉬운 일이 아니거늘 하물며 타인을 밝히 알 수 있겠는가. 성현을 목표로 하고 성현의 발자취를 밟아가다 보면 옛 성현의 지위까지 이른 자도 있고, 좀 못 미치는 자도 있고, 성현이 되기까지는 아주 멀다 하여 중도에 옆길로 빠지거나 또는 자포자기하여 금수와 다름없이 떨어지는 자도 있네. 자네가 호심인이 되려는 본의를 가진 이상 몇 번 길을 잘못 들어서 실패나 곤란을 겪었을지라도 본심만 변치 말고 '개지불이진지불이(改之不已進之不已 : 잘못된 점을 고치기를 그치지 않고, 나아가기를 그치지 않는다)' 하노라면 목적지에 달하는 날이 반드시 있으리니, 지금 마음에 고통을 가지는 것보다는 힘써 행해야 할 것 아닌가. 실패는 성공의 어머니요, 고민은 쾌락의 근본이니 자네는 상심 말게. 이 같은 늙은이도 자네의 앞길에 혹시 보탬이 있다면 나에게도 광영이 아닌가."

나는 고 선생의 말씀을 듣고서 위안이 될 뿐 아니라 젖에 주리던 아이가 어머니의 젖을 빠는 것과 같았다. 나는 고 선생에게 다시 물었다.

"그러시면 앞날에 대한 모든 것을 선생님이 보시는 대로 가르쳐 주시면 진심으로 따라 행하겠습니다."

"자네가 그같이 결심하면 나의 눈빛이 미치는 데까지, 자네 역량이 있는 대로 내게 있는 한은 자네를 위하여 마음을 다할 터이니 젊은 사람이 너무 상심 말고 매일 나와 같이 노세. 갑갑할 때는 우리 원명이와 산구경도 다니며 놀게."

그날부터는 밥을 안 먹어도 배고픈 줄을 모르겠고 고 선생이 죽으라면 죽을 생각도 났다. 그다음부터는 매일 고 선생 사랑에 가서 놀았다. 선생은 고금의 위인들을 비평하여 주고, 자기가 연구하여 깨달은 요지를 가르쳐주고,《화서아언華西雅言》[89]이나《주자백선朱子百選》[90] 중에 긴요한 구절들을 가르쳤다. 주로 의리가 어떤 것이며, 사람이 아무리 뛰어난 재간과 능력이 있어도 의리에서 벗어나면 그 재능이 도리어 화근이 된다는 말이라든지, 사람의 처세는 마땅히 먼저 의리에 기본하며, 일을 해나가는 데는 판단, 실행, 계속의 3단계로 일을 성취한다는 등 금언을 들려주었다.

가만히 보면 어느 때든지 나에게 보여주기 위하여 책장을 접어 두었다가 들춰 보이는 것을 보아도, 그 온 정력을 기울여 나를 가르치고 계심을 알 수 있었다. 그런즉 고 선생은 경서를 책의 순서대로 가르치는 것보다 나의 정신 여하와 재질을 보아가며, 비유하자면 뚫어진 곳을 기워주고 빈 구석을 채워주는 것이 구전심수〔口傳心授 : 입으로 전하고 마음으로 가르치는 것〕의 첩경교법〔捷徑敎法 : 가장 빠른 교수법〕이라 생각했던 것 같다.

고 선생이 나와 지내보고 가장 결점으로 생각한 것은 과단력의 부족인 듯했다. 매번 가르치는 말씀을 할 때에, "무슨 일이나 바로 보고 잘 판단하여 놓고도 실행의 시작점인 과단이 곧 없으면 다 쓸데없다"는 말을 자주하셨다. 그리고 그럴 때 외우는 다음의 구절을

---

89 조선 후기의 학자 이항로가 일상생활에서 가장 긴요한 것을 발췌하여 엮은 수양서이다.

90 조선 정조가 주희의 편지 중에서 가장 핵심적인 내용 100편을 뽑아 모은《주서백선朱書百選》을 말한다.

힘 있게 설명하셨다. '득수반지무족기 현애살수장부아(得樹攀枝無足奇 懸崖撒手丈夫兒 : 나무에 오를 때 가지를 잡는 것은 이상할 것이 없고, 벼랑에서 손을 놓는 것이 가히 장부다).'

그렇게 하기를 여러 달이 지났다. 안 진사도 종종 고 선생을 방문하여 셋이 함께 모인 자리에서 진사와 고 선생이 서로 주거니 받거니 고금의 역사를 강론하였는데 그것을 듣는 재미는 비교할 데 없이 좋았다.

그런데 내가 청계동에 거주하며 처음에는 갈 곳도 아는 사람도 없었으므로 안 진사 사랑에 가서 노는데, 안 진사가 자리에 계시지 않으면 포군 놈들이 나를 향하여 들어라 하고 말했다.

"저자는 진사님만 아니었다면 벌써 썩어졌을 것이다. 아직도 '접주님' 하고 여러 사람들한테 대접받던 생각이 날걸!"

내가 듣는 줄 알면서도 말했다.

"그렇고말고. 저자는 우리 같은 포군들 보기를 초개같이 볼걸."

어떤 자는 입을 삐죽거리며 저희들끼리 말했다.

"여보게, 그런 말들 말게. 귀에 담아두었다가 후일 동학이 다시 득세하는 날에는 원한을 갚으려 할지 알게 무언가?"

이런 말을 들을 때는 즉시 청계동 생활을 그만두고 싶은 생각이 불꽃같았으나, 주장(主將 : 우두머리 장수)인 안 진사가 그같이 후대하는데 무식한 병졸의 짓거리를 탓한다면 도리어 용렬하다는 생각이 들어 그냥 참고 지냈다.

그러나 진사는 매양 사랑에서 연회를 할 때나 흥취 있게 놀 때는 고 선생을 반드시 모시고, 나는 술로나 글로나 나이로나 또한 걸

140

차림으로나 좌석의 빛을 감하는 것밖에 없었지만 내가 초대받고도 조금만 늦어도 군인이나 하인에게 분부하여 "너 속히 돼지골에 가서 창수 김 서방을 모셔 오너라"고 했다. 이러니 자연 포군들의 나에 대한 태도도 공손해졌다. 그뿐 아니라 안 진사의 친동생들도 종전에 처음으로 만나서 수작을 하여 본즉 별로 볼 것이 없었던 것이 사실이라, 자기 사랑에서 군인들이 나에게 농지거리하는 언행을 들었을 때에도 그 군인들에게 주의를 시키는 빛도 보이지 않았다. 그것은 모르겠다. 그이들이 자기 형님인 진사가 자리에 없을 때 군인들의 언동을 듣고 진사에게 말하였는데도, 진사는 무식한 군인들을 직접 질책하는 것이 도리어 내게 이롭지 못하겠다 생각하고, 나를 그와 같이 특별 대우한 것이 아닌가 한다. 어떻든지 군인들의 태도가 점차 공손해지고 더욱이 고 선생이 친근히 대해주는 것을 본 동네 사람들도 태도가 차차 달라졌다.

나는 몇 년 전부터 산증疝症[91]이 시작되어 종종 고생을 했다. 그때에도 병 기운이 나타나 안 진사 사랑에 늘 다니는 오 주부에게 물어보니 더덕 뿌리를 많이 먹으면 병이 근치된다고 했다. 그래서 고 선생 댁에서 놀다가는 원명과 함께 약 캐는 괭이를 둘러메고 뒷산에 올라가 더덕도 캐고 바위 위에 앉아서 원명과 정담도 하며 세월을 보냈는데, 석 달 동안 더덕을 장복하였더니 과연 산증은 끊어지게 되었다. 그 소문을 들은 당시 신천 군수 아무개가 안 진사에게 청하여 안 진사가 다시 나에게 청함으로 더덕 한 구럭을 캐어 보낸

---

91 허리 혹은 아랫배가 아픈 병이다.

일도 있었다.

매일 고 선생 댁에서 놀다가 밥도 선생과 같이 먹고, 밤이 깊어 조용해지면 나랏일을 의논했다. 고 선생은 이런 이야기를 하셨다.

"만고천하에 흥해보지 못한 나라가 없고, 망해보지 않은 나라도 없네. 그러나 종전에 망국이라 함은 토지와 백성은 가만히 두고 그 임금 자리만 뺏는 것으로 흥이라 망이라 하였네. 지금은 그와 달리 토지와 백성과 주권을 삼켜버리는 것이네. 우리나라도 반드시 망하게 되었는데 필경은 왜놈에게 멸망을 당하게 되었네. 이른바 조정 대관들 전부가 외국에 아첨할 생각을 가지고 '아라사와 친하여 자기 지위를 보전할까, 영·미와, 불佛과, 왜와 친하면 자기 지위가 공고해질까', 순전히 이 생각뿐이네. 나라는 망하는데 나라 안에서 최고 학식을 가졌다는 재야의 학자들까지도 세상사를 개탄만 할 뿐이지 어떤 구국의 경륜이 있는 자가 보이지 않음이 큰 유감일세. 나라가 망하는데도 신성하게 망함과 더럽게 망함이 있는데 우리나라는 더럽게 망하게 되었네."

내가 놀라서 묻자 선생은 대답하셨다.

"나라가 신성하게 망한다 함은 일반 백성이 의를 품어 끝까지 싸우다가 적에게 복몰[覆沒 : 배가 뒤집혀 가라앉다]을 당하여 망함이요, 더럽게 망한다 함은 일반 신민이 적에게 아부하다가 적의 술수에 넘어가 항복하고 망함일세. 지금 왜놈의 세력이 전국에 넘치고 궐내 까지 침입하여 대신을 제 뜻대로 내쫓고, 모든 시정을 저희 멋대로 하니 제2왜국이 아닌가. 만고천하에 무장존불망지국[無長存不亡之國 : 오래가서 망하지 않는 나라가 없다]이요, 만고천하에 무장생불사지인[無長

142

生不死之人 : 오래 살아 죽지 않는 사람이 없다)인즉, 자네나 나는 일사보국〔一
死報國 : 한 몸 죽어 나라를 구하다)의 한 가지 일만 남아 있네.”

고 선생은 슬픈 얼굴색으로 나를 보셨고 나도 울었다. 나는 또 물
었다.

“그런데 망할 것으로 하여금 망하지 않게 할 방침은 없습니까?”

“자네 말이 옳네. 어차피 망할 나라라도 망하지 않게 힘써 보는
것도 신민의 의무이지. 우리는 현 조정 대관들 모양으로 외세에 아
첨하지 말고, 서로 돕는 식으로 청나라와 결탁할 필요가 있네. 작년
에 청일 전쟁에서 청나리가 패히였으니 언젠가 청나라가 복수 전
쟁을 한번 할 터이니, 상당한 인재가 있으면 이제 청나라에 가서 사
정도 조사하고 인물도 연락하였다가 후일에 동성상응〔同聲相應 : 한목
소리로 서로 웅하고 도움)이 절대 필요하니, 자네 한번 가보려나?”

“저같이 나이도 어리고 깨달음도 없는 것이 간들 무슨 효과를 얻
겠습니까?”

고 선생은 방긋 웃으며 이런 말을 하였다.

“그거야 그렇지. 자네만을 생각하면 그렇지만, 우리 동지들이 많
이 청나라 정계나 학계나 상업계나 각 방면에 들어가서 활동을 해
야 할 때일세. 그러나 그런 뜻을 가진 사람을 알 수가 있나. 자네 한
사람의 생각이라도 그렇게 하는 것이 후일 유익할 것으로 본다면
실행해보는 것이지.”

나는 쾌히 승낙하였다.

“마음이 항상 울적하니 먼 곳 바람도 쏘일 겸 떠나보겠습니다.”

고 선생은 심히 만족하였다.

"자네가 떠난 후에는 자네 부모 내외가 외로우실 터이니 자네 아버지와 내가 우리 사랑에 모여서 이야기나 하고 놀겠네."

나는 고맙게 생각하고 또 물었다.

"안 진사와도 상의를 하면 어떻겠습니까?"

고 선생은 이런 말을 하셨다.

"내가 안 진사의 의향을 짐작하는바, 천주학을 해볼 마음이 있는 듯하네. 만일 서양 오랑캐에게 의뢰할 마음이 있다면 대의에 위반된 행동이니, 안 진사에 대한 태도는 후일 결정할 날이 있을 것이므로 아직은 출국에 대한 문제는 말을 않는 것이 좋겠네. 안 진사는 확실한 인재니 후일 자네가 청국을 둘러본 결과 좋은 동기가 있을 듯하면, 그때 상의해도 늦지 않을 것이므로 이번 여행 일은 비밀에 붙이고 떠나는 것이 합당할 듯하네."

나는 그 말씀을 옳게 여기고 출발하였다.

청국 시찰

하루는 안 진사의 사랑에 갔다가 참빗(죽소竹梳) 장사 한 사람을 보았다. 가만히 그 말과 행동을 보니 보통 돌아다니는 참빗 장사와는 달라 보여 인사를 청하였다. 그 사람은 남원군 이동에 사는 김형진金亨鎭이라 했는데 나와 본이 같고 나이는 나보다 여덟아홉 살이 많았다. 그 사람에게 청하여 우리 집에서 참빗을 살 터이니 같이 가자고 하자, 이에 응하고 집으로 따라왔다. 하룻밤을 같이 자면서 문답한 결과, 그는 보통 참빗 장사가 목적이 아니라 삼남에서도 신천 청계동 안 진사는 당세대문장當世大文章, 대영웅이라는 소문이 있기에 한번 찾아보고자 왔다고 했다. 인격이 그다지 출중하고 학식이 넉넉지는 못하나 시국에 대하여 불평을 품고 무슨 일을 해보겠다는 결심은 있어 보였다. 다음 날 같이 고 선생 댁을 방문하여 김형진의 인격을 알아보게 하였다. 고 선생도 이야기해보더니 중심이 될 인물은 못 되나 남을 따라 일을 성사시킬 소질은 있어 보인다 했다.

집에서 부리던 말 한 마리를 팔아 200냥의 여비를 마련하여 김형진과 함께 청나라로 출발하였다. 노정路程으로는 먼저 백두산을 답파하고 동삼성(東三省 : 길림성, 요령성, 흑룡강성)을 거쳐 마지막으로 북경까지를 목적으로 하고 출발하였다. 평양까지 무사히 도착하여 여행 방법을 협의한 결과, 김형진이 이미 참빗 장사로 행세하니 같은 방법으로 하기로 하였다. 여비 전부로 참빗과 필묵과 그 밖에 산중에서 요긴한 물품을 구입하여 두 사람이 한 짐씩을 지고 모란봉·을밀대를 잠시 구경하고 강동으로, 양덕·맹산으로, 고원·정평을 지나 함흥 감영에 도착하였다.

평양에서부터 함흥에 도착한 기간 동안의 일들 중 아직까지 기억에 남는 것은, 강동 어떤 시장에서 숙박하다가 그 시장 안의 일흔 정도 된 주광(酒狂 : 술주정꾼)에게 이유 없이 매를 맞은 일이었다. 그러나 원대한 목적을 품고 멀리 여행하는 처지로서 사소한 일을 마음에 둘 바 아니라 하여 김형진과 함께 한신이 회음 소년에게 당하던 일을 이야기하며 서로 위로하였다.

고원군 함관령 위에서 이태조李太祖의 승전비를 구경하고, 홍원

신포의 경치와 북어잡이하는 광경과 어떤 튼튼한 여자가 광주리에 꽃게(화해花蟹) 한 마리를 힘껏 이고 가는데 게 다리 한 개가 나의 팔뚝보다 굵은 것도 보았다.

함경도의 교육 제도가 양서(兩西 : 평안도와 황해도)보다 일찍이 발달된 점은 아무리 가난하여 게딱지만 한 가옥(보통 양서에 비하면 구조가 정제되어 있다)을 짓고 사는 동리일지라도 서재는 반드시 기와집으로 지었다. 그 외에 도청이나 각 동네의 공용 가옥들도 비교적 넓고 또한 화려하게 짓고, 그 집에 모여 놀기도 하고 옛날 이야기책도 보고 짚신도 삼고 했다. 동네 뉘 집에 손님이 있으면 식사를 대접하여 도청에서 잠을 자게 하며, 돈 없이 잠을 청하면 그 도청의 공금으로 음식을 대접하는 규례가 있고, 또한 오락 기구로 북·장구·꽹과리·통소 등 악기를 비치하여 두고 동네 사람들이 종종 모여 놀기도 하고 손님을 위로도 하는 아름다운 풍속이 있었다.

홍원의 어떤 큰 동네 서재를 방문하니, 건물이 굉장하고 훌륭하였다. 교사가 세 명 있었는데 고등교사 한 명은 학생 중 경서반經書班을 맡아 가르치고, 그다음 사람은 중등과를, 그다음은 유치반을 나누어 맡아 가르쳤다. 대청 좌우에 북과 종을 달아놓고 북을 치면 학생들이 독서를 시작하고 종을 치면 독서를 마치는 좋은 규칙을 보았다.

함흥에 도착하여 남대천에서 나무로 만든 다리로는 조선에서 제일 크다는 다리를 지나는데, 수심은 큰 장마로 물이 불어날 때를 제외하면 옷을 걷어쥐고 건널 만한데 강 너비는 그 다리와 같이 약 5리의 거리였다. 김병연金炳燕의 〈남대천〉이라는 시에 '산의야착초

146

초립 수공주행천천류(山疑野艸超超立 水恐舟行淺淺流 : 산은 들이 좁을까 봐 듬성 듬성 들어서 있고, 강물은 배가 무서워할까 봐 천천히 흐르는구나)' 같은 구절을 명작이라 했다. 그 다리를 지나니 조선의 4대물四大物의 하나인 장승 네 개가 좌우 길가에 마주 서 있었다. 조선 4대물이란 경주 인경(鐘), 은진 미륵(石佛), 연산 철(釜), 함흥 장승, 이것들이다.

이태조의 유물이라는 함흥의 낙민루樂民樓도 구경하였다. 북청에 서 본 것은 그 읍이 산중 큰 읍이고, 그 읍의 인사들은 예부터 과거 에 열심이었던 결과, 군내에 생존해 있는 진사가 30여 명이요, 대과 에 급제해 관직에 있는 사람도 7명이나 된다 했다. 남대천 좌우에 솔때(진사를 한 사람을 위해 큰 나무기둥에 용의 형상을 그리고 기둥 끝에는 나는 용의 모양을 새겨 씌운 것)가 숲을 이루어 서 있는 것을 보았다. 가히 글 이 성한 고장이었다.

단천 마운령을 넘어 갑산군에 이르니 을미년 7월경이었다. 그 읍 역시 산중에서는 큰 고장인데, 이상하게 성 안팎에 관사를 제외하 고는 지붕에 푸른 풀이 무성하여 얼른 보기에는 황폐하니 사람 없 는 옛 도시처럼 보였다. 그것은 거기 말로 봇껍질(벗나무 껍질)로 지 붕을 하고 흙을 덮어 풀씨를 받아 뿌려 무성케 한 것인데, 큰비가 와도 흙이 씻겨 내려가지 않는다는 것이었다. 그 봇나무를 보니 양 서의 벗나무가 껍질이 붉은 것과는 아주 달랐다. 그 봇껍질은 희고 탄력이 강하여 지붕을 덮을 때는 반드시 조약돌이나 흙으로 눌러 놓으며, 흙기와나 돌기와보다도 오래가고 썩지 않는다고 했다. 그 곳에서는 사람이 죽은 후 염습할 때 봇껍질로 싸면 땅속에서 만 년 이 가도록 해골이 흩어지지 않는다고 했다.

혜산진에 도착하여 제천당을 보았다. 제천당은 백두산맥이 남쪽으로 달려 내려가 조선 산맥의 조종이 되는 곳으로, 그 당의 주련을 보니 이렇게 쓰여 있었다.

'유월설색산백두이운무 만고유성수압이사용〔六月雪色山白頭而雲霧 萬古流聲水鴨綠而洶湧 : 눈 쌓인 6월 백두산은 운무가 감돌고, 만고에 끊이지 않고 흐르는 압록강 용솟음친다〕.'

해마다 조정에서는 관리를 보내 백두산신에게 제례를 거행한다고 하였다.

혜산진에서 압록강 건너편 중국인 민가의 개 짖은 소리를 들으며 바지를 걷어 올리고 압록강을 건넜다. 거기서 백두산 가는 길을 물어보니 서대령을 넘어서 간다 하여 삼수군으로, 장진군으로, 후창군으로, 자성군 중강을 건너 중국 지대인 모아산에 도착하였다. 이상 몇 개 군들을 경과할 때에는 비할 데 없이 산이 험하고 고개가 높았다. 어떤 곳은 70~80리나 사람이 없는 곳이 있어 아침에 점심밥을 싸가지고 간 적도 있고, 산실이 극히 험악하나 맹수는 별로 없는데 나무가 빽빽하여 지척을 분별하기 어려웠다. 나무들 중 큰 것은 한 그루를 베어 낸 자리 위에서 7, 8명이 둘러앉아 밥을 먹는다고 했다. 내가 본 것도 나무 한 그루를 찍어 넘기고 그 나무를 잘라 곡식 저장하는 통을 파는데, 장정이 도끼로 나무통 안에서 파는 것을 보았다. 또 이 산마루의 노목이 넘어져서 건너편 산마루에 걸쳐 있는 것도 많았는데, 길 가는 사람들이 깊은 골짜기로 가지 않고 그 나무다리를 타고 건너가게 되어 있었다. 우리도 나무를 타고 건너보니 마치 신선이 다니는 길인 듯했다.

그 지역의 인심은 극히 순후하고 먹을 것이 풍부하여 찾아오는 손님은 극히 반가워하고 얼마든지 묵어가게 하여 보냈다. 곡식류는 대개가 귀리(구맥瞿麥)와 감자(마령서馬領薯)요, 산천에 이면수라는 물고기가 많고 맛이 참 좋았다. 주민들이 의복을 짐승 가죽으로 만들어 입는 것을 보면 원시 시대의 생활이 그대로 있는 것도 같았다.

삼수읍성 외성 안에는 민가가 30호라 했다. 모아산에서 서북으로 향하고 노인치란 산령을 넘고 또 넘어 서대령 가는 길로 나아가는 중에 우리 사람을 100리에 두세 사람 만났는데(태반이 금광에서 일하는 광부), 만나는 사람마다 백두산행을 말렸다. 이유는 서대령을 넘는 도중에 향적(嚮賊, 중국인)[92]이 수풀 속에 숨어 있다가 행인이 지나가면 총살한 후에 시체를 뒤져 휴대품을 가져가는데 요즘도 우리 사람이 그같이 피살되었다 한다.

그러므로 우리 둘은 상의하여 백두산을 보러 가는 것은 그만두고 통화현성에 도착하였다. 그 현성은 건물이 오래되지 않아 관사와 성루문의 서까래가 아직 흰빛을 띠고 있었다. 성 내외 주민들 집은 500여 호라 하고 우리 동포는 단지 한 집뿐인데, 남자 주인은 변발에 중국식 차림으로 통화현 군대에서 복무한다 하고 부인들은 완전히 한복이었다. 그 주인은 그때 지칭하기를 호통사(胡通辭 : 현청의 통역사)라 했다. 그곳에서 10여 리쯤 떨어진 곳에 사는 심 생원이라는 동포를 방문하니 글을 조금 해득하는 자로 정신없이 아편을 피워 몸이 형편없이 마른 이였다.

---

92 향적은 '말을 타고 다니는 강도'로, 여기서는 중국인 향적을 말한다.

이렇게 여러 곳을 돌아다니던 중에 가장 미워 보이는 것은 호통사라는 것이었다. 그들은 중국어를 몇 마디 배워가지고는 갑오난리를 당하여 피난을 온, 사람도 땅도 생소한 외국에서, 그것도 산이 험악하여 중국 사람도 살지 않는 곳을 택하여 화전이나 일구며 조와 강냉이를 가꾸어 목숨을 이어가는 사람들을, 중국 사람에게 빌붙어 지내면서 별별 무리한 학대를 많이 하고, 여자의 정조를 유린하고 곡식과 돈을 빼앗는 등의 말로 못할 악행을 많이 한다는 것이었다. 한곳에서는 중국 인가에 우리 한복을 입은 처녀, 즉 머리를 땋은 처녀 한 명이 보였다. 다른 사람에게 물어보니, 그 처녀의 부모가 처녀의 혼처를 구하는 눈치를 안 통사가 되놈에게 자기가 빌린 돈을 못 갚는 대신 그 처녀를 중매해주겠다고 약속을 하고, 그 처녀의 부모를 위협하여 강제로 그 중국인에게 보낸 것이라 했다.

내가 돌아다니는 곳은 통화·환인·관전·임강·즙안(당시는 통화 이외의 다른 현은 현치를 설치하지 못했다) 등의 군이었는데, 어디나 호통사의 악폐는 같았다. 그때 논은 보지 못하였으나 본래 토질이 비옥하여 잡곡은 무엇이나 비료를 조금도 주지 않아도 한 사람이 지어 열 사람이 먹어도 족하였는데, 한 가지 소금만이 제일 귀하였다. 그 지방으로 들어가는 소금은 다 의주 방면으로부터 물길로 수천 리나 와서 판매되었다.

곳곳에 2~3호 내지 10여 호까지 산림을 개척하고 한 말만 한 작은 집을 짓고 살아갔으나, 인심이 극히 순후하여 거기 말로 '압대나그네'(고국인古國人이라는 뜻)가 왔다면 반가워했다. 한 동리에 들어가면 제가끔 영접을 하고 남녀노소가 모여 고국 이야기를 하라고 조르고 이 집 저 집에서 다투어 음식을 대접하곤 했다. 그곳의 이주민은 대부분이 생활난 때문에 간 사람들이 많았는데, 갑오 청일 전쟁의 피란으로 건너간 집도 많았다. 극소수는 범죄 도주자, 즉 각도 각 군의 민란 주동자들과 공금을 착복한 평안·함경 양도의 이속吏屬들도 있었다.

땅 형세로 말하면 파저강 좌우에 설인귀, 천개소문〔연개소문을 이른다〕의 관루管壘 옛터가 있고, 가는 곳마다 '일부당관만부막개〔一夫當關 萬夫莫開 : 한 사람 장부가 막고 있으면, 만 사람이라도 열 수 없다〕'라 할 만큼 천연적으로 험했다. 여진, 금, 요, 고구려의 발상원지發祥源地라 했는데 관전〔寬甸 : 중국 요녕성 관전현〕인 듯했다. 한곳에는 비각이 있는데 비문에 '삼국충신임경업지비三國忠臣林慶業之碑'라 한 것이 있고, 근처 중국인들 중에 병이 있는 자는 그 비에 와서 제사를 지내는 풍속이 남아 있다고 했다.

그 지방을 돌아보며 말을 들으니, 벽동 사람인 김이언金利彦의 용력이 보통이 넘고 학식이 뛰어난데 일찍이 심양자사가 김이언의 용력을 가상히 여겨 준마 한 필과 《삼국지》한 부를 주었고, 또한 청나라 고급 장령들에게 융숭한 대우를 받는다 했다. 지금 청나라의 원조를 받아 의병을 일으킨다는 도모圖謀가 있다고 해서, 하여간 알아보기로 하고 둘이서 길을 나누거나 혹은 같이 가며 김이언의 비밀 주소를 알아보았다.

강계군 서문〔인풍루仁風樓〕밖으로 80여 리를 가서 압록강을 건너니 통칭 황성이란 곳이 있고, 거기에서 10여 리쯤 떨어진 삼도구라는 곳으로 갔다. 김이언을 찾아갈 때 두 사람이 함께 가는 것보다 서로 모르는 사람인 것처럼 하여 김이언의 인격과 정말 의병을 일으킬 생각인가, 혹시 무슨 술책이나 가지고 사람들을 속이는 자는 아닌가를 각자가 관찰하자고 하였다. 며칠 먼저 김형진이 유람하는 인사의 행색으로 앞서 출발하고, 나는 참빗 장사 행색으로 김이언과 그를 따르는 사람들의 내용을 알아보기로 하고 4~5일 후에 출발해 남쪽으로 내려갔다.

하루는 길을 가다가 압록강을 한 100여 리 앞에 두었을 때, 홀연 청나라 무관 한 명이 궁둥이에 관인을 찍은 말을 타고 머리에는 미락이(만청滿淸의 군사들이 쓰는 모자)에 증자(옥으로 만든 장신구)를 꽂고 붉은 실을 늘어뜨린 것을 쓰고 지나갔다. 내가 덮어놓고 앞으로 나아가 말머리를 잡았더니 그 무관이 바로 말에서 내렸다. 나는 청나라 말을 모르기 때문에 품속에 사정을 적은 취지서 한 장을 지니고 있다가 청나라 사람 중 문자를 아는 자에게 그 취지서를 내어 보여주곤 했었다. 그 무관에게 취지서를 보여주었다.

그는 그 글을 반 정도 읽더니 홀연히 길에 털썩 주저앉으며 방성대곡하였다. 나 역시 놀라서 붙들고 이유를 물었더니 그 무관이 글 중 '통피왜적여아 불공대천지수(痛彼倭敵與我 不共戴天之讐 : 왜적과 나는 같은 하늘을 이고는 못 산다)' 등의 글자를 가리키며 다시 나를 붙들고 통곡했다. 이제야 나는 휴대하였던 필통을 꺼내어 필담을 시작하였다.

그 사람이 물었다.

"왜는 어찌하여 당신의 원수요?"

"우리나라는 왜와 임진왜란으로부터 대대로 나라의 원수일 뿐 아니라, 지난달에 왜가 우리 국모를 불태워 죽였기 때문이오."

내가 반문했다.

"당신은 초면에 이와 같이 통곡함은 무슨 까닭이오?"

"나는 갑오년에 평양에서 전사한 서옥생의 아들(이름은 잊어버렸다)이오. 강계 관찰사에 조회照會하여[93] 부친의 시체를 찾아달라고 의뢰하였는데, 강계 관찰의 회답에 부친 시체를 찾아놓았으니 와서 운구하라 하기에 가서 보니 부친의 시체가 아니기에 헛걸음하고 돌아가는 길이오."

자기 집은 금주錦州인데 집에서 기르던 병사 1500명 중에 자기 부친이 1000명을 데리고 출전하였다가 부친과 함께 전멸하고, 현재 자기 집을 지키는 군인 500명이 있고, 재산은 넉넉하고, 자기는 서른 몇 살이고, 처는 몇 살이고, 자녀는 몇이라고 상세히 말해주는 것이었다.

나는 애초에 평양의 어느 들판에서 '서옥생전망처徐玉生戰亡處'(일본인이 세움)란 나무 비석을 본 적이 있음을 말하였다. 서씨는 나의 나이가 자기보다 아래이므로 나를 디디(弟弟, 아우)라고 부르고, 자기더러는 거거(哥哥, 형)라고 부르라고 써서 보여주었다. 그러고는 곧 내가 짊어진 봇짐을 자기 말에 달아매고 나를 붙들어 말등에 올려 태우고는 금주를 향해 채찍질을 하며 "원수를 갚을 시기가 올 때까지 우리 집에 가서 같이 살자"고 말했다. 나는 미안하여 같이 걸어가기를 청하니 서씨가 "염려하지 말라. 불과 10리만 가면 관마를 잡

93 어떠한 사항이나 내용이 맞는지 관계되는 기관 등에 알아보는 일을 말한다.

아탈 수 있다"고 했다.

나는 말 위에서 곰곰이 생각해보았다. 서씨의 뜻을 보면 앞으로의 교제에 좋은 길이 되겠으니 가서 같이 지내는 것은 극히 좋겠으나, 먼저 길을 간 김형진에게 사실을 알릴 길도 없고, 또한 김이언이 의병을 일으킨다는데 그 내용을 알고 싶은 생각에, 기한 없이 금주 서씨의 집에 머물러 있을 마음이 없어졌다. 그래서 말에서 내려 서씨에게 말했다.

"여보 거거. 내가 고국 부모를 이별한 지 근 1년이 다 되어 소식을 알지 못하고 황실이 변을 당한 후에 정치 현상도 어떻게 될지 모르니, 제가 먼저 고국으로 돌아가 부모님에게 승낙을 얻어가지고 와서 거거와 함께 살면서 장래를 경영함이 어떻겠습니까?"

그러자 서군은 대단히 슬퍼하고 서운해하며, 나의 사정이 그러하면 속히 고국의 부모님을 뵈온 후 다시 와서 만나자고 재삼 눈물로 부탁하고 서로 작별하였다.

5~6일 후에 삼도구에 도착하여 이 집 저 집을 방문하면서 참빗 장사로 행세하며 김이언의 동정과 그 부하들을 탐문하여 보았다. 우두머리인 김이언은 일 꾸미기를 좋아하는 성벽이 있느니만큼 자신이 지나쳐 남의 말을 받아들이는 도량이 부족해 보였다. 용력은 뛰어나 그때 나이 쉰 남짓인데도 심양의 500근 화포를 가만히 앉아 두 손으로 들었다 놓았다 하였다고 하지만, 내가 보기에는 용기가 부족하지 않을까 하는 생각이 들었다. 김이언보다는 그 동지인 초산의 이방을 지낸 김규현金奎鉉이란 인사가 의절도 있고 획책도 더 나아 보였다.

김이언은 창의의 수령이 되어 압록강을 사이에 두고 이쪽 강변 마을인 초산·강계·위원·벽동 등에 포수를 비밀리 모집하고, 강 건너 청나라 연안 일대의 이주민 포수까지 모집하여 수가 거의 300명이었다. 의병을 일으킨 명분은 국모가 왜구에게 피살된 것은 국민 모두의 큰 치욕이니 앉아 참을 수 없다는 것이었으며, 글에 능한 김규현이 격문을 지어 뿌리고, 군사를 일으킬 모의에 우리 두 사람도 참가하였다. 나는 비밀리에 강계성에 들어가 화약을 사서 짊어지고 압록강을 건너고 초산·위원 등지에 몰래 들어가 포군을 모집하여 갔다.

거사한 때는 을미(乙未 : 1905) 11월 초였다. 압록강은 거의 빙판으로 얼어붙어 있어 삼도구에서 행군하여 얼음 위로 강계성까지 이를 계획이었다. 나는 위원에서 일을 마치고 책원지 삼도구로 혼자서 돌아오다가, 얇은 얼음을 밟아 몸이 강물에 빠져 겨우 머리와 양손만 얼음 위에 남게 되었다. 죽을힘을 다해 솟아올라 육지에 이르렀으나 의복이 삽시간에 얼음덩이로 변하여 한 발짝도 움직이기가 어려워 익사는 모면하였으나 동사 일보직전에 놓여 있었다. 이때 나의 고함을 들은 산골짜기에 사는 사람이 나와 자기 집으로 끌고 가 구호해주어서 겨우 살아났다.

김이언에게 강계 진공책을 물어보니, 강계 병영에 있는 장교들이 내응하기로 했으니 입성은 문제가 없다고 하였다.

"그러면 그 장교들이 순전한 애국심으로 내응하는 것입니까, 아니면 다른 이유가 있습니까?"

김이언은 이렇게 답했다.

"내가 전에 심양에 가서 인명노야(仁明老爺 : '인명'이라는 이름의 노대 감)와 친하게 지내고 그에게 말까지 하사받은 일을 그 장교들이 알 고서, 언제든지 청병의 응원을 받아오면 자기들이 다 응하겠다고 굳게 약속하였으니 그런 까닭으로 입성은 용이하다."

나는 또 물었다.

"그러면 이번에 청병을 조금이라도 쓸 수 있습니까?"

"이번은 안 되나 우리가 거사하여 강계라도 점령하면 원병이 올 것이다."

그리고 모집한 포수들의 복장 문제에 있어 나는 이런 의견을 주 장했다.

"포군 중에는 청나라 말을 잘하는 자가 많으니, 몇십 명은 청나 라 장관(長官 : 장교)의 옷을 입혀 청나라 장교 혹은 대장이라 꾸미고 그 나머지는 한복을 입고 후방에 따르도록 합니다. 그런데 선두에 는 장군이 하사받은 말을 타고 긴 칼을 찬 채 청나라 옷을 입은 군 인이 앞장서 입성함이 득이 있지 않을까 합니다. 그 이유는 강계성 장교들의 이른바 내응이란 것을 완전히 믿기 어려운 데다가, 그 자 들은 단지 청병이 온다는 데에 대한 내응이지 의리상 내응하는 것 이 아니므로 청병의 그림자도 없으면 세부득이하여 도움을 얻지 못할 것입니다."

나는 또한, 제일 먼저 고산진을 쳐서 군의 무기를 탈취하고 그다 음에 강계를 점령하기로 하는 데 대하여 불가하다고 말하였다. 이 유는 지금 300여의 포수가 있으니 이것만 가지고 질풍뇌우의 형세 로 달려 들어가면 선발대가 비록 수효가 많지 않아도 우리의 뒤에 병력이 얼마나 많은지를 모르기 때문이라고 했다.

김규현과 백 진사(서울 사람) 등은 다 나의 의견에 찬동하였으나 독단적인 김이언은 반대하였다. 그 이유는 첫째, 청나라 복장과 청 장교로 꾸민다는 것은 우리가 당당하게 국모보구(國母報仇 : 국모의 원수를 갚는다)라는 격문을 전한 이상 당연히 백의군인으로 입성함이 옳은 일이며 둘째, 아직 군인은 있지만 무기가 부족하니 먼저 고산진(거기 말로 고사리)을 쳐서 무기를 탈취하여 다음 날 강계를 점령함이 옳다는 것이었다.

우리 두 사람은 김이언이 고집하고 나기는 데 대하여 결렬의 태도는 취하지 말고 일단 따라가보자고 의논해 정했다. 먼저 밤중에 고산진에 침입하여 무기를 꺼내 맨손으로 종군하는 이들에게 나눠 주고, 다음 날 강계로 진군하였다. 한밤중 삼경쯤에 전군이 얼음 위를 걸어 인풍루 밖 10리쯤에 선두가 도착하자, 강 남쪽 언덕인 송림 가운데에서 많은 화승총 불빛이 반짝거렸다.

그러는 가운데 강계대(江界隊) 소속 몇 명의 장교가 와서 김이언을 찾았다. 그리고 가장 먼저 "이번에 오는 이들 중에 청병이 있는가?" 하고 물었다. 김이언은 우선 강계를 점령하고 통지하면 곧 청병이 올 것이라고 대답하였다. 그 장교들이 고개를 흔들며 돌아가자마자, 송림 속으로부터 총소리가 요란하게 울리며 탄환이 비 오듯 했다. 좌우 산골짜기가 험준한 얼음 위에서 근 1000명의 사람과 말이 대혼잡을 빚으며 물밀 듯 도로 밀려나가는데, 벌써 중탄이사(中彈而死 : 총에 맞아 죽다)하는 자, 상처를 입고 울부짖는 자가 있었다.

나는 김형진과 몇 걸음을 후퇴하면서 상의했다.

"김이언의 이번 실패는 영구히 실패라 다시 수습을 못할 터이니 우리가 같이 퇴각한대야 아무 소용이 없소. 이같이 생소한 행색으로는 잡히기 쉬우니 강계성 부근에서 화를 피하여 고향으로 감만 같지 못하오."

산 쪽으로 올라가 강계성에서 지척인 촌락에 들어가니 동네 전부가 피란하였고 집집마다 사람이 없었다. 한 집에 들어가니 바깥문과 안문을 잠그지 않았고 주인을 불러도 역시 한 사람도 없는 빈집이어서 안방으로 들어가보았다. 방 한 구석 화덕(산 고을 주민들이 방구석에 굿배기〔붙박이〕화로를 설치하여 난로로 대용하는 것)에 불이 이럭이럭[94] 피어 있었다. 우리 두 사람이 화덕 옆에 앉아 손발을 녹이고 있노라니 방 안에서 기름 냄새와 술 냄새가 났다. 시렁 위의 광주리를 꺼내보니 온갖 고기가 가득하였다. 우선 닭다리와 돼지갈비를 숯불에 쪼여 먹고 있는데, 포건을 쓴 사람이 문을 가만히 열고 방안을 들여다보는 것이었다.

나는 거짓으로 책망을 했다.

"웬 사람인데 야밤에 남의 집을 문의도 없이 침입하는가?"

그 사람이 두려워하는 빛을 띠고 말했다.

"이 집은 내 집인데요."

그 사람이 머뭇거리며 말했다.

"누가 주인이든지 이렇게 추운 밤이니 들어와 몸이나 녹이시오."

그 사람이 들어오자 나는 물었다.

---

94 '일렁일렁'과 비슷한 말이다. 여기서는 '연기가 바람에 이리저리 자꾸 크고 가볍게 움직이는 모양을 나타내는 말'로 쓰인 것으로 보인다.

"그대가 이 집 주인이라면 집을 비우고 어디를 갔었소? 내가 보기에 주인 같아 보이지 않으나 추울 터이니 고기나 자시오."

그 사람도 하도 어이가 없어 이야기를 했다.

"오늘이 나의 어머니 대상大祥입니다. 각처에서 조객이 와서 제사를 지내려던 즈음에 동구에서 총소리가 진동하므로 조객이 모두 흩어져 달아나고 나도 식구들을 산속에 데려다두고 잠시 왔던 길이오."

나는 한편으로 실례를 사과하고 한편으로 위안을 했다.

"우리도 장사를 하러 성내에 왔는데 당도하자마자 난리가 났다고 소동을 하기에 마을로 나가 피란을 할까 하고 와서 보니 당신 집 문이 열려 있길래 들어왔소. 들어와보니 먹을 것이 있기에 요기를 하던 중이오. 난시에는 이런 일도 있는 일이니 용서하시오."

주인은 그제야 안심했다. 그리고 주인에게 권하여 산중에 피하여 숨어 있는 식구를 데려오라고 하였다. 주인은 겁이 나서 말했다.

"지금도 보니 동구 밖에 병사들이 밀려가던데요."

"병사들이 무슨 일로 출발하는지 들으셨소?"

"강 건너서(청국을 가리킴) 의병이 밀려와서 강계를 치려다가 병대〔兵隊 : 군대〕에게 되밀려간다고 하나, 멀리서 자꾸 총소리가 들리니 알 수가 있습니까? 승부가 어찌 될지 압니까?"

우리는 이렇게 말했다.

"의병이 오나 병대가 오나 촌민에게야 무슨 관계가 있겠소? 부인네들과 어린아이들이 눈 속에서 밤을 지내다가 무슨 위험이 있을지 모르니 속히 집으로 돌아오게 하시오."

"내 집 식구뿐 아니라 온 마을이 거의 산에서 밤을 지낼 준비를 하였으니 손님은 염려치 마시고 기왕 내 집에 오셨으니 집이나 지켜주시오. 나는 산속의 식구들을 가서 보고 오리다."

그 집(인풍루 밖 길가 첫 동리)에서 자고 다음 날 아침에 일찍이 출발하여 강계를 떠나 적유령을 넘어 며칠 만에 신천에 도착하였다. 청계동을 향해 가는 길에서 소문을 들으니, 고 선생의 집에 호열자병〔콜레라〕이 들어서 큰아들과 큰며느리 원명 부처가 함께 죽었다는 놀라운 소식을 들었다. 동구에 들어서서 먼저 고 선생 댁에 가서 위문하였다. 고 선생은 도리어 침착한 빛이었으나 나는 답답하여 가슴이 막힐 지경이라 무슨 말을 할 수가 없었다. 부모님이 계신 집으로 가려고 하직을 할 때에 고 선생은 의미를 알기 어려운 말씀을 하셨다.

"곧 성례成禮를 하도록 하세!"

그 말씀을 듣기만 하고는 집에 가서 부모님과 이야기를 하는 도중에 "네가 떠난 후에 고 선생 손녀(원명의 장녀)와 너와 약혼이 되었다"고 하여 그제야 비로소 고 선생이 말씀하시던 것을 깨닫게 되었다. 아버님과 어머님은 번갈아가며 약혼하던 경과를 설명하셨는데 아버님께서 말씀하셨다.

"네가 떠나간 후에 고 선생이 집에 찾아오셔서, '요새는 아들도 없고 매우 고적하실 터이니 내 사랑에 오셔서 이야기나 하고 놉시다' 하기에 감사하여 그 사랑에 가서 노는데 고 선생은 네가 어릴 때부터 행동하던 것을 세밀히 물으시더라. 그래서 나는 네가 어렸을 때에 공부를 열심히 하던 것과 해주 과장에서 크게 실망하고 돌아와 관상서를 보다가 낙심하였던 얘기와 호심인이 될 길을 찾아서 동학에 입도했던 이야기, 또 이웃 동네의 강씨·이씨들은 조골(祖骨 : 조상의 뼈)을 사고파는 죽은 양반이나 너는 마음의 수양과 몸의 실행으로 산 양반이 되겠다던 이야기를 해드렸다."

어머님께서 말씀하셨다.

"어느 날 고 선생이 우리 집에 오셔서 나에게도 네가 자랄 때 하던 거동을 물으시기에, 네가 강령서 긴 칼을 가지고 신풍 이 생원 집 아이들을 죽이러 갔다가 칼도 뺏기고 매만 맞고 왔던 일과, 돈 20냥을 허리에 차고 떡 사 먹으러 갔다가 너의 아버지께 매를 맞던 이야기며, 내가 사서 둔 청홍 염료 전부를 가져다가 개천에 풀어놓은 것 때문에 때려주던 일이며, 아침에 울기를 시작하면 종일토록 울던 이야기를 했다."

다시 아버님이 말씀하셨다.

"하루는 고 선생 댁에 가서 놀고 있는데, 선생이 느닷없이 '노형 우리 집과 혼인하면 어떻겠습니까?' 하기에 나는 뭐라고 대답할지를 몰랐다. 선생은 다시 말씀하기를 '내가 청계동에 와 있은 후로 무수한 청년을 다 시험하여 왔으나 당신 아들만 한 사람을 아직 보지 못하였소. 불행히 아들과 며느리 둘 다 죽고 보니 나의 심신을 전부 맡길 사람을 생각하게 되었소. 노형 아들이 내 장손녀와 혼인을 하고 나까지 창수에게 의탁하면 어떻겠소?' 하니 나는 황공하여 선생에게 '선생께서 그처럼 미거한 자식을 사랑하시는 것에 감사하나 반상의 구별로 보나, 덕행으로 보나, 제 집의 형편으로 보나, 자식의 처지로 보나, 감당할 수가 없습니다. 제 자식의 속마음은 어떤지 모르나 자기도 스스로 인정함과 같이 외모도 하도 못나서 선생 문호에 욕이 될까 두렵습니다' 하자, 고 선생은 이런 말을 하더라. '지자막여부(知子莫如父 : 자식을 아는 데에는 그 아버지만큼 아는 사람이 없다)라고 하나, 내가 노형보다 좀 더 알지 알겠소? 아들이 못생겼다고 그다지 근심은 마시오! 내가 보건대 창수는 호상(虎相)입니다. 인중이 짧은 것이라든지, 이마가 속(俗) 붙은 것으로, 걸음가리. 장래 두고 보시오. 범의 냄새도 피우고, 범의 소리도 질러서 세상을 놀라게 할는지 알겠소' 하여 그래저래 약혼을 하였다."

나는 고 선생이 나에게 그처럼 기대를 걸고 스스로 원해 손녀를 허락함에 대하여 책임이 무겁고 성의를 감당하기 어려운 감이 있었으나, 그 규수의 자품이나 상당한 가정교훈을 받은 점으로나 만족한 마음도 있었다. 그 후 고 선생 댁에 가면 안뜰에서도 인정하는 빛이 보이고 예닐곱 살 된 둘째 손녀 아이도 나더러 아저씨라고 부르며 "안아주오, 업어주오" 했다. 그 규수는 조부 밥상에 나의 밥을 겸설(兼設 : 함께 놓다)한 상을 들고 내가 앉은 자리에도 들어왔는데 나는 마음에 퍽 기뻤다. 원명 부부의 장례도 내가 도와 치렀다.

고 선생에게 청나라를 둘러보고 온 시작부터 끝까지 일일이 보고하였는데, 압록강과 두만강 건너편 토지의 비옥함과 지세의 요충이나 인심 상태며, 서옥생의 아들과 결의한 사실, 돌아오는 길에 김이언을 만나 의병에 동참하였다가 실패한 것 등을 말씀드렸다. 그리고 장래 북방에 가서 활동 지대, 즉 무력을 사용할 땅이라는 것을 소상히 보고하였다.

마침 그때는 단발령이 내린 즈음이라 군대와 경찰은 거의 단발을 하였고, 문관도 각 군의 면장까지 실시하는 중이었다. 고 선생과 상의하여 안 진사와 의병을 일으킬 문제를 가지고 의논을 하였는데 안 진사가 말했다.

"아무 승산이 없이 일어나면 실패하는 것밖에 없으니 아직 일으킬 생각이 없습니다. 아직은 천주교나 봉행奉行하다가 후일 기회를 봐서 의병을 일으키겠습니다. 그리고 지금 머리를 깎게 되면 깎을 의향도 있습니다."

고 선생은 두말 아니하고 "진사. 오늘부터 끊네"(우리나라에서 예부터 해오던 선비의 절교하는 표시)로 말을 마치고 자리를 뜨니 나의 심사도 매우 주저하게 되었다. 이 일이 안 진사의 인격으로 되었든 그렇지 않든 우리나라 안에서 일어난 동학은 토벌하고, 양리(洋吏 : 서양 오랑캐)가 하는 서학을 한다는 말이 심히 괴이하였다. 그리고 의리 있는 선비라면 '두가단頭可斷이언정 발불가단髮不可斷'[95] 하는 의견을 가지고 있던 안 진사가 단발할 의향까지 보임은 옳지 않은 것이 아닌가 하는 생각을 하였다.

이런 생각을 하고 고 선생과 상의하기를 속히 성혼이나 하고 청계동을 떠나기로 결정하였다. 부모님은 다른 자녀가 없고 단지 나하나이고, 또한 고 선생과 같은 훌륭한 가문 출신 며느리를 맞게 된것이 무엇보다도 기뻐서 전력을 다하여 혼수와 혼구를 준비하기에 분주했는데, 어찌 뜻하였으랴. 호사다마로 괴이한 일이 생겼다. 하

---

95 '寧爲地下無頭鬼不作人間斷髮人'에서 따온 말로, '머리는 자를지언정 머리카락
   은 자르지 못한다. 차라리 지하에서 머리 없는 귀신이 될지언정 살아서 머리 깎
   은 사람은 되지 않는다'는 뜻이다.

루는 10여 리 되는 해주 검단 등 친구의 집에 가서 일을 보고 날이 저물어 그 집에서 자고 겨우 아침에 일어나려는 때에 고 선생이 나를 찾아왔다. 천만낙심하여 말씀하셨다.

"자네가 어렸을 적에 뉘 집과 약혼을 하였다가 자네가 원하지 않아 퇴혼하였다고 하던 것이 지금 와서 문제가 되네그려. 내가 어제 사랑에 앉아 있는데 성이 김가라고 하는 사람이 찾아와서는 당신이 고 모씨냐고 묻기에 그렇다고 하니 내 앞에다가 칼을 내놓고 하는 말이, '들으니 당신 손녀를 김창수에게 허혼하였다 하니 첩으로 주는 것이오? 정실이오?' 하고 묻기에 하도 괴상하여 김가를 책하며 초면에 그게 무슨 무례의 말이냐고 하니 김가가 노기등등해서 하는 말이, '김창수의 정처正妻는 바로 내 딸인데 이제 들으니 당신 손녀와 결혼을 한다 하기로 첩이라면 모르되 정실이라면 이 칼로 생사를 결정하겠다'고 하였네. '나는 김창수가 전에 약혼한 곳이 있었으나 이미 파혼한 줄로 알고 허혼을 하였는데, 이제 그대의 말을 들어보니 여전히 약혼 중이라 하니 내가 김창수와 해결할 터이니 그대는 물러가라' 하여 돌려보냈네. 이를 어찌해야 하나? 우리 집안의 여자들은 대소동이 났네."

나는 이 말을 듣고 처음부터 자미(滋味 : 재미) 없이 된 것을 알고 고 선생에게 말씀드렸다.

"제가 선생님을 믿고 우러러본 본의本意는 손자사위나 됨에 있지 않고, 친자정녕(親炙叮嚀 : 직접 가르치는 진실된 모습)한 교훈을 마음과 뼈에 새겨 종신토록 가르침을 따르기로 했던 것입니다. 그렇게 맹세한 이상 혼인을 하든 못하든 그것이 무슨 상관이 있겠습니까. 혼사

164

일은 서로 단념하고 의리로만 선생님을 받들겠습니다."

말을 할 때 이미 일이 순조로이 되지 않을 줄 알고 딱 끊어 말을 하였으나 속으로는 매우 섭섭하였다. 고 선생은 나의 말을 듣고 눈물을 흘리며 자탄하였다.

"내가 앞으로 몸을 의탁할 만한 사람을 물색하는 데 온 심력을 다하다 자네를 만났고, 더욱이 미혼이므로 혼사까지 성약한 것인데 이런 괴변이 어디 있겠나. 그러면 혼사는 없던 일로 하겠네. 그러나 지금 관리들이 단발한 후에는 평민에게도 실행할 터이니 자네는 시급히 빠져나가 머리카락은 잘리지 않도록 하게. 이 늙은이까지 머리를 잘라야 한다면 죽기로 작정하겠네."

여기서 지난 일들 중 제외하였던 한 가지 사건을 말하려 한다. 내 나이 네댓 살 때에 아버님이 어떤 주점에서 함경도 정평 사람 김치경이라는 함지박 장사를 만나 취중에 말을 주고받다가, 김치경에게 여덟아홉 살 된 여자아이가 있음을 알고 농담같이 청혼하였다. 그런데 김치경이 혼사를 승낙하여 사주까지 보냈고 그 후에는 아버님이 그 여자아이를 집에 종종 데려오셨다. 내가 서당에 다닐 때였는데 동리 아이들이 놀려댔다.

"너는 함지박 장사의 사위다. 너의 집에 데려온 처녀가 곱더냐?"

이런 조롱을 받을 때에는 심사가 불쾌했다. 거기에다 하루는 추운 겨울 얼음판에서 팽이를 돌리며 놀고 있었는데, 그 여자애가 나의 곁에 와서 구경하다가 자기에게도 팽이 한 개 깎아달라는 말을 듣고 너무나 싫은 마음이 생겨 어머님에게 졸라서 그 여자애를 도로 보냈으나 혼약을 해제한 것은 아니었다.

그러다가 갑오년 청일 전쟁이 일어나자 사람들의 인심이 아들이든 딸이든 자녀가 있으면 바로 혼인을 시켜야 하는 것으로 알았다. 당시 나는 동학 접주를 하느라 동분서주하는 판이었는데, 하루는 집에 들어오니 술을 빚고 떡을 만들어 모든 혼인 준비를 하고 있었다. 나는 한사코 장가는 가지 않겠다고 부모님께 청하였다. 부모님도 할 수 없어 김치경에게 자식이 절대로 원하지 않으니 혼약을 해제하기로 상의하고 그이 딸도 타처에 출가시키라고 하였다. 김치경도 도리 없다 생각하고 청계동에서 10여 리 떨어진 신천 수유령으로 이사하여 술장사를 하고 있었다. 그때 김치경이 고 선생 댁과의 혼약 소문을 듣고서 방해를 하면 돈이나 좀 줄까 생각하고 짐짓 방해한 것이었다.

아버님이 분기탱천하여 곧 김치경의 집에 가서 싸움을 하였으나 기왕의 일이요, 김치경은 벌써 자기 딸을 근처에 돈을 받고 혼약하였다 한다. 고 선생은 비동으로, 우리 집은 기동으로 이사하고 나는 시급히 청나라 금주의 서옥생의 집으로 가기로 작정하였고, 김형진은 자기 고향으로 가기로 되어 함께 가지 못했다.

나는 혼자 출발하였다. 평양에 도착하니 관찰사 이하 전부가 단발하였고, 길목을 막고 행인을 붙들어 상투를 자르는 것이었다. 그리고 단발을 피하려고 촌으로, 혹은 산 고을로 피난하는 백성의 원성이 길에 가득한 것을 보니 머리끝까지 분기가 가득하였다. 안주에 도착하여 게시판을 보니 '단발 정지령'이었다. 말을 들어보니, 경성의 종로에서 시민들에게 단발하려다가 큰 소동이 일어나 일본인의 가옥을 부수고 일본인을 많이 죽이는 등 변란이 일어나고, 당시 정부 당국자들에게도 대변동이 있었다고 한다.

　그러니 장차 나라 안에 이리도 일이 많은데 구태여 출국할 것이 아니라, 삼남 방면에 의병이 봉기한다 하니 도로 길을 돌려 사태를 살펴보리라 결심하였다. 되돌아오는 길에 용강군에서 안악군 치하포(안악읍에서 동북 40여 리 거리)로 가는 배를 타고 건너오는데, 그때가 병신년 2월 하순이라 강에 빙산이 움직여 돌아다니고 있었다. 15~16인의 남녀 선객이 탄 우리 배가 그 빙산에 포위되어 진남포 하류까지 싸여 떠내려갔다가 조수를 따라서 다시 상류까지 오르락내리락하니, 선객은 물론 선원들까지 얼음귀신이 되는 줄 알고 두렵고 겁이 나서 어쩔 줄 몰라 했다. 나도 해마다 결빙기나 해빙기 무렵에 이곳 나루에서 빙산에 포위되어 종종 참사가 있었던 것을 알았는데, 이날 불행히 위험한 지경에 빠지게 되었던 것이다.

　배 안의 사람들 거의가 호천호모(呼天呼母 : 하늘을 부르고 어머니를 부르다)하는 울음소리가 진동하였다. 나는 살 길을 생각해보았다. 그 배에는 식량이 없어 얼어 죽는 것보다 먼저 굶어 죽을 터인데 다행히 배 안에 당나귀 한 마리가 있었다. 빙산의 포위가 여러 날 계속된다면, 잔인하지만 어쩔 수 없이 당나귀를 잡아 15~16명의 생명을 보전하기로 했다. 한갓되이 울고만 있는 것이 목숨을 건지는 길은 아니었다. 뱃일을 선원에게만 의뢰할 것이 아니고 모든 선객이 한꺼번에 힘을 써 빙산을 밀어내면 갑자기 빙산이 떨어지지는 않을지라도, 신체 운동만으로라도 유익하다는 의견을 맹렬히 주장하고 힘을 합할 것을 호소하니 선객과 선원 모두가 일제히 응하였다. 나는 힘을 내어 빙산 위에 뛰어올라 그 빙산의 만들어진 모양을 둘러보고, 큰 덩어리에 의지하여 작은 것을 떼어내려고 노력하다 보니 마침내 한 가닥 살 길을 얻게 되었다. 원래 목적지인 치하포에는 미치지 못하고 5리 밖 강가에 오르니 서산에 지는 달이 아직 남은 빛이 있었다.

치하포구 주인(여관업을 겸하고 있음)의 집에 들어가니, 풍랑으로 인해 유숙하는 선객 등이 세 칸 여관방에 널리 가득 차 있었다. 시간이 자정이 넘은 까닭으로 방마다 코 고는 소리만 들렸다. 함께 고생한 동행들도 방 세 칸에 나누어 잠을 잤다. 잠이 들자마자 행객들이 떠들며 오늘은 날씨가 좋으니 배를 띄우라고 야단들이었다.

국모보수國母報讐

시간이 지나고 아랫방에서부터 조식(朝食, 朝飯)이 시작되어 가운뎃방, 윗방까지 밥상이 들어왔다. 그때 가운뎃방에서 한 단발한 사람이 한복을 입고 같이 앉은 행객과 인사하는 것을 들으니, 성은 정이라 하고 사는 곳은 장연(그 시기의 황해도에서는 장연이 제일 먼저 단발하여 평민들도 단발한 자가 간혹 있었다)이라 하였다. 말씨가 장연 말이 아니고 서울말인데, 시골 노인들은 정말 조선인으로 알고 이야기를 하고 있었으나, 내가 듣기에는 분명히 왜놈이었다. 자세히 살펴보니 흰 두루마기 밑으로 칼집이 보였다. 가는 길을 물어보니 진남포로 간다 하였다.

나는 그놈의 행색에 대하여 연구해보았다.

'저놈이 보통 상업이나 공업을 하는 왜놈 같으면 이곳은 진남포

168

대안(對岸)[96]이므로 매일 몇 명의 왜놈이 왜의 본색(本色)으로 다니는 곳이다. 지금 경성 분란으로 인하여 민후(閔后)를 살해한 삼포오루(三浦梧樓 : 미우라 고로)[97]가 몰래 도망가는 것이 아닌가? 이 왜놈이 삼포는 아니더라도 삼포의 공범일 것 같고, 하여튼 칼을 차고 몰래 다니는 왜놈은 우리나라와 민족의 독균일 것은 명백하니, 저놈 한 놈을 죽여서라도 국가에 대한 치욕을 설(雪 : 씻다)하리라.'

환경과 역량을 살펴보건대, 방 세 칸에 손님이 모두 40여 명인데 저놈의 앞잡이가 몇 명이나 섞여 있는지는 알 수 없었으나, 나이 열일고여덟 산 되는 총각이 옆에서 무슨 말을 하고 있었다.

'나는 맨손이 아닌가. 섣불리 손을 쓰다가 저놈을 죽이지도 못하고 내 목숨만 저놈의 칼 아래 끊어 보내지 않을까? 그렇게 된다면 나의 의지와 목적은 세상에 알리지도 못하고 한낱 도적놈의 시체로 남아 영원한 길을 갈 것이 아닌가. 또 내가 적수(赤手 : 맨손) 한 번에 죽일 수는 없을 것이고, 죽을 결심을 하고 손을 쓰더라도 방에 있는 사람들이 만류할 것이요, 만류하는 동안 저놈 칼이 내 몸에 들어올 것이니 아무리 생각해도 불가능한 일이다.'

이렇게 생각하자 가슴이 울렁거렸다. 심신이 자못 혼란한 상태에 빠져 고민하던 중에 홀연히 한 가닥 광선이 가슴에 비쳤다. 그것은 다른 것이 아니라 고후조(高後凋, 능선의 호) 선생의 교훈 중에 '득수반지무족기 현애살수장부아'라는 구절이었다.

96 강, 호수, 바다 따위의 맞은편 기슭을 말한다.
97 을미사변을 주도한 조선 주재 일본 공사이다.

곧 자문자답을 하였다.

"네가 보기에 저 왜를 죽이는 것이 원수를 갚는 것으로 확신하느냐?"

"그렇다."

"네가 어릴 때부터 호심인 되는 것이 소원이 아니더냐?"

"그렇다."

"지금 가살가설(可殺可雪 : 죽여 마땅한 놈을 죽여서 분함을 씻다)의 수왜(讐倭 : 원수인 왜놈)를 죽이다가 성공을 못하고 반대로 왜놈의 칼에 죽는다면 다만 도적의 시체로 세상에 남겠다 걱정하니, 그렇다면 너는 호심인이 된다는 소원은 거짓이고, 좋은 몸과 좋은 이름의 사람이 되는 것이 소원이 아니더냐!"

이렇게 죽을 마음을 작정하니, 흉해(胸海 : 마음속)에 풍정낭식(風靜浪息 : 바람이 멎고 파도가 그치다)하여 여러 계책이 잇달아 나오기 시작했다.

내가 방 안의 40여 명 손님과 동네 사람 수백 명을 보이지 않는 노끈으로 꽁꽁 묶어 움직이지 못하게 하고, 왜놈한테도 내 불안한 상태를 보인다면 저놈이 준비할 터이니 저놈도 안심시키고, 나 한 사람만 자유자재로 연극을 꾸미는 방법을 폈다.

제일 먼저 밥상을 받아 아랫방에서 먼저 숟가락을 든 사람들은 자던 입에 새벽밥이라 3분의 1도 못 먹었으나, 나중에 상을 받은 나는 네댓 숟가락에 한 그릇을 다 먹었다. 일어나서 주인을 부르니 골격이 준수하고 나이가 약 서른일고여덟 살은 됨직한 사람이 안쪽 문 앞에 왔다.

"어느 손님이 불렀소?"

"네, 제가 좀 청했습니다. 다름 아니라 내가 오늘 700여 리나 되는 산길을 가려고 하는데 아침을 더 먹고 갈 터이니 7인분만 더 차려다주시오."

주인은 아무 대답이 없이 나를 보기만 하더니 내 말에는 대답도 아니하고 방 안에서 아직 밥을 먹는 손님들을 보고서 말했다.

"젊은 사람이 불쌍도 하다. 미친놈이군!"

한마디하고는 안방으로 들어가버렸다. 나는 한편에 드러누워서 방 안의 평판과 공기를 보면서 왜놈의 동정을 살펴보았다. 방 안에는 두 파의 논쟁이 벌어졌다. 배운 듯한 청년들 중에는 주인 말과 같이 나를 미친놈이라고 하는 사람이 있는가 하면, 식사 후에 긴 담뱃대를 맛있게 붙여 물고 앉은 노인들은 그 청년들을 나무라는 말을 했다.

"여보게, 말을 함부로 말게. 지금인들 이인이 없으란 법 있겠나. 이런 말세야말로 마땅히 이인이 날 때지!"

청년들이 말했다.

"이인이 없을 리는 없겠지만 저 사람 생긴 꼴을 보세요. 무슨 이인이 저렇겠어요."

그 왜놈은 별로 주의를 하는 빛이 없이 식사를 마치고 중문 밖에서서 문기둥에 기대어 방 안을 들여다보면서 총각이 밥값을 계산하는 것을 살펴보고 있었다. 나는 천천히 일어서서 큰 소리를 지르며 그 왜놈을 발길로 차서 한 길이나 거의 되는 댓돌 밑에 떨어뜨리고 쫓아 내려가며 왜놈의 목을 한 번 밟았다. 세 칸 객방의 앞쪽 출입문이 네 개인데, 아랫방에 하나, 가운뎃방에 두 개, 윗방에 하나로 그 방문의 네 문짝이 동시에 열리자 그 문으로 사람들의 머리가 다투듯 나왔다.

나는 몰려나오는 군중을 향하여 간단일어〔簡單一語 : 한마디〕로 선언했다.

"누구든지 이 왜놈을 위하여 내게 덤비는 자는 거개살지〔擧皆殺之 : 모두 다 죽이다〕 하리라."

말을 그치기도 전에 일시에 발에 차이고 발에 밟혔던 왜놈은 새벽 달빛에 검광〔劍光〕을 번쩍이며 나에게 달려들었다. 나는 얼굴 위로 내리치는 칼을 피하면서 발길로 왜놈의 옆구리를 차서 거꾸러뜨리고 칼 잡은 손목을 힘껏 밟으니 칼이 저절로 땅에 떨어졌다. 그러고는 그 왜검으로 왜놈의 머리부터 발끝까지 마구 난도질했다. 2월 날씨라 마당은 빙판인데 피가 샘처럼 솟아나와 마당에 흘렀다. 나는 손으로 왜놈의 피를 움켜 마시고, 그 피를 얼굴에 바른 후 피가 뚝뚝 떨어지는 칼을 들고 방 안으로 들어갔다.

"아까 왜놈을 위해 나에게 덤비려 하던 놈이 누구냐?"

방 안의 사람들 중 미처 도망가지 못한 사람들은 거의 엎드려 있었다.

"장군님 살려주시오. 나는 그놈이 왜놈인 줄 모르고 보통 싸움으로만 알고 말리려고 나갔던 것입니다."

또 어떤 사람은 말했다

"나는 어제 바다에서 장군님과 같이 고생하던 상인입니다. 왜놈과 같이 오지도 않았습니다."

그중에 노인들은 겁이 나서 벌벌 떨면서도 아까 청년들을 나무라며 나를 변호해주었으므로 안심하며 말했다.

"장군님! 아직 지각이 없는 청년들을 용서하십시오."

그러는 중에 주인 이화보李和甫 선달이 감히 방 안에도 못 들어오고 문밖에서 무릎을 꿇고 엎드려 말했다.

"소인이 눈이 있으나 눈깔이 없어 장군님을 멸시하였사오니 죄는 죽어도 여한이 없습니다. 그러하오나 왜놈에게 다만 밥 팔아먹은 죄밖에 없습니다. 아까 장군님을 능욕하였사온즉 죽어 마땅합니다."

나는 방 안에서 엎드려 떨고 있는 사람들을 향하여 말했다.

"내가 알아 할 터이니 일어나 앉으시오."

주인 이화보에게 물었다.

"네가 그놈이 왜놈인 것은 어떻게 알았느냐?"

"소인이 포구 객주를 하는 탓으로 진남포로 내왕하는 왜가 종종 제 집에서 자고 다닙니다. 그러나 한복을 하고 있는 왜는 이번에 처음 보았습니다."

"이 왜놈은 옷차림뿐만 아니고 우리말도 능한데 네 어찌 왜로 알았느냐?"

"몇 시간 전에 황주에서 온 목선 한 척이 포구에 들어왔는데 선원들의 말이 일본 영감 한 분을 태워왔다고 하기에 알았습니다."

"그 목선이 아직 포구에 매여 있느냐?"

"그렇습니다."

나는 그 선원을 대령하라 하였다. 이와 같이 문답하는 즈음에 눈치 빠른 이화보는 한편으로는 세면 기구를 들여오고, 다음으로는 밥 일곱 그릇을 한 상에 놓고 또 한 상에는 반찬을 놓아 들여다 놓고 먹기를 청하는지라 나는 얼굴을 씻고 밥을 먹게 되었다. 밥 한 그릇을 먹은 지가 10분 정도밖에 안 되었으나 격렬한 운동을 하였으므로 한두 그릇은 더 먹을 수 있지만 일곱 그릇씩은 먹을 수가 없었다. 그러나 당초에 일곱 그릇을 더 요구한 말이 거짓말로 알려져서는 재미없는 일이라 큰 양푼 하나를 가져오게 하여 밥과 반찬을 한데다 넣었다. 그러고는 숟갈 한 개를 더 청하여 숟갈 두 개를 하나로 해서 들고 밥 한 덩이가 사발통만큼씩 하여, 곁에서 보는 사람의 생각으로는 몇 번에 그 밥을 다 먹는 것처럼 보이게 했다. 한두어 그릇 분량을 먹다가 숟갈을 던지고는 혼잣말로 말했다.

"오늘은 먹고 싶었던 원수의 피를 많이 먹었더니 밥이 들어가지를 않는구나."

식사를 마치고 일의 처리에 착수했다. 왜놈을 싣고 온 선원 7명이 문 앞에 무릎을 꿇고 죄를 물었다.

"소인들은 황주에 사는 뱃사람들이온데, 왜를 싣고 진남포까지 뱃삯을 받고 가던 죄밖에 없습니다."

선원들에게 명령하여 왜놈의 소지품 전부를 가져와서 조사한 결과, 왜놈의 이름은 토전양량(土田讓亮 : 쓰치다 조스케)이고 직위는 육군 중위인데, 엽전 800여 냥을 가지고 있었다.[98] 그 돈으로 뱃삯을 계산해주고 이화보더러 동네 동장을 불러오라고 말하니 이화보가 말

---

98 김구는 자신이 타살한 일본인의 신분이 '일본 육군 중위'라고 아마도 끝까지 믿었던 것 같다. 그런데 김구 관련 재판 문서나 외교 문서에는 토전양량의 신분이 모두 '상인'으로 되어 있다. 이에 대해서는 이 책 뒤에 첨부한 〈부록 2〉를 참조하라.

했다.

"소인이 동장 명색이올시다."

"그러면 이 동네의 극빈 가정에 그 나머지 돈을 나누어주라."

"왜놈의 시체는 어찌하오리까?"

"왜놈은 우리 조선 사람에게만 원수가 아니니, 바닷속에 던져서 어별까지 즐겁게 뜯어먹도록 하라."

그리고 이화보를 불러서 붓을 가져오게 하여 몇 줄의 포고문을 썼다. 이유는 '국모원수를 목적으로 이 왜놈을 죽이노라' 하고, 끝 줄에 '해주 백운방 기동 김창수'라 써서 통로 벽 위에 붙이고, 다시 이화보에게 명령하였다.

"네가 이 동네 동장이니 바로 안악 군수에게 사건의 전말을 보고 하여라. 나는 내 집에 가서 다음 소식을 기다리겠다. 그런데 기념으로 왜놈의 검은 내가 가지고 간다."

출발하려고 하니 전신의 의복이 흰옷에서 붉은 옷이 되었으나 다행히 벗어 걸어두었던 두루마기가 있었다. 허리에 칼을 차고 조용한 태도로 행객들과 동네 사람들 수백 명이 운집하여 보고 있는 무리 속으로 귀로의 길을 떠났다. 속으로는 심히 조급했다. 동네 사람들이 가는 길을 막고 "네가 복수를 하였던지 무엇을 하였던지 우리 동리에서 살인을 하였으니 네가 있다가 일을 당하고 가라" 하면 (이것은 내 생각뿐이었지 나에게 그런 이론理論을 말할 자는 없었을 것이다) 사실을 설명할 겨를도 없이 왜놈들이 와서 죽일 것이었다.

빨리 나가려는 발길을 일부러 천천히 걸어서 산마루에 올라서면서 곁눈으로 치하포를 내려다보니 여전히 사람들이 모여 서서 내가 가는 것을 구경하고 있었다. 시간은 아침 해가 꽤나 올라왔는데, 고개를 넘어서는 빨리 걸어 신천읍에 도착하였다. 그날은 신천읍 장날이라 시장의 이곳저곳에서 치하포 이야기가 들렸다.

"오늘 새벽에 치하포 나루에서는 장사가 나타나서 일인을 한 주먹으로 때려죽였다지."

"그래. 그 장사하고 같이 용강에서부터 배를 타고 왔다는 사람들을 만났는데, 그 장사가 나이는 스물도 안 되어 보이는 소년이더래. 강 위에 빙산이 몰려와서 배가 그 사이에 끼어 다 죽게 되었는데 그 소년 장사가 빙산을 손으로 밀어내고 사람을 다 살렸다더군."

"그 장사는 밥 일곱 그릇을 눈 깜짝할 새 다 먹더라는걸."

이런 말을 듣다가 동학 옛 친구인 신천 서부의 유해순(劉海純, 이전의 동학 친구)을 찾아갔다. 유씨가 한참 후에 내 몸에서 피비린내가 난다고 하며 자세히 보더니 말했다.

"의복에 웬 피가 저다지 묻었소?"

"길에 오다가 왜가리 한 마리를 잡아먹었더니 피가 묻었소이다."

"그 칼은 웬 것이오?"

"여보. 노형이 동학 접주 노릇할 적에 남의 돈을 많이 강탈하여 두었다는 말을 듣고 강도질을 하러 왔소."

"동학 접주가 아니고서 그런 말을 해야 믿지요."

그러면서 어서 사실을 말하라고 조르므로 나는 대강 경과를 말해주었다. 유해각, 유해순 형제는 놀라면서 '과연 쾌남아의 소위'라 하고, 고향집으로 가지 말고 다른 곳으로 피하라고 강권했지만 나는 절대 그렇게 못한다고 말했다.

"사람의 일은 광명해야 사나 죽으나 값이 있지, 세상을 속이고 구차히 살기만 꾀하는 것은 장부의 일이 아니오."

그러고는 곧 떠나서 집에 돌아와 아버님께 그 일을 일일이 말씀드리니 부모님 역시 피신을 힘써 권했다.

"제가 이번에 왜놈을 죽인 것은 사사로운 감정에 의한 것이 아니요, 나라의 큰 치욕을 씻기 위한 거동이었으므로 구구히 피신할 생각이 있다면 당초에 그런 일을 하지 않았을 것입니다. 이미 실행한 이상에는 자연스럽게 법사(法司: 사법 당국)의 조치가 있을 터이니, 그때에 가서 이 한 몸을 희생하여 만인을 교훈한다면 비록 죽더라도 영광이오니, 자식 소견에는 집에 앉아서 당할 대로 당하는 것이 의로움에 맞는 일이라 생각합니다."

아버님도 다시 강권을 아니하시고 이런 말씀을 하셨다.

"내 집이 흥하든 망하든 네가 알아 하여라."

투옥

그럭저럭 석 달여 동안 아무 소식이 없더니 병신년 5월 11일이었다. 사랑에서 아직 잠자리에서 일어나기도 전인데 어머님이 급히 사랑문을 열고 말씀하셨다.

"얘! 우리 집 앞뒤에 못 보던 사람들이 무수히 둘러싸고 있구나."

말씀이 끝나자 수십 명이 철편과 철퇴를 가지고 달려들며, "네가 김창수냐?"고 물었다. 나는 그렇다고 대답하고 "그대들은 도대체 누구인데 이같이 요란하게 남의 집에 침입하느냐?"고 물었다.

그제야 내무부령을 등인(等因 : '서면으로 알려준 사실에 의한다'는 뜻으로, 공문의 첫머리에 쓰던 말이다)한 체포장을 보이고 해주로 압송하는 길을 떠나게 되었다. 순검과 사령이 도합 30여 명이나 되었는데, 내 몸을 쇠사슬로 여러 겹으로 묶고 앞뒤에 서서 쇠사슬 끝을 잡고 나머지는 나를 둘러싸고 갔다. 동네의 20여 호 전부가 집안사람들이었으나 모두 두려워 한 명도 감히 내다보지를 못했다. 이웃 동네의 강씨, 이씨들은 내가 동학한 죄로 붙잡혀가는 줄 알고 수군거렸다.

이틀 만에 해주 감옥에 들어갔다. 어머님과 아버님이 다 해주로 오셔서 어머님은 밥을 빌어다가 먹여주시는 속담의 옥바라지를 하시고, 아버님은 당신이 전에 하셨듯이 사령청, 계방들을 교섭 수단으로 하여 풀려날 수 있도록 애쓰셨지만 시세가 전과는 달라졌고 사건이 하도 중대하므로 아무 효과가 없었다.

옥에 들어온 지 한 달 만에 신문이 시작되었다. 옥에서 쓰던 대전목大全木 칼을 목에 걸고 선화당 뜰에 들어갔다. 감사 민영철이 물었다.

"네가 안악 치하포에서 일인을 살해하고 도적질을 하였다는데 사실이냐?"

"그런 일 없소."

"네 행적의 증거가 분명한데 부인하느냐?"

형을 집행하라는 호령이 나자, 사령들이 나의 두 발과 두 무릎을 한데 꽁꽁 묶고 다리 사이에 붉은 칠을 한 몽둥이 두 개를 들이밀고 한 놈이 한 개씩 잡아 좌우를 힘껏 누르니 단번에 정강이뼈가 허옇게 드러났다. 나의 왼다리 정강이 마루의 큰 상처가 바로 이것이다. 나는 입을 다물고 말을 하지 않다가 마침내 기절했다. 형을 중지하고 얼굴에 찬물을 뿌려서 회생시키고 다시 물었다. 나는 감사에게 말했다.

"본인의 체포장을 보면 내무부 훈령에 의한 것이라 되어 있으므로, 본 관찰부에서 처리할 수 없는 사건이니 내무부에 보고만 하여 주시오."

그러자 다시는 아무 말이 없이 도로 하옥하였다.

근 두 달이 지났다. 7월 초에 인천으로 이감을 가게 되어 인천 감리영監理營[99]에서 4~5명의 순검이 해주로 와서 나를 데리고 가게 되었다. 일이 이 지경이 되니 아버님은 고향으로 가서 얼마간의 집 물건들과 집까지 팔아 인천이든지 서울이든지 내가 가는 대로 따라가서 다음 일을 보기로 하고 본향으로 가시고, 어머님만 나를 따라서 인천으로 동행을 하셨다.

그날로 연안읍에서 하루를 묵고, 다음 날 나진포를 향해 가던 도중 연안읍에서 약 5리쯤 되는 곳의 길가 무덤 옆에서 날씨가 하도 더워 순검들이 오이를 사서 먹으면서 앉아 쉬게 되었다. 그 무덤 앞에 세운 비문을 보니 '효자 이창매의 묘'라 하였다. 비 뒷면에 새긴 글을 보니, 어느 임금이 이창매의 효성을 기려 효자문을 내렸다고 하였다. 이창매의 무덤 옆에는 이창매 부친의 묘가 있었다. 이창매는 본시 연안 통인으로 그의 아버지가 돌아가신 후에 사철 내내, 비가 오나 바람이 부나 가리지 않고 산소를 지성으로 모셨다 한다. 묘

---

99 대한제국 때, 개항장의 행정 및 통상 사무를 맡아보던 관아이다. 부산, 원산, 인천의 세 곳에 처음 설치하였고, 이후 다른 곳으로 확대, 설치하였다.

소 앞의 신을 벗은 자리부터 한 걸음 한 걸음 절을 하는 자리까지 걸어간 발자국, 두 무릎을 꿇은 자국, 향로와 향합을 놓았던 자리에는 영영 초목이 생기지 않았고, 만일 사람이 그 움푹움푹 파인 자리를 흙으로 메우면 즉시 뇌성이 진동하며 큰비가 내려 그 메운 흙을 씻어낸다는 말 등을 근처 사람들과 순검들이 이야기했다. 눈으로 그 비문을 보고 귀로 그 이야기를 듣는 나는 순검들이 알세라, 어머님이 알세라, 피가 섞인 눈물을 흘리며 이창매에게 대죄를 했다.

'다 같은 사람의 자식으로 이창매는 부모가 죽은 후까지 저렇게 효도한 흔적이 있으니, 그 부모 생전에 부모에게 어떠하였을까 하는 것을 알 수 있지 않겠는가.'

나의 뒤를 따라 혼비백산하여 허둥지둥 따라와서 내 곁에 앉아 하염없이 한숨을 짓고 계신 어머님을 차마 볼 수가 없었고, 이창매가 무덤에서 부활하여 나에게 "너는 수욕정이풍부지[樹欲靜而風不止 : 나무는 조용히 있고 싶어도 바람이 멎지 않는다] 구절을 읽지 못하였느냐?"고 책망하는 듯싶었다. 몸을 일으켜 출발할 때 나는 이창매의 무덤을 다시금 돌아보며 수없이 속으로 절을 하였다.

육로로는 나진포까지 가서 배를 탔다. 병신년 7월 25일 달빛이 없어 천지가 캄캄하고 물도 소리뿐이었다. 강화도를 지나던 즈음이었다. 종일 뜨거운 낮 동안 걸어왔던 순검들이 방심하고 다 잠이 든 것을 보시고, 어머님은 뱃사공도 듣지 못할 입안엣소리로 나에게 말씀하셨다.

"이애! 네가 이제 가서는 왜놈 손에 죽을 터이니 맑고 맑은 물에 너와 내가 같이 죽어서 귀신이라도 모자가 함께 다니자."

이 말씀을 하시고는 내 손을 끌어 뱃전으로 가까이 나가셨다. 나는 몸 둘 바를 몰라 어머님을 위로하였다.

"어머님은 자식이 이번에 가서 죽는 줄 아십니까? 결코 죽지 않습니다. 자식이 국가를 위하여 하늘에 사무치게 정성을 다하여 원수를 죽였으니 하늘이 도우실 테지요. 분명히 죽지 않습니다."

어머님은 자기를 위안하는 말씀으로 들으시고는 또다시 손을 끄시는 것을 "자식의 말을 왜 안 믿으시냐?"고 겁 없이 주장하는 말에 강에 빠질 결심을 중지하시고 다시 말씀하셨다.

"너의 부친과도 약속하였다. 네가 죽는 날이면 부부 같이 죽자고!"

어머님은 내가 죽지 않는다는 말씀을 어느 정도는 믿으시고, 하늘을 향하여 두 손을 비비시면서 알아듣지 못할 낮은 음성으로 축원을 하시는 것이었다.

인천 옥에 들어갔다. 내가 인천으로 이감된 이유는 갑오경장 이후에 외국인 관계 사건을 재판하는 특별 재판소가 있었기 때문이었다. 감옥의 위치는 내리(內里 : 인천 중구 내동) 마루에 감리서가 있고, 왼쪽에 경무청, 오른쪽에 순검청이 있었다. 순검청 앞으로 감옥이 있었으며 그 앞에 길을 통제하는 2층 문루가 있었다. 감옥은 바깥에 담을 높이 쌓았고 담 안에 평옥 몇 칸이 있었는데, 반씩 나누어 한편에는 징역수와 강도·절도·살인 등의 죄수를 수용하고, 다른 한쪽에는 이른바 잡범, 즉 민사 소송과 위경범(違警犯) 등을 수용하였다. 형사 피고의 기결수는 청색 옷을 입고 윗도리 등 쪽에 강도·살인·절도 등의 죄명을 먹 글씨로 썼고, 감옥 바깥으로 출역할 때에는 좌우의 어깨와 팔을 함께 쇠사슬로 동이고 한 조에 두 사람으로 등 쪽 위에 자물쇠를 채우고 압뢰(押牢 : 죄인을 감시하는 사람)가 인솔하고 다녔다.

감옥에 들자 즉시 나를 도둑들 사이에 9인용 긴 장곡(長梏, 차꼬)[100]의 중간에다 엄하게 채웠다. 치하포에서는 이화보를 한 달 전에 체포 압상하여 인천 옥에 가두어놓았는데 이화보는 나를 보고 매우 반가워했다. 자기가 무죄라는 증거를 제출해줄 것으로 알았기 때문이었다. 이화보 집 벽 위의 포고문은 왜놈이 가서 조사할 때 떼어 감추고 순전히 살인강도로 말했던 것이다.

어머님이 나를 감옥문 밖까지 따라와 감옥문 안으로 들어가는 것을 보시고는 눈물을 흘리고 서 계신 것까지만 나는 잠시 고개를 돌려서 보았다. 어머님이 비록 시골 농촌에서 나고 자라셨으나 모든 일에 다 능하시고, 특히 바느질에 능하셨다. 그때 무슨 일이 손에 걸렸으랴마는, 자식의 목숨을 구하기 위하여 감리서 삼문 밖에 개성 사람 박영문(朴永文)[101]의 집에 들어가서 이제까지의 일을 잠시 이야기하고는 그 집의 식모가 되기를 청하였다.

---

100 긴 쇠고랑으로 두 발목에 채우던 형구이다.

101 《친필본》에 등장하는 인천의 물상객주 이름 중에서 '박영문'이라는 이름은 총 네 번 나온다. 그만큼 김구가 감옥에 있을 때, 김구에게 박영문이 인상적으로 남았던 것 같다. 그런데 1889년부터 1893년까지 관에서 지정한 25명의 인천항 객주 명단에는 박영문이라는 이름이 없다. 1896년은 인천객주회가 인천신상협회로 개편되는 시점으로, 객주들의 상권과 영업권역도 재편되어 새롭게 객주로 등장하는 인물이 있었을 가능성이 충분하다. 다만 현재까지 이 시기 인천항에 대한 정보를 담고 있는 기록물들(이를테면 《인천항관초》나 《인천부사》, 기타 일본인 저술 등)에서 박영문이라는 이름이 등장하지는 않는다. 다만 1897년 결성된 인천신상협회의 경우, 1899년 임원진에는 없지만 그 이전 혹은 임원진이 아닌 일반 회원 명부에서 발견될 여지는 남아 있다.

그 집은 당시 항구 내의 유명한 물상객주라 집안에 밥 짓는 일과 옷 만드는 일이 매우 많은 까닭으로 일을 할 수 있게 되었는데, 조건은 하루 세 번 옥에 밥 한 그릇씩을 가져다주는 것이었다. 압뢰가 밥을 빼앗아 들여주면서 "네 모친도 의지할 곳이 생겼고, 네 밥도 매일 세 끼 들여줄 터이니 안심하라"고 했다. 같이 있는 죄수들도 매우 부러워하였다. 옛 사람이 말하기를 '애애부모생아구로〔哀哀父母 生我劬勞 : 슬프도다. 부모가 나를 낳아 기르신 고생이여〕'라 하였으니, 나의 부모는 나를 낳으실 때도 크게 고생하셨고 먹여 살리는 데에도 천중만금의 고생을 감당하셨다. 불서佛書에 말하기를 '부모와 자녀는 천생백겁天生百劫에 은애소유주〔恩愛所有住 : 은혜와 사랑이 남아 머문다〕'라 한 말이 헛말이 아니었다.

감옥 안은 극히 불결하고 아직 더위가 한창이었다. 나는 장질부사〔장티푸스〕에 걸려 고통이 극도에 달하여 자살하리라는 짧은 생각으로 동료 죄수들이 잠이 든 때를 타서 이마 위에 손톱으로 '충忠'자를 새기고 허리띠로 목을 매어 드디어 숨이 막혔다. 그런데 그때 나는 삽시간에 고향에 가서 평시에 친애하던 육촌 동생 창학이와 놀았다. 옛 시에 '고향을 오래도록 눈에 그리니 굳이 부르지 않아도 영혼은 이미 그곳에 가 있도다'[102]라 했는데 정말 헛말이 아니었다.

문득 정신이 돌아오니 동료 죄수들이 고함을 치며 죽는다고 소동이 났다. 그자들이 내가 죽는 것을 생각해서 그러는 것이 아니라, 내가 숨이 막힐 때에 무슨 격렬한 요동이 있었기 때문이었나 보다.

---

102 《친필본》 원문은 '故園長在目 魂去不須招'이다.

183

그 후로는 여러 사람이 살펴봄으로 자살할 여가도 없으려니와, 병마가 죽여서 죽든지, 원수가 죽여서 죽든지, 죽여져서 죽는 것은 어찌할 수 없는 것이나 자살은 부당하다고 생각되었다. 그런 사이에 땀은 내었으나 15일 동안 음식은 입에 대보지 못하였다.

그때 마침 신문이 있다는 기별이 있었다. 나는 내가 해주에서 다리뼈까지 드러나는 악형을 당하고 죽는 데까지 이르면서도 사실을 부인한 것은 내무부에까지 가서 대관들에게 발설하자는 뜻이었다. 그러나 불행히 병으로 죽게 되었으니 부득불 이곳에서라도 왜놈 죽인 취지나 말을 하고 죽으리라고 마음을 먹었다. 나는 압뢰의 등에 업혀 경무청으로 들어갔다. 업혀 들어가며 살펴보니 도적 신문하는 형구를 삼엄하게 갖춰놓았다. 압뢰가 업어다가 문밖에 앉히니, 나의 모습을 본 당시 경무관 김윤정(윤치호의 장인)이 물었다.

"어찌하여 저 죄수의 모양이 저렇게 되었느냐?"

"열병으로 그리되었습니다."

압뢰가 보고하자 김윤정이 내게 물었다.

"네가 정신이 있어 내가 묻는 말에 족히 대답할 수 있느냐?"

"정신은 있으나 성대가 말라붙어서 말이 나오지 않으니 물을 한 잔 주면 마시고 말을 하겠소."

곧 청지기더러 물을 가져오게 하여 먹여주었다.

김윤정이 윗자리에 앉아 순서대로 성명, 주소, 나이를 묻고 사실 심리에 들어갔다.

"네가 안악 치하포에서 모월 모일에 일인을 살해한 일이 있느냐?"

"본인이 그날 그곳에서 국모의 원수를 갚기 위하여 왜구 한 명을 타살한 사실이 있소."

나의 이 대답을 들은 경무관, 총순, 권임 등이 서로 얼굴을 쳐다볼 따름이요, 정내는 갑자기 조용해졌다. 내 옆에서 의자에 걸터앉아 신문의 방청인지 감시인지 하고 있던 도변(渡邊 : 와타나베) 순사 왜놈이 신문 첫머리에 정내가 조용해지는 것을 이상히 여겨 통역에게 질문하는 것을, 나는 "이놈!" 하고 그 한마디를 사력을 다하여 호령했다.

"지금 이른바 만국공법이니 국제공법이니 하는 조규(條規) 가운데 국가 간 통상과 평화의 조약을 체결한 후에, 그 나라 임금을 살해하라는 조문이 있느냐? 내가 죽으면 신으로, 살면 몸으로, 네 임금을 죽이고 왜놈을 씨도 없이 다 죽여서 우리 국가의 치욕을 갚으리라."

통렬히 매도하는 것이 두려웠는지 도변 놈이 "지쿠쇼, 지쿠쇼"(짐승)[103] 하며 대청 뒤로 도망가 숨었다. 정내의 공기가 긴장했다. 총순인지 주사인지 김윤정에게 말을 했다.

"사건이 하도 중대하니 감리 영감께 말씀하여 직접 와서 신문을 맡도록 하여야겠습니다."

몇 분 후 감리사 이재정이 들어와 주석에 앉았다. 김윤정은 신문하던 진상을 보고하였다.

그때 정내에서 참관하던 관리와 청속(廳屬)[104]이 분부 없이도 찻물

---

103 일본어로 '짐승'을 뜻하며 욕으로 많이 쓴다.
104 관청에 근무하는 낮은 신분의 일꾼들을 말한다.

을 가져다 마시게 해주었다. 나는 정상의 주석인 이재정에게 말을 시작했다.

"본인은 시골의 일개 천한 몸이나 신민의 한 사람 된 의리로 국가가 치욕을 당해 백일청천하白日靑天下에 나의 그림자가 부끄러워서 한 명 왜구라도 죽였거니와, 나는 아직 우리나라 사람이 왜황을 죽여 복수를 하였단 말을 듣지 못하였소. 지금 당신들이 몽백蒙白[105]을 하였는데 《춘추대의春秋大義》[106]에 '임금의 원수를 갚지 못하면 몽백을 아니한다'는 구절도 읽어보지 못했소? 한갓 높고 귀한 벼슬과 나라의 녹을 도적질하는 더러운 마음으로 어찌 인군을 섬기겠소."

이재정, 김윤정을 비롯하여 수십 명의 참석한 관리들이 내 말을 듣는 광경을 보니, 각각 얼굴에 홍당무 빛을 띠었다. 이재정이 마치 내게 하소연하듯 말했다.

"창수의 지금 하는 말을 들으니 그 충의와 용감을 흠모하는 반면에 내 황공한 마음도 비할 데 없소이다. 그러나 상부의 명령대로 신문 후 보고하려는 것뿐이니 사실이나 상세히 진술하여 주시오."

김윤정은 나의 병이 아직 위험함을 보고 감리와 무슨 말을 소곤소곤하고서는 압뢰에게 명하여 도로 하옥시켰다. 어머님께서는 신문이 있다는 소문을 듣고 오셔서 경무청 문밖에서 내가 압뢰의 등에 업히어 들어가는 것을 보시고, 신병이 저 지경이 되었으니 무슨 말을 잘못 대답하여 당장 죽지나 않을까 하는 근심이 가득하였다.

---

105 국상을 당해 백립을 쓰고 소복을 입는 것을 말한다.
106 공자의 《춘추》를 바탕으로 하여 실제 역사적 사실과 인물에 관한 이야기를 쓴 책이다.

그러나 신문을 시작할 때부터 관리들 전부가 떠들기 시작하고, 벌써 감리영 부근 사람들은 희귀한 사건이라고 구경하는 자들로 정내에 설 자리가 없었으며, 문밖까지 둘러싸고는 말들이 많았다.

"참말 별난 사람이다."

"아직 아이인데 사건이 무엇이오?"

압뢰와 순검들이 듣고 본 대로 말을 했다.

"해주 김창수라는 소년인데 민 중전마마의 원수를 갚으려고 왜놈을 죽였다는군. 그리고 아까 감리를 책망하는데 사또도 아무 대답을 못하던걸."

이런 이야기가 낭자하였다.

내가 압뢰의 등에 업혀 나가면서 어머님의 안색을 살펴보니 약간 웃는 빛을 띠는 것은 여러 사람들이 구경한 이야기를 들으신 까닭인 듯했다. 나를 업고 가던 압뢰도 어머님에게 "당신 안심하시오. 어쩌면 이런 호랑이 같은 아들을 두셨소" 하였다.

나는 감옥에 들어가 옥중에서도 일대 소동을 일으켰다. 다름이 아니라 나를 다시 적수간(賊囚間 : 도적 죄수 사이)에다가 차꼬를 채워두는 데 대해 내가 크게 분개해 소리를 벽력같이 지르며 관리를 통렬히 꾸짖었던 것이다.

"전날 내가 아무 뜻도 말하지 않았을 때는 대우를 강도로 하거나 무엇으로 하거나 간에 입을 다물고 있었지만, 오늘은 정당히 뜻을 발표하였거늘 아직도 나를 이다지 홀대하느냐. 나는 땅에 그려놓은 옥일지라도 의롭기 때문에 나가지 않을 것이다. 내가 당초에 도망가 살려는 생각이 있었다면 왜놈을 죽이고 주소와 성명을 갖춰 포고를 하고 내 집에 와서 석 달여나 체포를 기다리고 있었겠느냐. 너희 관리 놈들이 왜놈을 기쁘게 하기 위하여 내게 이런 박대를 하느냐?"

이런 말을 하면서 어찌나 요동을 하였던지, 한 차꼬 구멍에 같이 발목을 넣고 있는 자가 좌우로 4명씩 합이 9명이었는데, 좌우에 있는 죄수들이 말을 보태, 내가 한 다리로 좌우 8명과 차꼬 전부를 들고 일어서는 바람에 자기들의 발목이 다 부러졌다고 고함고함 야단이었다.

김윤정이 즉시 옥 안에 들어와 이 광경을 보고 애꿎은 압뢰를 야단쳤다.

"그 사람은 다른 사람들과는 본래 다른데 왜 도적 죄수들과 함께 있도록 하느냐? 하물며 중병이 있지 않느냐? 즉각 좋은 방으로 옮기고 신체는 조금도 구속하지 말고 너희들이 잘 보호하여 드려라."

그때부터 옥중에서 왕이 되었다. 그러자 어머님이 옥문 밖에서 면회를 오시는데 초췌한 얼굴에도 화색이 돌았다. 어머님이 말씀하셨다.

"아까 네가 신문받고 나온 뒤에 경무관이 돈 150냥(지금의 3원)을 보내고 네 보약을 먹이라고 하더라. 오늘부터는 주인 내외는 물론이요, 사랑손님들도 나를 매우 존경하며 옥중에 있는 아드님이 무슨 음식을 자시고자 하든지 말만 하면 다 해주겠다고 한다. 며칠 전에는 어떤 뚜쟁이 할미가 와서 '당신 아들을 위하여 이곳에서 일을 하는 것보다는 중매를 서서 돈 많고 권력도 많은 남편을 얻어줄 터이니, 그리 가서 옥에 밥도 맘대로 해 가져가고 일도 주선하여 속히 나오도록 하여 주는 것이 어떠냐' 하기에, 나는 남편이 있고 며칠 있으면 이곳에 온다고 말한 일도 있다."

그 말씀을 들으니 천지가 아득하였다.

"그것이 다 이놈의 죄올시다."

이화보는 불려가서 신문당할 때나 옥중에서나 "김창수는 지혜와 용기를 겸비하여 아무도 당할 수가 없고, 하루에 700리를 걸어서 가며, 한 번에 밥 일곱 그릇을 먹는다"고 선전하였다. 내가 감옥에서 야단을 할 때나 죄수들이 소동할 때나 이화보는 자기가 전에한 말에 부합이나 되는 것처럼 떠들어댔다. 그는 자기 집에서 살인을 하는데 방관하고 있었으며, 살인 후라도 살인자를 결박하여 놓고 관청에 고발을 해야 할 것 아니냐고 신문을 당한 모양이었다.

다음 날부터는 감옥문 앞에 얼굴을 알고자 면회를 청하는 인사들이 하나둘 생기기 시작했다. 그것은 감리서, 경무청, 순검청, 사령청 등 수백 명 직원이 각각 자기가 본 대로 제물포 개항된 지 9년, 즉 감리서 설립된 후에 처음 보는 희귀한 사건이라며 자랑 겸 선전을 한 까닭이었다. 항내 권력이 있는 자와 노동자까지도 아는 관리에게 김창수 신문할 때는 알려달라는 청탁이 많다는 말을 듣던 중, 제2차 신문 날이 되었다.

그날도 역시 압뢰 등에 업혀 옥문 밖으로 나서면서 사방을 살펴보니, 길에는 사람이 가득 찼고, 경무청 안에는 각 청 관리와 항내 유력자들이 모인 모양이었고, 담장 꼭대기와 지붕 위에까지 경무청 뜰이 보이는 곳에는 사람들이 다 올라가 있었다. 정내에 들어가 앉으니 김윤정이 슬쩍 내 곁으로 지나가며 "오늘도 왜놈이 왔으니 기운껏 호령을 하시오" 했다. 그때는 김윤정이 어느 정도의 진심이 있는 듯하였으나 오늘까지 이른바 경성부 참여관 노릇을 하고 있는 것을 보면, 그때 신문정(訊問庭 : 죄수를 신문하던 곳)을 하나의 연극장으로 생각하고 나를 한 명의 배우로 보아 사람들에게 구경시킨 거라고 해석할 수도 있을 듯하다. 그러나 먹은 마음을 오래 지속하지 못하는 사람들이 그렇듯이 그때는 의협심이 좀 생겼다가 날이 오래되자 마음이 변한 것으로도 볼 수 있다.

다시 신문을 시작하였으나 나는 전날 다 말하였으니 다시 할 말이 없다고 말을 끝맺고, 뒷방에 앉아서 나를 넘겨다보는 도변이를 향하여 호통을 하다가 다시 옥에 돌아왔다. 그 후로는 하루하루 면회인 수가 증가했다. 와서는 "나는 항내에 거주하는 모某올시다. 당신의 의기를 사모하여 신문정에서 얼굴을 뵈었소이다. 설마 오래 고생하시겠소. 안심하고 지내시고 출옥 후에 한자리에서 반가이 뵈옵시다", 그런 말들이었다. 면회 올 때는 음식을 한 상씩 잘 차려 들여주었다. 나는 그 사람들의 정성에 감동하여 보는 데에서 몇 점씩 먹고는 도적 죄인들에게 차례로 나누어주었다. 그때 감옥 제도를 실시하는 모양은, 죄수들 끼니를 규칙적으로 날마다 나누어주는 것이 아니라 징역수라도 짚신을 삼아서 압뢰가 인솔하고 거리에 나가 팔아다가 죽이나 쑤어 먹는 판이었다. 내게 가져오는 음식은 각기 준비하는 사람으로서는 되도록 잘 차린 것이어서 죄수들은 물론 나도 처음 먹는 음식이 많았다. 앉은 차례대로 내가 나오는 날까지 나누어주었다.

제3차 신문은 감리서에서 했는데, 그날도 항내 거주자는 다 모이는 것 같았다. 그날은 감리사 이재정이 직접 신문을 하는데 왜놈은 보이지 않았다. 감리가 매우 친절히 말을 묻고 나중에 신문서 꾸민 것을 열람케 하고 교정할 것은 교정하고 빈 곳에 이름을 썼다. 신문은 끝이 났다.

며칠 후에는 왜놈들이 내 사진을 찍는다고 하여 경무청으로 또 업혀 들어갔다. 그날도 정내 정외에 수많은 관중이 인산을 이루었다.

김윤정은 슬쩍 나의 귀에 들릴 만큼 말을 했다.

"오늘 저 사람들이 창수의 사진을 찍으러 왔으니, 주먹을 쥐고 눈을 부릅뜨고 사진을 찍으시오."

그러자 사진을 찍어 간다, 못 간다로 교섭이 문제가 되어 한참 동안 의론이 분분하다가, 결국 청사에서는 허락하지 못할 터이니 길에서나 찍으라고 하고 나를 업어서 길 가운데에 앉혔다. 왜놈이 다시 청하기를 김창수에게 수갑을 채우든지, 포승으로 얽든지 하여 죄인이라는 표시를 내어달라고 했으나 김윤정은 거절했다.

"이 죄인은 임금의 재가를 받은 죄인이므로 대군주 폐하의 분부가 없는 이상 그 몸에 형구를 댈 수 없다."

왜는 "정부에서 형법을 정하여 사용하면 그것이 곧 대군주의 명령이 아니냐?"라고 질문했다. 김윤정이 갑오경장 이후에 형구는 폐지하였다고 대답하니, 왜가 다시 질문했다.

"귀국 감옥 죄수들이 쇠사슬 찬 것과 칼 쓴 것을 내가 보았소."

그러자 김윤정은 노하여 왜놈을 꾸짖었다.

"죄수의 사진을 찍는 일은 조약에 정해진 의무도 없고 단지 상호 간 참고 자료에 불과한데, 이 같은 작은 일로 내정 간섭을 하는 것은 묵과할 수 없소."

관중들은 경무관이 명관이라고 모두 칭찬을 했다. 급기야 길 가운데서 사진을 찍게 되었는데, 왜놈이 다시 애걸하여 내가 앉은 옆에 포승을 놓아만 두고 사진을 찍었다.

나는 며칠 전보다는 기운이 좀 돌아오는 때라, 경무청이 들썩이도록 소리를 질러 왜놈을 야단치고 일반 관중을 향하여 연설을 했다.

"이제 왜놈이 국모를 살해하였으니 전 국민의 대치욕일 뿐 아니라, 왜놈들의 해독이 대궐 안에만 그치지 않고 당신들의 아들과 딸이 필경은 왜놈의 손에 다 죽을 것이오. 나를 본받아서 왜놈을 보는 대로, 만나는 대로 다 죽이시오."

고함을 지르자, 도변 왜놈이 직접 나에게 말을 했다.

"네게 그러한 충의가 있을진대 어찌 벼슬을 못하였느냐?"

"나는 벼슬을 못할 상놈이기 때문에 조그마한 놈이나 죽이거니와, 벼슬하는 양반들이야 너희 황제의 목을 베어 원수를 갚을 것이다."

그러자 김윤정은 도변에게, "당신들은 죄인을 직접 신문할 권리가 없으니 가라"고 하여 쫓아 보냈다. 그 후에 김윤정에게 이화보의 석방을 요청했다.

"이화보는 아무 관계가 없으니 오늘로 방면하여 주시오!"

"알아서 처리할 터이니 과히 염려하지 마시오."

옥에 돌아와 얼마 안 되어 이화보를 불렀는데, 이화보를 옥문 밖에서 면회하면서 "당신이 말을 잘하여 무사히 석방되었다"고 치사하고 작별하였다.

다음으로 옥중 생활의 대개를 들어보면, 첫째는 독서. 아버님이 오셔서 《대학》 한 질을 매입하여 주셨으므로 날마다 《대학》을 읽었다. 인천항은 제일 먼저 열린 항구이므로 구미 각국인 중 거주자, 여행자도 있었고 각 종교당도 설립되었다. 그리고 우리나라 사람들 중에서도 간혹 외국을 유람하고 상업을 하여 신문화의 취미를 아는 자도 약간 있던 때였다.

감리서원 중 한 사람이 나를 만나 이야기를 나눈 후에는 신서적 읽기를 권했다.

"우리가 나라의 문을 잠그고 구지식, 구사상만으로는 구국할 수가 없다. 세계 각국의 정치·문화·경제·도덕·교육·산업이 어떠한 지를 연구하여 보고, 내 것이 남만 못하면 좋은 것은 수입하여 우리 것을 만들어 국계민생에 유익하게 하는 것이, 모든 일을 자세히 인식하는 영웅의 일이지, 한갓 배외사상만으로는 멸망에서 구하지 못할 것이다. 창수와 같은 의기남자義氣男子라면 마땅히 신지식을 가져 장래 국가에 큰 사업을 해야 한다."

이렇게 말하며 세계 역사, 지지地誌 등 중국에서 발간된 책자와 국한문으로 번역한 것도 가져다주며 열람을 권하는 이도 있었다. '아침에 옳은 길을 들으면 저녁에 죽어도 좋다'는 식으로, 나는 죽는 날이 올 때까지 글이나 실컷 보리라 하고 손에서 책을 놓지 않았다.

감리서원들은 종종 와서 내가 신서적을 열심히 읽는 것을 보고 매우 좋아하는 빛을 보였다. 신서적을 보고 새로 깨달은 것은, 고 선생이 전날 조상에게 제사를 지낼 때 유세차 영력 이백 몇 해라고 쓴 축문을 읽던 것이나, 안 진사가 양학을 한다고 하여 절교하던 것이 그리 달관한 것 같아 보이지 않았다는 것이다. 의리는 학자에게 배우고 모든 문화와 제도는 세계 각국에서 채택하여 적용하면 구각에 이득이 되겠다고 생각되었다. 옛날 청계동에서 단지 고 선생을 신인처럼 숭배할 때는, 나도 척왜척양斥倭斥洋이 우리나라 사람의 당연한 천직이요, 이에 반대하면 사람이 아닌 짐승이라고 생각했었다. 고 선생 말씀에 우리나라 사람에게만 한 가닥 양맥陽脈이 잔존하고, 세계 각국이 거의 피발좌임(被髮左衽 : 미개한 나라의 풍속)한 오랑캐라고 했다. 이 말만 믿었는데《태서신사泰西新史》한 권만 봐도, 그 눈이 깊고 코가 높은 원숭이와 다를 바 없는 오랑캐들은 도리어 건국치민建國治民의 좋은 법이 사람다운데, 아관박대(峨冠博帶 : 높은 관리가 입는 옷)로 선풍도골(仙風道骨 : 신선의 풍채와 도인의 골격) 같은 우리나라의 탐관오리는 오랑캐라는 이름조차 받을 수 없다고 생각되었다.

두 번째는 교육. 당시 같이 수감된 자들은 평균 거의 100명 가까이 되었는데, 들락날락하는 민사 소송 사건 외에 대다수는 절도·강도·사주·약인·살인 징역수였으며 그 10분의 9가 문맹이었다. 내가 글자를 가르쳐주마 하니, 그 죄수들은 문자를 배워 자기가 나중에 긴히 쓸 마음보다 내게 잘못 보이면 날마다 진수성찬을 얻어먹을 수 없으니 답례로 배우는 체만 하는 자들이 많았다.

화개동 기생 서방으로 기생을 중국으로 팔아 보낸 죄로 10년 징역을 받은 조덕근은《대학》을 배우는데 '인생팔세 개입소학人生八歲皆入小學'을 소리 높여 읽다가 '개입' 두 자도 잊고 '개 아가리 소학'이라고 읽는 것을 보고서 까무러치게 웃은 일도 있었다.

그때는 건양 2년쯤이라《황성신문皇城新聞》이 창간된 때였다. 어느 날 신문을 보니 나의 사건을 간단히 싣고, 김창수가 인천 감옥에 들어온 후는 감옥이 아니라 학교가 되었다는 기사를 보았다.

세 번째는 대서代書. 그 시대에도 비리나 억울한 송사가 많은 때였다. 내가 옥에 갇히게 된 자를 위하여 말을 자세히 들어보고 소장을 지어주면, 혹시 송사에 이기는 적이 있었다. 수감되어 있는 처지로 감옥 바깥에 연락하여 대서소에 비용을 써도 곤란한 때가 많았으나, 대서자인 나와 상의하여 인찰지만 사다가 써 보내는 것은 극히 편리하기도 했고 비용 한 푼 없어도 되었다. 또한 내가 성심으로 소장을 지어주었으므로, 옥내에서는 물론이고 밖에서도 김창수가 쓴 소장은 모두 승소한다고 와전이 되어 심지어 관리의 대서까지도 해준 일이 있었다. 비단 대서뿐 아니라 인민을 모함하고 금전을 강탈하는 사건이 있으면, 상급 관리에게 권계하여 파면시킨 일도 있었다. 압뢰들도 나를 꺼리어 죄수들에게 능욕이나 학대를 못하였다.

넷째는 성악聲樂. 나는 시골에서 자랐으나 농부의 김매는 소리나 목동의 〈갈까 보다〉 소리 일절도 불러본 적이 없었고 시나 풍월을 읊은 것밖에 없었다. 그 당시 감옥의 규칙은 낮잠을 허락하고, 밤에는 죄수로 하여금 잠을 자지 못하게 하고 밤새도록 소리나 옛날이야기를 시켰다. 이유는 밤에 잠을 재우면 잠든 틈을 타서 도주한다는 것이었다. 그런 규칙을 나에게는 시행하지 않았으나, 보통 모두 다 그렇게 하니까 나도 자연히 밤에 오래 놀다가 자게 되었다. 그리하여 시조나 타령이나 남이 잘하는 것을 들어 운치를 알게 되었고, 조덕근에게서 온갖 시조를 〈여창지름〉, 〈남창지름〉, 〈적벽가〉, 〈기세타령〉, 〈개구리타령〉 등을 배워서 죄수들과 함께 어울려 노래하고 지냈다.

사형 선고

하루는 아침에 《황성신문》을 보니 경성, 대구, 평양에서 아무 날 (지금까지 7월 27일로 기억된다) 강도 누구누구, 살인 누구누구, 인천에서는 살인강도 김창수를 교수형에 처한다고 기재되었다. 그 기사를 보고 일부러라도 태연한 자세를 가지려고도 했겠지만, 어찌된 일인지 내 마음에 동요가 생기지 않았다. 단명대에 갈 시간이 한나절밖에 남지 않았지만 음식과 독서며, 남들과의 대화를 평상시와 같이 하고 지냈다. 그것은 고 선생의 가르침 중에 박태보 씨의 보습 단근질에 '차철유냉갱자래(此鐵猶冷更煮來 : 이 쇠가 식었으니 다시 달궈 오라)'라는 옛일과, 삼학사三學士의 역사를 힘 있게 들었던 효험으로 생각이 된다.

그 신문이 배포된 후로 감리서가 술렁거리고 항내 인사들의 산 조문이 감옥문에 줄을 이었다. 오는 인사들이 나를 보고는 "마지막 보러 왔소" 하고는 눈물을 흘리지 않는 사람이 없었다. 나는 도리어 그 사람들을 위로하여 보내고 《대학》을 외우고 있노라면, 또 "아무 나으리가 오셨소", "아무 영감께서 오셨소" 하여 나가보면, 그 사람들도 역시 "우리는 김 석사가 살아 나와서 상면할 줄 알았더니 이것이 웬일이오" 하고서 눈물이 비 오듯 했다.

그런데 어머님이 오셔서 음식을 직접 들여주시는데 평상시와 조금도 다름이 없었다. 주위에 있는 사람들이 모르게 한 것이었다. 인천 옥에서의 사형수 집행은 매번 오후에 끌고 나가서 우각동牛角洞에서 교살하는 것이었다. 아침밥 점심밥도 잘 먹고, 죽을 때에 어떻게 해야겠다는 준비도 하고 싶었으나, 옥중에 함께 있던 죄수들의 모양은 차마 보기가 싫었다. 나에게 음식을 얻어먹던 죄수들, 나에게 글을 배우던 감옥 제자들, 나에게 소송에 대한 지도를 받던 여러 죄수들이 평소 제 부모가 죽었을 때에 그렇게 애통을 하였을는지 의문이 들 정도였다.

끌려 나갈 시간이 되었다. 그때까지 성현의 말에 깊이 빠져 성현과 동행할 생각으로《대학》만 읽고 앉아 있었으나, 아무 소식이 없어 그럭저럭 저녁밥을 먹었다. 여러 사람들이 창수는 특별한 죄인이라서 야간 집행을 하는 것으로 알고 있었다.

대사령친전정형 大赦令親電停刑

밤이 초경은 되었다. 그제야 여러 사람이 떠드는 소리가 들리더니 옥문 열리는 소리가 들렸다. '옳지, 지금이 그때로군' 하고 앉았는데, 내 얼굴을 보는 동료 죄수들은 자기가 죽는 것처럼 벌벌 떨었다. 안쪽 문을 열기도 전에 옥뜰에서 "창수 어느 방에 있소?" 하더니 내 대답은 듣는지 마는지였다.

"아이고, 이제는 창수 살았소! 아이고, 우리는 감리 영감, 전 서원과 각 청사 직원이 아침부터 지금까지 밥 한 술 먹지 못하고 '창수를 어찌 차마 우리 손으로 죽인단 말이냐' 하고 얼굴마다 서로 바라보고 한탄하였는데, 지금 대군주 폐하께옵서 대청에서 감리 영감을 부르셔서, 김창수의 사형을 정지하라시는 친칙親勅을 내리셨다네. 그리고 밤이라도 옥에 내려가 창수에게 전해주라는 분부를 듣고 왔소. 오늘 하루 얼마나 상심하였소?"

그때의 관청 수속이 어떻게 되었는지는 모르겠으나, 나의 짐작으로는 이재정이 그 공문을 받고 상부, 즉 법부에 전화로 교섭한 것 같았다. 그러나 그 후에 대청에서 나오는 소식을 들으니, 사형은 형식으로라도 임금의 재가를 받아 집행하는 법이어서 법부대신이 사형수 각자의 공술을 가지고 조회에 들어가 상감 앞에 놓고 친감을 거쳤다고 한다. 그때 입시하였던 승지 중 한 사람이 사건들을 다시 살펴보다가 '국모보수國母報讐' 네 자가 눈에 이상히 보여 재가 수속을 거친 안건을 다시 빼어다가 임금에게 뵌즉, 대군주가 즉시 어전회의를 열고 의결한 결과 국제 관계이니 우선 생명이나 살리고 보자 하여 전화로 친히 칙령을 내리셨다는 것이었다. 어쨌든지 대군주가 친히 전화한 것만은 사실이었다. 이상하게 생각되는 것은, 그때 경성부 내에는 전화가 가설된 지 오래였으나, 경성 이외에는 장도[長途 : 먼 거리] 전화가 인천이 처음이요, 인천까지의 전화 가설 공사가 완공된 지 3일째 되는 날(1896년 8월 26일)이었다는 것이다. 만일 전화가 준공되지 못했으면 사형이 집행되었을 것이라고 했다.[107]

감리서에서 내려온 주사는 이런 말을 하고 나갔다.

"우리 관리들뿐 아니라, 오늘 전 항구의 32객주들이 긴급회의를 하고 통문 돌린 것을 보았소. 항내 각 집에서 몇 사람이든 형편대로 우각현에서 김창수의 교수형 집행 구경을 가되, 각자가 엽전 한 냥씩 준비하여 가지고 올 것이요, 그리고 그 모인 돈이 김창수의 몸값으로 부족하면 그 부족한 액수는 32객주가 담당하여 창수를 살리

---

107 이 부분에 대해서는 〈부록 2〉를 참조하라.

려고까지 하던 일이 있었소. 그러나 지금은 천행으로 살았고 며칠만 있으면 궐내에서 은명이 계실 터이니 아무 염려 말고 계시오."

눈서리가 내리다가 갑자기 봄바람이 부는 듯이, 밤에 옥문 열리는 소리를 듣고 벌벌 떨던 죄수들은 이 소식을 전하는 말을 듣고서 너무 좋아 죽을 지경이었다. 신골방망이(짚신 삼을 때 쓰는 방망이)로 차꼬 등을 두드리며 온갖 노래를 부르면서 푸른 바지, 저고리짜리가 춤도 추고 우스운 짓도 하는 것이 마치 푸른 옷의 배우들이 연극을 하는 것처럼 하며 하룻밤을 지냈다.

그리고 동료 죄수들은 정말 나를 이인으로 알았다. 사형을 당하는 날인데 평소와 똑같이 말을 하고 음식을 먹으며 행동한 것이, 자기가 죽지 않을 것을 미리 알아서였다는 것이었다. 관리들 중에도 그렇게 아는 사람이 있었고, 누구보다도 어머님이 그날 밤에야, 감리가 대군주의 전화를 받고 어머님에게 소식을 전하여 비로소 아시고 나를 이인으로 생각하셨다. 당신이 가꾸지(강화군 갑곶)목을 지나면서 강에 같이 빠져 죽자고 하셨을 때에 "나는 결코 죽지 않는다"고 하던 일을 생각하시고, 내 아들은 미리부터 죽지 않을 줄을 알았다고 확신하고는, 내외분부터 그런 신념을 갖고 계셨던 것이다. 대군주가 친히 칙령을 내려 김창수의 사형이 정지되었다는 소문이 퍼지자, 전날 와서 영결하던 인사들이 치하 면회를 하러 다시 와서 옥문에 줄을 섰다.

나는 옥문 안에 자리를 잡고 앉아서 며칠 동안 응접을 했다. 사형이 정지되기 전에 단순히 내가 나이 어린데도 의기가 있음을 애석히 여겨 뜨거운 동정을 하던 사람들 이외에도, 이제는 머지않아 내가 대군주의 부름을 입어서 부귀영화를 누리게 될 줄 알고, 내가 출세를 하게 되면 무슨 수가 생기리라고 생각하고 와서 아첨하는 사람들이 관리들 중에도 있었고 항내 인사 중에도 그런 빛이 보였다.

압뢰 중 우두머리인 최덕만은 강화 읍내 김 우후虞侯[108] 집 비부〔婢夫 : 계집종의 지아비〕로 상처를 하고는 인천으로 와서 경무청 사령을 다년간 봉직하여 사령의 두목이 되었다. 최덕만은 강화에 가서 자기의 전 상전인 김 우후에게 나의 이야기를 하였다. 하루는 감리서 주사가 옷 한 벌을 가지고 와서 주며 말했다.

"강화 사는 김주경金周卿이란 사람이 이 의복을 지어다가 감리사또에게 드리며, 김창수에게 주어 입도록 하여 달라는 청원을 하였으니, 이 옷을 입고 김주경이란 친구가 면회 오거든 만나보시오."

잠시 후, 옥문에 김주경이란 사람이 찾아왔다. 나이는 근 마흔 정도 되어 보이고 얼굴 생김새가 단단해 보이는데 마주 보고는 별말 없이 "고생이나 잘하시오. 나는 김주경이오" 하고는 물러갔다.

어머님이 저녁밥을 가지고 오셔서 말씀하셨다.

"아까 강화 계신 김 우후라는 양반이 너의 아버지와 나를 찾아왔다. 네 의복만 자기 집에서 만들어왔다고 하며 우리 두 사람에게는 옷감을 끊어주었다. 돈 200냥을 주면서 쓸 곳에 쓰라고 하고는 즉시 가면서 열흘 후에 다시 찾겠다고 하더라. 네가 보니 어떠하더냐? 밖에서 듣기에는 아주 훌륭한 사람이라고 하더라."

"사람을 한번 보고 어찌 잘 알 수 있겠습니까마는 그 사람의 하

---

108 조선 시대에 병마절도사와 수군절도사를 보좌하던 무관 벼슬이다.

는 일은 감사하지요."

최덕만에게 김주경의 역사와 인격을 자세하게 알아보았다. 김주경의 자는 '경득'이며, 원래 강화 이속이었다. 병인양요 이후에 대원군이 강화에 3000명의 별무사를 양성하고 그 섬 주위에 석루石壘를 높게 쌓고 국방영國防營으로 설비하던 때에, 김주경은 포량고직〔砲糧庫直 : 강화 진무영의 창고지기〕의 자리를 역임하였다. 사람됨이 어릴 때부터 호방하여 초립동 시절부터 독서는 아니하고 도박에만 빠져 있었다. 그 부모가 벌을 주기 위하여 김경득을 곳간에 가둬놓았는데, 김경득은 곳간에 들어갈 때 투전 한 목目을 가지고 들어가서는 갇혀 있는 동안 모법을 연구하였다. 그 후에 서울로 올라가 투전 목 몇 만 구를 제조할 때 눈표〔眼票 : 표시〕를 해서 만들어 강화로 가져와 팔았다. 강화는 섬이기 때문에 사면이 포구에, 어선이 숲처럼 서 있는 곳이었다. 김경득은 그 투전목을 친구들에게 나누어주어 각 어선에 들어가 팔도록 하고는, 김경득이 각 어선으로 돌아다니며 투전을 하여 돈을 수십만 냥 땄다.

그리고 각 관청 하속배를 전부 매수하여 자기의 지휘명령을 받도록 하고, 멀리 가까이에 지혜와 용기 있다는 자들을 거의 망라하여 자기 식구를 만들어놓고는, 어떤 양반이라도 비리가 있으면 간접·직접으로 보복을 하였던 것이다. 설사 경내에 도적이 있어서 포교가 출장 체포를 하여도 먼저 김경득에게 보고하여 잡아가라면 잡아가고, "내게 두고 가거라" 하면 데려가지를 못하였다고 한다.

당시 강화에 두 인물이 있는데 양반에는 이건창이요, 상놈에는 김경득이라 했다. 대원군이 김경득의 인격을 알아보고 포량감砲糧

監이라는 중임을 맡겼다고 한다. 최덕만의 말을 들어보니, 김경득이 자기 집에 와서 음식을 먹으면서 "김창수를 살려내야 할 텐데. 지금 정부 대관들은 눈에 동록이 슬어서 돈밖에는 아무것도 보이지 않으니, 불가불 금력을 사용하지 않으면 쉽게 방면하지 못할 것이다. 내가 집에 가서 가산 전부를 팔아 가지고 와서 김창수 부모를 모시고 경성에 가서 어느 때까지든지 석방시키도록 주선을 하겠다"고 하면서 돌아갔다고 했다.

10여 일 후에 김경득이 과연 와서 부모님 중에 한 분만 서울로 같이 가자고 하여 어머님이 서울로 가시고 아버님은 인천에 남으셨다. 김경득은 서울에 가서 당시 법부대신 한규설을 찾아가 말했다.

"대감이 책임지고 김창수의 충의를 표창하고 옥에서 조속히 방면하도록 해야 옳지 않습니까? 폐하께 비밀리 아뢰어 장래 많은 충의지사가 생기도록 하는 것이 대감의 직책이 아닙니까?"

한규설도 속마음으로는 옳다고 생각하였다. 그러나 임권조(林權助 : 하야시 곤스케) 일본 공사가 벌써 이 김창수의 사건이 국제 문제화하지 않을까 의심하고 염려하여, 대신 중에서 이 사건을 폐하에게 아뢰는 자만 있으면 별별 수단을 다 써서 위험한 지경으로 몰아 떨어뜨릴 독계를 쓰려 하는 걸 알고 있었으므로 막무가내였다.

김경득은 여관에서 분기탱천하여 대관들을 욕하고서, 어찌되었든 공식으로 소장이나 올리자고 하여, 제1차로 법부에 소장을 올렸다. 그런데 제출한 의견은 '원수를 갚았다는 말이 그 뜻은 가상하나 일이 중대하여 여기서 마음대로 할 수 없다'는 것이었다. 이어서 제2, 제3으로 각 아문에 일일이 소장을 올렸으나 이리 미루고 저리 미루며 결말이 나지 않았다. 소송에 전력하기를 일고여덟 달 동안에 김경득의 재산은 전부가 소모되었다. 그동안에 아버님과 어머님이 번갈아가며 인천으로 서울로 오르락내리락하다가, 끝내는 김경득이 소송을 중지하고 돌아와서 나에게 편지 한 통을 보내왔다.

편지는 보통의 위문문이었고 오언율시 한 수가 있었다.

'탈롱진호조 발호기상린 구충필어효 청간의려인(脫籠眞好鳥 拔扈豈常鱗 求忠必於孝 請看依閭人 : 새는 조롱을 벗어나야 좋고 물고기는 그물을 벗어나야 한다. 충성은 반드시 효성에서 나오고 효성은 평민의 집에서 나온다)'

이 시를 읽고 나서 즉시 김주경에게 '그간 나를 위하여 마음과 힘을 다한 것은 지극히 감사하나, 한때의 구차한 삶을 위하여 생명보다 중한 광명을 버릴 수는 없다. 과히 걱정하지 말라'는 뜻으로 회답을 하고서, 그대로 옥중 생활을 계속하여 구서적보다 신학문을 열심히 보고 있었다.

김경득이 그 길로 집에 가보니 가산이 탕진되었으므로, 동지를 규합하여 그 당시 관용선이던 청룡환, 현익호, 해룡환 세 척 중 어느 배를 탈취하여 가지고 대양에서 해적을 할 준비를 하였다. 그러다가 당시 강화 군수 모에게 염탐되어 도주했는데, 상경하는 도중에 그 군수를 만나 실컷 두들겨주고는 해삼위(海蔘尉 : 블라디보스토크) 방면으로 갔다고도 하고, 어느 곳에 잠복하였다고도 하였다.

그 후에 아버님이 경성에 가서 올렸던 소장 문서 전부를 가지고 강화 이건창을 찾아가 보여준 후 방책을 물으니, 이건창 역시 탄식만 하고 별 방법을 알려주지 못했다. 그때 옥중에서 같이 고생하던 장기수들로는 조덕근 10년, 양봉구 3년, 김백석 10년, 그 밖에 종신

수도 있었다. 이 사람들이 나에게 감히 말은 못했으나, 내가 하려는 마음이 없어 그렇지 만일 자기네들을 살리려는 마음만 있으면 자기들을 한 손에 몇 명씩 쥐고 공중으로 날아가서라도 족히 구하여 줄 재주가 있는 것처럼 믿고 때때로 조용한 때면 그런 뜻을 비치곤 했다.

어느 날 조덕근이 나에게 눈물을 흘리며 말했다.

"김 서방님은 상감께서 어느 날이든지 특전을 내려 나가게 되면 부귀영화를 누리게 되겠지만, 나 같은 놈은 김 서방님을 모시고 근두 해나 고생을 하였는데, 김 서방님만 특전을 입어 나가시는 날이면 압뢰의 학대가 비할 데 없이 심할 테니 어찌 10년 기한을 채우고 살아 나갈 수가 있겠습니까? 김 서방, 우리들이 불쌍치 않습니까? 그간 가르치심을 받아 국문 한 자 모르던 것이 국한문 편지를 쓰게 되었으니, 만일 살아 세상에 나간다면 종신보패終身寶珮가 되겠으나[109] 여기서 죽는다면 공부한 것을 무엇합니까?"

나는 엄연한 태도로 말했다.

"나도 감옥의 죄수가 아니오? 피차에 어느 날이고 동시 출옥이 안 된다면 그 섭섭할 마음이야 어찌 말로 하리요."

"그러나 김 서방은 아직은 우리 더러운 놈들과 같이 계시지만 내일이라도 영광스럽게 옥을 면하실 터인즉, 저를 살려주시면 결초보은하겠습니다."

말의 의미가 여러 가지로 생각되었다. 어찌 들으면 내가 대군주

---

109 여기서의 의미는, '김구의 덕분으로 문자를 습득하였으니 탈옥만 한다면 평생토록 마치 보배처럼 간직하겠다'는 뜻이다.

의 특전을 입어서 나간 후에 권력으로 자기를 구해달라는 것도 같고, 어찌 들으면 내가 나가기 전에 나에게 있는 용력을 가지고 자기를 구해달라는 말로도 들을 수 있었다. 나는 말을 아니하고 말았다.

그때부터는 부지불식간에 나의 마음이 흔들렸다. 만약 나를 무한정하고 놓아주지 않는다면 옥에서 죽는 것이 옳으냐, 옳지 않느냐? 당초에 왜놈을 죽인 것은 우리 국법에 범죄 행위로 인정한 것이 아니었다. 왜놈을 죽이고 내가 죽어도 한이 없다고 생각한 것은, 나의 힘이 부족하여 왜놈에게 죽든지, 혹은 나의 충의를 몰라주는 조선 관리들이 나를 죄인으로 몰아 죽이더라도 한이 없다고 결심했기 때문이었다. 지금 대군주가 내가 죽일 놈이 아니라는 것을 아시는 것은 윤 8월 26일에 친히 전화 칙령을 내려 사형 집행을 정지시킨 한 가지 일로 족히 증명할 수 있다. 그리고 이곳 감리서로부터 경성 각 관아에 올린 소장의 의견에 나를 죄인이라고 지적한 곳이 없음을 보아도, 또는 김경득이 그같이 자기 가산을 탕진하며 내 한 목숨 살리려 하던 것과, 항내 인사들이 한 명도 내가 옥중에서 죽는 것을 원하는 사람이 없는 것을 보아도 분명히 알 수 있다. 나를 죽이려 애쓰는 놈은 왜구이니, 왜놈을 즐겁게 하기 위하여 내가 옥에서 죽는다는 것은 아무 의미가 없는 일이 아닌가? 심사숙고하다가 마침내 파옥하기로 결심하였다.

파옥
다음 날 조덕근을 보고 비밀히 물었다.

205

"조 서방이 내가 하라는 대로만 한다면 살려줄 도리를 연구해보리다."

조덕근은 고마워하고 또 고마워하며, 무엇이나 시키는 대로 복종하겠다고 하였다.

"그대네 집에서 밥 가지고 오는 하인 편에 편지하여 돈 200냥만 가져다가 그대 몸에 감추어두오."

그랬더니 그날로 백동전으로 가져왔다.

그 당시 감옥의 죄수 중 큰 세력이 있는 자는 징역살이를 하다가 만기가 되어가는 자로서, 그에게 죄수 감시를 맡기곤 하던 터였다. 강화 출생인 황순용이란 자는 절도로 3년형을 다하고 출옥 일이 15일 남아 있었는데 그가 옥중의 일을 맡아했다. 황가의 남색 상대인 김백석은 나이 열일고여덟 살의 절도 재범으로 10년형을 받은 지 몇 달이 못 되었다.

나는 조덕근에게 비밀리에 이렇게 시켰다. 김백석으로 하여금 황가에게 애원하여 살려달라고 하면, 황가가 백석의 애정에 못 이겨 살릴 방법을 묻거든 황가에게 "창수 김 서방에게 애원하여 김 서방이 들어주면, 나의 명이 살 도리가 없지는 않다"고 황가를 조르게 하였다. 황가가 백석의 애원을 듣고 몇 년간 지내던 더러운 정에 못 이겨서, 하루는 나를 비밀히 보고서 백석이를 살려달라고 간청했다.

나는 황가를 엄히 책하였다.

"네가 출옥할 날도 머지않았으니 사회에 나가서 좋은 사람이 될 줄 알았는데 벌써 출옥도 하기 전에 범죄의 생각을 하느냐? 어린 백석이 중역을 진 것이 나도 애석치 않음이 아니나, 피차 죄수의 처지로 무슨 도리가 있느냐?"

황가는 송구해하며 물러갔다. 다시 조덕근으로 하여금 백석을 시켜서, 재차 삼차라도 "김 서방님에게서 백석을 살려주마 하는 허락을 받아주오"라고 조르도록 가르쳤다. 황가는 다음 날 눈물을 흘리면서 부탁을 했다.

"될 수만 있으면 백석의 징역을 대신이라도 하겠습니다. 김 서방님은 '불위야不爲也인정 비불능非不能'[110]이니 백석이를 살려만 주신다면 죽을 데라도 사양치 않겠습니다."

나는 다시 황가를 믿지 못하는 태도로 말을 했다.

"네가 백석이를 얼마나 사랑하는지 모르나, 너는 단지 더러운 정으로 백석이를 살렸으면 하는 생각인가 보다. 그러나 내가 백석이에 대해, 그 어린것이 필경 이 옥중 혼魂이 될 것을 불쌍히 생각하는 것만큼 네가 생각하는지가 의문이다. 또 내가 설사 백석이를 살려주마고 허락하고 살려줄 수속을 한다면, 너는 그것을 순검청에 고발하여 나를 망신이나 시키지 않을까 한다. 네가 나와 근 2년이나 이곳에 있으며 본바, 이순보가 탈옥하여 죄수 전부가 불려가 매를 맞을 때 관리들이 나에게 감히 말 한마디 묻는 것을 보았느냐? 만일 내가 백석이를 불쌍히 여기는 마음으로 백석이를 살리려다가, 오늘까지 관리들의 경애를 받아오던 것이 점잖지 못한 것만 드러나고, 또한 백석이를 살리려다가 도리어 백석이를 죽일 터이니, 살고자 하는 백석이보다 살리려는 네 마음을 믿을 수 없다."

---

110 '하려고 하지 않을지언정 할 수 없는 것은 아니다'라는 뜻이다.

황가는 별별 맹세를 다했다. 그리고 내가 같이 나가지는 않고 자기들만 옥문 밖으로 내어놓을 도량이 있는 줄 알고 있었다. 황가에게 절대 복종하마는 서약을 받고 쾌히 승낙하였다. 조덕근, 양봉구, 황순용, 김백석은 모두 다 내가 자기네들을 감옥문 밖에 내어놓을 줄로 믿으나, 무슨 방법으로 어떻게 할 것인지는 감히 묻지도 못하였다. 자기들 생각에 나는 결코 도주하지 않을 줄로 믿고 자기들만 내놓아주고 나는 의연히 옥에 있을 줄 아는 모양이었다. 황가가 "우리가 나가면 노잣돈이 있어야지요" 하는 데 대하여도 조덕근이 돈을 가지고 있는 것을 보았지만 내게는 한 푼 돈이 없었다.

무술년 3월 초 9일 하오에 아버님을 옥문 밖으로 청해 오시게 하여 대장장이에게 가서 한 자 길이의 삼릉창三稜槍 하나를 만들어 새 옷에 싸서 들여다 달라고 하였다. 아버님도 무슨 일을 벌이려는 줄 아시고, 즉시 삼릉형三稜形[111]으로 만든 쇠창 한 개를 의복 속에 넣어 주시니 받아 가슴속에 감추었으나 조덕근 등은 알지 못했다.

어머님이 저녁밥을 가져다주실 때였다.

"나는 오늘 밤에 옥에서 나가오니 아무 때나 찾을 때를 기다리시고, 부모님 두 분께서는 오늘 저녁으로 배를 타시고 고향으로 가십시오."

"네가 나오겠니? 그럼 우리 둘이는 떠나마."

말씀하시고 작별하였다.

그날 오후에 압뢰를 불러 돈 150냥을 주면서, 내가 오늘은 죄수

---

111 끝이 뾰족하니 세 가닥으로 벌어진 모양을 말한다.

들에게 한턱을 낼 테니 쌀과 고기와 모주 한 통을 사오라고 부탁하였다. 별로 이상할 것 없는 것은 종전에도 가끔 그리한 일이 있었기 때문이었다.

"그대가 오늘 밤 당번이니 50전어치 아편을 사가지고 밤에 싫도록 드시오."

그때는 매일 밤 압뢰 한 명씩 옥방에서 같이 밤을 지내는 규례가 있었다. 그자는 아편쟁이고 성행(性行 : 성품과 행실)이 불량하여 죄수에게 특별히 미움을 받던 자였다. 50여 명의 징역수와 30여 명의 잡수(雜囚 : 잡범)까지 주렸던 창자에 저녁밥으로 고깃국에 모주를 실컷 먹고는 울적한 기분이 돌아오려 할 즈음에 나는 김 압뢰에게 청하였다.

"적수간에 가서 소리나 시켜 들읍시다."

"김 서방님 듣게 너희들은 장기대로 노래를 불러라."

압뢰가 생색이나 쓰는 듯이 명령을 내리자 죄수들은 노래하느라고 야단이었다. 김 압뢰는 자기 방에서 아편을 실컷 빨고 정신을 잃었다.

나는 적수간에서 잡수방雜囚房으로, 잡수방에서 적수간으로 왔다갔다 하는 틈에, 마루 속으로 들어가서 벽돌로 깐 돌을 창끝으로 들추고 땅속을 파고 옥 바깥으로 나섰다. 옥담을 넘을 줄사다리를 매어놓고서 문득 딴생각이 났다.

'조덕근 등을 데리고 나가다가 무슨 변이 날지 모르니 이 길로 그냥 가버리는 것이 좋지 않을까? 그자들은 결코 동지는 아니다. 기필코 건져낸들 무엇 하리.'

또 다른 생각은 그렇지 않았다.

'사람이 현인군자에게 죄인이 되더라도 하늘을 이고 땅을 디디고 서서 수치스러운 마음을 감당할 수 없거늘, 저들과 같은 더러운 죄인들에게 죄인이 되어서야 죽을 때까지 부끄러움을 어찌 견디랴?'

마침내 두 번째의 생각이 이기게 되었다. 나왔던 구멍으로 다시 들어가서 천연스럽게 내 자리에 앉아서는 눈짓으로 네 사람을 하나씩 다 내보내고 다섯 번째로 내가 또 나갔다. 나가서 보니 먼저 내보낸 4명이 옥담 밑에 앉아서 벌벌 떨고 감히 담을 넘지 못하고 있었다. 내가 한 명씩 옥담 밖으로 내보내고 내가 담을 넘으려 할 때였다. 먼저 나간 자들이 감리영과 옥을 통합하여 용동龍洞 마루를 송판으로 둘러막은 데를 넘느라고 밤에 요란한 소리가 나니, 벌써 경무청과 순검청에서 호각을 불어 비상소집이 되는 모양이었다. 벌써 옥문 바깥에서 사람들의 소리가 들렸다. 나는 아직 옥담 밑에 서 있었다. 내가 만일 옥방 안에만 있을 것 같으면 상관이 없겠으나, 이미 옥담 밑에까지 나오고 보니 급히 탈주하는 것만이 상책이었다.

남을 넘겨주기는 쉬우나 나 혼자서 한 길 반이 넘는 담을 넘기는 극히 어려웠다. 시간이 급박치 않으면 줄사다리로 넘어보겠으나 문 밖에서는 벌써 옥문 여는 소리가 나고 감방의 죄수들도 떠들기 시작했다. 옆에 약 한 길쯤 되는 몽둥이(죄수들이 물통을 마주 메는 것)를 가지고 몸을 솟아서 담 꼭대기를 손으로 잡고 내려뛰었다. 그때는 최후의 결심을 한 때라 누구든지 내가 가는 길을 막는 자가 있으면 결투를 할 마음으로 철창을 손에 들고 바로 삼문三門으로 나갔다. 삼문에서 파수하는 순검도 비상소집에 갔는지 인적이 없었다.

탄탄대로로 나왔다. 봄날에 밤안개가 자욱하였다. 몇 년 전에 서울 구경을 하고 인천을 지난 적이 있었으나, 길이 생소한지라 어디가 어디인지 지척을 분간 못할 흑야黑夜에 밤새도록 해변 모래사장을 헤매다가, 동쪽 하늘이 훤할 때에 마침내 와서 보니 감리서 뒤쪽 용동 마루터기에 당도하였다. 벌써 보니 수십 보 밖에 순검 한 명이 칼을 제그럭제그럭하고 달려오고 있었다. '또 죽었구나' 하고 은신할 곳을 찾아보았다. 서울이나 인천의 길거리 상점에는 방문 밖에 아궁이를 내고 방문 앞의 아궁이를 가리려고 긴 판자 한 개를 놓고 거기다가 신을 벗어놓고 점방 출입을 하게 되어 있었다. 선뜻 그 판자 밑에 들어가 누웠다. 순검의 흔들리는 칼집이 내 콧부리를 스치는 것같이 지나갔다. 얼른 일어나서 보니 하늘은 밝아오고 천주교당 뾰족집이 보였다. 그곳이 동쪽인 줄 알고는 걸어갔다. 어떤 집에 가서 주인을 부르니 누구냐고 묻기에 "아저씨 나와보세요" 하니까, 그 사람은 더욱 의심이 나서 다시 누구냐고 물었다.

"나는 김창수인데 감리가 비밀리에 풀어주어 출옥하였으나, 갑자기 갈 수가 없으니 댁에서 낮을 지내고 밤에 가면 어떻겠습니까?"

그러나 주인은 승낙하지 않았다. 다시 화개동을 향해 몇 발자국 옮기고 있자니, 모군꾼〔공사판에서 품을 파는 사람〕한 사람이 맨상투 바람에 두루마기만 입고 식전 막걸리 집에 가는 모양이었다. 자던 성대로 노래를 부르며 가고 있었다. 나는 그 사람을 붙잡았다. 그 사람이 깜짝 놀라며 "누구시오" 하기에, 나는 또 성명을 말하고 비밀리에 석방된 사유를 말해주고 길을 가르쳐주기를 청하였다. 그 사람은 반겨 승낙하고 이 골목 저 골목 깊숙한 작은 길로만 가다가,

화개동 마루터기에 올라서서 동쪽을 향하여 가리켰다.

"저리로 가면 수원 가는 길이고, 저리로 가면 시흥으로 해서 서울 가는 소로인즉, 마음대로 갈 길을 취해 가시오."

말을 마치고 작별하였다. 시간이 급박하여 성명도 묻지를 못했다. 나는 시흥 가는 길을 택해 서울로 갈 작정이었다. 나의 행색을 보면 누가 보든지 정말 도적놈으로 보기 쉬웠다. 염병(장티푸스) 후에 머리털은 전부 다 빠지고, 새로 난 머리카락은 이른바 솔잎상투로 꼭대기만 노끈으로 졸라매고 수건으로 동였으며, 두루마기 없이 바지저고리 바람이었다. 의복만을 본다면 가난한 사람의 옷차림은 아니었으나 새로 입은 의복에 보기 흉하게 흙이 묻었으니, 아무리 스스로 살펴보아도 보통 사람으로 보이지가 않았다.

인천항 5리 밖에서 아침 해가 솟아 올라왔고 바람결에 들리는 소리는 호각 부는 소리요, 인천 근경의 산 위에도 사람이 희뜩희뜩 올라왔다. 나는 이런 행색으로 길을 가는 것은 좋지 못하고, 산중에 은신한다 하여도 산을 반드시 수색할 터이니, 산에 숨는 것도 불가하다고 생각했다. 그래서 '허즉실실즉허虛卽實實卽虛' 격으로 큰길가에 숨으리라 생각했다.

인천에서 시흥 가는 대로변에는 잔솔을 키워 드문드문 방석솔[112] 포기가 한 개씩 서 있었다. 나는 그 솔포기 밑으로 두 다리를 들이밀고 반듯이 드러누워 보니, 얼굴이 드러나기에 솔가지를 꺾어 얼굴을 가리고 드러누워 있었다. 과연 순검과 압뢰가 떼를 지어 시흥

---

112 반송처럼 가지가 옆으로 넓게 뻗은 소나무이다.

대로로 달려갔다. 주거니 받거니 의견이 분분했다.

"조덕근은 서울로, 양봉구는 윤선(輪扇 : 화륜선, 커다란 배)으로, 김창수는 어디로 갔을까?"

"그중 김창수는 삽기가 아주 어려울걸."

"과연 장사야. 창수만은 잘했지. 갇혀 있기만 하면 무엇 하나."

바로 나에게 들으라고 하는 말 같았다. 부근 산록은 다 수색한 모양이었다.

해가 서산에 걸칠 즈음이었다. 아침에 가던 순검 누구누구, 압뢰 김장석 등이 도로 몰려와 바로 내 발부리 앞으로 해서 인천으로 돌아가는 것을 보고서야 비로소 솔포기 속에서 나왔다. 나오기는 했으나, 어젯저녁 해가 높을 때 밥을 먹고 밤에 파옥의 노력을 하고, 밤새도록 북성고지[113] 모래밭을 헤매고, 다시 황혼이 되도록 물 한 모금 못 먹고 있으니, 하늘땅이 팽팽 돌고 정신을 차릴 수가 없었다.

근처 동네에 들어가 한 집을 찾아가 청하였다.

"나는 서울 청파에 사는데 황해도 연안으로 가서 곡식을 싣고 오다가 간밤에 북성포에서 파선을 하고 서울로 가는 길이오. 시장하니 밥을 좀 주십시오."

주인은 죽 한 그릇을 주었다. 내 호주머니 속에 누가 정표로 준 화류면경花柳面鏡[114]이 하나 있었는데 그것을 꺼내서 그 집 아이에게 주었다. 하나 가격이 엽전(상평통보) 1냥인 화류면경을 바치고 "밥

---

113 북성곶으로 인천에 있는 포구이다.

114 꽃, 버드나무 그림이 있는 거울이다.

에 자고 아침에 가겠다"고 청하였으나 효력이 없어, 결국 죽 한 그 릇을 25냥(백동전) 주고 사서 먹은 것이었다. 그 주인은 나의 모양을 보고 수상하게 여겼다. "저기 저 집 사랑에는 행객이 더러 자고 다 니니 그 사랑에나 가서 물어보시오" 하며 문에서 나가주기를 청했 다. 할 수 없이 그 집에 가서 하룻밤 숙박을 청하였으나 역시 거절 을 당하였다. 가만히 살펴보니 동네에 디딜방앗간이 있고 그 옆에 는 짚단이 있었다. 짚단을 안아다가 방앗간에 펴고 덮어 하룻밤 고 급 여관방을 준비하였다. 짚을 깔고 짚을 덮고 짚을 베고 누웠으니, '인천 감옥 특별 방에서 2년 동안 지내던 연극의 1막이 닫히고, 지 금의 방앗간 잠이 제2막의 시작이로구나' 하는 회포가 생겼다.

《손무자》와 《삼략》을 낭독하자 동네 사람들이 수군거렸다. '거지 도 글을 읽는다!' 혹은 '저것이 거지가 아닌가 본데. 아까 큰 사랑에 와서 하룻밤 자자고 하던 사람이다.' 나는 서글픈 생각이 들었으나 장량張良이 흙다리 위를 조용히 걸었다는 데에 비하면 낫다고 생각 하고, 미친 사람 모양으로 욕설을 함부로 하다가 잠이 들었다. 새벽 일찍 깨어 작은 길을 택해 서울로 향했다.

벼리고개를 향해 걸어가다가 아침밥을 걸식하는데, 어떤 집 문 앞에 당도하였다. 그전에 고향에 있을 때 이른바 '활인소活人所 걸인 배'라고 10여 명씩 몰려다니며 집집마다 가서 여성대호(厲聲大呼 : 성 난 목소리로 크게 떠들다)로 활발하게 하던 말과 같이 넌출지게는 못하 고, 다만 "밥 좀 주시오!" 하는 말을 힘껏 소리 질렀다. 하지만 사람 은 듣지 못하고 그 집 개가 소개원紹介員[115]의 직분을 다하려고 어지 러이 짖는 서슬에 주인이 나왔다.

"걸식을 하려면 미리 시켜야지. 그러지 않았으니 무슨 밥이 있느냐?"

"여보, 밥 숭늉이라도 좀 주시오."

하인이 가져다주는 밥 숭늉 한 그릇을 먹고 떠났다.

큰길을 피해 계속 촌 동네로만 길을 갔다 이 동리에서 저 동리로 가는 마을 사람 모양으로 인천, 부평 등 군을 지나갔다. 2, 3년간 옥 안의 소천지, 소세계에서 생활하다가 넓은 세상으로 나와서 가고 싶은 곳을 활개쳐가며 가노라니 몸과 마음이 상쾌하였다. 감옥에서 배운 시조와 타령을 해가면서 길을 갔다.

그날로 양화진 나루에 당도하였다. 날도 이미 저물고, 배도 고프고, 나룻배 뱃삯 줄 돈도 없었다. 동네 서당으로 들어가 선생과 면담을 청하였다. 선생은 내가 나이가 어리고 의관을 제대로 갖추지 못한 것을 보아 그랬던지, 초면에 경어를 사용치 않고 "누구라 하나" 하며 반말을 사용했다. 나는 정색을 하고 선생을 책망했다.

"당신이 남의 사표가 되어 사람에게 이렇듯 교만하니 아동 교양에 잘못될 것 아닌가. 내가 일수 운수가 나빠 길을 가다 도둑을 만나 이 모양으로 선생을 대하나, 결코 선생에게 열대를 받을 사람은 아니오."

그러자 선생이 사과를 하고 내력을 물었다.

---

115 이 표현은 이 책에서 가끔 등장하는 재미있는 표현 중 하나이다. '소개원'은 잘 알고 있지 못하거나 알려지지 않은 것을 설명하여 알려주는 사람이라는 의미지만, '굳이 모른 척해도 되는데' 개란 원래 낯선 사람을 보면 짖는 것이 임무라고 생각하기 때문에 김구가 '소개원'이라는 점잖은 용어를 사용한 것으로 보인다.

"나는 서울에 사는 아무개인데, 인천에 볼일이 있어 갔다가 돌아오는 길에 벼리고개에서 도적을 만나서 의관과 행장을 뺏기고 집으로 가는 길이오. 날도 저물고 배도 고파 예절을 아실 만한 선생을 찾았소."

선생은 함께 자는 것을 승낙하여 문자文字 토론으로 하룻밤을 지냈다.

조식 후에 선생이 학동 한 명에게 편지를 나루 주인에게 전하게 하여 무료로 양화도를 건너 마침내 서울에 닿게 되었다. 서울로 가는 목적은 별것 아니었다. 인천 옥에 있는 동안 각처 사람들과 많이 친했는데, 그중에 서울 남영희궁 청지기 한 사람이 배오개의 유기장 등 5, 6인과 결탁하여 인천 해상에 배를 띄우고 백동전을 위조하다가 전부 체포되어 인천 옥에서 1년여를 고생한 일이 있었다. 그때 그들 말이 평생 잊지 못할 은혜를 입었다며, 출옥 시에 감옥에서 나오게 되거든 부디 알리기만 하면 자기들이 와서 만나보겠다고 간절히 부탁을 했던 것이다. 감옥을 나온 후에 옷을 바꿔줄 사람도 없었으므로 그 사람들도 찾고 조덕근도 좀 만나보려는 작정이었다. 남대문에 들어서서 남영희궁을 찾아가니 이미 날이 저물어 초저녁이었다. 청지기 방 문전에서 "이리 오너라" 하고 불렀다. 청지기 방에서 누가 미닫이를 반쯤 열고 말했다.

"어디서 편지를 가져왔으면 두고 가거라."

목소리를 들으니 진 오위장이었다.

"네, 편지를 친히 받아주시오."

뜰 안에 들어섰다. 진이 마루에 나와서 자세히 보더니 "아이고머니, 이게 누구요" 하고는 버선발로 마당에 뛰어나와 내게 매달렸다. 자기 방에 들어가 곡절을 묻기에 나는 바른 대로 말을 하였다. 진 오위장은 자기 방에 나를 앉히고 한편으로는 자기 식구들을 청하여 인사를 시키고, 다른 한편으로는 그때의 공범들을 청하여 모이게 했다. 나의 행색이 수상함을 걱정해서 한 사람은 백립을, 한 사람은 두루마기를, 한 사람은 망건을 각자 사다주며 속히 관과 망건을 쓰라고 했다. 3, 4년 만에 비로소 망건을 쓰니 어쩐 일인지 눈물이 떨어진다.

며칠 동안 그 사람들과 잘 놀다가 틈을 내어 청파 조덕근의 집을 찾아가 문밖에서 "이리 오너라" 하고 불렀다. 조덕근의 큰마누라가 내가 온 줄 알고 꺼리는 빛이 있었다.

"우리 댁 선달님이 옥에서 나왔다고 인천 집에서 기별은 있었으나, 이모 댁에나 가서 계신지 내가 오늘 가보고 내일 오시면 말씀하겠습니다."

혹시 그런가 여기고 돌아왔다가 다음 날 또 가보았다. 역시 모른다고 말을 하는 눈치가, 조덕근과 상의해보니 내가 자기보다 중죄인이니 기왕 출옥한 바에야 다시 만나 이익이 없다고 생각하고는 잡아떼는 수작이었다. '세상에 내가 퍽도 어리석지. 파옥하고 내가 먼저 나와서 혼자 쉽게 달아나려다가 그가 나에게 애걸하던 것을 생각하고 이중으로 위험한 곳에 다시 들어가서 그자들을 위험 지대에서 다 벗어나게 해주었는데, 지금 내가 빈털터리로 자기를 찾은 줄 알고 나를 보면 금전상의 손해가 있을까 거절하는구나. 그 사람의 그 행실인즉 크게 책망할 것이 없다' 하고 돌아와서는 다시 가지 않았다.

수일을 두고 이 사람, 저 사람에게 잘 얻어먹고 푹 쉬었다. 그 사람들에게 팔도강산 구경이나 하겠다고 작별을 하니 노자를 모아 한 짐을 지워주었다. 그날로 동적강(銅赤江 : 동작동 앞을 흐르는 한강)을 건너 삼남으로 향했다. 그때 기분이 매우 울적하여 승방 뜰에서부터 폭음을 시작해 밤낮으로 마시며 과천을 지나 겨우 수원 오산장에 도착하니 한 짐을 지고 떠난 노자는 다 떨어지고 말았다.

오산장 서쪽으로 동네 이름은 잊었으나 김삼척의 집이 있었는데, 주인 노인은 일찍이 삼척 영장을 지냈다. 아들 여섯 중 큰아들 아무개가 인천항에서 상업을 경영하다가 실패한 관계로 인천 옥에서 몇 달간 고생하는 동안, 나를 몹시 사랑하고 풀려난 때에도 차마 헤어지기 어렵다는 정의(情義)로 후일 만나기를 굳게 약속한 터였다. 그 집에 찾아가서 그들 6형제와 함께 술과 노래로 며칠을 보내고는 약간의 노자를 얻어 공주를 거쳐 은진 강경포에 있는 공종렬의 집을 찾아 들어갔다.

공종렬도 역시 감옥 친구였다. 부친 공 중군(中軍 : 군대의 벼슬 이름)이 작고하여 상중이었는데, 사람됨이 젊고 영리하며 문자도 알 만했다. 일찍이 운현궁 청지기를 지냈고, 당시는 조병식의 마름으로 강경포에서 물상객주를 경영하다가 금전 관계로 소송에 걸려, 몇 달 동안 인천 옥에서 머무는 동안 나와 극히 친하게 지냈었다. 강경포에 들어가 공의 집에 도착해보니 집이 매우 컸다. 공종렬이 나의 손을 끌고 일곱째 대문을 들어가서 자기 부인 방에 나를 유숙하도록 하고, 공의 어머님도 인천에서 알게 되었으므로 반가이 인사하였다. 공군이 나를 이같이 특별히 대우하는 것은 옥중 친구였던 인정 때문이었고, 또한 그 포구가 아침에 떠나 저녁에 닿을 만큼 인천과 가까운 곳이라서 자기의 각 사랑에도 역시 동서남북의 사람들이 출입을 하는 까닭에 나의 비밀이 탄로날까 두려워했기 때문이었다.

며칠간 휴양하고 있던 중, 하루는 밤에 달빛이 뜰에 가득한데 공군의 어머님이 방문을 여닫는 소리가 들렸다. 나는 가만히 일어나 앉아 창문으로 뜰을 내다보니 홀연 칼이 번쩍했다. 자세히 살펴보니 공종렬은 검을 들었고, 그 어머니는 창을 들고 있었다. 뜻밖의 변이 있을까 하여 옷을 입고 앉았다. 잠시 후 공군이 어떤 청년의 상투를 끌고 들어와서 하인들을 모아놓고 두레집[116]을 짓고 그 청년을 거꾸로 매달아놓고서 열 살 안팎의 동자 두 명을 불러 방망이 한 개씩을 주었다.

"너희들의 원수니 너희들 손으로 때려 죽이거라."

그러다가 공군이 내 방에 들어와 말했다.

"형이 매우 놀랐을 터이니 미안합니다. 형과 나 사이에야 무슨 숨김이 있겠소. 내 누님 한 분이 과부의 몸으로 수절을 하다가 내 집 상노〔床奴 : 밥 심부름이나 잔심부름을 하는 종〕놈과 간통하여 일전에 해산을 하고 죽었습니다. 그래서 놈을 불러 '내 자식을 데리고 먼 곳에 가서 기르고 내 앞에 보이지 말라'고 하였소. 그런데 그놈이 천주학을 하며 신부의 세력을 믿고는 내 집 옆에 유모를 두고 내 집

---

116 두레를 매달기 위해 긴 나무 세 개의 윗부분을 묶고 밑을 넓게 벌려놓은 것을 말한다.

안에 수치를 끼치니, 형이 나가서 호령하여 저놈이 멀리 달아나도록 하여 주시오."

나는 어디로 보든지 그만한 청을 안 들을 수 없는 처지였다. 승낙하고 나가서 달아맨 것을 풀어 앉히고 그자를 수죄(數罪 : 범죄 행위를 들추어내다)하였다.

"네가 이 댁에서 길러준 은혜를 생각한다면 주인의 면목을 그다지도 무시할 수 있느냐!"

그자는 나를 슬쩍 보더니 겁을 내며 말했다.

"나으리 분부대로 하겠습니다. 살려주십시오."

공종렬이 그자를 향해 물었다.

"네가 오늘 밤으로 네 자식을 내다버리고 이 지방을 떠날 테냐?"

그자는 순순히 대답하고 물러났다. 나는 공군에게 물었다.

"그자가 자식을 데리고 갈 곳이나 있소?"

"개 건너 임파 땅에 제 형이 사니까 그리 가면 자식도 기를 수 있을 것입니다."

"아까 그 두 동자는 누군가?"

"그들은 내 생질이오."

나는 내일 아침 어느 곳으로나 출발하리라고 말을 하였다. 그 집 형편으로나, 나 또한 숨어 있던 본색이 탄로났으므로 공군 역시 그렇게 생각했다. 자기 매부 진 선전宣傳[117]이 무주읍에 사는데 부자이고, 그 읍이 유벽(幽僻 : 깊은 시골)이니 그리 가서 세월을 기다림이 좋

---

[117] 조선 시대에 선전관청에 속한 무관 벼슬로 '선전관'이라 한다.

겠다고 하며 소개 편지 한 장을 써주었다.

다음 날 아침에 나는 공군과 작별하고 무주를 향해 떠났다. 강경포를 채 벗어나지 못하였는데 거리에 사람들이 웅성웅성하고 있었다. 지난 새벽에 갯가에 어린아이 우는 소리가 들리다가 소리가 끊어진 지 오래되었으니 그 아이가 죽었다고 야단들이었다. 나는 이 말을 듣자 천지가 아득했다.

'오늘 내가 살인을 하고 가는 길이로구나. 그자가 밤에 나를 대할 때에 심히 무서워하더니, 공종렬의 말을 곧 나의 명령으로 생각하고 제 자식을 안아다가 강변에 버리고 도주한 것 아닌가? 가뜩이나 가슴이 울적한데, 세상에 아무 죄악이 없는 어린아이를 죽게 한 것이 얼마나 큰 죄악이냐.'

일생 동안 심히 비관될 듯하였다.

마침내 무주읍 진 선전의 집에 갔으나 구구히 한곳에 머무는 것은 도리어 울적함만 쌓일 뿐이라. 드디어 무전여행을 떠났다. 내 걸음이 기왕 삼남 일대를 돌아다닐 바에는 남원에 가서 김형진을 만나보리라 마음먹었다. 평소에 듣자니 전주 남문 안 한약국 주인 최군선이 김형진의 매형인 것을 알았으나, 먼저 남원 이동耳洞을 찾아가서 김형진을 물었다. 그러자 그 동네 사람들이 놀라 이상히 여기며 김형진 찾는 연유를 물었다. 나는 김형진을 서울에서 알아서 지나는 길에 찾았다고 하였다.

동네 사람이 말했다.

"김형진은 사실 이 동네에서 대대로 살아왔으나, 몇 년 전에 동학에 가입하였다가 끝내 식구들과 도주하고 나서는 다시 소식을

221

모르오.”

나는 그 말을 듣자 좀 섭섭하였다.

'김형진은 나와 청나라까지 동행하며 많은 위험을 같이 겪고 친형제보다 정의가 더 깊은 처지였다. 그리고 나의 일생은 빠짐없이 다 알면서 자기의 한 가지 지난 일은 숨겼던 것은 무슨 생각이었을까? 하여튼 전주까지 가서 행방을 알아보리라.'

전주읍의 최군선을 찾아가 김형진의 친구라고 말하고 지금 있는 곳을 묻자, 최군선 역시 냉담한 어조로 말했다.

“김형진 말씀이오? 김형진은 과연 나의 처남이나, 나에게는 지기 어려운 무거운 짐을 지우고 자기는 벌써 황천객이 되었소.”

천신만고를 겪고 찾아간 나는 슬픔을 참기 어려운 중에 최의 응접 또한 너무 불친절한 것을 보고서 다시 더 물어볼 생각이 없었다. 곧 작별하고 그날이 전주 장날이었으므로 장에 나와서 구경을 했다. 이리저리 다니다가 백목전에 가서 포목을 파는 광경을 보고 있던 때였다. 시골 농부의 자태로 보이는 청년 한 사람이 포목을 팔고 있는데, 용모가 흡사 김형진이었다. 김형진보다는 어려 보였고, 김형진은 문사의 자태가 보였으나 그 사람은 농군의 태도가 보일 뿐 말이나 행동이 꼭 김형진과 같았다. 나는 그 사람이 시장 일을 마치고 돌아가려는 즈음을 타서 물었다.

“당신 김 서방이 아니시오?”

“네, 그렇소만 당신은 뉘시오니까?”

“노형이 김형진 씨 동생이 아니오?”

그 사람은 머뭇머뭇하고 말대답을 못했다.

222

"나는 당신의 면모를 보아 김형진 씨 동생임을 짐작하였소. 나는 황해도 해주의 김창수요. 노형 백씨 생전에 혹시 내 이야기를 들은 적이 계시오?"

그 청년은 두 눈에 눈물을 흘리며 말을 잇지 못하고 흐느껴 울었다.

"과시 그렇습니까. 형님 생전에 당신의 말씀을 들었을 뿐 아니라 별세하실 때에도 창수를 생전에 다시 못 보고 죽는 것이 한이 된다고 하였지라오. 제 집으로 가십시다."

금구 원평에 가서 조그마한 집으로 들어가 자기 어머니와 형수에게 내가 찾아온 것을 말하자, 그 집에는 곡성이 진동했다. 김형진이 작고한 지 19일 되었다 했다. 영연(靈筵 : 빈소)에 들어가 조배하니 예순 먹은 노모는 자기 아들 생각, 서른 부인은 남편 생각인데, 아들 맹문은 아직 여덟아홉 살이라 아무 철을 몰랐다. 시장에서 만났던 사람은 형진의 둘째 아우였는데, 아들 맹렬이가 있었고 농업으로 생활을 하고 있었다.

며칠을 쉬고 무안, 목포로 향했다. 목포에 도착하니 새로 열린 항구라 아직 관사 건축도 못하였고 모든 것이 엉성해 보였다. 양봉구와 만나 인천 소식을 물어보니, 조덕근이 서울에서 잡혀가서 눈 한 개가 빠지고 다리가 부러졌고, 그때 압뢰였던 김가는 아편 은이 몰려서 옥중에서 죽었다 하고, 나에 관한 소문은 듣지 못하였다 했다. 그리고 인천과 목포 사이에는 순검들도 서로 왕래하니 오래 머물 만한 곳이 아니라 하고 약간의 여비를 마련해주고 항구를 떠날 것을 권했다.

목포를 떠나서 해남 관두關頭와 강진 고금도와 완도 등지를 구경하고 장흥 보성(송곡면, 지금 득량면 득량리 종씨 김광언 등의 집에서 40여 일간 휴식하고, 떠날 때 같은 동네 선宣씨 부인에게서 필낭제송〔筆囊制送 : 붓 주머니를 만들어 보낸다〕을 받았다)으로, 화순 동북으로, 순창順昌과 대명大明으로, 하동 쌍계사로, 칠불아자방도 구경하고 다시 충청도로 돌아와 계룡산 갑사에 도착하니 그때가 8~9월이었다.

사찰 부근에 감나무가 숲을 이루고 서 있는데 붉은 감이 익어서 저절로 떨어지곤 했다. 절에서 점심을 사먹고 앉아 있는데 동학사에 와서 점심을 먹는 산을 유람하는 유산객遊山客 한 사람이 있었다. 인사를 하니 공주 사는 이 서방이라 했다. 유산시遊山詩를 들려주는데, 나이가 마흔이 넘은 선비로 시로나 말로나 퍽 비관을 품고 있었다. 초면이라도 담론을 하며 친해졌다. 그가 가는 길을 묻기에 나는 개성에서 자라 상업에 실패하고 홧김에 강산 구경이나 하자고 떠나서 근 1년을 남도에서 지내고 지금은 고향으로 간다고 말하였다.

이 서방은 다정히 나에게 청했다.

"노형이 기왕 구경을 떠난 바에는 여기서 40여 리를 가면 마곡사란 절이 있으니 그 절이나 같이 구경하고 가시는 것이 어떠하오?"

나는 마곡사라는 말이 심히 뜻있게 들렸다. 어릴 때부터 우리 집에 《동국명현록東國明賢錄》[118] 한 권이 있었는데, "서경덕 화담 선생이 동지 하례에 참석한 자리에서 크게 웃자 임금이 '경은 무슨 일로 여러 사람들 중에 혼자 웃느냐'고 묻자, 화담이 '오늘 밤 마곡사 상

---

118 조선 시대 문묘에 모셔진 인물과 한국의 역대 충신들의 이름을 적은 책이다.

좌승이 밤이 깊도록 죽을 끓이다가 잠을 이기지 못해 죽솥에 익사하였는데 모든 중이 이를 전연 모르고 죽을 퍼먹으며 희희낙락하는 것을 생각하니 우습습니다'고 대답하였다. 하여 임금이 곧 파발마를 놓아 하루 밤낮 300여 리를 달려 마곡사에 가서 조사한바 '과연 그렇더라'라고 했다"는 문구를 아버님이 늘 소설처럼 이야기하시던 것이 연상되었다. 승낙하고 이 서방과 같이 마곡사를 향해 출발했다.

나의 만유漫遊는 여기가 마지막이 될 터인데, 그사이에 보고 들은 것과 직접 겪은 일들을 간단히 말해본다. 아산 배암 밭 동리에 들어가 충무공 이순신의 기념비를 경건히 보았고, 광주 역말이란 동네에 들어가니 촌 동리가 몇백 호인지는 모르나 동장이 7명이나 일을 본다 하니 서북에서 보지 못하던 일이었다. 광라시순대명光羅始順大明[119]의 곳곳에 대나무 밭이 있어 역시 서북에 없는 특산인데, 내가 열 살 남짓 정도까지 대나무가 1년에 한 마디씩 자라는 줄은 알았으나 실지 본 것은 처음이었다. 장흥, 보성 등 각 군에서는 여름에 콩 잎새를 따서 당장 국도 끓여 먹고 또 뜯어 말렸다가 겨울에 먹기도 하는데, 말린 것을 소나 말에 실어서 시장에서 상품의 주종이 되는 것을 보았다.

해남의 이 진사집 사랑에서 며칠 머무는 동안 같이 있던 손님이 5~6명 있었는데, 그중에는 그 집 손님 노릇한 지가 8~9년 된 자도 있었다. 그런데 손님이 일을 하면 주인이 가난해진다는 미신이 있

---

119 광주, 나주 등 지명을 말하는 것인지 그 뜻이 분명치 않다.

다 하여, 손가락 하나 까딱하지 않고 주인과 차별 없이 대우를 받았다. 양반이 아니면 아무리 부자라도 감히 사랑문을 바깥으로 열지 못했다. 그런 까닭으로 과객이 주인을 찾아 숙박을 청하면 첫 번에 묻는 말이 "간밤은 어디서 유숙하였소?"였다. 만일 유숙한 집이 양반의 집이면 두말이 없고, 중인의 집에서 잔 것 같으면 과객을 타일러 훈계하는 반면에, 과객을 접대한 상인들은 양반이 잡아와서 벌을 주는 등 별별 괴악한 습속이 많았다.

내가 직접 보지는 못하였으나, 그 지방에서 과객으로 유명한 자는 홍초립, 박도포 등이라 했다. 홍가는 초립동 시절부터 과객으로 종신하였고 박도포는 늘 도포만 입고 과객질을 했다는데, 그자들은 어느 집에 머무르든지 주인이 접대를 조금이라도 잘못하면 무수히 발악하였다. 해남에는 윤尹과 이李 두 성姓이 가장 큰 양반으로 큰 세력을 차지하고 있었다.

윤씨의 사랑에서 묵고 있던 어느 날 밤, 사랑문 앞 말 기둥에 어떤 사람을 묶어놓고 혹형을 가하며 주인이 말했다.

"너 이 죽일 놈, 양반이 작정하여 준 품삯대로 받지 않고 네 마음대로 품값을 올려 받느냐?"

추상같은 호령에 벌을 받던 피형인被刑人은 극구 사죄를 청한다. 나는 주인에게 물었다.

"양반이 작정한 품삯은 얼마이고, 상인이 마음대로 더 붙인 것은 얼마요?"

"내가 금년은 동네 품삯을 아낙은 2푼, 사내는 3푼씩 정했는데, 저놈이 어느 댁 일을 하고 한 푼을 더 받았기 때문에 징치를 하는 것이오."

나는 다시 물었다.

"길 가는 행인의 여점旅店 밥값도 한 끼에 최하가 5, 6푼인데, 하루 품삯이 밥 한 상 값의 반액도 못 되면 독신 생활도 유지하기 어렵거늘 가족을 데리고 어찌 생활을 하겠소?"

"설사 한 집에 장정이 연놈 하여 두 명이라 하면, 매일 한 명씩이라도 양반집에서 일을 하지 않을 때는 없고 일을 하는 날은 그놈 집 전 식구가 다 와서 먹소. 품삯을 많이 지불하여 상놈 집의 의식이 풍족하게 되면 자연 양반에게 공손치가 못하여 그같이 품삯을 작정하여 주는 것이오."

나는 이 말을 듣고 깜짝 놀랐다.

'내가 상놈으로 해주 서촌에서 태어난 것을 늘 한탄하였으나 이곳에 와서 보니 양반의 낙지는 삼남이요, 상놈의 낙지는 서북이로다. 내가 해서 상놈이 된 것이 큰 행복이지, 만일 삼남의 상놈 되었던들 얼마나 불행하였을까?'

경상도 지방의 반상의 특이한 현상은, 삼남에서 소 잡는 백정은 망건을 쓰지 못하는 것이 상례로 맨머리에 패랭이를 쓰고 출입하나 경상도에서는 패랭이 밑에 죽환竹丸을 둘러대고 거기다가 끈을 맨 것이 백정 놈이었다. 백정이 길을 가다가 남녀노소를 불문하고 사람을 만나면 반드시 길 아래 내려서서 "소인 문안드리오" 하고 행인을 지나 보내고서야 걸음을 옮기는 것이었다.

삼남 양반의 위엄과 속박이 매우 심한 중에도 약간의 미속이 없지는 않았다. 모내기할 무렵에 김제만경들〔김제평야와 만경평야〕을 지나며 보니, 농군農軍이 아침에 일을 나갈 때에 사명기司命旗를 들고 장고를 울리며 들에 나가 깃발을 세웠다. 그리고 모를 심을 때 선소리꾼이 북을 치고 농가를 인도하면 남녀 농군들이 손발로 춤을 추며 일을 하였다. 주인은 탁주를 논두렁에 여기저기 동이로 놓아두고 마음대로 먹게 하고 행인이 지나면 다투어 권했는데, 농군이 음식을 먹을 때는 현임 감사나 수령이라도 말에서 내려 예의를 표한다 했다.

대개 노동자들은 조직이 있어 주인이 일꾼을 고용할 때는 그 수령과 교섭하였다. 일꾼을 결정할 때에는 의복, 품삯, 휴식, 질병 등에 대한 조건을 정하고 실제 감독은 그 수령이 했으며, 만일 일꾼이 태만해도 주인이 마음대로 벌을 주지 못하고 수령에게 고발하여 징계해야 했다.

양반과 상인의 구별이 그같이 심하지만 정월 초생[初生 : 설날]과 8월 중추에는 동네와 동네 중간에 나무 기둥이나 돌기둥을 세우고, 그 기둥에 동아줄을 매고 기둥의 끝이 각기 자기 동네를 보고 눕도록 해서 겨루게 했다. 그때는 남녀노소 반상의 구별이 없이 즐겁게 용기를 내어 논다고 했다.

고금도에서 충무공의 전적戰蹟과 금산에서 조중봉[선조 때 의병장 조헌]의 패적유지[敗績遺址 : 칠백의총]와 공주에서 스님 영규[임진왜란 때 승병장]의 비를 보고는 느낌이 많았다. 임실에서 전주를 향해 가던 도중 당현[전주와 임실 중간의 큰 고개]을 넘으려 할 즈음에, 풍채가 부잣집 주인처럼 보이는 마흔 살 정도의 중늙은이 한 명이 나귀를 혼자 끌고 가다가 고개 밑에 와서 나귀에서 내려 걸어가고 있었다. 자연히 동행하게 되어 인사를 하니 임실 읍내 문지래文之來라는 사람으로 같이 이야기를 하며 가다가 고개 위에 도착했다. 고개 위에는 네댓 집의 주점이 있었고, 주점 근처에는 그날이 전주 장날이었으므로 보부상 수십 명이 장에 갔다가 돌아오는 길에 그 고개 위에서 쉬고 있었다.

문지래가 고개 위에 도착하자, 주점 주인이 나와서 "오위장 영감 오시느냐"고 반가이 나와 영접을 하고는 들어가 술이나 한잔 자시라고 권하였으나 문씨는 사양하더니 나에게 같이 쉬어가자고 청했다. 문씨를 환영하는 사람이 없고 동행하다가 술이나 한잔 먹자고 청했으면 사양할 바 없지만, 문씨가 주인에게 환대받는 모양이어서 내가 굳이 사양하고 고개를 넘을 때는 해가 서산에 바랑바랑하였다. 급히 걸어 상관 주점에 와서 저녁을 먹은 후 앉아 담배를 피우고 있는데 급보가 왔다. 오늘 해가 지기 바로 전에 고개 위에 30여 명의 강도가 나타나서 행상의 재물을 약탈하였는데, 문 오위장은 취중에 도적들에게 호령을 하다가 도적이 예리한 도끼로 한번 치니 머리가 두 조각이 되었고, 두 번째 치니 머리와 몸이 세 조각으로 된 참사가 생겼다고 한다. 그러니 내가 문씨의 손에 끌려 술자리에 동참하였다면 목숨이 어찌되었을까, 심히 놀랐다.

들은즉, 문씨는 임실의 이속으로 자기 친동생이 민영준의 신임 청지기라 그를 믿고 부근의 인심을 잃은 탓으로 이번 변을 만났다고 하였다. 전주에서 본 것은 영리와 사령이 서로 원수였기 때문에, 당시 진위대鎭衛隊[120] 병정을 모집하는 데 사령이 입영될까 두려워하여 영리의 자식들을 전부 병정으로 편입하였는데, 머리의 상투는 그대로 두고 군모를 높직하게 맞추어 쓰고 있었다는 것이다.

치도編徒[121]

다시 공주 이 서방 이야기로 돌아간다. 공주 이 서방과 갑사에서부터 동행하는 도중에 이 서방은, '자기는 홀아비로 몇 년간 사숙 훈장을 하였고, 지금은 마곡사로 가서 중이나 되어 일생을 조용히 지내려는 의사가 있다'며 나에게도 권했다. 나도 그럴 의향이 얼마간 있었으나 갑작스런 일이라 속단할 수 없어 이야기만 하며 종일 걸어 마곡사 남쪽 산 위에 올랐다. 해는 황혼이고 온 산에 가득한 단풍은 누릇누릇 불긋불긋하여 나그네의 마음은 가을바람에 스산하였다. 거기에다 저녁 안개가 산 밑에 있는 마곡사를 자물쇠처럼 감싸고 있어 나와 같이 온갖 풍진 속에서 돌아다니는 자의 더러운 발걸음을 거절하는 듯하였다. 저녁 종소리가 안개를 헤치고 나와 나의 귀에 와서 일체의 번뇌를 해탈하고 입문하라고 권고하는 듯했다.

이 서방이 결정적 의사를 물었다.

"노형, 어찌하겠소? 세상사를 다 잊고 중이 되십시다."

"이 자리에서 노형과 결정하는 것이 무슨 필요가 있겠소. 절에 들어가 보아서 중이 되려는 자와 중을 만드는 자 사이에 의견이 합

---

120 대한제국 시절의 지방 군대로, 1907년 폐지되었다.

121 '검은 옷을 입은 무리'라는 뜻으로 보통 불가의 승려가 많이 입기 때문에, '중'이라는 의미로 사용된다.

해져야 될 것이 아니오."

"그건 그렇겠소."

곧 몸을 일으켜 마곡사를 향하여 안개를 헤치고 걸음걸음 들어 갔다. 한 발걸음씩 더럽고 흐린 세계에서 맑고 깨끗한 세계로, 지옥에서 극락으로, 세간에서 걸음을 옮기어 출세간으로 걸음을 걸어 갔다. 처음 다다른 곳이 매화당이었고, 큰 소리를 지르며 산문으로 급히 달리는 시냇물 위의 장목교를 지나서 심검당尋劍堂으로 들어가 니, 머리가 벗어진 노승이 화폭을 펼쳐놓고 보다가 우리를 보고 인 사를 했다. 이 서방은 아는 사이로 인사를 했다. 자기는 포봉당抱鳳 堂이라 했다. 이 서방은 나를 심검당에 앉히고 자기는 다른 방으로 갔다.

잠시 후 내게도 한 그릇 저녁이 나왔다. 저녁밥을 먹고 앉아 있으 니 어디서 왔는지 백발 노승이 나와서 인사를 공손히 했다. 나는 개 성 출생으로 조실부모하고 가까운 친척이 없이 독신혈혈獨身孑孑로 강산 구경이나 하려고 나와서 만유 중이라고 말했다. 그 노승은 속 성이 소씨蘇氏요, 익산에서 나서 자랐는데 삭발한 지 40~50년이 되 었다고 하며 은근히 자기의 상좌가 되기를 청했다.

나는 다소의 겸양을 하며 사양했다.

"저는 본래 학식이 부족하고 재질이 둔하여 스님에게 누됨이 많 을 것 같아 자연 주저하나이다."

그 노승이 힘써 권했다.

"당신이 나의 상좌만 되면 고명한 대사에게 각종 불학을 배워 장 래 대강사大講師가 될지도 모르니 부디 결심하고 삭발하시오."

밤을 지낸 뒤에 이 서방은 계란머리로 나와 문안을 했다.

"노형도 주저 마시고 곧 삭발을 하시오. 어제 찾아왔던 하은당은 이 절에서 재산이 갑부인 보경寶鏡 대사의 상좌이니, 후일 노형이 공부를 하려 해도 학비의 염려도 없을 것이오. 내가 노형 말을 했더니 자기가 나와서 보고는 매우 마음에 든다며 나더러 권면하여 속히 결정하라고 하더이다."

나는 하룻밤 사이에 '청정법계에서는 모든 생각이 다 재가 되는 것이라' 중이 될 것을 승낙하였다. 얼마 후, 사제 호덕삼扈德三이 체도剃刀를 가지고 냇가로 나가서 삭발 진언眞言을 쏭알쏭알하더니 나의 상투가 모래 위에 뚝 떨어졌다. 이미 결심을 하였지만 머리털과 같이 눈물이 뚝뚝 떨어졌다.

법당에서는 종이 울리고, 향적실에서는 공양주가 불공밥을 짓고, 각 암좌(庵座 : 암자)에서 가사를 입은 중들이 수백 명 모여들고 나도 흑장삼, 홍가사를 입고 대웅보전으로 갔다. 곁에서 덕삼이가 배불拜佛하는 것을 가르쳤고, 은사 하은당이 나의 승명을 원종圓宗이라 명명하여 불전에 고했다. 수계사로는 용담龍潭이란 점잖은 스님이었는데 경문을 낭독하고 오계를 내려주었다. 예불을 마친 후에는 노스님 보경당을 위시하여 절의 나이 많은 대사들에게 돌아가며 절을 했다. 그러고는 승배僧拜를 연습하였고,《진언집眞言集》과《초발자경初發自警》등 간단한 중의 법규를 배웠다.

중의 행실은 하심下心이 제일이라 하여 인류는 물론이요, 짐승과 곤충에게까지 하심하지 않으면 지옥고를 받는다고 하였다. 어젯밤에 교섭을 할 때는 지극히 공손하던 은사 하은당부터 "애, 원종아!"

라고 기탄없이 부르고, "생기기를 미련스럽게 되어서 고명한 중은 되지 못하겠다. 얼굴이 저다지 밉게 생겼을까? 어서 나가서 물도 긷고 나무도 쪼개어라" 해서 나는 깜짝 놀랐다. 내가 망명객이 되어 사방으로 떠돌면서도, 영웅심도 있고 공명심도 있어 평생의 한이던 상놈의 껍질을 벗고 평등하다기보다는 월등한 양반이 되어 보통 양반에게 숙원을 갚고자 하는 생각도 가슴속에 있었다. 그러나 중놈이 되고 보니 그러한 허영적, 야욕적 생각은 바로 악마로서 불교에서는 티끌만큼도 용납할 곳이 없고, 만일 이 같은 악념이 마음속에 싹틀 때는 곧 '법을 지키는 선한 신'에게 의뢰하여 물리치지 않으면 안 되었다. 하도 많이 돌아다니다 보니 나중에는 별세계 생활을 다한다며 혼자 웃고 탄식하기를 마지아니하였으나 순종하는 수밖에는 도리가 없었다.

장작도 패고 물도 길었다. 하루는 앞내에 가서 물을 지고 오다가 물통 한 개를 깨뜨렸다. 은사가 어찌나 몹시 야단을 하던지 노스님 보경당이 한탄을 했다.

"전에도 사람들이 괜찮다는 것들을 상좌로 데려다주면 못 견디게 굴어서 다 내쫓았는데, 이번 원종이도 잘 가르치면 장래에 제 앞쓸이(앞가림)는 하겠는 걸, 또 저 모양을 하니 몇 날이나 붙어 있을까?"

그 말에 좀 위로는 되었다. 낮에는 일을 하고 밤에는 보통 중의 본무인 예불 절차와 《천수심경千手心經》 등을 외웠다. 수계사 용담 스님은 불학의 요집인 《보각서장普覺書狀》을 가르쳤다. 용담은 당시 마곡사에서 불가의 학식뿐 아니라 유가의 학문도 풍부하였고, 사람됨이 세상일의 줄거리를 알아 존경받는 스님이었다. 용담을 모시는 상좌에 혜명惠明이라는 청년 불자가 있었는데 나를 깊이 동정했다. 용담도 하은의 가풍이 괴상한 것을 알고 글을 가르치다가는 종종 위로를 했다. 견월망지見月忘指라는 오묘한 이치를 말해주고 칼날 같은 마음을 품으라는 인자의 해석을 해주었다.

어느덧 세월은 벌써 반년 광음이 지나 기해년 정월이 되었다. 절의 100여 명 치도緇徒 가운데는 나를 매우 행복스럽게 생각하는 자들도 있었다. '원종 대사는 아직 고생을 하지만 노사와 은사가 다 칠팔십 노인들이니 그이들만 작고하는 날이면 거대한 재산이 원종 대사의 차지가 될 것이다'는 것이었다. 내가 추수책(秋收冊 : 추수 상황을 정리한 장부)을 보니 백미로 받는 것만 200여 석인데 그것은 전답의 경작인들이 해마다 가져다바치는 것이었고, 금전이나 그 밖의 상품으로도 수십만 냥의 재산이 있었다. 그러나 나는 속세와의 인연을 다 끊지 못해서였거나 망명객의 임시 은신책으로였거나, 어쨌든 오로지 청정적멸淸淨寂滅[122]의 도법에만 일생을 희생할 마음은 생기지 않았다.

작년 인천 감옥을 탈출하던 날 작별한 부모님이 살아 계신지 돌아가셨는지를 모르고, 나를 구출하기 위하여 집안이 기울고 몸을 버린 김경득의 소식이 알고 싶었으며, 해주 비동 고후조 선생님도 보고 싶고, 당시 천주학을 하겠다는 안 진사를 대의의 반역으로 생각해 불평을 품고 물러나왔는데 그 청계동 안 진사도 다시 만나 과거의 오해를 사과할 생각 등이 때때로 가슴에 떠돌아 보경당의 부

---

122 맑고 깨끗해서 번뇌의 세상을 완전히 벗어난 높은 경지를 말한다.

와 재산에 매달릴 마음은 꿈에도 없었다.

하루는 보경 스님에게 말을 했다.

"소승이 기왕 중이 된 이상에는 중으로서 당연히 해야 할 공부를 해야 하겠습니다. 금강으로 가서 경지經늘나 연구하고 일생 동안 충실한 불자가 되겠나이다."

"내가 벌써 추측하고 있었다. 할 수 있느냐, 네 원이 그런데야."

즉시 하운을 불러 둘이 한참 다투더니 세간을 내주었다. 백미 열 말과 옷과 바리때를 주어 큰방으로 내어보냈다.

그날부터는 자유였다. 백미 열 말을 팔아 여비를 마련하여 서울을 향해 출발하였다. 며칠 후 서울에 도착하였으나 그때까지 중은 경성문 안으로 발을 디디지 못하게 나라에서 금하고 있었다. 성곽 바깥의 이 절, 저 절로 다니다가 서문 밖 새절에 가서 하루를 묵던 중에 사형 혜명을 만났다.

혜명이 나에게 물었다.

"원종 대사, 어쩐 일로 이곳에 왔소?"

"사형은 어찌하여 이곳에 왔소?"

"내 은사가 장단 화장사에 있기에 찾아뵈옵고 얼마간 지내려고 오는 길이오."

"나는 금강산으로 공부하러 가는 길이오."

그리고 작별을 하였다.

거기서 경상도 풍기의 혜정이란 중을 만났는데 그는 평양 강산이 좋다기에 구경을 간다고 했다. 그러면 나와 동행하자고 약속하고 서쪽으로 임진강을 건너 송도를 구경하였다. 다음에 해주 감영부터 구경하고 평양으로 가기로 하고 수양산에 들어갔다.

신광사 부근 북암北庵에 머무를 때였다. 혜정에게 약간의 사정을 말하고 기동 본가에 가서 부모님을 몰래 찾아 안부만 알아보고 부모님에게 나의 몸이 건재함을 얘기해달라고, 하지만 어느 곳에 있는 것까지는 아직 말하지 말라고 부탁하여 보냈다. 혜정이 돌아오기만 기다리던 차, 4월 29일 저녁 무렵에 혜정의 뒤를 따라 부모님 두 분이 북암으로 들어오셨다. 부모님은 혜정이 전하는 자식의 안부를 듣자, "네가 내 아들이 있는 곳을 알고 왔을 터이니 너를 따라가면 내 자식을 볼 것이다" 하시고 혜정을 따라 떠나신 것이었다. 급기야 와서 만나니 돌중놈이었다. 세 식구가 서로 붙들고 기쁨과 슬픔이 교차하는 눈물을 흘렸다.

북암에서 5일 동안 휴식한 후, 중의 행색을 그대로 하고 부모님을 모시고 혜정과 같이 평양으로 구경을 떠났다. 길을 가던 중에 부모님께서는 그동안 겪으신 일을 말씀하셨다. '작년 무술년 3월 9일에 인천에서 집으로 오자마자 인천 순검이 곧 뒤따라와 체포되었다. 3월 13일에 부모님 두 분이 다 인천 옥에 잡혀가셔서 태형을 당하시고, 어머님은 곧 석방되었으나 아버님은 3개월 후에 석방되었다. 내외분이 같이 고향으로 돌아오셔서 2년 동안이나 나의 생사를 모르고 하루하루 기다렸는데, 꿈만 흉하여도 종일토록 음식을 먹지 못하였다. 그러다가 혜정이 와서 두 분의 안부를 알고만 간다 하기에 따라 왔다'는 것이었다.

5월 4일 평양성에 도착하여 여관에서 밤을 지내고, 다음 날 단옷날에는 모란봉에서 그네 뛰는 것을 구경하고 돌아오던 길이었다.

동네 가운데의 골목을 지나며 보니, 한 집에 지포관(紙布冠 : 선비들이 쓰던 관)을 머리에 쓰고 몸에는 소매 넓은 옷을 입은 학자가 무릎을 개고 단정히 앉아 있었다. 수작을 좀 하리라 하고 "소승 문안드리오" 하였다. 학자는 가만히 보다가 들어와 앉기를 청하니 방 안에 들어가 담화를 시작하였다. 그 학자의 성명은 최재학(崔在學)이요, 호는 극암(克庵)인데 간재(艮齋) 전우(田愚)의 제자였다.

"소승은 마곡의 한 승으로 이번에 서쪽으로 가던 길에 천안 금곡에 가서 간재 선생을 뵈옵고자 하였으나, 마침 그때 선생이 계시지 않아 뵙지 못했는데 오늘 선생을 뵈니 심히 반갑습니다."

그리고 도리 연구에 조금 문답이 있었다. 그때 최재학과 함께 앉아 있던 노인이 한 분 계셨는데, 길고 아름다운 수염에 위풍이 늠름하였다. 최재학이 나를 소개하여주니 나는 합장 배례하였다. 그 노인은 전효순(全孝淳)으로 당시 평양 진위대 영관이요, 후에 개천 군수를 지냈다.

최재학이 전효순에게 청했다.

"이 대사는 도리가 고상한 중이오니 이분께 영천사 방주를 내어주시면 당신 자제와 외손자 등의 공부에 매우 유익할 것 같습니다. 의견이 어떠십니까?"

전씨는 쾌히 승낙했다.

"내가 지금 옆에서 듣기에도 대사의 고명함을 흠모해 우러러 보기를 마지않았소. 대사, 어찌하려냐? 내가 최 선생님께 나의 자식과 외손자 놈들을 부탁하여 지금 영천사란 절에 가서 공부를 하고 있소. 그런데 주지승이 성행이 불량하여 술에 취해 방랑이나 하고 음식 제절諸節도 곤란이 막심하니,[123] 대사가 최 선생님을 보좌하여 나의 자손 등의 공부를 도와주신다면 은혜가 어찌 크지 않겠소."

나는 겸양하였다.

"소승의 방랑이 지금 그 스님보다 심할지 어찌 아십니까?"

최재학은 전효순에게 즉각 당시 평양 서윤 홍순욱에게 교섭하여 영천사 방주 차첩을 맡아달라고 간청하였다. 전효순은 그 길로 홍순욱을 방문하고 '승 원종으로 영천사 방주를 정한다'는 첩지를 가지고 와서 그날로 취임을 청했다.

내가 만족스러웠던 것은 부모님을 모시고 구걸하며 다니기도 황송하였는데 그러지 않아도 되겠고, 또한 그 학자들과 함께 지낸다면 학식에도 많은 도움이 되겠고, 의식주에 대한 당면 문제도 근심이 없겠고, 망명의 본의에도 방해가 되지 않을 것이라고 생각되었기 때문이었다. 나는 승낙하고 우선 혜정과 같이 최재학을 따라 평양 서쪽 대보산 영천암에 가서 절의 일을 대강 정돈하고는 방을 구해 한곳에 부모님을 모시고 지내기로 했다. 학생으로서는 전효순의 아들 병헌과 석만, 전씨의 사위 김윤문의 아들 형제인 장손, 중손, 관호와 그 외에 몇 명의 학생이 더 있었다.

전효순은 진수성찬을 이틀마다 절로 보내주었다. 산 아래 신흥동의 육고肉庫를 영천암 용달소로 하였는데, 나는 매일 육고에 가서 고기를 한 점씩 져다가 승복을 입은 채로 터놓고 고기를 먹고 염불 대신 시를 외웠다. 종종 평양성의 최재학과 함께 오는 사승재, 황경

---

123 음식 절제도 못한다는 의미다.

환 등 시객들과 함께 율시를 짓고, 밤에는 대동문 옆에 가서 처음에
는 주인이 주는 대로 양념하지 않은 소면을 먹다가 나중에는 육면
을 그대로 먹었다. 불가에서 말하는 '손에는 돼지머리를 쥐고 입으
로는 불경을 외운다'[124]라는 구절과 비슷하게 되어가고 있었다. 그
때 평양성에서는 나를 이르기를 '걸시승乞詩僧'이라 했다.

하루는 최재학과 다른 학자들은 다 평양에 가고 나 혼자 있었다.
대보산 앞 태평시(太平市 : 태평장터) 안마을內村의 사숙 훈장 한 명이
학동 수십 명과 시인 수 명을 동반하여 영사시회靈寺詩會를 차리고
술과 안주를 마련하여 절에 모였다. 벽두에 방주승 호출령이 나니
나는 공손히 합장 배례하였다.

시객 한 명이 오만한 태도로 말했다.

"너 이 중놈! 선배님들이 오셨는데 거행이 어찌 그리 태만할 수
가 있느냐?"

"네. 소승이 선배님들께서 오시는 줄을 알지 못하여 산 밖에 나
가서 맞지 못한 것이 매우 죄송하올시다."

"이놈, 그뿐이냐. 네가 이 절의 방주가 된 지는 얼마나 되었느냐?"

"서너 달 전에 왔습니다."

"그러면 그사이에 근동에 계신 양반들을 찾아뵙지 않음은 죄가
아니더냐?"

"네. 소승이 새로 와서 절의 일을 정리하느라 아직 근처에 계신
양반들을 못 찾아뵌 죄가 막대하나 용서해주시기를 바라나이다."

---

124 《친필본》 원문은 '所云手把猪頭 口誦聖經'이다.

이른바 '항복한 자는 죽이지 않는다'는 격으로 훈장이 한편으로 는 나를 책하고, 다른 한편으로는 그 선배를 타일러 겨우 평화적으로 로 해결되었다. 나는 다시 책망거리가 또 생길까 걱정이 되어, 그날 내내 공손함이 모자라지 않도록 하며 지냈다.

술자리가 무르익자, 훈장 김우석으로부터 여러 시인들이 풍축(風軸 : 시를 적는 두루마리)을 펼치고 글을 짓고 쓴 자가 큰 소리로 읊었다. 내가 술을 부어드리고 물을 떠다 바치면서 틈틈이 보니 글씨부터 촌티가 나는데, 이른바 '절창絶唱'이니 '득의작得意作'이니 하고 떠드는 것이 노리고 고린[125] 수작이 많았다. 내가 전에 시에는 전공이 없었으나, 최재학을 만난 이후에 종종 산사에서 호정 노동항의 시 두루마리 글씨와 왕파 황경환과 김성석 등 당시 평양의 일류 명사들과 몇 달을 사귀는 동안 시나 글씨에 대한 약간의 이해가 있었다.

훈장에게 청하였다.

"소승의 글을 더럽다 않으시고 두루마리 끝에 그려주실 수 있겠습니까?"

훈장은 특별히 허락했다.

"네가 시를 지을 줄 아느냐?"

"네. 소승이 오늘 여러 선배님들에게 불공한 죄가 많으니 겨우 운자韻字나 채워서 사죄코자 하나이다."

끝머리는 잊었고 연구聯句에 '유전천세불천세 아역일반군일반儒傳 千歲佛千歲 我亦一般君一般'이 있었다.[126]

---

125 '노리다', '고리다'는 고기 등이 타는 냄새처럼 비위 거슬리다는 의미다.

훈장과 시객이 서로 얼굴을 보며 '중놈이 참으로 아만하다'고 생각하고 각기 불평하는 기색이 역력하게 나타날 즈음에, 최재학의 일행인 몇 사람의 명류가 왔다. 촌객들의 풍류를 구경하다가 끄트머리의 나의 글에 와서 '유전천세'에 이르러는, 마치 복음으로 창가하듯이 모두가 손발을 흔들어가며 절이 들썩하도록 걸작이니 절창이니 하며 야단을 하였다. 그 바람에 촌객들은 당당하던 호기가 쑥 들어갔다. 이 소식이 평양까지 퍼져 기생들 노래 곡조에 들어가 불렸다고 하며, 이런 까닭으로 평양에서는 '걸시승 원종'이라는 별명으로 불리게 되었던 것이다.

어느 날 평양성에서 전효순의 편지를 맡아서 평양 서쪽 60~70리에 있는 갈곡〔葛谷 : 갈골〕으로 당시 평안도에서 고명하기로 유명한 김강재 선생을 찾아갔다. 갈골 40여 리쯤 못 미쳐 어떤 주점 앞을 통과하는데, 홀연 주점 안에서 "이놈, 중놈!" 하는 호령이 났다. 고개를 돌려보니 봉두난발한 마을 청년 40여 명이 큰 잔에 술을 마시며 취흥이 크게 난 즈음이었다. 문전에 가서 합장 배례하니, 한 놈이 썩 나서더니 물었다.

"이 중놈 어디 사느냐?"

"네. 소승은 충정도 마곡에 있습니다."

"이놈. 충청도 중놈의 버릇은 그러냐? 양반님들 앉아 계신 데를 인사도 없이 그저 지나가느냐. 괴이한 중놈이로군."

"네. 소승이 대단히 잘못했습니다. 소승이 갈 길이 바빠서 미처

126 대충 '유학도 천 년간 전해졌고 불가도 천 년 동안 전해졌으니, 나 역시 일반이고 그대 역시 일반이다'라는 뜻이다.

생각을 못하고 그저 지났습니다. 용서해주십시오."

"이놈. 지금 어디를 가는 길이냐?"

"네. 갈골을 찾아갑니다."

"갈골 뉘 집에?"

"김강재 댁으로 갑니다."

"네가 김 선생을 알더냐?"

"네. 전에 만난 적은 없고 성내 전효순 씨의 서간을 가지고 갑니다."

이자가 이 말을 듣더니 두리번두리번하고 말을 잘 못했다. 방 안에 앉아 있던 자들도 서로 쳐다보기만 했다. 중재원이 하나 나오더니 시비하던 자를 책망했다.

"이 사람. 내가 보기에는 저 대사가 잘못한 것이 없네. 길 가는 중이 가게마다 다 찾아 인사를 하려면 길을 어찌 가겠나? 자네 취하였네. 대사. 어서 가시게."

내가 보니 전효순이 진위대 영관인 것을 알고 겁이 나는 모양이었다. 나는 내게 시비하던 자를 가리키며 한번 물어보았다.

"저 양반의 댁호가 뉘신지요?"

"저 양반은 이 안마을 이 군노軍奴[127] 댁 서방님이라네. 물을 것 없이 어서 가게."

속으로 웃으면서 몇 걸음 와서 황혼에 소를 끌고 집으로 돌아가는 농부에게 이 군노 댁을 물었다. 농부는 손을 들어 산기슭의 한

---

127 군아에 소속된 하인으로 민간에서 세도를 부렸다.

집을 가리켰다. 나는 또 물었다.

"이 군노 양반이 지금 계신가요?"

"아니오. 이 군노는 지금 죽고 지금은 그 손자가 집을 맡고 있소."

나는 대단히 우습기도 하고 한심도 하다고 생각하면서 강재 선생을 찾아가서 하룻밤을 이야기하며 묵었다. 강재는 그 후에 강동 군수가 되었다는 관보를 보았을 뿐 다시 만나지 못했다.

그 절까지 같이 와서 지내던 혜정은 나의 불심이 쇠약해지고 속 심이 커가는 것을 보고, 자기는 고향에 돌아갈 뜻이 있으나 나를 떠 나기가 너무 애처로워 날마다 산 입구까지 송별을 하다가 차마 떠 나지 못하고 다시 울며 돌아오기를 몇 달 동안 하였다. 그 후에 마 침내 약간의 여비를 준비하여 혜정을 경상도로 돌아가게 하였다. 중의 행색으로 서도에 내려왔으나 그 후로는 아버님이 다시는 삭 발을 허락하시지 않아 나는 장발승이 되었다.

9~10월경에는 상투를 짜고 선비의 의관으로 차리고 부모님을 모시고 고향인 해주 기동으로 돌아왔다. 근처 양반들과 친척들도 "이제 김창수가 돌아왔으니 앞으로 무슨 일이 다시 일어나지 않을 까?" 하였다. 작은아버지 준영은 그동안 과거를 회개하고 가운데 형인 아버님을 공경해 섬기지만 나에 대해서는 한 치의 동정도 없 었다. 식자우환識字憂患이라며 집에서 생산 작업에 성의가 없는 것을 미워하였고, 난봉꾼의 경향이나 있는 줄 알고는 부모님 내외께 권 하기를 "농사를 열심히 짓는다면 내가 맡아 장가도 보내주고 살림 도 차려줄 의향이 있다"고 했으나, 아버님은 나의 원대한 뜻을 짐 작하시는지라 "이제는 장성하였으니 스스로에게 맡길 수밖에 없

다"고 하셨다. 그러나 작은아버지께서는 부모님께 "형님 내외분이 창수 놈을 글공부시킨 죄로 복에 없는 고생을 하신 것을 아직도 깨닫지 못하십니다"고 했다. 작은아버지의 관찰이 사실은 바로 본 것이었다. 만일 문맹으로 있었다면 동학 두령이나 또는 인천 사건이 없었을 것이고, 순전히 기동의 한 농부로 '밭을 일궈 먹고, 우물을 파서 마시며' 세상을 요란케 할 일이 없었을 것은 명백하였다.

경자庚子 2월경에 작은아버지는 농사일을 시작하여 매일 새벽이면 와서 단잠을 깨워다가 밥을 먹이고 가래질 일을 시켰다. 며칠을 순종하다가 홀연히 강화로 몰래 떠났다. 고 선생이나 안 진사를 먼저 찾을 일이었지만 아직도 번듯이 나서서 방문하기에는 이른 일로 생각되었다. 그리하여 면모가 생소한 방면으로 이름을 바꿔 김두래金斗來라 하고 강화에 도착하여 김경득의 집을 찾아 남문 안에 들어갔다. 그러나 김경득의 소식은 모연했고 셋째 동생 진경鎭卿이 접대하고 나에게 물었다.

"지금 어디 계시며, 형을 전부터 친숙히 아십니까?"

"나는 연안延安에서 살고 형님과는 막역한 동지인데, 수년간 소식을 몰라 궁금하여 찾아왔소."

진경도 그렇게 여겼다. 그리고 형이 집을 나간 지 벌써 3~4년이 지났으나 편지 한 장이 없고 가사家事는 탕패하여 남은 것이 없어, 형님이 계시던 집으로 이사하여 형수님을 모시고 조카들을 키우며 살고 있다는 말을 자세히 했다. 집은 비록 초가일망정 처음에는 꽤나 화려하고 멋있게 잘 지었던 것 같았으나 해가 지나도 수리를 하지 않아 헐고 망가져 있었다. 그러나 김경득이 앉았던 방석과 동지

244

중에서 신의에 어긋나는 자를 몸소 징벌하던 나무 몽둥이가 아직 벽 위에 걸린 것을 진경이 가리키면서 지난 일을 이야기했다.

사랑에 나와서 노는 일곱 살 먹은 윤태가 바로 김경득의 아들이었다. 천신만고로 김경득을 찾아갔으나 소식도 모르니 부득이 돌아갈 수밖에 없었다. 그런데 진경에게 과거의 사실을 말할 수는 없고 차마 그 집을 떠나기는 섭섭하였다. 그래서 진경에게 이런 말을 했다.

"내가 형님의 소식을 모르고 가기가 너무 섭섭하오. 사랑에서 윤태에게 글자나 가르치고 지내며 형님의 소식을 같이 기다림이 어떠하오."

진경은 크게 감격했다.

"형님께서 그같이 생각하신다면 오죽 감사하오리까. 윤태뿐 아니라 둘째 형 무경武卿의 두 아이도 다 학령이 되었으나 촌에서 그대로 놀린답니다. 그러시면 둘째 형께 알려 조카들을 데려다가 같이 공부를 시키겠습니다."

그리고 가까이에 있는 무경에게 가서 앞뒤를 설명하였다. 무경이 두 아이를 데리고 진경을 따라 그날로 와서 반가이 만나 바로 공부를 시작했다. 윤태는《동몽선습童蒙先習》을, 무경의 한 아이는《사략》 초권을, 한 아이는《천자》를 심혈을 다하여 가르쳤다. 그 사랑에 다니는 주경(김경득)의 친구와 진경의 친구들이 내가 열심히 가르치는 것을 보고서 진경에게 청하여 저마다 아이들을 데려왔다. 한 달이 못 되어 그 크나큰 세 칸 사랑에 30여 명의 아동이 모였다. 나도 무한한 흥미를 가지고 가르쳤다.

개학 후 석 달이 지난 어느 하루, 주인 진경은 서울서 온 편지 한 장을 보면서 혼잣말로 투덜거렸다.

"이 사람은 알지도 못하는 나에게 편지만 하니 어쩌하란 말이야? 이런 사실 없다고 답장을 했는데도 불구하고 또 그 사람을 보내?"

그래서 내가 무엇을 그러느냐고 물었다.

"부평 유씨의 유인무柳仁茂 또는 완무完武라고 하는 양반이 몇 년 전에 여기서 30리 정도 되는 촌에서 상제喪制의 몸으로 한 3년 동안 살다 갔었지요. 여기 살 때 자기는 양반이지만 큰 형님을 문수산성 으로 청해서 며칠 같이 지낸 적이 있었고, 그 후에 형님이 유씨 댁을 방문한 일도 있었지요. 그런데 재작년에 해주 사람 김창수란 청년이 왜놈을 죽이고 인천 감리서에 갇혔는데, 압뢰 중에 전에 우리 집의 비부이던 최덕만이 형님께 '김창수가 인천항을 떠들었다 놓았고, 감리나 경무관이 꿈쩍을 못하게 호령을 하였고, 그러다가 교수형까지 당하게 된 것을 상감이 살려주어서 죽지는 않고 있다'는 말을 했지요. 이 말을 듣고 우리 집 재산을 있는 대로 톡톡 털어가지고 근 1년 동안 서울로 가서 김창수를 살리려고 애를 썼지만 될 수 있는가요? 형님은 돈만 쓰고 돌아오신 후 무슨 다른 사건으로 피신을 하셨지요. 그 후에 들으니 김창수는 파옥도주하였다고 하는데, 지금 유완무는 벌써 여러 번 본 적도 없는 나에게 '해주 김창수가 오거든 자기께 급보하여 달라'고 편지를 하기에 그런 사람이 왔던 일이 없다고 회답을 하였지요. 그런데 우리 형님과 평소에 친하던 통진 사는 이춘백李春伯이란 양반이 유씨와도 친한 모양이에요. 유씨 편지에 '이춘백을 보내니 의심 말고 자세히 알게 하여 달라'는 부탁입니다."

내가 들어보니 모골이 송연하기도 하고 온갖 의아한 생각도 들었다. 진경에게 물었다.

"김창수란 사람이 와서 다녀갔는가?"

"형님, 생각해보시오. 여기서 인천이 지척인데, 그래도 우리 형님이 집에 계신다면 비밀히 올지도 모르지요. 하지만 형님도 아니 계신데 그런 사람이 왔더라도 내 형님이 계신지나 비밀히 조사하여 보고, 그래서 집에 안 계신 줄 알면 내 집에 들어올 리가 있겠어요. 그 양반이 아무 맥도 모르고 그러는 것이지요."

"그것은 자네의 말이 옳은데, 그러면 어떤 왜놈의 부탁이나 현 관리의 촉탁을 받고 정탐을 하려는 것은 아닐까?"

"그것은 결코 아닐 줄 믿습니다. 내가 유완무 그 양반을 만난 적은 없으나 지금 벼슬길에 드는 양반과는 판이해요. 유씨는 학자의 기풍이 있고 우리 형님더러 의기남아라고 하면서 조금도 반상의 구별을 하지 않고 극히 존대하더라는데요."

곰곰이 생각해보니 위험이 바두한 것 같기도 하고, 유완무란 사람의 본의를 알고 싶기도 했다. 그러나 진경에게 수상스럽게 더 물을 수도 없었다. 겉으로는 극히 평범한 태도를 가졌지만 내심으로는 몹시 산란했다.

밤을 지내고 다음 날 아침을 먹고 났을 때였다. 기골이 장대하고 얼금얼금 얼굴이 얽은 티가 있는, 나이는 서른 남짓이나 됨직한 사람이 서슴없이 사랑에 들어와 내 앞에서 공부하는 윤태를 보고 말했다.

"이놈 윤태야. 그새 퍽 컸구나. 안에 들어가 작은아버지 좀 나오시래라. 내가 왔다고."

윤태는 곧 안방에 들어가 진경을 앞에 세우고 나왔다. 그 사람은 진경과 날씨를 묻는 등 인사를 마치고 먼저 물었다.

"아직 형님의 소식 못 들었지?"

"아직 소식이 없습니다."

"하! 걱정이로군. 유완무의 편지 보았겠지?"

"네. 어제 받았습니다."

그 말을 하고 진경은 내가 앉은 앞의 방을 미닫이로 막고는 둘이만 이야기를 했다. 나는 학동들이 글을 읽을 때 '하늘천 따지'를 '하늘소 따갑'이라고 잘못 읽어도 그것을 고쳐줄 성의는 조금도 없이 윗방에서 이춘백과 진경이 이야기하는 말만 듣고 있었다. 진경이 물었다.

"유완무란 양반 지각이 없지 않아요? 김창수가 우리 형님도 안 계신데 왜 내 집에 오리라고 생각하고 그렇게 여러 번 편지를 하십니까?"

"자네 말이 옳지만 우리가 1년 넘게 김창수 때문에 별별 애를 다 썼다네. 유완무가 남도로 이사를 하고 서울에 다니러 왔다가, 자네 형님이 김창수를 구출하려고 전 가산을 탕진하고 끝내 피신까지 한 것을 알았네. 그래서 유완무가 우리 몇 사람을 모아 김창수를 기어이 구출해야겠다고 했네. 그런데 법률적인 방법이나 흔히 쓰는 뇌물 등은 형님이 벌써 해보았으나 안 되었으니, 이제 강제로 탈취할 방법밖에 없다고 하여 용감한 청년 13명을 골랐는데 그중에 나

248

도 들었네. 13명의 모험대를 조직해 인천 항구의 요충지로 밤중에 석유 한 통씩 지고 들어가서 일고여덟 곳에 불을 질러 감옥을 깨치고 김창수를 구출하자는 방침을 정했다네. 유씨가 나에게 두 사람을 데리고 인천항에 들어가 요충지와 감옥의 형편과 김창수의 근황을 조사하라 하기에 가지 않았겠나? 마침내 인천항에 가서 감옥 형편을 조사해보니, 바로 사흘 전에 김창수가 4명의 죄수와 함께 파옥도주를 하였다네그려. 그래 돌아가서 유씨와 함께 김창수의 종적을 알아낼 방법을 연구하였네. 그 한 가지는 해주 고향이지만 기필코 고향에 갈 리는 없고, 그 부모에게 설혹 연락이 있더라도 결코 말하지는 않을 테고, 잘못 알아보았다가는 도리어 그 부모를 놀라게만 할 터이니, 그곳을 제외하고는 갈 곳이라곤 자네 집밖에 없지 않은가. 그 자신이 몸소 오기는 극히 어려울 것이니 어느 곳에서 편지하였던 일도 없는가?"

"편지도 없습니다. 편지를 하고 회답을 바랄 것 같으면 차라리 자기가 와서 조사할 테지요."

두 사람의 이야기는 거기서 그쳤다.

진경이 물었다.

"언제 서울을 가시렵니까?"

"오늘은 친구나 좀 찾고, 내일은 상경할 것일세."

내일 아침에 작별하기로 하고 이춘백은 물러갔다. 두 사람이 하는 말을 들으니 유완무란 사람이 참으로 내게 그같이 성의를 썼다면 곧 만나주어야 하겠는데, 만약 정탐을 위한 것이라면 그 계책이 참으로 묘하였다. 그러나 믿음이 가는 것은 이춘백이 진경에게 하는 말은 진정한 동지로 알고 숨김없이 말을 하는 것이 분명했고, 또 유씨가 김주경의 실패를 계속하여 모험적인 일을 했다고 말하는 것도 믿을 만했다. '군자가기이방(君子可欺以方 : 알고도 속아준다)'이란 말과 같이, 내가 이만치 알고도 끝까지 자취를 감춘다면 그 역시 불의不義라 할 수 있을 것 같았다.

그날 밤은 그대로 자고 다음 날 아침 진경과 동탁흘반(同卓吃飯 : 같이 앉아 밥을 먹다)할 때에 진경에게 물었다.

"어제 왔던 사람이 이춘백인가?"

"네. 그렇습니다."

"언제 또 오는가?"

"아침 후에 와서 작별하고 서울로 간다니까 조금 후에 오겠지요."

"이춘백이 오거든 내게 인사 소개나 하여 주게. 자네 형과 평소 친한 동지라니 나도 반가운 마음이 있네."

"그러지요."

또 말을 했다.

"진경! 자네와 오늘로 작별케 되고, 윤태와 종형제 아이들과도 아울러 작별일세. 섭섭한 것은 말로 다할 수 없네."

나의 눈에는 틀림없이 눈물이 고였을 것이다. 진경이 이 말을 듣고 대경실색했다.

"형님. 이게 무슨 말씀이오? 제가 무슨 잘못한 일이 있습니까? 갑자기 작별이 웬 말씀이오. 저야 미거한 것인즉 우리 형님을 생각하시고 저를 용서도 하시고, 책망도 하여 주십시오."

"내가 곧 김창수일세. 유완무란 친구의 추측이 바로 맞았네. 내

250

가 어제 자네가 이춘백과 이야기하는 말을 다 들었네. 자네 생각에 정탐의 유인책이 아니라 믿어지면 나를 놓아주어 유완무란 친구를 가서 만나도록 해주게."

진경은 이 말을 듣고 깜짝 놀랐다.

"형님이 정말 그러시다면 제가 어찌 만류하겠습니까? 최덕만은 작년에 사망하였다고 하오나, 이곳에서 감리서에 주사로 다니는 자도 있고 순검 다니는 자도 있어 종종 왕래가 있습니다."

한편으로는 학동들에게 말하기를 선생님이 오늘 본댁에 다녀오실 터이니 너희들은 집으로 돌아가라 하였다. 얼마 후 이춘백이 진경에게 고별차 왔다. 진경은 이춘백을 맞이한 후에 나에게 인사를 시켰다. 나는 이씨를 보고 나도 서울에 갈 일이 있으니 동행하여 주기를 청하였다. 이씨는 보통으로 들었다.

"심심한데 이야기나 하면서 동행하시면 매우 좋겠습니다."

진경은 이씨의 소매를 끌고 뒷방에 들어가 두어 마디 말을 수군 거리다가 나와서 곧 출발하였다. 학동 30여 명과 그 부형들이 몰려와서 남문통 길이 메이도록 모여 전송하였다. 내가 정성을 다하여 가르치기도 했지만 한 푼의 훈료도 받지 않아 동정이 더 두터웠던 것이다.

그날로 서울 공덕리 박 진사 태병台秉의 집에 도착하였다. 이춘백이 먼저 안사랑에 들어가서 무슨 말을 하였는지, 키가 중키가 못 되고 얼굴이 태양에 그을어 가무잡잡한, 망건에 흑립을 쓰고 의복은 검소하게 입은 생원님 한 분이 나왔다. 그는 나를 맞아 방 안에 들어가서는 말했다.

251

"나는 유완무요. 오시느라 고생하셨소. '남아가 어디에 있든지 만나지 못하리오' 하는 말이 오늘 창수 형에게 비유한 말인가 보오."

유완무가 이춘백을 보고 말했다.

"무슨 일이고 한두 번 실패를 하더라도 낙심할 것이 아니고, 끝내 구하면 반드시 얻을 날이 있다고 내가 전에 말하지 않았던가?"

그것은 곧 나를 만났다는 의미로 자기네들이 평소에 힘썼던 일을 말함이었다. 나는 유완무에게 말했다.

"내가 강화 김씨 댁에서 선생이 이만한 사람을 위해 수없이 수고를 하신 것을 알고 용안을 뵈옵습니다. 세상은 침소봉대의 헛소문이 많은 탓으로 들으시던 말과 달리 실물이 용두사미이오니 부끄럽기 그지없고, 매우 낙심하실 것을 예상하여 두십시오."

유완무가 빙그레 웃으며 '뱀의 꼬리를 붙들고 올라가면 용의 머리를 볼 것'이라고 말하자 주객이 웃었다. 주인 박태병은 유씨의 동서라 했다. 저녁을 먹은 후에 성내 자기 유숙처로 들어가서 자고, 며칠 동안 쉬면서 요릿집에 가서 음식을 사먹기도 하고 구경도 다녔다

유씨는 편지 한 통과 노자를 주며 충청도 연산 광이다리 앞의 침림리 이천경李天敬에게로 가라고 부탁했다. 그날로 출발하여 이천경의 집에 가서 편지를 전하니 반갑게 맞이하였다. 날마다 닭을 잡는 등 잘 대접하며 한가한 이야기로 한 달을 보냈다. 하루는 이천경이 편지를 한 통 써주며 무주 읍내에서 삼포업을 하는 이시발李時發에게로 가라고 했다. 이시발을 찾아가서 서신을 전하니 영접하여 하룻밤을 유숙하였다. 다음 날 이시발이 또한 편지를 주며 지례군 천

252

곡이란 동네의 성태영成泰英에게 가라고 하였다.

성태영의 집에 찾아가니 집 이름이 '성원주'란 집인데, 태영의 조부가 원주 목사를 지냈다 하였다. 사랑에 들어가니 수청방, 상노방에 하인이 수십 명이고 사랑에 앉은 사람은 거의 귀족의 풍모가 있었다. 주인 성태영이 편지를 보고 환영하여 상객을 대우하자 하인배들은 더욱 존경하였다. 성태영은 자가 능하能何, 호는 일주一舟였다. '등산채채 임수관어〔登山採菜 臨水觀魚 : 산에 올라 나물을 캐거나 물가에서 고기를 보는 일〕'의 취미 있는 생활을 했다. 고금의 일에 대해 어렵고 의아한 것들을 묻고 대답해가며 또 한 달여를 지냈다.

하루는 유완무가 성씨의 집에 와서 만나게 되었다. 다음 날 아침에 자기가 이주하는 무주 읍내로 같이 가서 유씨의 집에서 묵게 되었다. 유씨의 장성한 딸은 이충구李忠求의 조카며느리로 성혼을 하였고, 아들 형제로 한경 등 2명이 있었고, 당시 무주 군수 이탁과도 먼 친척인 듯하였다.

유완무는 나에게 이런 말을 했다.

"창수는 경성으로부터 이곳에 오는 동안 몹시 의아하셨지요. 실정을 말하리다."

여기에 조금 누락된 것이 있다. 그것은 '창수'라는 이름을 쓰기에 심히 불편하다 하여 성태영과 유완무가 이름과 호를 고쳐주었던 것이다. 이름은 김구金龜라 하고, 호를 연하蓮下, 자는 연상蓮上이라 행세하기로 하였다.

"연산 이천경이나 지례 성태영은 다 나의 동지일세. 새로 동지가 생길 때에는 반드시 몇 곳을 돌아가며 한 달씩 같이 살면서 각기 관찰한 바와 시험한 것을 총합하여 어떤 사업에 적당한 자격인 가를 판정한 후에, 벼슬에 적당한 자는 벼슬을 하도록 주선하고, 상 농商農에 적당한 인재는 장사나 농업으로 인도하여 종사케 하는 것 이 우리 동지들이 정한 규칙일세. 그런데 연하는 동지들이 시험한 결과, 아직 학식이 얕기 때문에 공부를 더 하되, 경성 쪽의 동지들 이 맡아서 자격을 이루도록 할 것일세. 또한 연하의 출신이 상인 계 급이니 신분부터 양반에게 눌리지 않게 하는 것이 급하다고 아니 할 수 없네. 그래서 지금 연산 이천경의 가택, 논밭, 가구 전부를 그 대로 자네의 부모가 생활하도록 줄 것이고, 그 고을 대성大姓 몇몇 만 단속하면 족히 양반의 생활을 할 것일세. 연하는 경성에서 유학 하다가 때때로 부모님을 뵙도록 할 것이니, 곧 고향으로 가서 내년 2월에 부모님을 몸만 모시고 서울까지만 오게. 그러면 서울서 연산 까지의 행장은 내가 차리겠네."

그러고는 서울로 동행하였다. 서울에 와서 유완무의 제자인 강화 장곶 주윤호朱潤鎬 진사를 찾아갔다. 김경득의 집에 들어가기는 여 러 가지가 염려되어 비밀히 주 진사 집을 내왕하였다. 나는 주 진사 가 유씨에게 보내는 백동전 4000냥을 온몸에 돌려 감고 서울에 왔 다. 주 진사 집은 해변이므로 11월에 아직 감나무에 감이 달려 있었 고, 또한 어산이 풍족한 곳이므로 몇 날을 잘 지내고 왔다.

그 돈으로 노자를 하여 고향으로 길을 떠났다. 철로가 아직 부설 되지 않아 육로로 출발했다. 출발하기 전날, 아버님이 나에게 '황천 黃泉' 두 자를 쓰라고 하시는 꿈을 꾸고 유씨와 꿈 이야기를 하였다. 봄에 병환이 계시다 좀 나으신 것을 보고 떠나 서울에 와서 우편으로 보약제도 지어 보내고 했으니, 마음을 놓지 못했었다. 그러다가 흉몽을 꾸고는 그날로 떠나 동짓달 어느 날 일찍 송도까지 도착했고, 다음 날로 급하게 발을 옮겨 4일 만에 해주 비동을 지나게 되었다. 고 선생님을 보고 싶은 마음에 찾아 들어갔다. 산중턱 작은 집에서 선생을 배알하니 5~6년 사이에 그다지 늙지는 않으셨으나 돋보기안경을 쓰지 않고는 글을 못 보시는 모양이었다.

내가 고 선생을 뵙고 앉아서 두어 마디 말을 시작할 때에 사랑 안문이 방긋이 열리더니 열 살 남짓 먹은 처녀가 "아이고, 아저씨 왔구나" 하고 뛰어 들어왔다. 보니 청계동에 살 때 고 선생 사랑에 가면 늘 나와서 내게 매달리고 업어 달래다가 고 선생에게 야단을 듣기도 했고, 나중에 원명의 장녀와 나의 혼약이 성립된 후에는 자연 가깝게 되어 고 선생이 전과 같이 책망을 아니할 뿐 아니라 나를 가리켜 아저씨라고 부르라는 명령을 받고서는 한층 더 기탄없이 내게 매달리며 온갖 응석을 부리던 원명의 둘째 딸이었다. 내심으로는 극히 반갑고 또 부모 없이 숙모의 손에 자라는 정경을 잘 아는 나로는 퍽 불쌍도 해보였다. 그러나 아저씨란 칭호를 그대로 받고서 아는 체하기는 매우 미안한 일이었다. 그 광경을 보시는 고 선생도 가슴속에 감회가 있는지 말없이 담벽만 건너다보고 앉아 계셨다. 나도 아무 말대답을 못하고 눈으로만 그 처녀를 보고 반가운 표정만 했을 뿐이었다.

고 선생이 전에 나와의 혼약을 파하고 돌아가자, 과부인 둘째 며느리가 "아무 댁과 혼인을 하십시다" 또는 "아무 댁 자제가 학문도 상당하고 문벌도 상당하고 재산도 유족하니 거기다 통혼을 합시다.

255

김창수는 상놈이고 가산이 없는 데다, 더구나 전 혼처에서 그같이 괴악(怪惡)을 부리는 김창수에게 딸을 주었다가는 집안이 망하겠다"고 떠들었다. 이에 화증이 났던지, 당장 청계동의 미미한 농부인 김사집이란 사람의 아들로 역시 농군인 떠꺼머리총각에게 자청하여 그날로 혼약을 결정하였다 한다.

한참 동안이나 고 선생과 나는 서로 아무 말 없이 각기 과거의 혼사 문제를 추억했다. 고 선생이 천천히 말을 했다.

"내가 그간에 자네가 왜놈을 죽여 의로움을 행했다는 소식을 듣고 자네에게 평소 기대하던 바라 매우 탄복하였네. 내가 유의암(柳義菴 : 毅菴) 선생에게 말씀드렸더니 선생이 지은 《소의신편속편(昭義新編續編)》에 '김창수는 의기남아'라고 칭찬한 것도 보았네. 자네가 인천으로 간 후 의암이 의병에 실패하고 평산으로 와서 서로 만나 장래 방침을 의논할 때에, 내가 연전에 자네가 서간도를 시찰하고 보고한 내용을 선생에게 보이고 지금 형세로는 양서에 발붙일 땅이 없으니 속히 압록강을 건너서 적당한 곳을 택해 장래를 꾀함이 상책이라 하였네. 의암도 아주 좋게 여겨 나도 동행하여 지난번 자네가 말하던 곳을 돌아보고 그곳으로 정하였네. 한편으로 공자의 성상을 모셔 모든 이들에게 성인을 공경하는 마음을 증진케 하고, 한편으로는 국내에서 종군하던 무사를 소집하여 훈련하는 중이니 자네도 속히 선생께로 가서 장래 대계를 함께 도모함이 어떠한가?"

나는 내가 그사이에 깨달은 바, 세계 사정이라든지, 또는 선생님이 평소에 교훈하시던 '중국을 존중하고 오랑캐를 배척하는' 주의가 정당한 주의가 아니라는 것과, '눈이 깊고 코가 높으면' 덮어놓고 오랑캐라고 배척하는 것은 정당하지 않다고 말했다.

"어느 나라를 막론하고 그 나라 사람의 경국대강(經國大綱 : 나라를 다스리는 큰 강령)을 보아서 오랑캐의 행실이 있으면 오랑캐로 대우하고, 사람의 행실이 있으면 사람으로 대우함이 옳습니다. 우리나라 탐관오리가 사람의 얼굴을 가졌으나 짐승의 행실이 많으니 그것이 참으로 오랑캐입니다. 지금은 임금이 스스로 벼슬 값을 매기고 관직을 파니, 곧 오랑캐 임금으로 내 나라 오랑캐도 배척을 못하고 있습니다. 저 대양 건너 사는 각 나라에는 제법 국가 제도와 문명이 공자와 맹자의 그림자도 보지 못하였지만 공맹의 법도 이상으로 발달하였는데, '오랑캐, 오랑캐' 하고 배척만 한다면 무슨 소용이 있겠습니까? 제 소견에는 오랑캐에게서 배울 것이 많고, 공맹에게는 버릴 것이 많다고 생각합니다."

"자네 개화군과 많이 상종하였지? 나도 몇몇 개화군을 만나보니까 자네 말과 같더니."

"그러시면 선생님이 보시는 바 장래 국가 대계는 어떠하신지 하교하여 주십시오."

"선왕의 법이 아니고 선왕의 도가 아닌 것은 말할 필요가 없네. 잘못하면 피발좌임의 오랑캐가 되는 것뿐이네."

"선생님이 피발좌임이라는 오랑캐의 풍속을 말씀하시니 말씀드립니다. 머리털은 즉 피가 남은 것이요, 피는 즉 음식이 소화된 정액입니다. 음식을 먹지 않으면 머리털도 자라날 수 없고, 설사 머리가 길어 천 길이나 되어 위대한 상투를 머리 위에 얹는다고 해도 왜놈이나 양놈이 그 상투를 무서워하지 않는데 어찌하겠습니까. 의

257

관을 아무리 훌륭하게 입었다 하여도 왜인과 양인이 그것에는 절을 하고 무릎을 꿇지 않을 것입니다. 학문과 도덕을 공부한 상류 인물들이 백성을 잔인하게 학대하는 최상의 칼과 도끼를 쥔 손이요, 진실로 거짓이 없는 자는 나라의 백성들인데 거의가 일자 무식꾼입니다. 사람이 이익을 찾는 것은 물이 아래로 흐르는 것과 같으나, 백성이 우매하고 보니 자기들의 권리와 의무는 모르고 탐관오리와 토호들이 자기 백성들을 학대함과 같이 왜놈과 양놈을 학대한다면 왜와 양은 멸종되고 그들이 천하를 호령할 것입니다. 그렇지만 그들이 우리 백성의 고혈을 빨아다가 왜놈, 양놈에게 아첨을 하면서 자기가 백성을 잔인하게 죽이는 칼과 도끼의 기능이 출중한 것을 자랑하게 되었으니 나라는 망하고야 말 것입니다. 세계 문명 각국의 교육제도를 모방하여 학교를 세우고, 전국 백성의 자녀를 교육하여 2세들을 건전한 국민으로 양성하고, 애국지사를 규합하여 전 국민에게 망국의 고통이 어떤 것이며, 흥한 나라의 복福과 즐거움이 어떤 것인지를 알도록 하는 것이 나라를 구하는 길이라고 제자는 생각하나이다."

"박영효, 서광범 같은 역적들이 주장하던 것을 자네가 말하네그려. 만고천하에 망하지 않는 나라가 없고 만고천하에 죽지 않는 사람이 없으니, 우리나라도 망할 운명이 당한 바에 어찌하겠다? 나라를 구할 길이라 하여 왜놈도 배우고 양인도 배우다가 나라를 구하지도 못하고 절의까지 배반하고 죽어 지하에 가면 선왕, 선현을 무슨 면목으로 대하겠나?"

이야기를 하는 동안에 자연히 신구新舊의 충돌이 생겼다. 그러나

258

고 선생의 사정에는 외국 물건은 당성냥 한 개비도 쓰지 않는 것을 보면 고상하게도 보였다. 하룻밤을 같이 자고 다음 날 절을 올리고 물러났다. 어찌 뜻하였으리요. 이때 절을 올린 것이 영결이었던 것을. 그 후에 들으니 고 선생은 제천 동문의 집에서 객사하였다 한다.

오호통의(嗚呼痛矣)라! 이 말을 기록하는 오늘까지 30여 년 동안, 내가 마음을 쓰고 일을 처리함에 만에 하나라고 좋은 점이 있었다면, 그것은 온전히 당시 청계동에서 고 선생님이 나를 특히 사랑하여 심혈을 모두 기울여 구전심수한 훈자(訓灸 : 남에게 좋은 영향을 주어 그를 변화하게 하다)의 공효(功效 : 공들인 보람, 효과)일 것이다. 다시 이 세상에서 그같이 사랑하시던 돌보심을 받들어 참되고 거룩한 사랑을 다시 받지 못하겠으니, 오호통의라!

그날로 기동(텃골) 본가에 당도하니 황혼이었다. 안마당에 들어서니 부엌에서 어머님이 나오시며 말씀하셨다.

"너의 아버지가 병세 위중한데, 아까 얘는 왔으면 들어오지 않고 왜 뒤뜰에 서서 있느냐 하기에 헛소리로 알았더니 네가 정말 오는구나."

급히 들어가 뵈오니 몹시 반가워하시나 병세는 과연 위중하셨다. 약간의 약으로는 약효를 내지 못하여, 14일 동안 나의 무릎을 베고 계시다가 경자(1900) 12월 9일에 나의 손을 힘써 잡았던 힘이 풀리시며 먼 나라로 길을 떠나셨다. 운명하시기 하루 전에 나의 생각으로는 평생지기인 유완무, 성태영 등을 만나 그들의 주선으로 연산으로 이사를 하였으면, 우선 백발이 성성한 아버님이 이웃 동네의 강씨, 이씨에게 일상 상놈 대우를 받았던 뼈에 사무치는 고통을 족히 면하게 되었을 텐데, 아주 먼 길을 떠나시게 됨은 천고에 한이었다. 산촌 가난한 집에서 고명한 의사를 불러오거나 기사회생의 명약을 복용하기에는 형편이 허락지 않았다.

우리 할머님 임종 시에 아버님이 손가락을 자르신 것도 이런 절박한 지경에서 행한 일이었을 것이다. 그러나 내가 손가락을 자르면 어머님의 마음이 상하실 테니 나는 허벅지를 베리라 하고, 어머님이 안 계신 틈을 타서 왼쪽 허벅지에서 고깃점 한 점을 떼어서 고기는 불에 구워서 약이라 하여 잡수시게 하고, 흐르는 피를 마시게 해드렸다. 그런데 분량이 적은 듯하여 다시 칼을 들어 그보다 크게 살코기를 떼려고 하였다. 처음보다 천백 배의 용기를 내어 살을 베지만 살 조각은 떨어지지를 않고 고통만 심해서, 두 번째는 다리살을 썰어놓기만 하고 손톱만치도 떼어내지 못하였다. 스스로 탄식하였다.

'단지斷指나 할고(割股 : 허벅지살을 벤 것)는 진정한 효자가 하는 것이지 나 같은 불효로 어찌 효자가 되랴.'

초종初終[128]을 마치고 성복일成服日에는 멀리 가까이에서 조객들이 왔다. 찬 눈바람이 뼈에 스며드는 때에 뜰에 상청을 차리고 조문을 받았다. 독신 상주라 잠시도 상청을 비울 수 없는데, 썰어만 놓고 떼어내지도 못한 다리의 고통이 심했다. 어머님에게 알려드릴 수도 없고, 조객 오는 것이 괴로우니 할고한 것을 후회하는 생각까지 들었다.

---

128 초상이 난 때로부터 졸곡까지의 기간을 말한다.

유완무와 성태영에게는 부고를 하고 이사 준비를 중지하도록 알렸다. 경성에 체류 중이던 성태영은 500여 리를 말을 타고 조문을 왔다. 인마人馬는 돌려보내고, 성태영은 며칠 휴식 후에 구월산 구경이나 시켜 보내기 위하여 나귀에 태우고 월정동의 옛 친구 송중서의 집에 찾아갔다. 부산 정덕현을 청하여 닭을 잡아 대접하며 먼 회로回路를 풀고, 백악의 뛰어난 경치를 구경하고 성군은 돌아갔다.

아버님 장지는 기동 오른쪽 기슭에 좋은 곳을 택해 안장하였다. 상중에 어디를 잘 가지 않고 준영 작은아버지의 농사를 도와주고 있으려니까, 작은아버지는 몹시 기특하게 생각하고 200냥을 주며 근처에 사는 어떤 상놈의 딸과 결혼하라고 하였으나 나는 사양했다. 나는 상놈의 딸은 고사하고 정승의 딸이라도 돈과 관계된 결혼은 죽어도 못한다고 했다. 작은아버지 생각에는 형님도 없는 조카에게 자기가 힘을 써 결혼시키는 것이 당연한 의무요, 영광으로 알았는데 내가 반대하는 것을 보고 크게 노하여 낫을 들고 나를 향해 달려들었다. 어머님이 가로막는 틈에 나는 도망을 갔다.

임인壬寅 : 1902] 정월에 여기저기 세배를 다니다가 장연 무산의 먼 친척 댁에 갔다. 먼 친척 조모는 내가 나이 근 서른에 장가를 못 간 것을 매우 염려했다. 나는 그 할머니에게 말했다.

"내 중매는 할 사람도 찾기가 쉽지 않고, 나에게 딸을 주고 싶은 사람이 있을지도 의문이오. 설혹 있다 하여도 내가 장가를 들 마음이 생길 만한 낭자가 있을지도 의문이외다."

그 할머님은 웃으면서 말씀하셨다.

"자네 뜻에 맞는 낭자는 어떤 처녀인가?"

261

"첫째 불논재(不論財 : 재물을 따지지 않을 것), 둘째 낭자娘子 유학식(有學識 : 학식이 있어야 하며), 셋째 상면논심가합즉(相面論心可合則 : 만나보아서 마음의 얘기를 한 후 맞으면) 결혼이올시다."

할머님은 첫째, 둘째에는 의문이 없고 세 번째는 심히 난색을 보였다. 나는 어디 혼처가 있는지 물었다.

"내 본가 당질녀가 금년 열일곱에 홀어머니를 모시고 지내고 있네. 약간의 학식은 있고, 아무리 가난해도 재물 따지는 것은 옳지 않다고 알고 있네. 괜찮은 남자가 있으면 시집보내야겠다고 했는데, 내 형님의 말을 들어보았지만 어떤 기준으로 낭자(郎子 : 남의 집 총각을 점잖게 이르던 말)를 택하는지 알 수 없어서 내가 한번 물어보는 것인데, 자네의 말대로 만나서 속 이야기를 한다는 것이 가장 어려운 문제가 아닐까 하네."

"그렇게 어려운 문제로 생각을 한다면 나와 혼인할 자격이 없겠지요."

이야기를 하다가 그 할머님이 말씀하셨다.

"우리 형님에게 자네의 인격을 일찍이 언급한 바 있는데, 내 형님 말씀이 자네를 한번 데리고 자기 집에 와달라는 부탁이 있었네. 한번 같이 가보는 것이 어떤가?"

"오늘 가서 처녀를 보여준다면 가봅시다."

함께 장연 동내 텃골 조그마한 오막살이집에 도달하였다. 그 집 홀어머니는 나이가 많고 아들이 없이 단지 딸 넷을 두었는데, 그중 세 자매는 이미 출가하고 막내딸 여옥을 데리고 세월을 보내고 있었다. 문자는 겨우 한글을 가르쳤을 뿐이고 바느질과 베 짜기를 주

262

로 가르쳤다. 나를 맞아 안방에 앉히고 저녁을 먹은 후에 할머님의 소개로 그 홀어미에게 절을 했다. 그전에 부엌에서 세 사람이 의논을 하는 모양이었다. 듣지는 못하였으나 나의 일가 할머님이 나의 구혼 조건을 말한 모양이었다. 이야기가 착실히 많았던 모양인데, 할머님이 단도직입으로 혼인 문제를 꺼냈다.

"자네 말대로 거의 되겠으나, 규중처녀가 어찌 모르는 남자와 대면을 하겠나. 처녀가 병신이 아닌 것은 내가 보증할 터이니 대면하는 것을 좀 면하여 주게."

"면대는 꼭 해야겠고, 만나서 얘기하는 것뿐만 아니라 혼인할 생각이 계시다면 조건이 한 가지 또 있습니다."

할머님은 웃으셨다.

"조건이 또 있어? 들어보세."

"다른 것이 아니고, 지금 약혼을 한다 하여도 내가 탈상한 후에 결혼할 테니 그 기한 동안에는 낭자가 나를 선생님으로 한문 공부를 정성껏 하다가 탈상 후에 결혼한다는 조건을 이행해야 됩니다."

"여보게. 혼인하여 데려다가 공부를 시키든지 무엇을 하든지, 자네 마음대로 하면 될 것 아닌가."

"근 1년 동안 세월을 허송할 필요가 있습니까?"

늙은이와 할머님이 빙긋이 웃고 무슨 말을 하더니 낭자를 불렀다. 일호재호(一呼再呼 : 한 번 두 번 불러도)에는 아무 소식이 없더니 그 어머니가 친히 불렀다. 처녀는 가만가만히 걸음을 걸어서 자기 모친 뒤에 들어와 앉았다. 내가 인사를 먼저 하였으나 처녀는 아무 대답을 못하고 있었다.

나는 다시 물었다.

"당신이 나와 혼인할 마음이 있으며, 그리고 식을 치르기 전에 나에게 학문을 배울 생각이 있는가?"

할머님 말씀은 성례 후에 공부를 시키든지 마음대로 하라고 하시지만, 지금 세상에는 여자라도 무식하고서는 사회에서 용납할 수 없고 여자의 공부는 스무 살 이내가 적당한데 1년 동안이라도 그저 허송하는 것은 옳지 않다고 이유를 설명하였다. 그 처녀의 말소리가 내 귀에는 들리지 않았으나, 할머니와 그 모친은 처녀가 그리하겠다는 대답을 했다고 했다.

밤을 지내고 다음 날 아침에 집으로 돌아와서 어머님과 작은아버지에게 약혼 보고를 하였다. 준영 작은아버지는 처음에는 믿지 않고 어머님에게 친히 가서 낭자도 보고 약혼 여부를 알아보라고 하여 어머님이 친히 다녀오신 뒤에야 믿었다. 작은아버지는 "세상에 참 어수룩한 사람도 있다"고 했다. 나는 곧 《여자독본女子讀本》 같은 책자를 초草하여 가지고 지필묵까지 준비해가서 미혼처未婚妻를 가르쳤다. 그러나 그 집에만 오래 머무르며 가르칠 형편이 되지 못하였다. 집안일도 돌보고 탈상 후에는 교육에 헌신할 결심을 가졌기 때문이었다. 문화의 우종서 목사·송종호·김 선생, 은율의 김태성, 장련의 장의택·오인형·정창극 등과 신교육 실시를 협의하기 위하여 각처로 다니다가 틈만 있으면 처가로 가서 처녀를 가르쳤다.

김 선생은 본명이 손경하로 원산 사람인데 박영효의 동지라 일본에 여러 해 체류하였다. 귀국 후에 정부에서 체포령이 내리자 구월산으로 망명하여 우종서, 송종호 등의 보호를 받아 숨어 지내는

264

인사였다. 후에 박영효가 귀국한 뒤부터는 손영곤으로 지금껏 행세하고 있었다. 장의택은 장련 선비 집안이고, 구학식도 풍부하며 신학문을 하려는 포부도 해서에서 제일이었다. 큰아들 응진을 경성으로, 일본으로, 미주로 유학시키고 신교육에 노력하는 지사였으므로 구식 양반들에게는 심한 비난을 받았다. 장씨는 자기가 신학문을 국민에게 보급하는 것이 시급한 일이라고 각오하였다.

그러나 평안도는 물론이고 황해도에도 신교육의 풍조는 예수교로부터 계발되었고, 신문화 발전을 도모하는 사람들은 문을 꽁꽁 닫고 지키다가 거의 예수교에 투신해서야 겨우 서양 선교사들의 혀끝을 통해 문밖의 사정을 알게 된 이들이었다. 예수교를 신봉하는 사람들은 대부분 중류 이하로, 실제 학문은 배우지 못한 우매한 사람들이었다. 그리고 그다지 숙달치도 못한 반벙어리 선교사의 말이라도 선교사들이 문명족이기 때문에 그 말을 많이 들은 자는 신앙심 외에 애국사상도 가지게 되었다. 애국사상을 가진 대다수가 이 예수교 신봉자였음은 숨기지 못할 사실이었다. 우종서는 당시 전도조사傳道助事였고, 나와 여러 해 친교한 사이였기 때문에 예수교 신봉을 힘써 권했다. 나도 탈상 후에는 예수도 믿고, 신교육을 장려하기로 결심하고 있었다.

계묘癸卯 2월에 담사(禪祀 : 대상을 치루고 지내는 제사)를 끝내고, 즉시 어머님은 성례 준비를 열심히 주선하셨다. 그해 정초에도 또 무산면 할아버지 댁에 세배를 갔다. 세배 드린 후에 앉아서 이야기를 하던 즈음에 장연 기동 미혼 처가에서 급보가 왔다. '처녀의 병세가 위중하니 김 상주喪主에게 통기하라'는 기별이었다. 나는 깜짝 놀라 즉시 처가로 갔다. 방문을 열고 들어가니 처녀는 병세가 위중한 중에도 나를 아주 반가워했다. 병은 장감長感이었는데 의약을 쉽게 구하기 어려운 산중이라 2~3일 후에 드디어 죽고 말았다. 손수 염습하여 남산에 안장하고 묘 앞에서 영이별하였다. 장모는 금동 김윤오 집으로 모셔가 예수교를 신봉케 하였다. 돌아오다가 놀라운 소식을 듣고서 오시는 어머님을 모시고 도로 집에 돌아왔다.

야소교耶蘇教와 교육자

그해 2월에 장련읍 사직동으로 이사하였다. 장연읍의 진사 오인형吳寅炯이 자신이 산 사직동 집과 산림, 과수와 20여 두락의 논밭을 맡겼는데, 내가 무슨 일에든 집안에 대한 염려 없이 공공사업에만 전력케 하기 위한 것이었다. 해주 고향에서 사촌형 태수 부처를 데려다가 집안일을 맡게 하였다. 나는 오 진사집 큰사랑에 학교를 세워 오 진사의 장녀 신애와 아들 기수, 오봉형의 아들 둘, 오면형의 자녀와 오순형의 두 딸을 주 학생으로 하고, 그 외에 학교에 동정하는 자의 자녀 몇 명을 모집하였다. 방 중간을 칸막이로 막아 남녀가 따로 앉게 하였다. 오인형의 셋째 동생 순형은 극히 관후근검(寬厚勤儉 : 너그럽고 후하며 근면하고 검소하다)하고 나와 같이 예수교를 믿으며 교육에 전력하기로 마음을 모아 학생을 가르치며 예수교를 선전하였다. 1년이 안 되어 교회 방면으로도 흥하고 학교도 점차 발전하였다.

당시 장련읍에서 술집에 출입하며 방랑하던 백남훈을 인도하여 예수교를 신봉케 한 후에 봉양학교 교원이 되게 하였고, 나는 공립학교 교원이 되어 공립과 사립학교를 발전 유지하게 하였다. 황해도에 학교라는 명칭이 공립으로는 해주와 장련에 설립되었다. 해주에서는 아직 사서삼경 등의 구학문이나 가르쳤고, 강사가 칠판 앞에 서서 산술·역사·지지 등을 가르치는 곳은 유독 장련의 공립학교였다. 그 학교 설립 당시의 교원은 허곤이었으며 장의택, 임국승과 내가 교원으로 일을 보았다. 평양에서 예수교 주최로 이른바 선생 공부, 즉 사범 강습이 있었는데 각지 교회 학교 직원과 교원들이 강습을 했을 때 나도 참석했다.

평양 방기창 목사 집에서 유숙하고 있을 때였다. 최광옥崔光玉은 당시 숭실중학생으로 교육과 애국의 열성으로 학계와 종교계와 일반 사회에 명성이 높은 동지였다. 최군과 친하게 교제하며 장례사를 의논하던 중에, 최군이 나의 결혼 여부를 묻기에 과거 여러 번의 실패에 대해 간단히 말해주었다. 최군은 안신호 양과 결혼하기를 권했다. 신호는 안창호의 누이동생으로 당년 스무 살가량이며, 사람됨이 극히 활발하고 당시 처녀 중에서 밝은 별이라고 했다. 만나보고 서로 뜻이 맞으면 결혼하기로 하여 이석관, 즉 도산의 장인 집으로 신호를 청해 불렀다. 최광옥, 이석관과 같이 신호를 만나 몇 마디 말을 나눈 후에 사관舍館으로 돌아왔는데 최군이 뒤따라 와서 의향을 물었다. 나는 합의를 표시하였다. 최군 역시 신호가 합의하더라고 전하고 내일은 아주 약혼을 하고 고향으로 돌아가라고 부탁했다.

어찌 뜻하였으랴! 다음 날 아침 일찍 이석관과 최군이 와서 신호

267

가 어젯밤에 편지 한 통을 받고는 밤새껏 고통으로 마음에 큰 풍파가 생겼다는 것이었다. 다름이 아니라 도산이 미국으로 갈 때에 상해를 거치면서 상해 모 중학에 재학 중이던 양주삼 군에게 자기 누이와 혼인하라는 부탁을 했는데, 그때 양군은 아직 재학 중이라 혼사에 대한 뚜렷한 의견이 없고, 공부를 마친 후에 결정하겠다는 말이 있었던 것이다. 어제 신호가 나와 만나고 돌아가니, 마침 양군에게서 자기는 공부를 마쳤으니 결혼 여부를 알려달라는 편지가 왔다는 것이다. 양수집병(兩手執餠 : 두 손에 떡을 쥔 격)이 된 신호는 어찌할 줄을 모르고 애를 쓰는 중인데, 다시 확정하는 의사를 듣고서 떠나라고 했다.

아침 식사 후에 최광옥이 다시 와서 신호가 결정한 바를 말해주었다. 신호는 자기 처지에서 양주삼이나 김구 둘 중에 한 명을 취하고 한 명을 버리는 것은 의리상 불가하니 양쪽을 다 버리고, 어릴 때부터 한 동리에서 같이 자란 김성택이 이미 청혼을 하였으나 그의 몸이 약함을 꺼려 허혼을 않고 있었는데 오늘에 이르러 김, 양 두 사람은 사절하고 김성택에게로 결심하였다고 했다. 일의 형세가 그러하나 마음이 매우 섭섭하였다.

얼마 후 신호가 나를 찾아와서 말했다.

"나는 지금부터 선생님을 오라버님으로 섬기겠습니다. 매우 미안합니다. 나의 사정이 그리된 것이오니 너무 섭섭하게 생각 마십시오."

나는 신호의 쾌활함과 명쾌히 결단하는 도량을 보고서 더욱 흠모했으나 이미 지난 일이었다.

다시 장련에 돌아와 교육과 종교에 종사하고 있었다. 하루는 군수 윤구영의 청첩請牒이 왔다. 가서 보니 윤 군수의 말이, "지금 정부에서 잠업을 장려할 목적으로 해주에 뽕나무 묘목을 내려보내 각 군에서 나누어 기르게 하라는 공문이 왔으니, 우리 군에서 오직 자네가 그 일을 맡는다면 성적이 좋을 것이다" 하며 해주에 가서 뽕나무 묘목을 가져오라고 하였다. 그 일은 군 안의 토반들이 영예직이라 하여 머리를 다투는 판이었으나, 수리首吏 : 지방 아전의 우두머리) 정창극의 말을 듣고 나에게 하는 말이었다. 민생 산업과 관계가 깊음을 알고 승낙하였다. 정창극이 200냥의 여비를 내주면서, "해주에 가면 관찰부에 농상공부 주사들이 묘목을 가져왔을 터이니, 한번 불러 연회나 하고 부족액은 돌아와서 다시 청구하라" 하였다. 그리하겠다고 하고 출발했다. 말을 타든 가마를 타든 마음대로 하라는 말을 듣고 나는 걸어서 해주에 갔다. 관찰부에 공문을 전달하고 사관에 돌아왔다.

다음 날 아침 관찰부에서 불러서 가보니, 농부 특파 주사가 장련에 분배하는 뽕나무 묘목 몇천 본을 가져가라고 주었다. 묘목을 검사해보니 다 말라 있어 나는 그 주사에게 가져가지 않겠다는 뜻을 말했다. 주사는 발끈 화를 내며 상부 명령 불복종이라는 말을 붙여 가지고 위협을 하였다.

나는 크게 화를 내며 소리쳤다.

"주사는 경성에 살아서 장련이 산골에 있는 군임을 모릅니까? 장련군의 연료는 넉넉하여 다른 군에 부탁하지 않아도 되거늘 먼 경성까지 연료를 구하러 온 길이 아니지 않소. 그대가 본부에서 뽕나무 묘목을 가지고 온 사명이 묘목의 생명을 보호하여 분배하고 심게 함이거늘, 이같이 묘목을 말라죽게 하고 위협적으로 분배하는 것이 누구의 책임인지 알고 싶소. 나는 관찰사에게 이 사유를 보고하고 그냥 군으로 돌아가겠소."

주사는 두려워하여 사정했다.

"장련에 갈 묘목은 귀하가 산 것으로만 직접 골라 수효대로 가져가시오."

나는 묘목 중 산 것만을 골라 사관에 돌아와 물을 뿌리고 보호하여 말에 실어 군으로 돌아왔다. 정창극에게 여비 계산을 하여 130냥 정도 남은 돈을 돌려주었다. 정창극이 여비 계산한 것을 보다가, 짚신 한 켤레에 얼마, 냉면 한 그릇에 얼마, 떡 한 그릇에 얼마, 마세, 식비를 합하여 도합 70냥이란 것을 보고 경탄하였다.

"우리나라의 관리가 다 김 선생 같으면 백성의 질고가 없을 것입니다. 박가나 신가가 갔다 왔으면 적어도 몇백 냥은 더 청구하였을 것입니다."

정창극은 비록 수리이긴 하지만 극히 검소하여 누덕누덕 기운 옷을 입고, 관에서 정한 요금 외에는 한 푼도 더 쓰는 법이 없었으므로 군수가 감히 탐학을 못하였다. 전국에서 제일인 전주 이속은 이름은 천하지만 재상의 권위를 가졌고, 각도 이속이 거의가 호가호위로 양반을 업고 백성에게 오랑캐 도적질을 하는 시대에 정창극은 구우일모九牛─毛의 귀감이라 할 수 있었다.

며칠 후 농부農部에서 종상위원이란 임명서가 왔다. 이 소문이 퍼진 후로는 군의 하인들과 노동자들 중에는 내가 지나는 곳마다 담뱃대를 감추어 경의를 표하는 사람들이 있었다.

오 진사는 어선업을 시작한 지 2년 만에 가산을 탕진하고 우울증이 병이 되어 작고하고 말았기에 내가 살던 사직동 집을 유족에게 돌려주었다. 집일을 맡아하던 사촌형 태수는 어릴 때부터 배운 것 없는 사람이었다. 나를 따라와서 같이 예수교를 믿게 된 후에는 국문에 능통하여 종교 서적을 능히 보고 강단에서 교리를 전하게 되므로, 나의 장래에도 많은 도움을 받을 줄 믿었는데 뜻밖에 교당에서 예배하다가 뇌출혈로 갑자기 사망하였다. 형수는 자기 본가로 보내어 재혼을 하게 하고, 나는 사직동에서 떠나 장련 읍내로 이주하였다.

사직동에서 근 2년 동안 사는 사이에 겪은 일들을 간단히 말해본다. 유완무가 진사 주윤호와 함께 친히 방문하여 며칠을 묵고 갔다. 그는 전에 북간도에서 관리사 서상무와 그곳의 장래 발전을 계획하였는데, 잠시 국내에 돌아와 동지들과 방침을 협의한 후 곧 북간도로 가겠다고 하였다. 어머님이 밤을 삶고 닭을 삶아주시면, 유완무·주윤호와 함께 세 사람이 밤도 까서 먹고 닭고기도 먹어가면서 연일 밤을 새워 품은 바를 피력하고 크고 작은 일을 토의하였다.

강화 김주경의 소식을 물으니, 경운(耕雲, 유완무의 당시 쓰던 별호이고, 북간도에 가서는 백초라는 이름을 사용했다)이 탄식하며 말했다.

"김주경은 혼자 강화를 떠난 후 10여 년 동안 붓 장수를 하여 수만 원의 돈을 저축하여 자기 몸에 지니고 다니다가 작년에 연안에서 불행히 객사를 하였는데, 그 아들이 알고 찾아가서 주인에게 송사까지 하였으나 별 효과가 없었다. 김주경이 부모 친척에게도 알

271

리지 않고 비밀 행상으로 그같이 거액의 금전을 모은 것은 그의 마음속에 어떠한 경륜이 있었던 것이나, 이제는 다시 세상에서 김주경의 포부와 위대한 계략을 알 길이 없다."

그리고 셋째 동생 김진경도 전라도에서 객사하여 그 집안은 말도 못할 형편이라고 하였다.

신천 사평동 예수교회의 당시 영수였던 양성칙梁聖則이 그 교회에 다니는 여학생 최준례崔遵禮와 결혼하라는 권유가 있었다. 최준례는 그 동네에 사는 의사 신창희申昌熙의 처제였다. 준례의 모친 김 부인은 경성 사람으로 젊어 과부가 되어 딸 둘을 키우며 예수교를 믿다가, 제중원이 임시로 동현에 세워졌을 때 그 원 안에 얹혀살며 일하다가 신창희를 큰사위로 맞았다. 그는 제중원 의과생으로 공부하다 생업을 위하여 사평으로 이사를 오게 되었는데 준례가 여덟 살 때 그 모친과 같이 신창희를 따라와서 같이 살게 되었다. 그 모친은 둘째 딸 준례를 근처 동네 청년 강성모에게 허혼하였으나, 준례가 장성한 후에는 어머니의 명에 순종치 않고 그 혼약을 부인하므로 교회에서 큰 문제가 되었다. 선교사 한위렴韓衛廉, 군예빈君芮彬[129] 등이 준례를 달래 강성모에 시집보내려고 하다가 준례의 항의에 해결을 못하였다고 한다. 준례는 당시 열여덟 살로 적합한 남자를 택하여 자유결혼을 목적으로 하고 있었다. 그러다가 나에게 의향이 있는지를 물었던 것이다.

나는 당시에 조혼으로 인한 여러 가지 폐해를 절감하던 터라 준

---

129 '한위렴'은 윌리엄 헌트를, '군예빈'은 쿤스 목사를 가리킨다. 특히 쿤스 목사는 언더우드 목사와 함께 활동한 사람 중 한 명으로 경신학교 교장을 역임했다.

례에게 극히 동정심이 생겼다. 사평동에 가서 준례를 만난 후 혼약이 성립하게 되자, 강성모 쪽에서 선교사에게 고발하여 교회에서 나에게 그만두라고 권하고 친구 중에도 만류하는 자가 많았다. 그럼에도 불구하고 신창희 또한 은율읍에 거주할 때라 사직동 나의 집으로 데려다가 혼약을 굳게 정하고 준례를 경신학교에 유학을 보냈다. 처음에는 교회의 권고를 듣지 않았다고 하여 교회에서 벌을 내린다고 선언하였다. 그러나 끝내 불복할 뿐 아니라 구식 조혼을 인정하고 개인의 자유를 무시함은 교회로서 잘못이고 사회 악풍을 조장하는 것이라고 항의하였더니, 군예빈이 혼례서를 작성하여 주고 책벌을 해제하였다.

을사년乙巳年에 이른바 신조약이 체결되었다. 사방에서 지사들이 구국의 길을 강구하였으며 산림학자들이 의병을 일으켰다. 경기, 충청, 경상, 황해, 강원 등지에서 전쟁이 계속되었는데 동쪽에서 패하면 서쪽에서 일어났다. 허위, 이강년, 최익현, 신돌석, 연기우, 홍범도, 이범윤, 강기동, 민긍호, 유인석, 이진용, 우동선 등은 군사 지식 없이 단지 충천의 의분심만 가지고 연이어 의병을 일으켰으나 도처에서 실패하였다.

나는 진남포 의법청년회〔에버트청년회〕 총무의 소임을 맡아 그 대표로 경성에 파견되었다. 경성 상동에 가서 에버트청년회의 대표 위임장을 제출했다. 그때 각도의 청년회 대표들이 모여 겉으로는 교회 사업을 토의하는 것이었으나, 그 이면은 순전히 애국운동이었다. 먼저 의병을 일으킨 산림학자들을 구사상이라고 한다면 예수교인들은 신사상이라 하겠다. 그때 상동에 모인 인물들은 전덕기, 정순만, 이준, 이동녕, 최재학(평양인), 계명류, 김인집, 옥관빈, 이승길, 차병수, 신상민, 김태연(지금은 홍작), 표영각, 조성환, 서상팔, 이항직, 이희간, 기산도, 전병헌(지금은 왕삼덕), 유두환, 김기홍, 김구 등이었다. 회의 결과 상소하기로 하였다. 상소문은 이준이 짓고, 제1회 소수(疏首 : 상소를 올리는 우두머리)는 최재학이고 그 외 4명을 더해 이 5명이 신민의 대표 명의로 서명하여 1회, 2회로 계속할 작정이었다. 정순만의 인도로 회당에서 맹세해 기도하고, 대한문 앞에 일제히 나아가서 서명한 다섯 사람만 궐문 밖에서 형식상으로 개회하기로 하였다. 상소 의결하였으나 소장은 별감들의 내응으로 벌써 상감께 입람되었다.

갑자기 왜놈 순사대가 달려와 간섭하였다. 다섯 사람이 일시에 왜 순사에게 달려들어 내정 간섭의 무리를 공박하는데, 금세 대한문 앞에 왜놈들의 검광이 번쩍이는 가운데 5인 지사의 맨주먹 싸움이 시작되었다. 부근에서 호위하던 우리는 소리를 벽력같이 지르며, 왜놈이 국권을 강탈하고 조약을 억지로 체결하여 우리 백성은 원수의 노예가 되었다고 격분한 연설을 곳곳에서 하였다. 인심은 흉흉해지고 다섯 지사는 경무청에 감금되었다. 당초 다섯 사람만 한 것은 상소를 하면 틀림없이 사형될 것이니까, 사형되면 다시 5명씩 몇 번이든지 계속하기로 했기 때문이었다. 그러나 다섯 지사를 경무청에 가두고 심문하는 것을 보니 필경 훈계하고 풀어줄 모양이었다.

다시 상소를 하는 것은 그만두고 종로에서 공개 연설을 하기로 하였다. 그를 금지하면 대대적으로 육박전을 하기로 하였다. 종로

274

에서 연설을 하는데 왜 순사가 칼을 뽑으므로 연설하던 청년이 맨
손으로 달려들어 발로 차서 왜 순사를 땅에 넘어뜨리자 왜놈들이
총을 쏘기 시작했다. 그때 마침 여러 채의 어물전이 화재를 당한 후
라 기왓장이 산적해 있어 몇 사람이 기왓장을 왜 순사대를 향해 던
져 접전이 시작되었다. 왜 순사 놈들이 중국인 상점에 침입하여 잠
복하고 총을 발사하였다. 그러자 군중은 기왓장을 중국 점포에 던
지기 시작했는데 왜 보병 일개 중대가 포위 공격하였다. 인산인해
를 이루던 군중은 각기 흩어졌고 왜놈들이 한인은 잡히는 대로 포
박하여 수십 명이 체포되었다.

　그날 민영환이 자검사(自釰死 : 스스로 칼로 자결하다)한지라. 그 보도
를 접하고 몇몇 동지들과 함께 민영환 댁에 가서 조문을 마치고 돌
아서 대로에 나왔다. 그때 마흔 살 정도 됨직한 사람이 흰 명주 저
고리에 갓도 망건도 없이 맨 상투 바람으로 의복에 핏자국이 얼룩
얼룩한데, 이를 여러 사람이 호위하여 인력거에 태워 가는데 크게
소리치며 통곡을 하였다. 누구냐고 물어보니 참찬 이상설로 자결하
려다 미수에 그쳤다 하였다. 그이도 나랏일이 나날이 잘못되어가는
것을 보고 의분을 못 이겨 자살하려던 것이었다.

　당초 상동 회의에서는 5~6인을 한 조로 하여 몇 번이든지 앞사
람이 죽으면 뒷사람이 계속하기로 하였으나, 상소로 인해 잡혀간
지사들이 몇십 일 구류에 처하고 말 모양이니 계속할 필요가 없었
다. 그리고 아무리 급박하여도 국가 흥망에 대한 절실한 각오가 적
은 백성과 더불어는 무슨 일이나 실효가 없었다. 달리 말하면 백성
의 애국사상이 박약한 것이었다. '칠년병七年病에 삼년애격三年艾格'

으로[130] 늦으나마 백성의 애국사상을 고취하여 백성으로 하여금 국가가 바로 자기 집이며, 왜놈이 곧 자기 생명과 재산을 빼앗고 자기 자손을 노예로 대할 것임을 분명히 깨닫도록 하는 것이 최선책이라고 생각하였다. 그때 모였던 동지들이 사방으로 헤어져서 애국사상을 고취하고 신교육을 실시하기로 하였다. 나도 다시 황해도로 돌아와 교육에 종사하였다.

내 나이 서른세 살 때인 무신년 9월 9일에 장련을 떠나서 문화초리면 종산에 거주하며, 그 동네 사립 서명의숙의 교사가 되어서 농촌 아동들을 가르치다가 그 이듬해 정월 18일 안악읍으로 이사하였다. 그 읍에 새로 세운 사립 양산학교의 교사가 되어 근무하였다. 장련에서 종산으로 온 것은 우종서 교사의 간청 때문이었는데, 서명의숙이 산촌에 있어 발전성이 보이지 않자, 안악의 김용제 등 몇 명 지우의 초청에 응하여 안악읍으로 옮기게 되었던 것이다.

서명의숙에서 근무할 때였다. 의병장 우동선이 10리 정도 떨어진 내동에 진을 치고 있었는데, 왜병의 야습을 받아 달천 부근에 17명의 의병 시체가 내동 동구 밖 길에 누워 있다는 소식을 들었다. 그때 마침 왜병 3명이 총기를 휴대하고 종산동 안에 들어와 동장을 불러내어 집집마다 계란과 닭을 빼앗아가고 있다며 동장이 겁을 내 달려와 의견을 물었다. 내가 동장 우창제의 집에 같이 가보니 왜병이 산 닭과 계란을 여지없는 난폭한 기세로 강제로 뒤지고 있었다.

나는 그 왜병에게 글로 써서 물었다. "군대에서 물품을 징발하느

130 '7년 동안 병을 앓으면서도 3년 말린 쑥을 구하러 다닌다'는 뜻으로, 어리석음을 지적하고 있다.

냐? 아니면 사들이느냐?"하니 사들인다고 하였다. 나는 다시 "만일 사들인다면 달천 시장에서도 가능하거늘 어찌 이와 같이 촌민을 압박하느냐?"하였더니 왜병은 그 말에 대답이 없고, 당신이 문화 군수냐고 하기에 서명의숙 교사라고 했다. 한 놈이 나와 문답을 하는 사이에 나머지 왜병들은 나가서 앞집 뒷집에서 닭을 잡으러 집 안뜰로 들어갔다. 이에 부인들과 아이들이 놀라 외치는 소리가 들렸다.

나는 동장에게 호령했다.

"그대가 동네를 맡고 있으면서, 도적이 집집에 들이닥친다는데도 가서 실제로 살펴보지도 않는가?"

나와 문답하던 왜병이 호각을 불자, 외출하였던 놈들이 닭을 한 손에 두세 마리씩 가지고 들어왔다. 그놈들이 무슨 말을 하더니 강탈한 닭을 내버리고 동네 바깥으로 나갔다. 아랫동네에서는 집집마다 닭을 쳐서 몇 짐을 져갔다고 했다. 동네 사람들이 후환을 두려워하기에 내가 알아서 하겠다고 하였다.

종산에서 첫아이로 딸을 낳았는데, 산후 며칠이 안 되어 모녀를 교자에 태워왔더니 찬 기운을 쐬어서인지 안악에 온 후에 딸은 곧 사망하였다.

안악군에는 당시 십수 명의 유지가 있었다. 김용제·김용진·김홍량·이시복·이상진·최재원·장윤근·김종원·최명식·김형종·김기형·표치정·장명선·차승용·한필호·염도선·전승근·함덕희·장응선·원인상·원정부·송영서·송종서·김용승·김용필·한홍조 등은 중년급 청년이요, 김효영·이인배·최용화·박남병·박도병·송한익 선배 등은 군내 중견 인물이었다. 이들은 직접 나와 일에 관계가 있는 사람만을 센 것이다. 신교육의 필요를 절감하여 김홍량·최재원 외 몇 명의 청년들은 경성과 일본으로 유학하고, 선배 등은 교육 발달에 정성과 힘을 다하였다. 읍내의 예수교회로 첫 번째 안신학교가 설립되었고, 그다음으로 사립 양산학교가 설립되었으며, 그 후에 공립 보통학교가 설립되었고, 동창에 배영학교, 용순에 유신학교 등 교육 기관이 연이어 세워졌다.

황해·평안 양도의 교육계에서나 학생계에서나 평양의 최광옥이 가장 신망을 가진 청년이었으므로, 최광옥을 초빙하여 양산학교에서 여름 사범 강습을 열었다. 황해도에서 교육에 종사하는 인사는 시골의 사숙 훈장까지 소집하고, 평안 남북도의 유지·교육자들과 경기·충청도에서까지 강습생이 와서 400여 명에 달하였다. 강사로는 김홍량·이시복·이상진·한필호·이보경(지금은 광수)·김낙영·최재원·도인권 외 몇 명이었고, 여교사는 김낙희·방신영이었다. 강습생 중에는 강구봉, 박혜명 등 스님들까지도 있었다.

박혜명은 몇 년 전 나와 영도사에서 둘 다 중의 몸일 때 이별한 사형인데, 당시 패엽사 주지승으로 우연히 다시 만나게 되었다. 나는 너무 반가워서 양산학교 사무실로 인도하고 여러 교사들에게 내 형님이라고 소개하였다. 교사들은 의아해했다. 나이도 나보다 적어 보일 뿐 아니라, 내가 누이도 없는 독자임을 알고 있었기 때문이었다. 나는 사정을 말하고 나의 친형으로 알아달라고 하였다. 그리고 승속을 불문하고 교육이 급선무임을 힘써 주장하니, 혜명 대사도 자기부터 사범학을 공부해가서 곧 패엽사에 학교를 세우고,

승속의 학생을 나누어 모아 교육을 하겠다고 하였다.

혜명은 나에게 지난 이야기를 해주었다. 우리 형제가 영도사에서 이별한 후에 혜명은 본사인 마곡에 돌아갔다고 했다. 나의 노스님인 보경당과 하은당, 두 분이 석유 한 초롱을 사서 기름의 질이 좋은가를 시험하기 위하여 불이 붙은 막대기 끝을 기름통에 넣자, 그것이 폭발하여 보경·하은·포봉 세 분이 한꺼번에 사망하였다. 그분들의 재산 관리를 하여 재산을 맡을 사람은 오직 나라고 절의 회의에서 결정되어 덕삼을 금강산까지 보내 나를 찾았으나 종적을 알지 못해 그 거대한 재산은 절의 소유로 하고 말았다고 했다.

당시 칠순이 넘은 김효영 선생은 김홍량의 조부로, 젊었을 때는 한학을 공부하다가 가세가 빈곤해지자 상업을 하게 되었다. 도에서 나는 포목을 사들여 직접 어깨에 지고 강계·초산 등지에 팔았는데, 배고픔이 심할 때는 허리띠를 졸라가며 극히 절약하여 혼자 재산을 모았다고 한다. 내가 뵌 때는 노선생이 비록 기골이 장대하고 용모가 탈속했으나, 허리가 굽어 'ㄱ'자 모양의 지팡이에 의지하고 집 뜰에 출입하였다. 구식 인물이었으나 두뇌가 명석하여 시세의 관찰력이 뛰어나, 당시의 신진 청년 중에서도 더불어 의논할 만한 사람이 적을 정도였다. 군에 안신학교가 신설되고 직원들이 경비 곤란으로 회의를 열었을 때 함에 '무명씨 벼 100석'의 의연(義捐 : 기부)품이 들어왔다. 후일 김효영 선생이 자기 자손에게도 알리지 않고 혼자서 기부했다는 것을 알았다. 장손 홍량을 일본에 유학 보낸 것으로 선생의 교육에 대한 각오는 증명된다.

선생은 바둑과 술을 즐겼기에 원근에 몇 명의 바둑 친구가 있어 자기 사랑에서 술을 마시거나 바둑을 두면서 노년의 즐거움을 삼았다. 내가 보니 해주 서촌 강경희는 본래 우리 고향의 첨산 강씨이고 대대로 내려오는 거부였으나, 젊었을 때 가산을 탕진한 자로 선생의 바둑 친구 중 한 명이었다.

하루는 선생을 문안코자 사랑에 갔다. 그 강씨는 내가 어릴 때부터 보고 알던 노인이요, 나의 선조들을 멸시 압박하던 양반이나 아버님과 친분이 비교적 두텁던 옛정을 생각하면서 절을 올렸다. 며칠 후 선생을 모시던 용진 군에게 들으니, 전날 자기 부친과 강 노인이 바둑을 두다가 두 노인이 언쟁을 하였다 한다. 바둑을 두다가 강 노인이 자기 부친에게, "노형은 팔자가 좋아서 노년에 가산도 풍족하고, 자손도 번창하고, 또 효자들이다"라고 했다 한다. 자기 부친이 이 말을 듣자마자 화를 크게 내면서 바둑판을 들어 문밖으로 던지고 강씨를 크게 꾸짖었다 한다. "그대의 지금 말은 결코 나를 위하는 말이 아니다. 칠십 늙은이로 며칠 뒤면 왜놈의 노비 문서에 편입될 악한 운명을 가진 놈을 가리켜 팔자 좋은 것이 무엇이냐!"고 고함고함 지르는데 자손 된 처지로 강씨에 대하여 미안하고, 부친이 그같이 나랏일을 우려하시는 것을 볼 때 황송도 하고 울분도 하여, 오늘 아침에 노자를 후히 하여 강씨를 환향케 하였다고 한다.

나는 그 말을 듣자 피눈물이 차는 것을 금할 수가 없었다. 내가 비록 당신 자손과 동년배요, 학식으로나 인품으로나 선생의 총애를 받을 자격이 없는데, 지팡이를 짚고 며칠에 한 번씩은 반드시 문앞에 와서, "선생님 평안하시오?" 하는 말씀을 하고 가셨던 것이다.

그것은 사마골오백금(死馬骨五百金 : 죽은 말을 500금에 산다는 뜻으로, 큰 것을 얻기 위해서 작은 것도 귀하게 여긴다) 격이라는 것만이 아니고, 제2세 국민을 가르치는 중대한 책임을 존대하는 마음에서 나온 것이었다. 나에게뿐만 아니라 애국자라면 누구에게든지 뜨거운 동정을 가지는 것을 보았다.

내가 장련에서 살 때 해주 고향에 성묘차 갔었다. 준영 작은아버지에게 장련에서 사촌형과 한집에서 살며 형은 농업과 집안일 모두를 맡고, 나는 교육에 종사하여 생활의 안정과 집안의 화락함을 보고하였다. 작은아버지는 의아해하였다.

"너 같은 난봉꾼을 누가 도와주어서 그렇게 사느냐?"

"저의 난봉은 작은아버지가 보시기에는 위험하지만 난봉이 아니라고 보는 사람도 더러 있는 게지요."

나는 대답을 하고 웃었다.

"네가 빈 몸으로 가서 네 사촌형도 뒤따라가고 이용근, 즉 네 사촌 매부의 식구까지 너를 따라가서 동거한다니. 생활의 근거는 어떻게 하고 사느냐?"

"제가 그 군에 몇 명 아는 친구가 있는데 오라고 청하여 이주했지요. 아는 사람 중 오인형 진사는 일찍이 그 군의 갑부인 오경승 진사의 장손으로 아직 유산을 가지고 괜찮은 처지에 있습니다. 인형 군이 특별히 1000여 냥 가치의 집과 논밭, 원림을 구비하여 내주면서 언제든지 살아가는 동안에는 내 물건과 같이 사용하여 의식주의 근거로 삼으라 하고, 농사지을 소 한 마리까지 사주었습니다. 집 안에서 쓸 것도 수시로 인형 군에게 청구하여 쓰고 있습니다."

281

이렇게 여러 식구가 살아가는 내용을 일일이 보고하였다. 작은아버지는 듣기를 마치더니, "세상에 어찌 그렇게 후덕한 사람도 있느냐?" 하셨지만, 작은아버지 생각에는 내가 무슨 협잡이나 하지 않는가 의심하는 것이었다. 평소 아저씨와 조카 사이에 정의情義가 가깝지 못한 것은, 인근 부호의 자손들이 왜놈에게 돈 100냥을 빌릴 때 증서에는 1000냥이라고 써주어서 왜놈이 돈을 받을 때는 1000냥을 다 받아가는데, 당사자의 재산이 부족하면 친척에게 받아가는 것을 작은아버지가 자주 보았기 때문이었다. 내가 서울에도 가고 남도에도 다니며 왜놈의 돈이나 얻어 쓰고 다니지 않는가 걱정하여 어디를 간다면 야단을 하기 때문에, 어디 갈 때는 조용히 나가버리곤 하였던 것이다.

그해 가을에 작은아버지가 장련에 오셨다. 사직동 집이 집만 좋을 뿐 아니라 추수한 곡물도 당신 댁 살림보다 나으니, 심히 만족한다기보다 아주 예상 밖인 모양이었다. 오 진사를 찾아가 보고서는 어머님에게 "조카가 다른 사람에게 그같이 믿음을 받을 줄은 생각 못하였다"고 말씀하셨다. 나에 대한 오해가 풀린 후에는 몹시 사랑해주셨다.

안악으로 이주한 후에도 교무를 담임하다가 휴가에 성묘차 고향에 갔다. 여러 해 만에 어릴 때부터 공부도 하고 놀기도 하던 고향 땅을 방문하니 감회가 말로 다할 수 없었다. 당시에 나를 안아주고 사랑해주던 노인들은 태반이 보이지 않고, 내가 볼 때 어린아이였던 이들은 거의 장성해 있었다. 성장한 청년 중에 쓸 만한 인재가 있는가 살펴보았으나 모양만 상놈이 아니고 정신까지 상놈이 되고 말았다. 그이들에게는 민족이 무엇인지, 국가가 무엇인지 털끝만한 각성이 없었고 단지 곡식벌레에 불과했다. 젊은 사람들에게 교육을 말하니 신학문은 예수교나 천주교로만 알고 있었다. 이웃 동네, 즉 양반 강 진사 집을 찾아갔다. 그 양반들에게 전과 같이 절할 자에게는 절을 하고, 입으로 인사하던 자에게는 입인사로 옛날 평소와 똑같이 상놈의 몸으로 대접하면서 그 양반들의 태도를 살펴보았다. 그같이 교만하던 양반들이 나에게 경대도 아니요, 하대도 아닌 말로 나의 지극한 공경을 감당하지 못하는 모양이 보였다.

생각건대 작년에 강경희 노인이 안아 김효영 선생과 바둑을 두고 있을 때, 효영 노선생이 나를 영접하면서 몸을 일으켜 맞은 것과, 그 당시 양산학교의 사범생이 400~500명 모인 가운데 내가 주선하는 것을 보고 돌아가서 자기 집안사람들에게 이야기한 것 같았다. 하여튼지 양반의 세력이 쇠퇴한 것만은 사실이었다. 당당한 그 양반들로서 미천한 상놈 한 놈을 접대하기에 힘이 부쳐서 애를 쓰는 것을 볼 때 더욱 가련하게 생각되었다. 나라가 죽게 되니까 국내의 중견 세력으로 온갖 나쁜 위세를 다 부리던 양반부터 저 꼴이 된 것이 아닌가. 만일 양반이 살아나서 국가가 독립할 수 있다면, 나는 양반의 학대를 좀 더 받더라도 나라만 살아났으면 좋겠다는 감상이 났다.

평시 선비로 자인하며 호기를 부리던 강성춘에게 구국의 도를 물었다. 강군은 망국의 책임이 당국자에게 있고, 자기와 같은 시골의 늙은이는 관계가 없는 것처럼 조심스럽게 대답을 했다. 내 상놈 집안의 상놈이나 그대의 양반 집안의 상놈이나, 상놈 맛은 마찬가지라고 생각되었다. 자제를 교육하라고 권하니 단발이 문제라고 했다. 교육이란 단발하는 것이 목적이 아니고, 인재를 양성하여 장래 완전한 국가의 일원이 되도록 하여 자기 나라를 부강하게 만들고 빛을 발하게 함에 있다고 하였다. 그러나 그이의 귀에는 천주학이나 하라는 줄 알고, 자기 가문 중에 예수교에 참가한 사람이 있다고 하며 이야기를 회피했다.

"저주하리로다. 해주 서촌 양반들이여! 자기네가 충신 자손이니, 공신 자손이니 하며 평민을 소나 말같이 하고 노예시하던 기염은 오늘 어디에 있소. 저주하리로다. 해주 서촌 상놈들이여! 500년 기나긴 세월에 양반 앞에서 담배 한 대와 큰 기침 한 번을 마음 놓고 못하다가, 이제는 재래의 썩은 양반보다 신선한 신식 양반이 될 수 있지 않은가? 구식 양반은 군주 한 사람에 대한 충신으로도 자자손손이 그 혜택을 입었지만, 신식 양반은 삼천리강토의 2000만 민중에게 충성을 다하여 자기 자손과 2000만 민중의 자손에게 만세 장래까지 복된 음덕을 남길지라. 그 얼마나 훌륭한 양반일까 보냐. 양반도 깨어라, 상놈도 깨어라!"

이렇게 절규한 것은 고향에 갈 때 환등 기구를 가지고 가서, 인근의 양반 상놈을 다 모아놓고 환등회 석상에서 한 말이다.

안악에서 사범 강습을 마치고 양산학교를 확장하여 중학부와 소학부를 두었다. 김홍량이 교주 겸 교장이 되어 교무를 관장하고, 나는 최광옥 등 교육자와 힘을 합쳐 해서교육총회[131]를 조직하였다.

---

131 1908년 황해도 지역의 교육 보급을 위해 결성된 단체이다.

그리고 그 회의 학무총감의 직임을 담당하여 도내에 교육 기관을 설립, 운영하는 책임을 가지고 각 군으로 순행하게 되었다. 배천 군수 전봉훈의 요청에 의하여 배천읍에 도착하니, 전 군수가 각 면에 훈령하여 면내 지도자와 신사를 오리정에 소집시켜 기다리다가 군수가 선창하여 "김구 선생 만세"를 부르자 군중이 제창했다. 나는 전 군수의 입을 막고 망발이라 말했다. 나는 그때까지 '만세' 두 자는 황제에게만 전용으로 하는 축사요, 황태자에게는 '천세'를 부르는 것으로만 알았다. 전 군수는 내 손을 잡으며 말했다.

"김 선생 안심하시오. 내가 선생을 환영하며 만세를 부르는 것은 통례이지 망발이 아닙니다. 친구 간에도 환영하고 배웅할 때 만세를 부르는 터이니 안심하고 영접하는 여러분과 인사나 하시오."

배천읍에서 전 군수 사저에 머무르며 각 면 유지를 만나고 교육 시설 방침을 협의 진행했다. 전봉훈은 본시 재령 이속으로 해주읍에서 총순總巡[132]으로 다년간 근무하며 교육을 장려하다가 해주에 정내학교를 설립하며 야학을 권장하였다. 그때 시내의 각 점포 중에 사환을 야학에 보내지 않는 점포 주인을 처벌하는 등 별별 수단을 다 써 교육에 큰 공이 많았다. 그 후에 배천 군수가 되어 그 군내의 교육 시설 설립에 열심인 때였다. 외아들이 일찍 죽고 장손 무길武吉이 대여섯 살이었다. 당시 왜 수비대, 헌병대가 각 군에 주둔하며 관아를 빼앗는 일이 있었으나, 유독 배천은 전 군수가 이치를 따져 완강히 거부하므로 빼앗기지 않았다. 왜가 눈엣가시로 생각하여

---

132 구한말에 경무청에 속한 판임관으로, 경무관 다음 서열이었다.

종종 곤란한 교섭이 많았으나 전씨의 본의가 군수를 빛나는 자리로 알아서가 아니요, 군수의 권리로 교육에 힘을 보태려고 할 뿐이었다. 최광옥을 초청하여 사범 강습소를 세우고, 청년을 모집하여 애국심을 고취하기에 전력하였다.

최광옥은 배천읍에서 강연하다가 피를 토하고 끝내 죽고 말았다. 원근의 인사들이 최씨같이 온 마음을 써서 열성이던 청년 지사가 중도 사망함을 슬퍼하여 임시로 배천읍 남산상학교南山上學校 운동장 옆에 장사를 지냈다. 양서(황해도, 평안도) 인사가 최 선생의 성충誠忠을 영원히 기념하기 위하여 장지는 사리원 정거장 근처로 정하고, 비석은 평양 정거장의 이등박문(伊藤博文 : 이토 히로부미) 기념비보다 더 뛰어나게 세워 왕래하는 사람들에게 영원한 인상을 주기로 하였다. 안태국에게 비석의 모양까지 정하여 평양에서 제조하도록 하였으나, 합병 조약이 체결되어 그 역시 이루지 못하고 아직 배천에 그대로 묻혀 있다.

재령 양원학교에서 유림을 소집하여 교육에 대한 방침을 토의하고 장연에 갔다. 그곳 군수 이씨가 영접한 후에 자기 관할 각 면에 훈령을 내려 김구 선생의 교육 방침에 성심껏 복종하라고 한 후에, 각 면을 순행하여 달라고 간청하였다. 이를 거절하지 못해 읍내에서 일차로 환등대회를 개최하니 수천 명의 남녀노소가 모여 성황리에 치렀다. 그 후에 순택, 신화 등 면을 순회하였는데 안악학교 사무가 급박해서 돌아오게 되었다. 송화 수교시(水橋市 : 수교 장터) 도착하여 시내 유력자인 감승무 등 몇 유지의 청에 의해 부근 대여섯 군데 소학교를 소집하고 환등회를 열고 떠나려고 할 즈음에 송화

286

군수 성낙영이 대표를 보내 간청했다.

"초면인 장연 군수는 인사만 하고도 각 면을 순회하며 강연까지 해주고, 친숙한 저는 찾아주지도 않고 지나가려 합니까?"

그 군의 세무서장인 구자록具滋綠 군도 교육에 열심히 있는 탓으로 친숙한 터이라, 구군의 청구까지 받고는 부득이 송화군 읍내로 향했다. 이 소문을 들은 성낙영은 즉시 각 면의 10여 곳 학교와 군내 유지인사有志人士와 부인과 아동까지 소집하였다.

나는 몇 년 만에 송화읍의 광경을 보았다. 그곳은 해서 의병을 토벌하던 요충이어서 읍내 관사는 거의 왜가 점령하고 있었다. 수비대, 헌병대, 경찰서, 우편국 등 기관이 가득 섰고, 이른바 군청이란 것은 개인 집으로 그곳에서 집무하는 광경을 보고 분한 마음이 머리까지 올라왔다. 환등회를 열어 태황제의 진영이 나오자, 일동에게 일어나서 몸을 굽혀 존경을 표하라고 명하였다. 우리나라 관리와 시민은 물론이고 왜 장교와 경관 무리까지 시킨 후에, '우리 한인이 일본을 배척하는 이유가 어디에 있는가?' 하는 제목 아래 강연을 했다.

"과거 노일, 중일 전쟁 때에도 한인의 일본에 대한 감정은 극히 중후했다. 그 후에 강압 조약이 체결됨에 따라 점점 악감정이 격증하였다. 내가 몇 년 전에 문화, 종산에서 직접 겪은 사실로 일병이 마을 집에서 약탈을 자행하는 것을 보았으니, 일본의 나쁜 점이 곧 한인이 일본을 배척하는 원인이다."

큰 소리로 부르짖으면서 참석한 성낙영과 구자록을 보니 얼굴색이 흙빛이었고 왜놈들은 노기가 등등하였다.

재차 투옥(하얼빈 사건)

갑자기 경찰이 환등회를 해산하고 나를 경찰서로 데려갔다. 군중은 화가 나도 감히 말을 못하고 대단히 격앙한 기분만 보였다. 나를 경찰서에 데리고 가서 한인 감독 순사의 숙직실에서 동숙하게 하였다. 그러자 각 학교에서 학생들이 돌아가며 방문하기로 하여, 위문대를 조직하고 계속해 위문을 하였다.

하룻밤을 자고 다음 날이었다. '하얼빈(하루빈) 전보'로 이등박문이 한인 은치안(그때 신문에 은치안으로 게재된 것은 안응칠安應七을 말한 것으로 응칠은 안중근의 자字였다)에게 피살되었다는 기사를 신문에서 보았다. 은치안이 누구인지 몰라서 매우 궁금했는데 다음 날 아침에 안응칠, 즉 안중근으로 명백하게 신문에 기재되었다. 그때야 나는 비로소 내가 구류당한 이유를 알게 되었다. 당시 환등회에서 일본놈을 꾸짖고 욕하였으나 그만한 욕은 어디에서나 일어났으며, 하필 송화 경찰이 나에게 손을 댄 것은 이상하게 생각되었다. 그리고 구류를 당한댔자 며칠 후 훈계하고 방면될 것으로 알았는데, 하얼빈 사건의 혐의라면 좀 길게 고생하리라고 생각되었다. 며칠 후에 대수롭지 않은 질문을 몇 마디 받고는 유치장에서 한 달을 지내고 해주 지방재판소로 압송되었다.

수교시 감승무의 집에서 점심을 먹을 때였다. 시내 학교 직원과 시의 지도자 등이 일제히 모여 호송하는 왜 순사에게 "김구 선생은 우리 교육계의 사표이니 위로연을 열어 한차례 접대하고자 한다"고 요청했으나, 후일 해주 다녀온 후에 실컷 위로하라고 하며 당일은 거절당했다. 급기야 해주에 도착하니 즉시 감옥에 갇히게 되었다. 하룻밤을 지내고 검사가 안중근과의 관계 유무를 물었으나, 종전에 계속 사귀어온 관계뿐이고 이번 하얼빈 사건과는 아무 관련이 없다는 것을 알았다. 그러자 나에게 지방에서 일본 관헌과 반목한 증거로, '김구'라고 쓴 100여 항의 책자 하나를 내놓고 신문했다. 내용은 내가 수년간 각처에서 행동한 것을 경찰이 보고한 것을 전부 모아놓은 것이었다.

결국은 불기소로 풀려나 행장을 가지고 박창진의 책방에 갔다. 마침 박군을 만나 지난 일을 이야기하는데, 곁에 있던 유훈영 군이 인사를 하며 자기 부친의 생신연에 참석해달라는 부탁을 했다. 이에 응해 수연(壽筵 : 환갑잔치)에 가니 그 부친은 바로 해주 부호 중 첫째인 유장단柳長端이었다. 나를 송화 경찰서에서 호송하여 왔던 한일 순사들 중 한인 순사들은 나에게 동정하는 자들이라, 사건의 진행을 알고 싶어 하여 아직 떠나지 않고 있었다. 연회를 마친 후에 순사 전부를 음식점으로 불러 경과를 말해 돌려보냈다. 그러고 나서 이승준, 김영택, 양낙주 제군諸君을 방문하고 있었는데, 안악 친구들이 한정교를 보내왔다. 동지들의 우려를 덜기 위해 하루빨리 한정교를 따라 안악으로 돌아왔다.

당시 안악 양산학교에는 중학부, 소학부 두 부部가 있었다. 처음에는 이인배가 교장이었고 그 후는 김홍량이 교주 겸 교장이 되었고, 나는 소학부의 아이들 교육을 맡고 있었다. 그리고 재령 북률면 무상동의 보강학교장을 겸하여 그 학교의 유지 발전을 위하여 종종 왕래하고 있었다. 그 학교는 처음에는 노동자들의 주동으로 설립되었으나, 부근 동네의 유지들이 이끌어가면서 학교의 진흥책으로 나를 교장으로 추천한 것이었다. 전승근을 주임 교사로 임명하고, 장덕준張德俊은 가르치기도 하고 배우기도 할 목적으로 친동생 덕수德秀를 데리고 교내에 숙식하고 있었으며, 교감 허정삼 등의 도움으로 학교일을 발전시켜가고 있었다. 학교 건물을 새로 지어 아직 기와를 얹지 못해 이엉만 덮고 개교해서 가르치고 있었다. 그 학교는 무상동에서 떨어져 야외에 있는 외딴 교사였는데, 가끔 도깨비불이 일어나 끄곤 했다는 보고가 있었다.

나는 교직원 한 명에게 비밀히 주의를 주었다.

"학교에 화재가 날 때가 매번 밤이 깊은 후라 하니, 3일을 기한으로 하고 은밀한 곳에서 학교에 인적이 있나 없나를 지켜보다가 만일 인적이 있으면 가만히 추적하여 행동을 살펴보시오."

과연 둘째 날에 급보가 왔다. 학교에 중대 사고가 있으니 교장이 출석하여 달라는 것이었다. 통지를 받은 즉시로 학교로 가보니 지키고 있던 직원이 방화범 한 명을 포박해놓고는 동네와 학교에서 '죽이자, 살리자' 소동이 났던 것이다. 범인을 직접 신문하니 그 동네에 거주하는 사숙 훈장이었다. 내가 동네의 부모들과 어른들에게 신교육의 필요를 설명한 후에 자기가 가르치던 아동 4~5명이 전부 학교에 입학하고 보니, 자기는 힘든 일인 농사밖에 생활의 방도가 없게 되어 옳지 못한 수단으로 학교 사업을 방해하고자 불을 질렀다고 자백하였다.

내가 일찍이 학교 사무원을 불러 학교에 화재가 나는 진상을 물었더니 그들은 확실히 도깨비불이라고 하였다. 교사 근처에 그 동네에서 해마다 제사를 지내던 이른바 신당이 있고 그 주위에 아름

드리 고목이 늘어서 있었는데, 교사를 새로 지은 후에 그 고목을 베어 교사의 연료로 썼던 것이다. 그런 이유로 동네 사람들이 도깨비 불로 알고 학교가 그 신당에 제사를 지내지 않으면 화재를 면하지 못한다는 미신설이 떠돌고 있었던 것이다. 그래서 학교 직원에게 비밀리에 부탁했던 것이다. 직원의 보고에 의하면, 두 번째 화재가 난 후 밤마다 교사 부근에 숨어서 지켜보던 중 이틀째 밤에 무상동에서 교사로 오는 길에 인적이 있어 가만가만 뒤를 따라가보았다. 어떤 사람이 황급히 교사로 달려가 교정에 서서 강당의 추녀 위와 마주 보는 사무실 지붕에 무슨 물건을 던지는 것이었다. 강당 지붕에서는 벌써 화염이 일어났고, 사무실 지붕에서는 반딧불과 같이 반짝반짝만 하고 아직 불이 붙지 않음을 본 그 사람이 도주하려고 할 때, 그를 붙잡아 한편으로는 결박하고 또 한편으로는 동민洞民에게 알려 불을 끄고 나에게 알렸다는 것이었다.

범인을 신문하니 일일이 자백했다. 학교가 설립됨에 따라 자기 생활에 손해가 미치므로 방화를 하였다는 것이다. 방화한 방법은 손가락 길이의 화약심지 끝에 당성냥 한 줌을 약두〔藥頭 : 약 자루〕로 묶어놓고, 한쪽 끝에는 돌을 달아매어 지붕에 던져 불이 나게 하였던 것이다. 이러한 행위를 자백 받은 후에 경찰에는 고발하지 않고 조용히 그 동네에서 떠나라고 명하였다. 그 후로는 학교일을 발전시켰다.

안악에서 학교까지는 20리 거리이므로 일주일에 한 번씩 보강학교에 나갔다. 안악읍에서 신기포 하류를 건너 학교로 가는데, 여름에 학교에 가기 위해 나루를 향해 가노라면 학교에서 소학생들이 나를 바라보고 환영하느라고 몰려나오고 직원들도 뒤를 이어 나왔다. 내가 나루에 도착해보니 건너편에 도착한 소학생 전부가 옷을 척척 벗고 강물에 뛰어 들어갔다. 내가 놀라서 고함을 치니 직원들은 강가에서 웃으면서 안심하라고 답했다. 나룻배에 올라 강 가운데로 나아가자, 가뭇가뭇한 학생들의 머리가 물속에서 나타나서 뱃전에 매달리는 것이 마치 쳇바퀴에 개미떼 붙듯 하였다. 나는 장래에 해군을 모집하게 되면 연해 촌락에서 모집하는 것이 편하겠다고 생각했다.

무상동 역시 재령 여물평의 한 동네였다. 평내에는 특별히 큰 부자는 없으나 보통으로는 그다지 빈곤치 않은 곳으로 토지는 거의가 궁장宮庄[133]이고 극히 비옥한 곳이었다. 인품이 총명, 민첩, 준수하여 시대 변천에 순응했고, 학교로는 운수·진초·보강·기독학교 등이 설립되어 자제를 교육하고, 농무회를 조직하여 농업 발달을 도모하는 등 공익사업에 착안함이 실로 볼만하였다.

나석주羅錫疇 의사는 당시 스물 전후의 청년으로, 나라의 형세가 나날이 잘못되어 감을 분하고 한스럽게 여겼다. 평내에서 남녀 어린이 8~9명을 배에 싣고 비밀히 중국에 건너가, 철망(일본의 감시망)을 벗어나 가르치려고 출발했다가 장연 오리포에서 왜경에게 발각되어 여러 달의 옥고를 겪었다. 출옥 후에는 겉으로는 상업과 농업에 종사하면서 속으로는 독립의 사상을 고무하며, 직접·간접으로 교육에 열성을 다하여 평내 청년 중에 우두머리로 신임을 받았다.

---

133 조선 시대 왕실의 경비를 충당하기 위해 궁에서 관리하던 농장이다.

나도 종종 여물평으로 왕래하게 되었다. 노백린盧伯麟[134]이 군직에서 물러나 풍천 자택에서 교육 사업에 종사하던 때였다. 하루는 경성 가는 도중에 안악에서 그를 만나 같이 여물평 진초동의 교육가인 김정홍金正洪 군의 집에서 함께 잤다. 진초학교 직원들과 술을 먹고 있는데 갑자기 동네에서 떠들썩한 소리가 났다. 진초학교장 김정홍이 놀라 당황해하며 와서 사실을 말했다. 진초학교의 여교사 오인성은 이재명李在明의 부인인데, 이군이 자기 부인에게 무슨 요구를 강경히 하였는지 단총으로 위협하자 오 여사는 놀라서 학교 수업을 감당치 못할 사정을 말하고는 이웃집에 피해 숨었다. 이재명은 미친 사람 모양으로 동구에서 총을 쏘며 "매국적賣國賊을 모두 총살하겠노라"고 떠들어대니 동네가 시끄럽다고 했다.

노백린과 상의하여 이군을 불렀다. 누가 알았으랴! 며칠 후에 조선 천지를 진동케 한 경성 이현(泥峴 : 진고개)서 군밤 장사로 가장하고 충천의 의기를 품고 이완용을 저격하여 먼저 차부를 죽이고, 이완용의 생명은 다 빼앗지 못하고 체포되어 순국하실 이재명 의사인 줄을. 부름에 응해 스물네 살의 청년이 이마에 분기를 띠고 들어섰다. 우리 두 사람이 번갈아 인사를 하였다. 그는 "나는 이재명이고 몇 개월 전에 미주로부터 귀국하여 평양 여자 오인성과 결혼하여 지내고 있다. 부인의 가정은 홀어미인 장모가 딸 셋을 데리고 지내는데, 가세가 풍족하여 딸들을 교육은 시키나 국가 대사에 충성을 바칠 용기는 없고, 단지 한때의 편안함에 눌어붙어 나의 의기와

---

134 신민회에 관여하며 해서교육총회장으로 교육운동을 펼쳤고, 1919년 중국으로 망명하여 상해임시정부 군무총장을 지냈다.

충성을 이해하지 못한다. 그로 인해 부부간에도 간혹 다툼이 일어나 학교에 손해가 될까 우려한다"는 말을 기탄없이 했다.

계원 형('계원'은 노백린의 호)과 나는 이 의사에게 장래에 목적하는 일과 과거 경력과 학식을 일일이 물어보았다. 자기는 유년에 하와이에 건너가 공부를 하다가 조국이 왜놈에게 강점된다는 말을 듣고 귀국했으며, 이번에 하려는 일은 매국노 이완용을 위시하여 몇 놈을 죽이고자 준비 중이라 했다. 단도 한 자루, 단총 한 자루와 이완용 등의 사진 몇 매를 가슴에서 내어놓았다. 계원과 나는 같은 의견이었는데, 그는 시세에 격앙하여 헛된 열기에 뜬 청년으로 보였다. 계원이 이 의사의 손을 잡고 간곡히 말했다.

"자네가 나랏일에 비분하여 용감히 활동함은 극히 가상하나, 대사를 경영하는 남아로서 총기로 자기 부인을 위협하고, 동네 가운데에서 총을 쏘아 민심을 요란케 하는 것은 의지가 확고하지 못한 표징이오. 지금은 칼과 총을 나에게 맡기고 의지를 더욱 강하게 수양하고 동지도 더 사귀어 얻은 후에 실행할 만한 때에 내게 와서 찾아가 실행함이 어떠하오?"

의사는 계원과 나를 자세히 보다가 총과 칼을 계원에게 주었으나 안색에 기쁜 빛이 없음이 분명히 보였다. 작별하고 사리원역에서 기차가 떠나려 할 때에 이 의사가 갑자기 나타나 계원에게 그 물품의 반환을 요구했다. 계원이 웃으면서 "경성 와서 찾으시오" 하자, 기차가 떠났다. 그 일이 있은 지 한 달이 못 되어 의사는 동지 몇 명과 함께 경성에 도착하였다. 이 의사가 이현에서 군밤 장사로 가장하여 길가에서 밤을 팔다가 이완용을 칼로 찔러 이완용은 생명이 위험하고, 이 의사와 김정익, 김용문, 전태선, 오䬻 제군이 체포된 사건이 신문에 게재되었다.

나는 깜짝 놀랐다.

'이 의사가 단총을 사용하였다면 이완용 적도賊徒의 생명을 확실히 끊었을 것인데, 장님인 우리가 간섭하여 무기를 빼앗았기 때문에 충분한 성공을 못하였도다.'

한탄하고 후회해 마지않았다.

기록의 선후가 바뀌었다.

오호라! 국가는 합병된 후였다. 국가가 합병의 치욕을 겪을 당시 인심은 몹시 흉흉했다. 원로대신들, 내외 관인 중에도 자살하는 자 많았고, 교육계에는 배일排日 사상이 극도에 달했다. 오직 듣지 못하고 알지 못하는 농민들 중에는 합병이 무엇인지, 망국이 무엇인지 모르고 있는 자도 많았다. 나부터 망국의 치욕을 당하고 나라 없는 고통을 느꼈다. 그러나 사람이 사랑하는 아들을 잃었을 때 죽음을 슬퍼하면서도 어느 땐가 살아날 것 같은 생각이 드는 것과 같이, 나라가 망하기는 하였으나 국민이 일치분발하면 곧 국권이 회복될 것같이 생각되었다. 그렇다면 그 생명으로 하여금 애국심을 양성하여 장래에 광복하게 하는 길 외에 다른 길이 없으리라고 생각되었다. 계속하여 양산학교를 확장하여 중소 학부의 학생을 더 모집하고 교장의 임무를 맡았다.

이에 앞서 국내, 국외에서 정치적 비밀결사가 조직되니, 즉 신민회였다. 안창호는 미주로부터 귀국하여 평양에 대성학교를 세우고 청년 교육을 표면 사업으로 하고, 이면에서는 양기탁, 안태국, 이승훈, 전덕기, 이동녕, 주진수, 이갑, 이종호, 최광옥, 김홍량 외 몇 명이 중심인물이 되어 당시 400여 명 정수분자精秀分子로 조직된 단체, 즉 신민회를 훈련·지도하였다. 그러다가 안창호는 용산 헌병대에 체포된 일도 있었다. 안창호는 합병된 후에 이른바 주의 인물을 일망타진할 것을 예상해서인지 비밀히 장연 송천에서 위해위(威海衛 : 중국 산동성의 항구 도시)로 몰래 건너갔고 이종호, 이갑, 유동열 동지가 계속 강을 건넜다.

그 후 서울에서 양기탁 주최로 비밀회의를 연다는 통보를 받고 나도 회의에 참석했다. 양기탁 집에 출석한 사람은 양기탁, 이동녕, 안태국, 주진수, 이승훈, 김도희, 김구였다. 비밀회의를 열어 지금 왜가 경성에 이른바 총독부를 세우고 전국을 통치하니, 우리도 경성에 비밀히 도독부를 설치하여 전국을 다스리고 만주에 이민 계획을 실시하고 무관학교를 설립하여 장교를 양성하여 광복 전쟁을 일으킬 준비를 하기로 했다. 이동녕이 먼저 만주에 가서 토지 매수, 가옥 건축과 그 밖에 일반 사업을 하도록 위임해 보내고, 그 나머지 참석한 사람들은 각 지방 대표를 선정하여 15일 이내에 황해도는 김구가 15만 원, 평남은 안태국이 15만 원, 평북은 이승훈이 15만 원, 강원은 주진수가 10만 원, 경기는 양기탁이 20만 원을 모집한 후, 이동녕의 뒤를 이어 넘어 보내기로 의결하고 즉각 출발하였다.

때는 경술庚戌 11월 20일 이른 아침, 나는 양기탁의 친동생 인탁寅鐸과 그 부인과 동반하여 사리원역에서 하차하였다. 인탁 부부는 재령으로(인탁은 재령 재판소 서기로 부임해가는 길에 동행한 것뿐이고, 우리의 비밀 계획을 알리지 않은 것은 양기탁이 동생에게 사정을 말하지 말라고 우리에게 부탁했기 때문이다), 나는 안악으로 돌아와서 김홍량과 협의하여 토지 가산을 팔려고 내놓았다. 신천의 유문형 외의 몇 명과 이웃 군의 동지에게 장래 방침을 비밀히 알려 진행하던 중이었다. 장연 이명서는 먼저 자기 어머니와 친동생 명선을 서간도에 보내어 뒤에 올 동지들의 편의를 제공하기로 하고 안악에 왔기에, 북행北行을 인도해 출발했다.

안악에 돌아와 소문을 들으니 안명근安明根이 안악에 와서 여러 번 나를 찾아왔었는데, 내가 경성에 가느라 서로 어긋나 만나지 못하였다는 것이다. 어느 한밤중에 갑작스럽게 명근이 양산학교로 나를 찾아왔다. 찾아온 이유를 물으니, 자기가 해서 각 군의 부호 여러 사람과 교섭한 결과, 모두 독립운동 자금을(이명서는 남해에 건너갔다가 동지 15인을 인솔하고 국내에 잠입해 은율 군수를 사살하고 왜 수비대와 극렬히 싸우다가 적탄에 순국하였다) 내기로 하고도 선뜻 응하지 않으니, 안악읍의 몇 집 부호를 총기로 위협하여 다른 쪽에 영향을 미치게 할 목적이라며 응원과 지도를 요청했다.

나는 구체적으로 장래 방침을 물었다.

"황해도 일대 부호들에게서 금전을 모아 동지를 모집하여 전신, 전화를 단절하고 각 군에 산재한 왜구를 각기 그 군에서 도살하라는 명령을 내리면, 왜병 대대가 도착하기 전 5일간은 자유천지가 될 터이니 더 나아갈 능력이 없다 하여도 당장의 분풀이로는 족하지 않겠소?"

나는 명근을 붙잡고 만류하였다.

"형은 여순旅順 사건[135]을 목도하고 더욱 혈족 관계로도 가일층 분한 피가 솟아올라 이러한 계획을 생각해낸 듯하오. 그러나 5일간 황해 일대를 자유천지로 만들려고 해도 금전보다 동지의 결속이 더욱 필요한데 동지는 몇 명이나 얻었소?"

매산(명근의 호)이 말했다.

"나의 절실한 동지도 수십 명 되지만 형이 동의하신다면 인물을 얻는 것은 쉬울 줄 생각하오."

나는 간곡히 만류했다.

"장래 대규모 전쟁을 하려면 인재의 양성이 없고는 성공을 기할 수 없고, 일시적으로 격발한 것으로는 5일은커녕 3일의 성공도 약속하기 어렵소. 분기를 참고 많은 청년을 북쪽 지대로 인도하여 군사 교육을 실시함이 당장 시급한 일이오."

나의 말에 매산 역시 수긍은 하나 자기의 생각과는 다른 점을 발견하고 조금 만족치 못한 생각을 가지고 작별하였다. 불과 며칠 후에 매산은 사리원에서 왜경에게 체포되어 경성으로 압송되었고, 신천·재령 등지에서도 동지들이 연루되어 체포되었다는 소식이 신문지상에 발표되었다.

3차 투옥(15년역)

신해년辛亥年 정월 5일, 내가 양산학교 사무실에서 일어나기도 전이었다. 왜 헌병 한 명이 와서 헌병 소장이 잠시 만나볼 일이 있다며

---

135 여순(뤼순)은 중국 요녕성에 있는 군항 도시로, 안중근 의사가 순국한 곳이다.

함께 가기를 청했다. 같이 가보니 벌써 김홍량, 도인권, 이상진, 양성진, 박도병, 한필호, 장명선 등 교직원을 차례로 불러 모았다. 경시총감부의 명령이라 하며 임시 구류에 처한다고 선언한 후, 2~3일 후에 모두 재령으로 옮겨 가두고, 황해 일대에서 평소 애국자로 지적된 인사를 거의 체포했다.

이보다 먼저 배천 군수 전봉훈이 나에게 상의해왔다. "국가 대세가 이 지경이라 군수 자리도 분한 마음에 일을 할 수 없으니, 형 등이 종사하는 안악 양산학교 부근에 집 한 채를 구입해서 살면서 손자 무길을 공부시키는 일에 전념하는 것이 소원이다" 하면서 습락현에 기와집 한 채를 사서 수리하였다. 당시 연안 군수로 옮긴 전봉훈이 식구를 거느리고 안악으로 온 날이 바로 우리가 재령에서 사리원으로, 사리원에서 경성으로 피송되는 날이었다. 전봉훈이 우리 소식을 듣고 안악으로 이사하던 심정이 어떠하였을까?(해서 각 군에서 체포되어 경성으로 이송되던 사람들 중에 송화 반정泮亭의 신석충申錫忠 진사는 재령강 철교를 건너다가 투신자살했다. 신석충은 본래 해서의 저명한 학자였고 또한 대자선가였다. 나는 석충의 둘째 형인 신석제 진사 자손의 교육 문제로 한번 방문하여 하룻밤 같이 자며 이야기했던 일이 있을 뿐이었다. 그때 신석제 진사를 방문코자 동구에 들어가자, 신씨 집에서 소식을 듣고 석제의 자손, 즉 아들 낙영, 손자 상호 등이 동구 밖에 나와 맞아주었다. 내가 모자를 벗어 예를 표하니 낙영 등은 흑립을 벗고 답례를 했다. 내가 웃으면서 갓끈 끄르는 것을 말리자, 낙영 등은 송구한 빛을 띠고 말했다. "선생께서 관을 벗으시는데 우리가 그저 답례를 할 수 있습니까?" 나는 도리어 미안해했다. "내가 쓴 담벙거지는 서양 사람들이 쓰는 물건인데 서양인의 통례가 인사할 때 모자를 벗는 것이니 용서하시오." 석제 진사를 만나 국가 문명 발전에 있어 교육이 급선무인 것을 하룻밤 동안 진지하게 이야기하고, 손자 상호에 대한 교육 의뢰를 받고 안악으로 돌아왔다).

사리원에서 우리 모두는 호송하는 헌병 몇 명과 함께 경성 가는 차를 타고 가던 중에 차 안에서 이승훈을 만났다. 이승훈은 우리가 포박되어가는 것을 보고 남들이 알지 못하게 차창 밖으로 머리를 내밀고 하염없이 눈물을 흘렸다. 차가 용산역에 도착했을 때였다. 형사 한 명이 남강南崗에게 인사를 하며 "당신, 이승훈 씨 아니요?" 하기에 그렇다고 하자, 그 형사 놈이 "경시총감부에서 영감을 부르니 좀 갑시다" 하고는 차에서 내리자마자 우리와 같이 포박하여 끌고 갔다.

왜놈이 한국을 강점한 후, 첫 번째로 국내의 애국자들을 모두 체포했다. 황해도를 중심으로 먼저 안명근을 체포하고는 계속하여 도내의 지식 계급과 부호를 모두 잡아 올려 경성에 수감하였다. 이미 배치한 감옥, 구치감, 각 경찰서 구류소에 미처 다 수용할 수가 없어서 물건 넣어두는 창고와 사무실까지 구금소로 사용했다. 창고 안에 벌집과 같이 감방을 만들어놓았고 나도 그리로 갇혔는데, 한 방에 두 사람 이상은 들어갈 수가 없었다. 황해도에서 안명근을 비롯하여 군 별로는, 신천에서 이원식·박만준은 기회를 봐서 도망갔고 신백서·이석효의 아들 이학구·유원봉·유문형·이승조·박제윤·배경진·최중호, 재령에서 정달하·민영룡·신효범, 안악에서 김홍량·김용제·양성진·김구·박도병·이상진·장명선·한필호·박형병·고봉수·한정교·최익형·고정화·도인권·이태주·장응선·원행섭·김용진, 장련에서 장의택·장원용·최상륜, 은율에서

300

김용원, 송화에서 오덕겸·장홍범·권태선·이종록·김익룡, 장연에서 김재형, 해주에서 이승준·이재림·김영택, 봉산에서 이승길·이효건, 배천에서 김병옥, 연안에서 편강렬 등이었다. 평남에서 안태국·옥관빈, 평북에서 이승훈·유동열·김용규 형제, 경성에서 양기탁·김도희, 강원에서 주진수, 함경에서 이동휘 등이었다. 내가 이동휘를 만난 적은 없었으나 유치장의 명패를 보고서 역시 체포된 줄 알았다. 국가가 망하기 전에 구국 사업에 성의성력誠意誠力을 십분 기울이지 못한 죄를 받게 된 것으로 알았다.

나는 깊이 생각했다. 지금과 같이 위난한 때를 당하여 응당 지켜갈 신조가 무엇인가 연구하였다. 거센 바람에 질긴 풀을 알고, 어지러운 정치에 충성스런 신하를 알게 된다는 옛 가르침과, 고후조 선생의 가르침에 육신·삼학사는 죽음에 이르러서도 뜻을 굽히지 않았다는 말을 다시금 생각했다.

하루는 이른바 신문실에 끌려갔다. 처음에 나이, 주소, 성명을 묻고, 다시 "네가 어찌하여 여기에 왔는지 알겠느냐?"고 물었다. 나는 "잡아오니 끌려왔을 뿐이고, 이유는 알지 못한다"고 했다. 다시는 묻지도 않고 손발을 묶어 천장에 달아맸다. 처음에는 고통을 느꼈으나, 나중에는 적막하고 눈 쌓인 밤 달빛 아래서 신문실 한 구석에 내팽개쳐져 얼굴과 전신에 냉수를 끼얹는 느낌만 들 뿐이었고, 그전의 일은 알 수가 없었다. 정신을 차리는 것을 본 왜구는 비로소 안명근과의 관계를 물었다. 나는 안명근과는 알고 지내는 친구일 뿐이고 함께 일한 사실은 없다고 했다. 그놈은 화를 크게 내며 다시 천장에 매달고 세 놈이 둘러서서 매와 몽둥이로 무수히 내려쳤다.

나는 다시 정신을 잃었다.

세 놈이 마주 들어다가 유치장에 들어다 뉘일 때는 동쪽이 이미 밝았는데, 내가 신문실에 끌려갈 때는 전날 해가 진 후였다. 처음에 이름을 물으며 신문을 시작하던 놈이 불을 밝히고 밤을 새는 것과 그놈들이 성의와 힘을 다해 사무事務에 충실한 것을 생각해보니, 스스로 부끄러움을 감당할 수 없었다. 나는 내가 평소에 무슨 사무든지 성심껏 보아왔다고 하는 자신도 있었다. 그러나 국가를 구하고자, 즉 나라를 남에게 먹히지 않게 하겠다던 내가, 남의 나라를 한꺼번에 삼키고 거듭 씹어대는 저 왜구처럼 밤을 새워가며 사무를 보았던 적이 언제 있었던가 자문하니, 전신이 바늘방석에 누운 듯이 고통스런 중에서도 스스로 '네가 과연 망국노의 근성이 있지 않느냐?' 하여 부끄러움의 눈물이 눈에 찼다.

비단 나뿐이 아니었다. 이웃 방에 있는 김홍량, 한필호, 안태국, 안명근 등도 끌고 갔다가 돌아올 때는 거의 죽여서 끌고 왔다. 그 소식을 들을 때는 애처롭고 분개한 마음을 참을 수가 없었다. 명근은 소리소리 질렀다.

"너희 놈들이 죽일 때 죽일지언정 애국 의사의 대접을 이렇게 하느냐?"

높은 소리로 크게 꾸짖다가 간혹 한 마디씩 "나는 내 말만 하였고 김구, 김홍량은 관계없다고 했소"라고 했다.

감방에서 무선 대화를 했다. 양기탁이 있는 방에서 안태국 있는 방과 내가 있는 방으로, 이재림이 있는 방 좌우의 20여 방, 40여 명이 서로 밀어를 전달하여 보니, 사건을 두 건으로 나누어 이른바 보안법 위반과 모살謀殺 및 강도라고 했다. 누가 신문을 당하고 오면 내용을 각 방에 전달하여 주의를 주곤 했는데, 왜놈들이 사건의 범위가 축소됨을 이상히 여기고, 그중 한순직을 불러다가 감어이설로 꾀어 각 방에서 밀어하는 내용을 탐지해 알리도록 하였다.

하루는 양기탁이 식구(食口 : 감방에 밥그릇을 넣어주는 곳)에 손바닥을 대고 "우리의 비밀 전어는 한순직이 전부 고발하니 이제부터 밀어 전달을 폐지하자" 했다. 과연 '거센 바람에 질긴 풀을 알 수 있다'는 말이 옳았다. 처음에 명근 형이 한순직을 나에게 소개할 때는 용감한 청년이라고 했었다. 그러나 이와 같이 위난한 때에 어찌 한순직한 명뿐이겠는가. 최명식도 밀고하지는 않았지만 사실에 없는 말을 그놈들의 혹형에 못 이겨서 거짓으로 답한 것이 후회되어 스스로 호를 만들어 긍허라 했다. 나는 결심에 결심을 더했다. 당시 형세는 나의 혀끝에 사람의 생사가 달렸다고 각오했다.

어느 날 또 신문실로 끌려갔다. 왜경이 "너의 평생지기가 누구냐?"고 묻기에 나는 오인형이라고 했다. 왜놈이 반가운 낯으로 "그 사람은 어디서 무엇을 하느냐?" 물었다. "오인형은 장련에서 살았으나 몇 년 전에 사망했다"고 하자, 그놈들이 또 정신을 잃도록 혹형을 가했다. "학생 중에는 누가 너를 가장 사랑하느냐?" 하기에 얼떨결에 "내 집에 와서 공부를 하던 최중호다"라고 말하고는 혀를 자르고 싶었다. '젊은것이 또 잡혀오겠구나' 하고 생각하며 눈을 들어 창밖을 보니, 벌써 언제 잡혀왔는지 반이나 죽은 것을 끌고 지나가는 것이 보였다.

이른바 경시총감부인 이현 산기슭에서는 밤이나 낮이나 도살장

303

에서 소와 돼지를 잡는 소리가 여기저기서 끊이지 않고 들렸다. 하루는 한필호 의사가 신문당하고 와서는 식구로 겨우 머리를 들어 나를 보고 "모든 것을 부인했더니 혹독한 고문을 당하고 나는 죽습니다" 하고서는 작별하는 모양을 보였다. 나는 위로하고 물이라도 좀 마시라고 하니, 한 의사는 "물도 먹을 필요가 없습니다"라고 한 후에는 다시 어디로 끌려갔는지를 몰랐다. 공판 때에 동지들에게서 신석충의 철교 자살과 한 의사가 살해된 것을 알게 되었다.

하루는 최고 신문실로 끌려갔다. 누가 뜻하였으랴! 17년 전 인천 경무청에서 심문을 당할 때에 방청을 하다가 나에게 호통을 당하고서 "치쿠쇼, 치쿠쇼" 하면서 뒤편으로 도망가던 도변이라는 왜놈 순사 놈이, 전과 같이 검은 수염을 길러 늘어뜨리고 얼굴에는 약간 노쇠한 빛을 띤 채 총감부 기밀과장의 제복을 입고 엄숙한 모습으로 17년 만에 다시 나의 앞에 떠억 마주앉게 될 줄을. 도변이 놈이 처음 입을 열어 이런 말을 했다.

"나의 가슴에는 엑스광선을 대고 있어 너의 일생 동안의 행동에 대해 역사적으로 모든 비밀스러운 것까지 명백히 알고 있다. 털끝만큼도 숨김없이 자백을 하면 그만이지만 만일에 숨김이 있다면 이 자리에서 때려죽일 것이다."

나는 여러 해 전에 여순 사건 혐의로 해주 검사국에서 '김구'라는 제목이 적힌 책자를 내어놓고 신문을 당하던 일을 생각하였다. 반드시 그 책자에서 각 지방의 보고를 수집한 가운데에는 각지에서 떠들고, 더욱이 황해·평안 양서에서는 배일 연설의 주제가 되고, 보통 때 이야기 화제가 되던 치하포 살왜(殺倭)와 인천의 사형 정지, 파옥도주 사실이 기재되었으리라고 생각했다. 그렇지만 도변이 자발적으로 "네가 17년 전에 인천 경무청에서 나에게 꾸짖고 욕하던 일을 생각하느냐?" 하는 말을 하기 전에는 입을 열지 않고, 도변의 엑스광선이 정확한지 어떤지 시험해보리라 생각하고는 이렇게 대답했다.

"나의 일생 가운데 어떤 깊고 외진 곳에서 은사의 생활을 한 적이 없었고, 일반 사회에 헌신적인 생활을 했으므로 말과 행동이 자연히 공개적이어서 비밀이 없소이다."

도변은 순서대로 묻기 시작했다.

"출생지는?"

"해주 기동이오."

"교육과 직업은?"

"서당에서 한문을 배웠고, 직업은 농촌에서 나서 자랐으므로 땔나무를 하고 밭을 갈다가, 스물대여섯 살에 장연으로 이사하여 종교와 교육에 종사하기 시작하였소. 지금은 안악 양산학교 교장의 직책을 맡고 있던 중에 체포되었소."

도변이 놈이 성을 버럭 내며 말했다.

"종교, 교육은 피상적 운동이고 이면에 불순한 음모가 한두 가지가 아닌 것을 내가 분명히 알고 있다. 서간도에 무관학교를 설립하여 후일 독립 전쟁을 준비하던 사실과, 안명근과 공모하여 총독을 모살하고 부자들의 금전을 강탈한 사실을 우리 경찰계에서는 불을 보듯 환히 알고 있는데, 네가 끝까지 숨기려 하느냐?"

노기가 등등하였으나 나는 공포보다는 '너의 가슴에 붙었다는 엑스광선에 병이 나지는 않았느냐?' 하는 우스운 생각이 나서 참아 가면서 말했다.

"안명근과는 일체 관계가 없었고, 서간도에는 가난한 농가를 옮기게 하여 생활의 근거를 마련해주려고 한 것뿐이고 다른 뜻은 없었소. 그런데 지방 경찰의 안목이 너무 좁아서 걸핏하면 배일이니 무엇이니 하며 교육 사업에도 방해가 많았소. 그러니 이후로는 지방 경찰을 주의시켜 우리 같은 사람들이 교육이나 잘하고 있도록 하여 주고, 학교 개학기가 이미 지났으니 속히 내려가 학교 개학이나 하게 하여 주시오."

도변이 놈은 악형도 하지 않고 그저 유치장으로 보내주었다. 내가 국모의 원수를 갚은 사건은 비밀이 아니고 세상이 다 아는 공공연한 사실이라, 왜놈들이 각 경찰 기관에 주의 인물로 붉게 표시하여 나의 온갖 행동을 조사해왔다. 그러므로 해주 검사국에 비치한 '김구'라는 책자에도 필연코 내가 죽인 왜놈 장교 토전양량 사실이 실려 있으리라고 생각했다. 그리고 이번에 총감부 경시 한 명이 안악에 출장 조사하였으니, 그 사실이 발각된다면 나의 일생은 여기에서 끝이 나리라고 생각했다. 도변이 놈이 썩 들어서면서 "내 가슴에 엑스광선을 붙였으니 과거를 무엇이나 다 알고 있노라"고 말할 때는 인천 사건을 피할 수 없이 당하였다고 생각하면서도 그놈의 엑스광선을 시험하자는 것뿐이었다.

그러나 도변이 놈이 그 사실을 알고도 후일에 물으려고 남겨두고 다른 말만 묻는 것이 아니라는 것은, 그놈이 신문할 때 엑스광선으로 보는 것처럼 내 과거와 현재를 잘 아는 표시를 내려고 애쓰는 것을 보아도 잘 알 수 있었다. 그러고 보니 국가는 망하였으나 인민은 망하지 않았다고 생각되었다. 나는 평소에 우리 한인 정탐을 제일 미워해서 여지없이 공격했었다. 나에게 공격을 받은 정탐배까지도 자기가 잘 아는 그 사실만은 밀고하지 않고 왜놈에게 비밀을 지켜준 것이 아닌가. 남은 물론이고 나의 제자로서 형사가 된 김홍식과 학교 직원으로 있던 원인상元仁常 등도 밀고를 하지 않았으니, 그러고 보면 각처의 한인 형사와 고등 정탐까지도 그 양심에 애국심이 조금은 남아 있던 것이 아닌가.

사회에서 나에게 이 같은 동정을 주었으니, 나는 최후의 한숨까지 동지를 위해 분투하고 원수의 요구에는 응하지 않으리라 결심했다. 그리고 '김홍량은 여러 가지로 활동할 능력이 나보다 뛰어나고 품격도 나보다 나으니 신문할 때 홍량에게 이롭도록 말을 하여 방면되게 하리라'고 생각했다. '구龜는 진흙에 빠져 죽을 테니, 홍鴻은 해외로 날아가라'고 혼자 읊곤 했다.

무릇 일곱 번의 신문에서 도변이 놈만 혹형을 가하지 않았고 여섯 번은 매번 정신을 잃은 후에야 유치장으로 끌려 돌아왔다. 그때마다 각 방 동지들의 정신을 고취, 격려하기 위하여 "나의 생명은 빼앗을 수 있어도 내 정신은 빼앗지 못하리라"고 하곤 했다. 그러면 왜놈들은 "나쁜 말을 해도 때리겠다"며 위협을 했지만, 내 말을 듣는 동지들은 굳은 마음을 가지게 되었다.

여덟 번째 신문에는 각 과장과 주임 경시 7~8명이 나란히 앉아 묻는 말이,

"너의 동류가 거의 다 자백했는데도 너 한 놈이 자백을 않으니

심히 어리석고 완고하구나. 토지를 사들인 지주가 그 토지 중에서 뭉우리돌을 골라내는 것이 당연한 일이 아니냐. 네가 아무리 함구결설(緘口結舌 : 입을 다물고 말을 하지 않다)하고 일언불토(一言不吐 : 한 마디 말도 하지 않다)하지만 여러 놈의 입에서 네 죄가 다 발각되었으니 지금 바로 말을 하면 그만이고 계속 고집하면 이 자리에서 때려죽이리라."

"나를 당신네 논밭의 기와 조각이나 자갈로 알고 파내려는 당신들의 노고보다 파내어지는 나의 고통이 더 심하니 내가 자결하는 것을 보아라!"

이리 말하고는 머리로 기둥을 들이받고 정신없이 엎어졌다. 여러 놈들이 인공호흡을 하고 냉수를 얼굴에 뿜어 정신이 돌아왔다.

한 놈이 능청스럽게 청원을 했다.

"김구는 조선인 중에서 신앙(信仰)을 받는 인물인데, 이같이 대우를 하는 것은 적당하지 않으니 나에게 위임하여 신문케 하옵소서."

즉시 승낙을 얻어 자기 방으로 데리고 가서 특별히 대우를 했다. 담배도 주고 말도 깍듯이 하였다.

"내가 황해도로 출장을 가서 김구 당신의 온갖 행동을 일일이 조사하여 보니, 교육 사업에 열성이라는 것은 학교에서 월급을 받든 못 받든 교무를 한결같이 보는 것으로 알 수 있었고, 일반인들의 여론을 들어보아도 정직한 사람인 것이 분명하오. 그런데 총감부에 와서 당신의 신분을 모르는 사람들에게 형벌도 많이 당한 모양이니 매우 유감이오. 신문도 부드러운 분위기에서 해야 사실을 고하는 자가 있고, 힘들게 해야 할 사람이 따로 있는데 김구에게는 실례가 많았소."

이렇게 뻔뻔스럽게 말을 했다.

왜놈이 신문하는 방법에는 대략 세 가지 수단이 있었다. 한 가지는 혹형이니, 채찍과 몽둥이로 마구 때리는 것과, 양손을 등 뒤에 얹고 붉은 밧줄로 묶어 천장의 쇠갈고리에 걸어 끌어올려서는 수형인受刑人을 둥근 걸상 위에 세워놓았다가, 밧줄의 한쪽 끝을 한편에 잡아매고 발판을 빼내 전신이 공중에 매달려 질식하면 밧줄을 풀고 냉수를 전신에 부어 정신이 들게 하는 것과, 화로에 쇠막대기를 벌겋게 달군 후에 그 쇠막대기로 전신을 함부로 지지는 것과, 손가락 크기의 마름모꼴 모양의 나무 세 개를 세 손가락 사이에 끼우고 그 나무의 양끝을 끈으로 꽉 묶는 것과, 거꾸로 매단 후 콧구멍에 냉수를 부어넣는 것 등이었다.

두 번째는 굶기는 것이었다. 신문할 때는 보통 죄수의 음식을 반으로 줄여 겨우 생명만 유지하게 해놓고 친척이 사식을 청원해도 신문 주임의 허가를 얻지 못하면 사식을 도로 돌려보냈다. 신문 주임이라는 놈은 죄수가 사실 유무에 관계없이 거짓으로라도 자기의 사건이나 다른 사람에게 불리한 조건이라도 왜놈들이 좋아할 만한 말을 한 사람에게는 사식을 들이는 것을 허락하고, 반항성이 있어보이면 절대 허락하지 않았다. 그러므로 유치장에서도 사식을 받아먹는 자는 자연히 강경하지 못한 것처럼 보였다.

그 밖에 한 가지는, 온화한 수단으로 좋은 음식도 대접하고 훌륭하게 장식된 명석(明石, 당시 총감부 총장)[136]의 방으로 데리고 가서 지극히 공경하며 점잖게 대우를 해주는 것이었다. 그러면 혹형을 참아

309

내던 사람도 그 자리에서 실토하는 일이 더러 있었다. 나도 체형體刑 은 한두 번 참아보았고 왜놈들이 발악을 하면 나도 감정이 생겨 자 연 저항력이 생기므로 능히 참아냈으나, 두 번째와 세 번째 방법을 당할 때에는 참으로 참기 어려운 경우가 많았다.

나에게 참기 어려운 경우는 두 번째의 굶기는 것이었다. 처음에 는 밥이라고 하는 것이 껍질 절반, 모래 절반이 섞인 데다 소금이 나 쓴 염근鹽根:소금에 절인 식물 뿌리)을 주는데 구미가 없어서 안 먹 고 도로 보내기도 하였다. 그 후에는 죽도록 맞은 날이 아니면 그런 밥이라도 기다려서 달게 먹었다. 그때까지 근 석 달을 인이 어머니 는 매일 아침저녁 밥을 가지고 유치장 앞에 와서 말소리가 들리도 록 높여 "김구의 밥을 가지고 왔으니 들여주시오" 했다. 그러면 왜 놈이 "김가메 나쁜 말이 했소데. 사시이레 일이 없소다" 하여 매번 돌려보냈다. 나는 더욱 몸이 말이 아니었다. 그놈들이 달아매고 때 릴 때, 박태보[137]가 보습 단근질을 당하며 '차철유냉갱자래' 하던 구 절을 외웠다.

그런데 겨울철이라 그러는지 겉옷만 벗기고 모직 속옷은 입힌 채로 묶고 때릴 때에, "속옷을 입어서 아프지 않으니 속옷을 다 벗 고 맞겠다" 하여 계속 맨몸으로 매를 맞으니, 살이 빠질 뿐만 아니 라 온전한 피부가 없었다. 그런 때에 남이 문 앞에서 사식을 먹으면 고깃국과 김치 냄새가 코에 들어와서 미칠 듯이 먹고 싶었다. '나도

---

136 아카시 모토지로로, 안악 사건과 105인 사건을 조작한 책임자이다.

137 조선 시대 숙종 때 인현왕후의 폐위를 반대하다가 고문을 당하였고 유배 가던 중 사망했다.

남에게 해가 될 말이라도 해서 가져오는 밥이나 다 받아먹을까?'
또는 '아내가 젊으니 몸이라도 팔아서 좋은 음식이나 늘 해다 주면
좋겠다' 등, 매일 아침저녁으로 음식 냄새가 코에 들어올 때마다 더
러운 생각이 났다. 박영효의 부친이 옥에서 섬거적을 뜯어먹다가
죽었다는 말과, 소무蘇武가 전모氈毛를 씹으며 19년 동안 한나라에
대한 절개를 지켰다는 글을 생각했다.[138]

앞서 적신수초(赤身受楚 : 맨몸으로 고문을 받다)하던 일을 생각하며,
"나의 육체의 생명은 빼앗을 수 있을지언정 나의 정신은 빼앗지 못
한다"라고 외치며 같이 수감된 동지들에게 주창하던 기개와 절개
를 생각하니, 인성人性은 없어지고 수성獸性만 남아 있는 것이 아닌
가 하고 자책했다. 그럴 때 명석의 방에서 나를 극진히 우대하면서
신문하는데 그놈의 요령을 보면 이러했다. "신부민(新附民 : 일본에 귀
순하는 사람)의 자격만 표시하면 즉각 총독에게 보고하여 이와 같은
고통도 면하게 할 뿐 아니라, 조선을 통치하는 데 순전히 일인만으
로 할 것이 아닌즉 조선인 중에 덕망이 있는 인사를 얻어 정치를
실시하려는 터이다. 그런즉 당신같이 충후장자(忠厚長子 : 충직하고 온후
한 대인의 풍모가 있는 사람)로서 시세의 추이를 모르지는 않을 터이니
순응함이 어떠하뇨" 하고는 안명근 사건과 서간도 사건을 실토하
는 것이 어떠냐고 하여, 내가 대답했다.

"당신이 나의 충후함을 인정한다면 내가 처음부터 진술한 것을

---

138 《한서漢書》의 〈소무전蘇武傳〉에 나오는 말이다. 중국 전한 무제 때 흉노에 사신으
로 간 소무는 흉노의 위협에 굴복하지 않고 끝까지 한나라에 대한 절개를 지키
다가 19년 동안 유폐되었다.

다 인정하시오."

그놈은 가장 점잖은 체통을 지키려 했으나 기색은 좋지 못하여 나를 돌려보내주었다.

오늘은 처음에는 당장 쳐 죽인다고 발악하던 끝에 이놈에게 끌려왔는데, 그놈은 소위 국우(國友 : 구니모토)라는 경시였다. "내가 몇 년 전에 대만인 범죄자 한 명을 맡아 신문했는데, 오늘의 김구와 같이 고집하다가 검사국에 가서는 모든 것을 자백했노라고 내게 편지한 것을 보았다. 김구 당신도 이제는 검사국으로 넘어갈 터이니 거기 가서 실토하는 것이 더욱 검사의 동정을 받을 수 있다"고 말하고, 전화로 국수장국밥에 고기를 많이 가져오라고 하여 나의 앞에 놓고 먹기를 청하기에 내가 물었다.

"당신이 나를 무죄로 인정한다면 대접하는 음식을 먹으려니와 만약 유죄라 하면 먹지 못하겠소."

"김구는 한문 병자漢文病者이다. 당신은 지금껏 나에게 동정하지 않았으나, 나는 자연히 동정할 마음이 생겨 변변치 못하나 대접하는 것이니 식기 전에 먹으시오."

이렇게 권했으나 나는 꾸준히 사양했다.

국우는 웃으면서 한자로 '군의치독부(君疑置毒否 : 그대는 독이 있을까 의심하는가?)'라는 다섯 자를 써 보이고 이제부터는 사식을 넣는 것도 허용하리라고 하며 "신문이 종결된 모양이니 그리 알라"고 했다. 나는 "독약을 음식에 넣었을까 의심을 품은 것은 아니"라 하고, 그 음식을 먹고 돌아오니 저녁부터 사식이 들어왔다.

같은 방에 있는 이종록李宗錄은 나이가 어린 청년이라 친척이 따라온 사람이 없어서 사식을 가져다줄 사람이 없었다. 방 안에서 먹게 되면 나눠 먹겠으나, 사식은 반드시 방 밖에서 따로 먹게 하므로 종록이 먹고 싶어 하는 형상은 차마 볼 수 없었다. 그래서 내가 방 밖에서 밥을 먹다가 고기 한 덩이와 밥 한 덩이를 입에 물고 방 안에 들어와 입속에서 도로 꺼내어 마치 어미 새가 새끼를 물어먹이듯 했다.

그다음 날 종로 구치감으로 넘어갔다. 비록 독방에 있었으나 총감부보다는 훨씬 편했고, 감옥 밥도 전에 비하여 훨씬 분량이 많았다. 왜놈이 나의 신문에 따라 사실대로만 법을 적용한다면 소위 보안법 위반이라 하여 극형 2년밖에 지울 수 없었기 때문에 억지로 안명근의 소위 강도 사건에다 끌어다 붙일 작정이었다. 그러나 내가 경성 양기탁 집에서 서간도 문제에 대해 회의한 후, 이동녕을 보낸 날짜가 바로 안명근이 안악에 와서 원행섭, 박형병, 고봉수, 한정교 등과 함께 안악의 부호를 습격하자고 회의했다는 날이었다. 그때 안악에 있었던 김홍량, 김용제, 도인권, 양성진, 장윤근 등은 물론 안명근의 종범從犯으로 되었지만, 나에게는 그날 내가 경성에 있었다는 증거가 분명히 있었다. 그래서 왜놈들은 안악에 안명근이 와서 만난 날짜만 이십 며칠이라 적고, 경성 회의 날짜는 '모월 중순에 양기탁 집에서 서간도에 대한 문제를 회의하였다'고 어름어름 적었다.

내가 그날 안악 회의에 참석한 것을 목격했다는 증거인으로 양산학교 학교지기의 아들인 열네 살의 이원형李元亭 학생을 압상하였다. 내가 검사 신문을 당할 때, 벽 건너 신문실에서 이원형의 말소리가 들렸다. 왜놈이 물었다.

"안명근이 양산학교에 왔을 때 김구도 그 자리에 있었지?"

"나는 안명근이 누구인지 모르고, 김구 선생님은 그날 어디 가고 없었습니다."

왜놈들이 곧 죽일 것같이 위엄을 보이고, 조선인 순사 놈이 원형에게 말했다.

"이 미련한 놈아. 안명근과 김구가 같이 있는 것을 보았다고 대답만 하면 너는 지금 당장 네 아버지를 따라 집에 가도록 말을 잘해줄 테니 내가 시키는 대로 말을 하여라."

그러자 원형이 대답했다.

"그러면 그렇게 말하리다. 때리지 마세요."

검사 놈이 나를 신문하다가 초인종이 울려 원형을 문 안으로 들여세우고는 원형에게 물었다.

"양산학교에서 안명근이 김구와 같이 앉아 있는 것을 네가 보았느냐?"

"예" 하는 말이 끝나자마자 원형을 문밖으로 끌고 나갔다. 검사 놈은 나를 향해 "네가 이런 증거가 있는데도"라고 했다. 내가 말했다.

"500여 리 먼 땅에 같은 날 같은 시간에 두 곳 회의에 다 참석한 김구가 되게 하느라고 매우 수고롭겠소."

말을 마치니 그것이 바로 예심 종결이었다.

그 당시 우리 사건 외에 의병장 강기동姜基東은 원산에서 체포되어 경시총감부에서 같이 취조를 받아 육군 법원에서 사형을 받은 사건이 있었고, 김좌진金佐鎭 등 몇 사람이 애국운동을 하다가 강도

죄로 징역을 받고 함께 수감되어 같이 고생하였다. 강기동은 처음에 의병에 참가하였다가 즉시 귀순 형식으로 헌병 보조원이 되어 경기 지방에서 복무하였다. 왜놈들이 의병을 총검거하여 수십 명을 일시에 총살할 예정이었는데 강기동의 오래전 동지들이었다. 강기동은 자기 근무 시간에 잡혀 있던 의병을 전부 풀어주고 사무소에 비치한 총기를 꺼내다가 각기 무장하고 야간에 경계망을 돌파하였다. 그 후 강원과 충청 각지에서 수년 동안 항일 전쟁을 계속했다. 원산에서는 안기동安基東으로 행세하며 무슨 일을 계획하다가 체포되어 총살을 당했다.

종로 감옥에 있을 때, 하루는 안악 군수 이모李某가 면회를 왔다. 그는 "양산학교 교사는 본래 공해(公廨 : 관청 건물)이니 돌려달라"고 강요하고, "학교 도구와 집기도 공립 보통학교에 인도하라"는 요구서에 날인을 요구했다. 교사는 공공 건물로 가져가더라도 비품과 기구는 안신학교에 기부하겠다고 했으나, 필경은 학교 전부를 공립 보통학교의 소유로 강탈해갔다.

양산학교 소학생들은 국가에 대한 관념이 부족했다. 중학생 중에 손두환孫斗煥은 내가 장련읍 봉양학교(예수교에서 설립한 후에 진명으로 개칭)에서 근무할 때 초립동이었다. 그 부친 손창렴이 늦게 낳은 아들로 애지중지하여 그 부모와 존장(尊長 : 어른)은 물론이요, 군수까지도 두환에게 '해라' 하는 말을 들었고, 어떤 사람이고 두환이 말을 높이는 것을 들어본 사람이 없었다. 황해, 평안 양도에서는 특히 지방 풍습으로 성년이 되기까지 부모에게 '해라' 하는 습속이 있었으므로 그 누습을 고치려고 주의하던 때였다. 두환을 살살 꾀어 학교에 입학시킨 후에, 어느 날 수신修身 시간에 "학생 중에 아직 부모나 그 존장에게 해라 하는 이가 있으면 손을 들어라" 명령하고 학생들을 보니, 몇 명 손드는 학생이 있는데 그중에 두환이도 있었다. 하교 시에 두환을 별실에 불러 말했다.

"젖을 먹는 어린아이는 부모나 존장에게 경어를 사용하지 못한다 해도 탓할 수 없으나, 너와 같이 어른이 된 표시로 상투도 짜고 초립도 쓰고서 부모와 학장에게 공대할 줄을 모르니 부끄러운 줄 모르느냐?"

"그러면 언제부터 공대를 하오리까?"

"잘못인 줄 아는 시간부터이니라."

다음 날 이른 아침에 문 앞에서 나를 부르는 이가 있었다. 나가보니 의관議官[139] 손창렴이었다. 하인에게 쌀을 한 짐 지우고 와서 문 안에 들여놓고는, 희색이 만면하여 너무 기뻐서 무슨 말부터 해야 할지를 몰라 했다.

"우리 두환이 놈이 어젯저녁에 학교에서 돌아오더니, 내게 공대를 하고 저의 모친에게는 전과 같이 해라를 하고는 스스로 깜짝 놀라 '에고 잘못했습니다' 하며 말을 그치더니 선생님 교훈이라고 했습니다. 선생님 진지 많이 잡수시고 그놈 잘 좀 가르쳐주십시오. 밥 맛 좋은 쌀이 들어왔기에 좀 가져왔습니다."

나도 기뻐서 웃었다.

그 당시 학교를 신설하고서 학교 갈 나이의 아동이 있는 집을 방

---

139 조선 시대 고종 때, 중추원에 속한 벼슬로 뒤에 찬의로 고쳤다.

문하여 학부형에게 학생들의 머리는 깎지 않겠다는 조건부로 애걸하여 아동들은 모아왔는데, 어떤 아이들은 부모들이 머리를 자주 빗기지 않아서 이와 서캐가 가득했다. 하는 수 없이 월소[月梳 : 얼레빗]와 죽소[竹梳 : 대로 만든 빗, 참빗]를 사다가 두고 매일 몇 시간씩 학생들의 머리를 빗겨주었다. 점차 아동의 수가 늘어남에 따라 학과 시간보다 머리 빗기는 시간이 많게 되었다.

다음 수단으로 하나둘씩 머리를 깎아주되 그 부모의 승낙을 얻어 실행했다. 두환의 부친 승낙을 얻으려다가는 도리어 퇴학시키겠다고 할지 몰라서 두환이와 상의를 해보았다. 두환은 상투 찌는 것도 괴롭고 초립이 무거워서 깎기가 소원이라 했다. 곧 머리를 깎아서 집으로 보낸 후에 슬금슬금 따라가보았다. 손 의관은 눈물을 비오듯 흘리며 분이 끝까지 났으나, 비할 데 없이 사랑하는 두환을 심하게 책하기는 싫고 다만 나에게 분풀이를 할 작정이었다. 그런데 두환이가 내가 오는 것을 보고 기뻐하는 것을 본 손 의관은 분한 마음은 갑자기 다 어디로 가고 눈에서는 눈물이 뚝뚝 떨어지는데 얼굴에는 기쁨이 가득해졌다.

"선생님, 이것이 웬일이오. 내가 죽거든 머리를 깎아주시지 않고."

나는 미안함을 표하면서 말했다.

"영감께서 두환을 지극히 사랑하시지요. 나도 영감 다음으로 사랑합니다. 나는 두환이가 목이 가는 데다가 큰 상투를 짜고 망건을 조르고 무거운 초립을 씌우는 것이 위생에 큰 방해가 됨을 알기 때문에 나도 아끼고 사랑스러운 생각으로 머리를 깎았습니다. 두환이의 신체가 튼튼해지면 영감에게서 고맙다는 인사를 듣고야 말

걸요."

이로부터 나를 따라 안악으로 유학하게 되었고, 손 의관도 같이 따라와 여관에서 지내면서 두환이가 공부하는 것을 보고 있었다. 두환은 사람됨이 총명할 뿐 아니라 망국의 한을 같이 느낄 줄 알았다.

중학생 중에 우기범(禹基範)은 내가 문화군 종산의 서명의숙에서 가르칠 때에, 과부의 자식으로 입학하여 수업을 받았다. 재질로는 장취(將就 : 일취월장)가 있어 보였다. 그 모친에게 청하였다. "기범을 나에게 맡기면 데리고 안악으로 가서 내 집에 두고 공부를 계속 시키겠다"고. 그 모친은 감심(感心 : 매우 고마워하다)하며, "만일 선생님께서 그같이 생각하면 나는 따라가서 엿장사를 하며 기범의 공부하는 모양을 보겠다"고 했다. 기범이 아홉 살 때부터 집에서 기르며 안신학교 소학과를 마치고 양산학교 중학부에 입학시켰다.

이제는 왜놈들이 양산학교를 해산하고 교구 전부를 강탈해갔으니 교육 사업도 춘몽에 지나지 않았다. 목자를 잃은 양 떼 같은 학생들은 원수의 채찍 밑에서 신음하게 되었으니 원통하기 그지없었다. 같이 수감된 김홍량이라도 애를 써서 화를 벗어나 해외로 나가 활동하기를 기도했지만, 자기가 "안명근의 부탁을 받아서 신천의 이원식에게 권고하였다"고 자백한 점으로 보아 석방되기는 불가능했다.

어머님은 상경하여 사식을 날마다 들여보내시고 통신도 종종 편지로 하셨다. 안악의 가산과 집물을 모두 팔아 서울로 오시다가, 아내는 둘째로 낳은 두 살 먹은 여식 화경이를 데리고 당시 평산에 있던 장모와 처형의 집에 들렀다가 상경하겠다고 하여 보내셨다

318

한다. 어머님이 손수 담은 밥그릇을 열고 밥을 먹으면서 생각하니, 어머님의 눈물이 밥에 점점이 섞였을 것 같았다. 18년 전 해주 옥바라지로부터 인천 옥바라지를 하실 때까지는 비황(悲惶 : 슬프고 황공하다) 중에도 내외분이 서로 위로하고 서로 의논하시며 지냈으나, 지금은 당신이 과부의 몸으로 어느 누가 살뜰하게 위로하여 줄 사람도 없었다. 준영 삼촌과 재종형제가 있으나 거의가 농사꾼이라 거론할 여지가 없고, 연약한 처와 어린아이들이 어머님에게 무슨 위안을 할 능력이 있을 것인가? 또한 아내가 아이를 데리고 자기 모친이 머물고 있는 처형의 집으로 갔다는 기별에는 무한(無限)한 느낌이 생겼다.

처형으로 말하면 본시 신창희 군과 결혼하여 식구들을 이끌고 황해도에 와서 살았다. 내가 신창희의 처제인 준례와 결혼한 후에 신창희 군은 다시 의과 졸업을 위해 세브란스의학교에 들어가려고 아내와 장모까지 도로 경성으로 옮겨갔다. 내가 장련읍에 있을 때부터 두 모녀만 평양에 들러서 장련 우리 집에 딸과 동생을 보러 와서는, 어떤 이유인지 신창희 군과의 사이가 좋지 않은 빛을 보였고 더욱 처형의 거동이 정상적인 것에서 벗어나는 경향이 보였다. 하물며 기독교 신자의 입장에서 이를 본 우리 부부는 처형과 장모에게 권해 신창희에게로 돌려보냈다.

그 후 내가 안악에 이사했을 때였다. 역시 처형과 장모가 찾아와서는 처형이 신창희와 부부 관계를 끝냈다고 했다. 나와 어머님은 처형을 단 하루도 집 안에 용납할 생각이 없었으나, 아내는 자기 어머니와 언니에게 강경한 태도를 보이지 못하는 것이 사실이라 가정이 심히 불안에 빠졌다. 아내에게 먼저 비밀히 부탁하고는, 장모에게 큰딸을 데리고 나가주지 못한다면 작은딸까지 데리고 나가달라고 말을 했다. 내 말을 알아듣지 못한 장모는 좋아라 하고 세 사람이 집을 떠나서 경성으로 출발하였다. 내가 얼마 후에 경성에 가서 동정을 살펴보니, 아내는 어머니와 언니를 떠나서 어느 학교에 들어갈 계획을 하고 있었다. 나는 아내에게 비밀히 약간의 여비를 주고 내려와 재령 선교사 군예빈에게 말을 하니, 준례를 당분간 데려다가 자기 집에 있게 하고 천천히 데려가라 했다. 나는 곧 경성의 아내에게 알리고 사리원역에서 기다리니 아내 혼자만 하차했다. 아내를 맞이하여 재령의 군 목사 집에 데려다두고, 나는 안악으로 와서 어머님에게 사정을 해명했다.

"장모나 처형이 비록 여자의 도리에 위반되는 죄상이 있다 하더라도 죄가 없는 집사람까지 내쫓는 것은 도리가 아니니 용서하십시오."

어머님은 말을 듣고 곧 쾌히 승낙하셨다.

"그렇다. 네가 데려오는 것보다 내가 친히 가서 데려오마."

그날로 재령에 가셔서 아내를 데려오니 가정의 파란은 이것으로 안정되었고, 아내 역시 자기 어머니와 언니에 대하여 친속(親屬 : 친족) 관념을 단절하고 지냈다. 처형은 평산 등지에서 헌병 보조원의 처인지 첩인지가 되어 살고, 장모도 같이 산다는 소문만 듣고 있었다. 이번에 전부 경성으로 올라와 이른바 공판을 본다고 오시던 길에, 길목인 평산 처형 집에 아내와 화경이는 두고 어머님만 경성으로 먼저 오셔서 공판 일자를 통지하여 아내가 오도록 하였다는 어머님의 편지를 보았다.

이제는 내가 주장하던 것과 힘써 온 것들이 거의 수포로 돌아갔다. 학교에서 학생을 가르칠 때, 학생들이 나를 숭배하는 것보다 나는 천 배 만 배로 학생들을 우러러보고 공대하며 희망을 두었고, 나는 일찍이 교육을 충분히 받지 못하여 망국민이 되었으나 학생들은 후일 모두가 건국의 영웅이 되리라고 바랐다. 그러나 그 마음도 허사가 되었다. 또한 아내도 평소에 자기 언니가 헌병의 첩질 한다는 말을 들은 후로는 영원히 서로 만나지 않기로 결심하였건만, 내가 이 지경이 되자 부득이 갔을 것이다.

그럭저럭 공판 일자가 정해져서 어머님이 왜놈인 영정(永井 : 나가이)이란 변호사를 고용했는데, 예심 심문 때 영정이 놈이 내게 이런 말을 물었다.

"총감부 유치장에 있을 때 나무판자 벽을 두드려 양기탁과 무슨 말을 하였는가?"

나는 영정을 노려보며 대답했다.

"이것은 신문관을 대신해서 물어보는 것인가? 나에 대한 사실은 신문 기록에 자세히 기재되어 있으니 내게 더 물을 것이 없다."

검사 놈이 눈을 꿈적이며 실패라는 의미를 표시하는 것 같았다.

재판일이 되었다. 죄수 마차에 실려 경성 지방재판소 문 앞에 도착하니 어머님이 화경이를 업고 아내와 같이 문 안에서 기다리고 있었다. 그것을 보면서 2호 법정으로 끌려 들어갔다. 첫 번째 자리에 안명근, 두 번째에 김홍량, 나는 세 번째 자리에 앉히고 이승길·배경진·한순직·도인권·양성진·최익형·김용제·최명식·장윤근·고봉수·한정교·박형병 14명이 출석했다. 방청석을 돌아보니 각 학교의 남녀 학생과 피고 각자의 친척과 친구가 모였고, 변호사들과 신문기자들도 앉아 있었다. 동지들에게 한필호, 신석충 두 사람의 일을 얻어 들으니, 한필호 선생은 그때 경시총감부에서 피살되었고 신석충은 끌려오다가 재령 철교에서 강에 몸을 던져 죽었다는 아픈 소식을 알게 되었다.

대강 신문을 마친 후 소위 판결이라고 내렸다. 안명근은 종신 징역, 김홍량·김구·이승길·배경진·한순직·원행섭·박만준 7명은 15년에, 원행섭·박만준은 결석이었고, 도인권·양성진은 10년, 최익형·김용제·장윤근·고봉수·한정교·박형병은 7년 혹은 5년으로 구형한 후 판결도 그대로 언도되었다. 이상은 강도 사건에 따른 것이었다.

그 후에 이른바 보안 사건으로 또 재판할 때는 수석 양기탁, 안태국, 김구, 김홍량, 주진수, 옥관빈, 김도희, 김용규, 고정화, 정달하, 김익룡, 김용규의 조카 순이었다. 판결은 양기탁, 안태국, 김구, 김홍량, 주진수, 옥관빈은 2년 징역이고, 그 나머지는 1년 혹은 6개월이었다. 그 밖에 이동휘, 이승훈, 박도병, 최종호, 정문원, 김병옥 등 19명은 무의도, 제주도, 고금도, 울릉도로 1년 유배를 보내기로 되었다.

며칠 후에 서대문 감옥으로 이감되었다. 동지들은 전부가 나보다 앞서거니 뒤서거니 하여 그곳에서 함께 복역하게 되었다. 하루하루 서로 얼굴을 보는 것으로 족히 위로가 되었고, 간간이 대화로도 사정을 알리며 지내는 까닭으로 '괴로운 가운데 즐거운' 느낌이 되었다. 5년 이하는 세상에 나갈 희망이 있으나 7년 이상은 옥중 귀신이 될 것이라고 생각되어, 육체로는 복역을 하나 정신으로는 왜놈을 금수같이 보고 쾌활한 마음으로 죽는 날까지 낙천적인 생활을 하기로 했다. 동지들도 거의 뜻하는 바가 같았으므로 옥중에서 하는 일이 서로 상의하지 않아도 같을 때가 많았다. 더욱 오월동주吳越同舟[140]라는 옛말이 정말 헛말이 아닌 것을 깨달을 수 있었다. 옥중에서 종신 징역을 살게 된 동지들은 거의가 나이가 많든 적든 아들을 두었으나, 유독 나만 어린 딸 화경이만 있고 누이도 없이 혼자였다. 이를 안타깝게 생각한 김용제는 4남 1녀를 두었으니 장남은 선량, 둘째는 근량, 셋째는 문량, 넷째는 순량인데, 자원하여 문량을 나에게 사속(嗣續 : 대를 잇게 하기 위한 양자로 보내다)하기로 약속했다.

나의 심리 상태가 체포되기 이전과 이후에 큰 변동이 생긴 것을 알 수 있었다. 체포 이전에 십수 년 동안 성경을 들고 교회당에서 설교를 하거나 교편을 들고 교실에서 학생을 가르칠 때는 한 가지 일, 한 가지 사물에라도 양심을 본위로 삼아 사심이 생길 때마다 먼저 나 자신을 책하지 않고는 감히 다른 사람의 잘못을 책망하지 못하는 것이 거의 습관이 되었다. 그래서 학생들과 친구들 간에 충실하다는 믿음을 받고 지냈다. 그러므로 모든 일에 '나를 미루어서 다른 사람에게 미치는' 것이 습관이 되었는데 어찌하여 불과 반년 만에 심리에 큰 변동이 일어났는가를 연구해보았다.

---

140 적국인 오나라와 월나라 사람이 한 배에 탄 모습으로, 서로 적의를 품은 사람들이 한자리에 있게 된 경우나 서로 협력하여야 하는 상황을 비유적으로 이르는 말이다.

경시총감부에서 신문을 받을 때 도변이 놈은 17년 만에 나와 다시 마주앉았다. 오늘의 '김구'가 17년 전 '김창수'인 것도 모르면서, 대담하게 자기 가슴은 엑스광선을 비출 수 있어 나의 출생 이후 지금까지의 모든 행동을 투시하고 있으니 털끝만큼도 숨긴다면 당장 때려죽인다며 위협을 했다. 그때부터 태산만큼 크게 상상되던 왜놈이 겨자씨와 같이 작아 보였다. 무릇 일곱 차례나 매달려 질식되어 냉수를 끼얹어 되살아나곤 했지만 의지는 점점 강해지고, 왜놈에게 국권을 빼앗긴 것은 우리의 일시적 국운이 쇠퇴해서이지, 일본은 조선을 영구히 통치할 자격이 없음은 불을 보듯이 분명한 것으로 생각되었다.

이른바 고등관이라고 하여 모자에 금줄을 둘셋씩 붙인 놈들이 나에게 일본 천황의 신성불가침인 권위를 과장하고, 천황이 재가한 법령은 행정 관리가 털끝만큼도 그 범위에서 벗어나지 못한다 했다. 또한 조선 사람도 천황의 적자이니 일시동인(一視同仁 : 모두를 한결같이 보아 똑같이 사랑하다)하는 행복을 누리게 하고, 공이 있는 자는 상을 주고, 죄가 있는 자는 관리가 법령에 의하여 벌을 공평히 시행한다고 하였다. 그러니 구한국(舊韓國)의 관리가 자기에게 좋게 하는 사람에게는 죄가 있어도 벌을 내리지 않고 자기가 미워하는 자는 가벼운 죄라도 무거운 벌을 내리던 시대와는 천지차이라고, 혀가 마르도록 과장하던 그놈의 그 입에다가 며칠 후에 내가 반문했다.

"그대의 말과 같이 안악에 가서 보니 '김구는 학교 일을 보아도 땔나무와 물이 많고 적음을 묻지 않고 오직 성심으로 학교만 잘되도록 애쓰는 선생이다'라고 백성들에게서 믿음을 받은 것을 보면,

지방에서 공이 있는 사람 중 하나가 아니겠느냐? 더욱이 나에게 오늘까지 범죄 사실이 없으니, 상을 받을 자의 열(列 : 줄)에는 있을지 몰라도 벌을 받을 만한 사실로 인정될 것은 없으니 어서 석방해주면 바로 학교로 가서 개학하겠다."

왜놈이, "네가 그런 줄 안다마는 전답을 사들인 지주로서 그 논밭의 뭉우리돌을 골라내는 것이 상례가 아니냐. 네가 아무리 범죄 사실을 자백하지 않았다 해도 너의 동료가 모두 너를 죄가 있는 우두머리라고 말했으니, 그것이 증거가 되어 끝내 면하기 어렵다."

나는 다시 반문했다.

"그렇다면 관리로서 법률을 무시하는 것이 아니냐?"

그러자 미친 개 모양으로 관리를 희롱한다며 분기탱천하여 죽도록 때렸다. 그러나 왜놈이 나를 뭉우리돌로 인정하는 것은 참으로 기뻤다. '오냐! 나는 죽어도 왜놈들에게 뭉우리돌의 정신을 품고 죽겠고, 살아도 뭉우리돌의 책무를 다하고 말리라'는 생각이 심각(深刻 : 깊이 새겨지다)되었다. 나는 죽는 날까지 왜마(倭魔 : 마귀 같은 왜놈)의 법률을 한 푼이라도 파괴할 수만 있다면 단행하고, 왜마 희롱을 유일한 오락으로 삼고, 보통 사람으로는 맛보기 어려운 별난 생활의 진수를 맛보리라고 결심했다.

서대문으로 이감될 때 감옥 관리가 나에게 말했다.

"김구는 오늘 집에서 입고 왔던 옷을 벗어 창고에 넣어두는 것과 같이 네 자유까지 맡겨두고 죄수복을 입고 입감하니, 할 일은 관리에게 복종하는 것뿐이다."

나는 이 말을 듣고 수긍했다.

325

다음 날 복역을 시킨다면서 간수가 수갑을 풀지 않고 수갑 검사를 하면서 너무도 꼭 죄어놓아 하룻밤 사이에 손목이 퉁퉁 부어서 보기에도 끔찍하게 되었다. 다음 날 아침 검사 때, 간수들이 보고 놀라며 이유를 물었다.

"관리가 알지 죄수가 어찌 아느냐?"

간수장이 와서 보고 말했다.

"네가 손목이 이 지경이 되었으면 수갑을 늦춰달라고 청원할 일이 아니냐?"

"어제 전옥[典獄 : 감옥소장]이 훈계하기를 모든 일은 관리가 다 알아서 할 테니 너는 복종만 하라고 하지 않았느냐?"

즉시 의사가 와서 치료하였으나 손목뼈까지 정단[錠端 : 수갑 끝 날카로운 부분]이 들어가서 상처가 컸던 까닭에 근 20년이 지난 오늘까지 손목에 헐었던 자리가 남아 있다.

간수장이 말했다.

"무엇이나 수감자가 불편한 사항이 있을 때는 간수에게 신청하여 전옥까지도 만나 사정을 말할 수 있으니 주의하라"

옥규[獄規 : 감옥의 규칙]에 보면 수인들 상호간에는 이야기를 하거나 무슨 소식을 전하지 못하게 되어 있으나, 말도 많이 하고 소식도 서로 재빠르게 주고받았다. 40명에 가까운 우리 동지들은 무슨 말이나 의견도 충분히 교환하며 지냈다. 심리 상태가 변한 것은 나뿐만 아니었다. 동지들 모두가 평소에 비하여 크게 변했다. 그중 고정화는 용모부터 험피[險皮 : 험상궂게 생기다]인 데다가 심리의 변동을 받아, 옥중에서 소위 관리들을 괴롭게 하기로 유명했다. 음식을 먹

326

다가 밥에 돌이 있음을 발견하고는 땅의 모래흙을 집어 입에 넣었다. 밥과 섞은 것을 싸가지고 전옥 면회를 청해 자기가 받은 1년 징역을 종신형으로 고쳐달라고 하며 이유를 댔다.

"인간이 노래를 먹고는 살 수 없는데, 내가 먹는 한 그릇 밥에서 골라낸 모래가 밥의 분량만큼이나 되니 이것을 먹고는 반드시 죽을 것이오. 기왕 죽을 바엔 징역이나 무겁게 지고 죽는 것이 영광이오. 1년도 종신이요, 종신도 종신이 아닌가?"

전옥의 얼굴빛이 주홍朱紅 같아서 식당 간수를 불러 책하고, 밥 짓기에 극히 주의하여 모래가 없도록 했다.

며칠 후에 감방에서 같은 죄수들이 옷에서 이를 잡는 것을 보았다. 고군은 비밀히 여러 사람들에게 부탁하여 이를 거두어 모아 뒤 씻는 종이에 싸놓고 간수에게 전옥 면회를 청했다. 전옥 앞에 이 싸놓은 것을 내놓았다.

"전날 전옥장 덕으로 돌 없는 밥을 먹는 것은 감사하지만, 옷에 이가 끓어서 잠도 잘 수 없고 깨어도 이 때문에 온몸이 근지러워 견디기 어렵소. 구한국 시대 감옥에는 수인囚人이 자기 집의 옷을 가져다가 입을 수 있었으나, 대일본의 문명한 법률은 그도 허락하지 않으니 이처럼 불결한 옷을 입으면 질병이 생길까 염려된다."

하니, 즉시 각 감방에 새로 만든 옷을 넣어주고 헌옷은 증기 기계를 사용하여 간간이 소독하여주니, 다시는 이 잡는 사람이 없게 되었다.

그 당시 서대문 감옥은 경성 감옥이라고 문패를 붙인 때이며, 수인의 총수 2000명 미만에 수인의 대부분이 의병이었고 그 나머지는 잡범이었다. 옥중의 대다수가 의병이란 말을 들은 나는 심히 다행으로 생각했다. 그이들은 일찍이 국사國事를 위하여 분투한 의기남아들이니, 기개와 절개로나 경험으로나 배울 것이 많으리라고 생각했다. 그러나 감방에 들어가서 차차 인사를 하며 물어보니, 강원도 의병의 참모장이니 혹은 경기도 의병의 중대장이니 하여 거의가 의병 두령이고 졸병이라는 사람은 보지 못했다. 처음에는 극히존경하는 마음으로 교제를 하였으나 나중에는 마음 씀씀이나 행동이 순전히 강도로밖에 보이지 않았다. 참모장이라 하는 사람이 군규軍規, 군략軍略이 무엇인지도 몰랐으며 의병을 일으킨 목적이 무엇인지도 모르고 국가가 무엇인지도 몰랐다. 다만 당시에 무기를 가지고 동네를 돌아다니며 만행 저지른 것을 늘 있던 일처럼 호기롭게 얘기한다.

내가 처음으로 13방房에 들어갔을 때였다. 저녁 식사 후에 공장으로 출역했던 사람들이 몰려 들어와 옷을 입은 다음이었다. 그중한 명이 나를 향해 "여보 신수新囚. 어디 살았고, 죄명은 무엇이며, 역은 얼마나 졌소?" 하고 묻기에 나는 일일이 대답했다. 이 구석 저구석에서 질문과 반박이 연출(連出 : 잇달아 나오다)한다. "여보 신수, 똥통을 향하여 절을 하오" 혹은 "좌상에게 절을 하오", "그자도 생김생김이 강도질할 때는 무서웠었겠는데…… 강도질하던 이야기나 좀 들읍시다" 등 함부로 무질서, 무조리하게 떠드는 판에 어떻게 대답해야 할지 몰라서 잠잠히 앉아 있었다. 어떤 자가 "이거 어디서 굴러먹던 도적놈이야? 사람이 묻는 말에 대답이 없으니. 신문때 그같이 대답을 하지 않았으면 징역을 살지 않지" 하며 비웃음과 능멸에 여지가 없었다.

나는 생각하기를 '이곳은 하등〔下等 : 질 낮은〕들만 몰아넣은 잡수간雜囚間인가 보다' 하고 잠자코 앉아 있었다. 잠시 후 어떤 조선인 간수 한 명이 와서 나를 보고 "56호는 구치감에서 나왔소?" 하고 물었다. 그렇다고 하니 그 간수는 말을 이어, "나도 공판할 때 참관하였지만 심히 애석한 일이오. 운수가 다한 탓이니 어찌하겠소. 마음 편히 가지고 있을 수밖에 없지요" 하며 무척 동정하는 빛을 보이고 돌아갔다. 그다음은 일본인 간수들이 몰려와서 나의 명패를 보고 또 내 얼굴을 보고는 수군거렸다. 방 안에서 한참 야단스럽게 떠들던 죄수들이 다시금 수군댔다.

"이야! 박 간수 나리가 저 신수를 보고 존경을 하니 관리가 죄수에게 공대하는 모양은 처음 보겠다."

"박 간수 나리의 친척인 게지."

한 사람이 정숙히 물었다.

"신수는 박 간수 나리와 무엇이 되시오?"

"박 간수인지, 이 간수인지 나는 모르오."

"그러면 이전에 무슨 높은 벼슬을 지내었소?"

"나는 벼슬하지 않았소."

그중 한 자가 물었다.

"당신 양기탁을 아시오?"

"조금 알지요."

"옳다. 저 신수도 국사범國事犯 강도인가 보다. 3일 전《대한매일신보》사장 양기탁이란 신수가 들어왔고, 그와 같은 범죄로 유명한 신사들이 여러 명이 수감되었다고 아무 간수 나리가 말씀하더라."

"그러면 저 신수도 신사이므로 우리가 묻는 말에 대답도 잘 안 하는가 보다."

"아니꼬운 놈. 나도 당시에 허왕산許旺山[141] 밑의 당당한 참모장이 야. 여기 들어와서 교만을 부려야 소용없다."

나는 처음에 그자들이 질 낮은 잡수들로만 알았는데 허위許蔿의 부하라는 말을 듣고서는 심히 통탄하였다. 저런 자가 참모장이었으니 허위 선생이 실패한 것은 명약관화한 일이 아닌가.

옥중에 전해오는 이야기가 있었다. 이강년 선생과 허위 선생은 왜적에게 체포되어 신문과 재판도 받지 않고 사형되기까지 왜적을 아주 더럽게 여기며 욕하다가 순국했다고 한다. 그 후 서대문 감옥에서 사용하던 자래정自來井이라는 우물이 허위 선생 사형일부터 우물물이 붉고 탁해져 폐정되었다고 한다. 그러한 상설(霜雪 : 서리와 눈발) 같은 절조와 의기를 듣고 생각하니 스스로 부끄럽기 끝이 없었다. 정신은 정신대로 아껴 보전하지만, 왜놈들의 짐승같이 야만스런 대우를 받는 나로서 당시 의병들의 자격을 평론할 용기가 있을까. 지금 내가 의병 죄수들을 무시하지만, 그 영수인 허위 선생과 이강년 선생의 혼령이 내 눈앞에 나타나 엄중한 질책을 하는 것 같았다.

"지난날의 의병은 네가 보는 바와 같이 낫 놓고 기역자도 모르는 무식한 것들이라 국가에 대한 의무도 알지 못하는 것이 사실이다.

---

141 의병장 '허위'를 말한다.

그러나 너는 일찍이 고후조高後彫[142]에게서 의리가 어떤 것인지를 친해 배워 알았고, 네가 그이에게서 배운 금언 중에 '삼척동자라도 개와 양에게 절을 하라고 시키면 반드시 크게 노하여 따르지 않는다'는 밀로 강단에서 신성한 2세 국민(어린 학생을 말한다)에게 말하던 네가 머리를 숙여 왜놈 간수에게 예를 표하느냐? 네가 항상 염송하는 고인의 시에 '식인지식의인의食人之食衣人衣 소지평생막유위所志平生莫有違[143]를 망각하였느냐? 네가 어려서부터 늙을 때까지 스스로 밭을 갈아먹을 것을 얻고 스스로 베를 짜서 옷을 입은 것이 아니라 대한의 사회가 너를 입히고 먹이는 것인데, 그것이 오늘 왜놈이 주는 콩밥이나 먹고 붉은 의복이나 입히는 데 순종하라고 한 것이더냐? 명색이야 의병이든 도적놈이든, 왜놈이 순민順民이 아니라고 인정하여 종신이니 10년이니 하여 감금하여 두는 것을 보아 족히 의병의 가치를 했다고 할 수 있지 않느냐? 남아는 의로 죽을지언정 구구히 살지 않는다고 평소에 어린 학생을 가르치더니, 네가 오늘 사는 것이냐, 죽은 것이냐? 네가 개 같은 생활을 참고 지내고, 10년 후에 장공속죄將功贖罪(장차 공을 세워 속죄하다)할 자신이 있느냐?"

이 같은 생각을 하는 사이에 심신이 극도로 혼란되는 차에, 마침

---

142 김구의 스승인 고능선의 호이다. 이름의 한자 '彫'는 '凋'의 오자이다.

143 '사람의 밥을 먹고 사람의 옷을 입었으니, 품은 뜻은 평생토록 어김이 없어야 한다'라는 뜻이다. 성삼문의 절명시에서 따온 것으로, 그 원문은 아래와 같다.
食人之食衣人衣 임의 밥 임의 옷을 먹고 입으며
素志平生莫有違 일평생 먹은 마음 변할 줄이 있으랴
一死固知忠義在 이 죽음이 충과 의를 위함이기에
顯陵松栢夢依依 현릉(문종의 능) 푸른 송백 꿈속에서도 못 잊어라

안명근 형이 나에게 조용히 이런 말을 했다.

"내가 수감된 이후에 아무리 생각해보아도 하루를 살면 하루의 치욕이고 이틀을 살면 이틀의 치욕이니 굶어죽기로 작정하였소."

나는 쾌히 찬성하였다.

"가능하거든 단행하시오."

그날부터 명근 형은 단식했다. 자기 몫의 음식은 다른 수인들에게 돌려 나누어주고 자기는 굶었다. 연 4~5일을 굶으니 기력이 탈진하여 몸을 움직이지도 못하게 되었다. 간수가 물으면 배가 아파서 밥을 안 먹는다고 했으나, 눈치 밝은 왜놈들이 병원으로 이감하여놓고 진찰해보아도 아무 병이 없으므로, 명근 형을 뒷짐을 지우고는 계란을 풀어서 억지로 입에 부어 넣었다. 이 봉변을 당한 명근 형이 나에게 기별했다.

"부득이 오늘부터 음식을 먹습니다."

나는 이렇게 말해주었다.

"죽이고 살리는 것이 마음대로라는 부처님도 이 문 인에 들어와서는 어떻게 해야 할지를 잘 알지 못할 것이니 자중하시오."[144]

옥중에서 고 이재명 의사의 동지들을 만났는데 김정익, 김용문, 박태은, 이응삼, 전태선, 오복원 등이었고, 안중근 의사의 동지 우덕순 등도 만났다. 한번 보아도 옛 친구 같아 서로 사랑하는 정이 있을 뿐 아니라, 마음 씀씀이와 일처리가 의병수들에게 비하면 거의가 계군봉황(鷄群鳳凰 : 닭 무리 중의 봉황)의 감이 있었다. 김좌진은 군세

---

144 《친필본》 원문은 다음과 같다. "入此門內하여든 黃存知解일 것이니."

고 용감한 청년으로, 국사를 위해 무슨 운동을 하다 투역되었으므로 친애의 정을 서로 표하니 점차로 감옥에서도 생활의 취미가 있음을 깨닫게 되었다.

내가 서대문 감옥에 들어온 지 며칠 후에 또 중대한 사건이 일어났다. 이른바 뭉우리돌을 주워내는 두 번째 사건이었다. 첫 번째는 황해도 안악을 중심으로 하여 40여 명 인사를 사형, 징역, 유배의 세 가지 종류로 처리한 것(안악 사건, 안명근 사건)이었고, 그에 이은 두 번째는 평안도 선천을 중심으로 한꺼번에 105명을 검거하여 취조하는 내용(105인 사건)이었다. 이미 첫 번째에서 이른바 보안 사건으로 2년형을 집행하던 양기탁, 안태국, 옥관빈과 유형에 처하였던 이승훈까지 다시 집어넣고 신문을 시작했다. 그것은 보안률保安律에는 극형 2년만 지은 것이 왜놈 마음에 미흡하여 좀 더 지우자는 만심(蠻心 : 오랑캐 같은 마음)에서 나온 것이었다. 나와 김홍량도 15년에 2년 역役을 더해 합 17년의 징역을 졌다.

어느 날은 간수가 와서 나를 면회소로 데려갔다. 누가 왔는데 하고 기다리고 있으니 나무벽에서 달각 하고 주먹이 하나 나들만 한 구멍이 열려 내다보니, 어머님이 서 계셨고 곁에는 왜놈 간수가 지키고 서 있었다. 거의 7~8개월 만에 만나뵙는 어머님은 태연하신 안색으로 말씀하셨다.

"애야. 나는 네가 경기 감사나 하는 것보다 더 기쁘게 생각한다. 네 처와 화경이까지 데리고 와서 면회를 청했더니 한 번에 한 사람 밖에는 허용하지 않는다고 해서 네 처와 화경이는 저 밖에 있다. 우리 세 식구는 평안히 잘 있다. 너는 옥중에서 몸이나 잘 있느냐. 우리를 위해 근심 말고 네 몸이나 잘 지키기 바란다. 만일 식사가 부족하거든 하루에 사식 두 번씩을 들여주랴?"

나는 오랜만에 어머님을 만나니 반가운 마음과, 저와 같이 씩씩한 기절을 가진 어머님께서 개 같은 왜놈들에게 자식을 보여달라고 청원하셨을 것을 생각하니 황송하기 그지없었다. 다른 동지들이 면회한 정황을 들어보면, 부모처자가 와서 서로 얼굴을 보면 울기만 하다가 간수의 제지로 말 한마디도 못하였다는 것이 보통인데, 우리 어머님은 참 놀랍다고 생각되었다. '내가 17년 징역 선고를 받고 돌아왔을 때 잠은 전과 같이 잤어도 밥은 한때 먹지 못한 적이 있었는데, 어머님은 어찌 저렇게 마음이 강하신가?' 하고 탄복했다. 나는 실로 말 한마디를 못했다. 그러다가 면회하는 구멍은 닫히고 어머님이 머리를 돌리시는 것만 보고 나도 끌려 감방으로 돌아왔다. 어머님이 나를 대하여서는 태연하셨으나 돌아서 나가실 때는 반드시 눈물에 발부리가 뵈시지 않았을 것이다. 어머님이 면회 오실 때에 아내와는 물론 많은 상의가 있었을 것이요, 나의 친구들도 주의를 드렸을 듯하나, 마침내 얼굴을 마주 대하기만 하면 울음을 참기가 극히 어려울 것인데도, 어머님은 참 놀라운 어른이시다.

옥중 생활

옥중 생활을 일일이 기록하기는 불가능하나 의식주행衣食住行을 구별하여 쓰면서 그때 체험하여 본 것과 내가 생활하던 진상을 말하겠다. 각 수인들은 판결을 받기 전에는 자기 옷을 입거나 자기 옷이 없으면 청색 옷을 주어 입히다가, 기결되어 복역하는 시간부터는 붉은 옷을 입는데 조선 복식으로 만들어 입었다. 입동 시기부터 춘분까지는 면 옷을 입고 춘분부터 입동까지는 단의(單衣 : 홑옷)를 입히되, 병든 수인에게는 흰옷을 입혔다.

식사는 하루 세 번 주었는데, 그 재료는 조선 각도에서 각기 그 지방에서 가장 헐한 곡물을 선택하는 고로 각 도 감옥의 식사가 동일하지 않았다. 당시 서대문 감옥은 콩이 10분의 5, 좁쌀 10분의 3, 현미 10분의 2로 밥을 지었으며, 최하 8등식인 250돈쭝에서 시작하여 2등식까지 무게를 증가하였다. 사식은 감옥 밖의 식사를 맡아하는 사람이 수인 친척의 위탁을 받아서 식사 시간마다 밥과 한두 가지 반찬을 가져왔다. 그것을 간수가 검사하고 밥을 일자一字를 새긴 통에 다식과 같이 내어 분배하여 주는데, 사식 먹는 수인들은 한 곳에 모아서 먹게 했다. 감식監食도 등수는 다르나 밥은 같은 것이고 감식은 각 공장이나 각 감방에서 먹게 했다. 세 때 밥과 반찬을 일제히 분배한 후에 간수가 고두례(叩頭禮 : 머리를 숙여 인사하는 예법)를 시키면, 수인들은 호령에 따라 무릎을 꿇고 무릎에 두 손을 올려놓고 머리를 숙였다가 왜놈말로 모도이(우리의 군호 '바로'와 같다) 하면 머리를 일제히 들었다가 끼빵(喫飯 : '식사 시작'이라는 뜻)이라고 해야 각 수인이 먹기 시작했다. 수인들에게 경례를 시키는 간수의 훈화는, "식사는 천황이 너희 죄인들을 불쌍히 여겨서 주는 것이니, 머리를 숙여서 천황에게 예를 표하고 감사의 뜻을 표하라"는 것이다.

그런데 경례랍시고 할 때마다 들어보면 죄수들이 입안엣소리로 무어라 중얼거렸다. 나는 이상하게 생각되었다. 밥을 천황이 준다

335

니까 천황을 향해 축의를 표하는 것인가 했는데, 나중에 얼굴이 익은 수인들에게 물어보니 입마다 한 가지로 말했다.

"당신은 일본 법전을 보지 못했소? 천황이나 황후가 죽으면 대사면이 내려 죄인들을 풀어준다고 하지 않았소. 그래서 우리 죄수들은 머리를 숙이고 상제께 '명치(明治 : 메이지)란 놈을 즉사시켜주소서' 하고 기도하는 거요."

나는 그 말을 듣고 심히 기뻐하며 '나도 그렇게 하겠다'고 했다.

그 후부터는 나도 '노는 입에 염불' 격으로 매번 식사 때에는 '동양의 대악괴인 왜황을 나에게 전능을 베풀어 내 손에 죽게 해주십시오' 하고 상제께 기도했다. 죄인들 중에는 종종 감식 벌을 받는 자가 있었는데, 자기의 밥을 남에게 주거나 남의 밥을 자기가 얻어먹다가 간수에게 발각되면, 무거운 자는 3분 2를 감하고 가벼운 자는 2분 1을 감하여 3일 혹은 7일 동안을 먹였다. 감식 벌을 당하기 전에 간수 놈들이 죽지 않을 정도로 함부로 때리는데, 이른바 옥칙에 의하면 감식도 벌칙 중의 하나였다.

이 점에 대하여 나는 깊이 연구해보았다. '겉으로는 나도 붉은 옷을 입은 복역수지만 정신상으로 결코 죄인이 아니다. 나는 왜놈의 이른바 신부지민(新附之民)이 아니고, 나의 정신으로는 죽으나 사나 당당한 대한의 애국자이다. 될 수 있는 대로 왜놈들의 법률에 복종하지 않는 실행이 있어야만 내가 살아 있는 본뜻이 있다. 그렇다면 나는 하루 한 끼, 혹은 두 끼의 사식을 먹으므로 밥이 부족하여 애쓰는 죄인들을 먹이고도 나는 한 끼라도 영양 있는 음식을 먹으니 건강에는 큰 손해가 없을 것이다'라고 생각되었다. 그래서 매일 내 밥

336

은 곁에서 먹는 죄인에게 주어 먹게 했다. 처음 먹기 시작할 때 곁에 앉은 죄인의 옆구리를 꾹 찌르면 그 사람은 알아차리고 빨리 자기 몫을 먹은 뒤에 내 앞에다가 빈 그릇을 놓았다. 그러면 나는 내 밥그릇을 그 사람에게 주는데, 간수 놈 보기에 나는 밥을 빨리 먹고 앉아 있는 것으로 보였다.

그런데 죄수들의 품행이, 열 번 내 밥을 먹으면 먹을 때는 은혜를 죽어도 잊지 못하겠다며 치사를 하던 자라도 아침밥은 자기를 주고 저녁밥을 다른 사람에게 주면 그 즉시 욕설을 퍼부었다.

"저놈이 네 양아버지냐? 야. 효자문 세우겠다."

그러면 밥을 얻어먹는 자 또한 나를 옹호하는 말로 맞대고 욕설을 하다가 간수에게 발각되어 다 벌을 서게 되는 까닭에, 선을 행함이 도리어 악을 행하게 되는 경우가 많았다.

그러나 내게 함부로 대하지 못하는 이유가 몇 가지 있었다. 죄인 중에 정수분자인 이재명 의사의 동지들이 거의 모두 일본어에 능통하여 왜놈들에게 큰 신임을 받았는데, 그 사람들이 나에게 극히 존경하는 것을 보았기 때문이었다. 수인들을 임시 신문할 때는 그들을 통역으로 썼는데, 성질과 행동이 사나운 자는 하루에도 몇 번씩 불려 다니는 터에 통역들에게 잘못 보였다가는 자기에게 직접 해가 돌아올까 해서였다. 또한 내가 날마다 밥을 다른 사람에게 주는 것을 보니 후일 자기도 가망이 있겠다 싶어서였다. 통틀어 말하자면, 우리 동지들의 인격과 재능이 뛰어나고 50~60명이 정신적으로 뭉쳐 있으니 업신여겨 볼 수 없고, 우리와 다른 사건으로 수감 중인 자라도 똑똑한 사람은 모두 우리와 친하게 지내는 까닭으로 엄연히 죄수들의 영도적 기관이 되었다. 죄수의 표면 감독은 왜놈이 하고 정신상 지도는 우리 동지들이 하게 되었다.

숙소는 감방에서 섞여 지내는데 왜놈의 초석(草席, 다다미) 석 장 반에 해당하는 면적에 죄수 10여 명은 보통이었고, 어떤 때 어떤 방에는 20여 명을 몰아넣을 때도 종종 있었다. 앉아 있는 시간에는 죄수의 번호에 따라 1, 2, 3, 4 열을 지어 있게 했다. 저녁 식사 후에 몇 시간은 뜻에 따라 책도 보게 하고 문맹들은 소곤소곤 이야기도 하게 했지만, 큰 소리로 책을 읽지 못하게 하고 이야기는 더욱 엄금했다. 무슨 말소리가 나면 간수가 와서 무슨 말을 했나 물어서 이야기를 했다고 자백하면 그 죄수들을 쇠창살 사이로 손을 내놓으라 하여 실컷 때려주었기 때문에 앉아 있는 동안에 이 방 저 방에서 '아이구' 소리와 사람 때리는 소리가 그칠 때가 없었다. 처음에는 그 맞는 것과 그 귀신같은 왜놈들의 만행을 차마 볼 수 없었으나, 하도 자주 봐서 그런지 점점 신경이 둔해져서 봐도 그저 그런 때도 있었다.

이제 생각하니 우리 독립운동이 시작된 후에 장덕준 의사가 《동아일보》종군기자로 북간도에 출장을 갔는데, 왜놈들이 독립군이나 평민이나 잡히는 대로 끌어다 개 패듯 하는 광경을 보고 의분을 참지 못해 왜놈 대장에게 엄중히 항의를 했다. 그러자 그 대장 놈은 사과를 하고 장 의사를 문밖으로 작별한 뒤에 비밀히 체포하여 암살하였다는 얘기를 당시 들었는데, 내 옥중 체험으로 보아 더욱 확실하다고 믿어진다.

하루는 내가 최명식 군과 너무 오래 떨어져 지냈으므로 울적한 기분을 풀려고 같은 방에서 지낼 수 있는 계획을 세웠다. 옴을 만들어 감옥 의사에게 진찰을 받아 같은 방에 거주케 하는 것이었다. 옴을 만드는 방법은 가는 철사를 얻어서 끝을 갈아 뾰족하게 만들어 감추어두었다가, 의사가 각 공장과 감방으로 돌아다니며 병든 죄수들을 진찰하기 30분 전에 철사 끝으로 좌우 손가락 사이를 꼭꼭 찔러두면 찌른 자리가 옴과 같이 붓고 그 끝에서는 맑은 물이 나와서 누가 보든지 옴병으로 보게 된다. 그 방법을 써서 진찰을 받으니 그 날로 옴방으로 옮겨져 둘이 같이 그 방에 들어갔다

그날 저녁에 하도 그리웠던 참에 이야기를 하다가 좌등(佐藤 : 사토)이란 간수 놈에게 발각되었다. 누가 먼저 말을 했냐고 묻기에 내가 먼저 이야기를 했다고 대답했다. 창살 밑으로 나오라 하기에 나가서 서니, 그놈이 역시 곤봉으로 난타를 했다. 나는 아무 소리도 내지 않고 한참 동안을 맞았다. 그때에 맞은 상흔으로 왼쪽 귀의 연골이 상해 봉충이가 되어 지금껏 남아 있다. 명식 군은 용서한다며 다시 왜말로 "하나시(이야기) 했소데 다다쿠도(때려줄 테야)"하고 물러갔다.

그때 일부러 옴을 만들어서 방을 옮겼던 이유가 한 가지 더 있었다. 감방에 죄수의 수가 너무 많이 앉아 있을 때는 마치 그릇에 콩나물 대가리 나오듯이 되었다. 잘 때에는 먼저 한 사람이 머리를 동쪽으로 두고 눕고 한 사람은 머리를 서쪽으로 두고 착착 모로 눕는데, 더 누울 자리가 없으면 나머지 사람들은 일어섰다. 그다음에 좌우의 한 사람씩 힘센 사람이 나무판자 벽에 등을 붙이고 두 발로 먼저 누운 자의 가슴을 힘껏 내어밀면 드러누운 자들은 "아이구,

339

가슴뼈 부러진다" 하며 야단을 하지만, 내미는 쪽에는 또 드러누울 자리가 생기면서 서 있던 자가 그 사이에 드러눕는다. 몇 명이든지 그 방에 있는 자가 다 누운 후에야 밀어주던 자까지 누웠다. 그러니 모말[145]과 같이 네 벽을 서로 물려 짜서 지은 방이 아니면 방이 터져나갈 것인데, 힘써 내어밀 때는 사람의 뼈가 상하는 소리인지 벽의 판자가 부러지는지 우두둑 소리에 솜치(소름)가 돋는다. 그런 광경을 보고 감독하는 간수 놈들은 떠들지 말라고 개 짖듯 하고는 서서 들여다보았다.

종일 노역을 하던 죄수들이므로 그같이 끼어서도 잠이 들었다. 처음 누울 때는 각각 얼굴을 남쪽과 북쪽으로 하고 잠이 들었다가도, 가슴이 답답하여 잠이 깨서 방향 전환하자는 의사가 일치하면 남쪽을 향했던 쪽은 북쪽으로, 북쪽을 향했던 이들은 남쪽으로 돌아누웠다. 그것은 고통을 바꾸는 것과, 입과 코를 마주대고 호흡을 할 수 없었기 때문이었다. 그렇지만 잠이 깊이 들었을 때 보면 서로 키스하고 자는 자가 많았고, 약한 자는 솟구쳐 올라 사람 위에서 잠을 자다가 밑에 깔린 자에게 몰려 이리저리 굴러다니다가 날을 밝히는 것이 옥중의 하룻밤이었다.

감옥의 고통은 여름과 겨울 두 계절이 특히 심했다. 여름에는 감방에서 죄수들의 호흡과 땀에서 증기가 올라와 서로 얼굴을 분간 못하게 되었다. 가스에 불이 나서 죄수들이 질식을 하면 방 안으로 무소대를 들이쏘아 진화하고, 질식한 자는 얼음으로 찜질하여 살리

---

145 곡식 따위를 재는 네모가 반듯한 말이다.

는데 죽는 것도 여러 번 보았다. 죄수들이 가장 많이 죽는 때는 여름이었다. 겨울에는 감방에 20여 명이 있다면 솜이불 네 개를 넣어주는데, 턱밑에서 겨우 무릎 아래까지만 가려지므로 버선 없는 발과 무릎은 태반 동상이 걸리고 귀와 코가 얼어서 극히 참혹했다. 발가락, 손가락이 물러져서 불구가 된 죄수도 여럿 보았다.

간수 놈들의 심술은 감방에서 무슨 말소리가 났는데 누가 말을 했는가 물어서 말한 자가 자백을 않고 동료 죄수들이 누가 말했다는 고발이 없을 때는, 여름에는 방문을 닫고 겨울에는 방문을 열어두는 것이 감시의 묘방이었다. 감옥 생활에서 제일 고생을 많이 하는 자는 신체 상대한 자들이었다. 내 키가 5척 6촌이니 중간 키에 불과하나, 잘 때 종종 발가락이 남의 입으로 들어가고 추위도 더 받는다. 나도 노쇠한 자가 흉골이 상하여 죽는 것을 여러 명 보았다.

그놈들이 나에게는 유달리 대우를 했다. 복역시킨다고 말만 하고 실제는 아니 시키고, 서대문 감옥에 가서도 100일 동안을 수갑을 채워두었기 때문에 그같이 좋은 방에서 두 손이 묶여 잠자리에 드니 너무 고통스러웠다. 같은 방 죄수들도 잠결에 나의 수갑이 몸에 닿으면 죽는다고 야단이었다. 그래서 좀 넓은 방에 거처할 생각으로 그 계획은 맞았으나 모처럼 이야기를 하다가 이 봉변을 당한 것이었다.

행동에는 구속이 더 심하였다. 아침에 잠을 깨도 마음대로 일어나지 못하고 반드시 일정한 시간을 지켜서 일시에 호령하면 일어나야 했다. 그러고는 즉시 간수들이 각 방의 죄수들을 꿇어앉힌 후에 한 놈이 방 안을 향해 왜말로 "기오츠케"(우리말로 '차렷')를 외치

341

면 죄수들은 일제히 머리를 숙였다. 한 놈이 명패를 들고 첫 번째 죄수의 번호부터 끝까지 내리 읽으면 죄수마다 자기 가슴에 붙은 번호 읽는 소리를 듣고 "하이" 하고 곧 머리를 들었다. 끝에 앉은 죄수까지 마친 후에는 잘 때 입었던 옷을 벗어 꾸려놓고, 수건 한 장으로 허리 아래를 가리고 알몸으로 공장까지 갔다. 공장까지는 멀면 100보, 가까우면 50보 이내인 거리에 알몸에 맨발로 빨리도 못 걷고 천천히 갔다. 손 활개도 못 치고 벽돌 한 개씩 편 것을 밟고 공장으로 가서 각자 자기의 작업복을 입었다. 그런 다음 또 열을 지어 쪼그려 앉힌 뒤에 인원을 점검하고 세수를 시킨 후에 아침밥을 먹이고 나서 곧 일을 시작했다. 일의 종류는 간단한 철공, 목공, 직공, 피복공, 보석(왜말로 무시료, 가마니 등), 권련갑 제조, 새끼 꼬기, 김매기, 빨래, 밥 짓기 등이었고 그 외에도 여러 가지가 있었다. 죄수들 중에 품행이 방정하다고 보인 자는 내감 외역소의 청소부와 병감의 간병부와 취사장의 취부로 쓰이는데, 이와 같은 특별한 일에 쓰이는 자는 정승 부럽지 않았다 했나. 그들은 대우도 좀 후하고, 고통도 비교적 덜했기 때문이었다.

감방에서 공장에를 나갈 때나 들어올 때, 여름에는 괜찮으나 겨울에는 전신이 꺼멓게 죽어서 들어오고 나갔다. 겨울에 공장에를 가서 전날 입었던 옷을 풀어보면 틈틈이 눈이 들어갔어도 몸에 입기만 하면 훈훈하게 더운 기운이 돌아왔다. 공장에서 일을 마치고 저녁을 먹고 감방으로 들어올 때도 역시 작업복을 벗고 알몸에 수건만 두르고 들어와 아침과 같이 번호를 불러 점검한 후에야 앉아 있다가 정한 시간이 되면 자게 했다.

구속을 넘어 몹시 가혹하게 하는 까닭으로 죄수들의 심성도 따라 악화되었다. 횡령 사기죄로 입감한 자는 절도나 강도질 연구를 해서 만기 출옥 후에 중역을 지고서 다시 감옥으로 오는 자를 가끔 볼 수 있었다. 이 감옥은 물론 이민족의 압박을 받는다는 감정이 충만한 곳이므로 왜놈들의 지혜와 도량으로는 털끝만큼도 감화를 줄 수 없으나, 내 민족끼리 감옥을 다스린다 해도 여간 남의 것을 모방이나 해서는 감옥을 세워봐야 조금도 이익이 없겠다고 보아지더라. 그리하여 뒷날 우리나라가 독립한 후에는 감옥 간수부터 대학 교수의 자격으로 채용하고, 죄인을 죄인으로 보기보다는 국민의 한 사람으로 보아 선善으로 지도하고자 노력하여야 하겠고, 일반 사회에서도 입감자라고 멸시하지 말고 대학생의 자격으로 대우하여야 그만한 가치가 생기겠다고 생각되었다.

서대문 감옥에는 역대의 진귀한 보물이 있으니, 지난날 이승만 박사가 자기 동지들과 같이 투옥되었을 때, 서양인 친구들에게 연락하여 옥중에 도서실을 만들고 국내외의 진귀한 서적을 구입하여 5, 6년 긴 세월 동안 죄수들에게 나라를 구하고 흥하게 하는 길을 가르쳤다. 일을 쉬는 날에는 서적고에 쌓인 각종 책자를 방마다 넣어주었는데, 그중에 이 박사의 손때와 눈물 자국이 얼룩진, '감옥서監獄署'라는 도장을 찍어놓은 《광학류편廣學類編》, 《태서신사泰西新史》 등의 서적을 보았다. 나는 그런 책자를 볼 때 그 내용보다는 배알치 못한 이 박사의 얼굴을 보는 듯 반갑고 무한한 느낌이 있었다.

앞에서 의병들의 결점을 대강 말했고, 여기서는 통틀어 잡아 죄수들 대다수의 성질, 행동과 보고 들은 것들을 대강 말해보겠다. 감

343

옥 바깥의 보통 사회에서는 듣고 보지 못할 괴이한 특징을 여기서 발견했다. 보통 사회에서는 아무리 막역한 친구 사이라도 "내가 누구 집에 가서 강도나 살인이나 절도를 하였노라"고 말할 사람은 없을 것이다. 그러나 여기서는 하물며 초면으로 인사한 후에도 서슴지 않고 "내가 아무개를 죽였다"고 하는데, 그것도 세상이 다 아는 죄로 벌을 받는 중이라면 혹시 가능하겠지만 숨기고 말하지 않았던 사실도 그렇게 말했다. "아무 집에서 불한당질한 것도 나와 아무개였다"라고 하는데, 그 역시 숨겼던 사실을 기탄없이 공개하고 이야기하는 것이었다.

우선 한 가지 먼저 말할 것은, 어느 날 가마니 짜는 제3공장에서 최명식 군과 내가 소제부(掃除夫 : 청소부) 일을 하던 때의 일이었다. 우리는 제조 원료를 죄수들에게 나눠주고서 뜰이나 청소하고 그 후에는 죄수들이 물건 만드는 것을 구경했다. 왜놈 간수가 한 시간 지킬 때는 자유가 없으나 조선인 간수가 반시간 볼 때는 더욱 한가했다. 죄수 전부가 담화회를 연 것같이 수군거리면 조선 간수도 왜 간수와 같이 "말하지 말라"며 목소리는 왜 간수보다 더 크게 호령하지만, 실제는 왜놈 간수장이나 부장 놈이 오는가 망을 보는 데 불과했다. 그 틈에 나는 최씨와 소견이 같은지 다른지 시험해보기로 하고 200여 명을 나가면서 한번 살펴보고 내려오면서 또 보았다. 그런 뒤에는 그중에 몇째 자리에 앉은 사람(물론 특이한 인물을 표준한 것)이라고 그 번호를 써와서 서로 맞추어보아 소견이 같으면 그 사람의 인격을 조사하여 보기로 했다. 한 차례씩 살펴보고 돌아와서 각각 번호 적은 것을 맞추어보니 소견이 부합되었다.

그런 후에 첫 번째 조사를 내가 하기로 약속하고 그 사람을 찾아가서 인사를 청했다(그자는 나이가 마흔이 넘어 보이고 똑같은 작업복을 입었으나 몸가짐과, 말은 못 들어봤지만 눈에 정기가 있어 보여 우리 눈에 뛴 까닭이다). 그에게 고향은 어디이며, 역한(役限 : 복역 기간)은 얼마나 되냐고 물었다.

"나는 괴산에 살았으며 역한은 강도 5년이며 재작년에 입감되어 앞으로 3년이면 출감하오. 당신은 어떻소?"

"나는 안악에 살았고 역한은 강도 15년이고 작년에 입감하였소."

"하아, 짐이 좀 무겁게 되었소. 초범이시지요?"

"예. 그렇소."

그렇게 문답하고 있는데 왜 간수가 오기에 일어서서 와버렸다. 내가 그 사람에게 가서 무슨 이야기하는 것을 본 죄수 한 명이 나에게 물었다.

"56호는 그 사람을 전부터 아셨소?"

"몰랐소. 당신은 그가 누구인지 아시오?"

"알고말고요. 남도 도적치고 그자 모르는 자는 없을 듯하오."

나는 흥미 있게 물었다.

"어떤 사람이오?"

"그는 삼남 불한당 괴수 김 진사요. 이 감옥에 그 패거리가 여러 명이 있었는데 더러는 병나 죽고 사형도 받고 방면된 자도 많지요."

말을 그쳤다. 그날 저녁에 감방에 들어오니 그자가 벌거벗고 우리 뒤를 따라서 들어오며 말했다.

"오늘부터는 이 방에서 괴로움을 끼치게 되었습니다."

나는 반기며 물었다.

"당신이 이 방으로 옮기게 되었소?"

"예, 노형 계신 방이구려."

각각 옷을 입고 점검을 끝낸 뒤에 나는 죄수들에게 부탁하여 철창 좌우로 귀를 대고 있다가 간수의 신발 끄는 소리가 들리거든 알려달라고 하고 나서 그자와 이야기를 시작했다.

"공장에서 잠시 인사를 나누었지만 정다운 이야기 한마디 못하고 헤어지게 된 것을 퍽 유감으로 생각하고 들어오던 차에 노형이 곧 방을 옮기게 되어 같이 있게 되니 정말 기쁩니다."

"예, 나 역시 동감이올시다."

진사는 그렇게 대답하고 나에게 마치 예수교 목사가 교인에게 세례 문답하듯 묻기 시작했다.

"노형은 강도 15년이라고 하셨지요?"

"예, 그렇습니다."

"그러면 계통이 추설이오, 목단서이오, 북대요? 행락은 얼마 동안이오?"

나는 한마디도 대답을 못했다. 진사는 빙그레 웃었다.

"노형은 아마 북대인가 보오."

나는 처음 들어보는 문자라 북대라고도 대답을 못하고 앉아 있었다. 내 곁에 앉아 이야기를 듣고 있던 죄수 중 한 사람이 김 진사에게 나를 가리켰다.

"이분은 국사범 강도랍니다. 그런 말씀을 물으셔야 대답 못할 것이오!"

그자는 감옥어습(監獄語習 : 감옥 어투)으로 '찰(察)강도'로 계통이 있는 도적이었는데, 내가 김 진사에게 대답 못하는 것을 이해시키려고 말한 모양이었다. 김 진사는 그 말을 듣고 고개를 끄덕였다.

"내 어쩐지 공정에서 노형이 강도 15년이란 말을 할 때 아래위로 살펴보아도 강도 냄새를 발견하지 못하였소. 그래서 북대인가 했구려."

내가 양산학교 사무실에서 여러 교사들과 모여 지낼 때였다. 우리나라에는 이른바 활빈당이니 불한당이니 하는 비밀결사가 있어서, 진(鎭)이나 성(城)을 습격하여 사람을 죽이고 재물을 빼앗고도 동섬서홀(東閃西忽 : 동에 번쩍, 서에 번쩍 하는 모양)의 동작이 민첩하고 빨라서 포교와 군대를 풀어도 그 뿌리를 뽑지 못하는 실정이었다. 그러한 것을 보면 그들에게는 공고한 단결과 기민한 훈련이 있음은 사실인데, 우리도 언젠가 독립운동을 하자면 견고한 조직과 기민한 훈련이 없으면 성공할 수가 없기 때문에, 도적의 결사와 그 훈련을 연구해볼 필요가 있다고 생각하여 몇 달을 두고 각 교사가 연구했지만 결국 아무런 성과도 거두지 못했다.

보통 인정에 사흘을 굶고도 도둑질할 마음이 생기지 않을 사람이 거의 없다고 하지만, 도적의 마음만 가지고 도적이 될 수 없고, 한두 명의 서절구투(鼠竊狗偸 : 좀도둑)는 가능하려니와 수십 수백 명이 무리가 되어 기민하게 움직이려면 반드시 지휘명령을 내리는 기관과 주뇌(主腦 : 주동) 인물이 있어야만 무리를 이끌고 도적질을 할 수 있을 것이다. 그만한 인물이라면 자격과 지혜가 정부 관리보다 나은 인격자라 할 것이니, 연구·조사해볼 필요가 있다고 여겼으나 도무지 단서를 얻지 못하여 그만두었던 것이다.

그런 일을 생각하고 김 진사에게 바짝 들러붙어서 묻기 시작했다. 그러나 김 진사란 자에게 내가 자기의 동류가 아님을 말한 이상, 나에게 자기네 내막을 다 말해줄까가 의문이었다. 그렇지만 평소에 애쓰던 것을 이 기회가 아니면 알 수 없다고 생각되어, 먼저 나의 신분에 대하여 대강 설명하고는 물었다.

"평소에 귀 단체의 조직과 훈련을 연구해보았으나 단서를 얻지 못하였습니다. 연구의 목적이 도적을 박멸함이 아니고 훗날 국사에 참고 · 응용하고자 함이니 명료하게 설명해줄 수 있겠습니까?"

진사가 말했다.

"우리 비밀결사는 원래 수백 년에 이르러 이제는 공공연한 비밀이 되었으나, 법망이 엄밀한 탓으로 나라가 망해 옛날부터 지켜오던 사회 기강이 여지없이 타락된 오늘날에도 조선에 '벌蜂의 법'과 '도적놈의 법'은 그대로 남아 있다고 생각합니다. 그대로 남아 있다고 생각합니다. 노형을 북대로 생각하고 알지 못하시는 것을 여러 말로 물어서 미안합니다. 그러니 내가 노형에게 물었던 말에 대하여 먼저 설명을 하고 나서 조직과 훈련과 실행의 몇 가지 예를 들어 말씀하오리다.

우리나라 이조 이전은 살펴볼 수 없으나, 이조 이후 도적의 계파와 기원은 이렇습니다. 도적이란 것이 이름부터 명예로운 것이 아닌데 누가 도적질을 좋은 직업으로 알고 자행할 사람이 있겠습니까? 대개가 불평이 많은 사람의 반동적 심리에 의한 것입니다. 이성계가 이신벌군(以臣伐君 : 신하된 자로 임금을 죽이다)하고 나라를 얻은

348

이후에 당시 두문동 72인과 같은 사람들 외에도 왕조에 충성심을 가지고 있던 자가 많았던 것을 알 수 있겠지요. 그러한 지사들이 비밀히 연락하여 집단을 조직하여 약하고 어려운 사람들을 구제하려는 선한 의지와 질서 파괴의 보복적 대의를 표방하고 벽지에 동지를 소집하였습니다. 그리하여 이조의 관록을 먹는 자와 또 그자들의 족속들로, 이른바 양반이라 하여 백성을 착취하여 부를 쌓은 자의 재물을 탈취하여 가난한 백성을 구제하던 것인데, 그들을 도적이란 이름을 붙여 500여 년 동안 이조에게 압박 도살당해온 것입니다.

그런데 강원도에 근거를 둔 자들의 기관 이름은 '목단설'이요, 삼남에 있는 기관은 '추설'이라 하여 왔습니다. '북대'라는 것은 어리석고 완고한 자들이 임시로 작당하여 민가를 털고 약탈하던 것을 이릅니다. 목단설과 추설 두 기관에 속한 도당끼리는 서로 만나면 초면이라도 동지로 인정하고 서로 돕지만, 북대에 대해서는 두 설에서 같이 적대시하는 규율을 정하였으므로 북대는 만나기만 하면 무조건 사형을 했습니다. 목단, 추 양설의 최고 수령은 노사장老師丈이라 하고, 그 아래 총사무를 보는 이를 유사有司라 하고, 각 지방 주관자도 유사라 합니다. 양설의 공동대회를 '대장 부른다'라고 하고 각기 단독으로 부하를 소집하는 것을 '장 부른다'라고 합니다.

대장은 종전에는 매년 1회씩 불렀으나 지금은 왜놈들이 하도 심하게 구는 탓으로 폐지되었습니다. 종전에 대장을 부르게 되면 어느 고을을 털든지 큰 시장을 쳤는데, 대장을 부르는 본의가 도적질만 하는 것이 아니고 각 설의 일을 처리하는 것이므로 그때 크게

349

시위하는 뜻으로 한차례 하는 것입니다. 대장을 부르는 통지에 각
도 각지의 책임자에게 그 부하 누구누구 몇 명을 보내라 하면 어김
없이 가는데, 흔히 큰 시장이나 사찰로 부르게 됩니다. 명령을 받아
출정할 때는 형형색색으로 가는데 돌림 장사로, 중으로, 상제로, 양
반 행차로, 등짐장수로 별별 형식을 다 가장해서 갑니다.

　한 예로 몇 년 전에 하동 화개장에도 대장이 되었는데 볼만했습
니다. 그곳 장날을 이용한 것으로 사방에서 시장을 보러 오는 사람
들이 길에 가득 차 몰려들어오는 가운데 거기 섞여서 도적놈들도
들어왔지요. 장이 한창일 때 어떤 행상이 들어왔는데, 상주가 3형
제고 그 뒤에는 상복을 입은 사람들과 말을 타고 호상護喪하는 사람
들도 많았습니다. 상여는 비단으로 맵시 있게 꾸몄고 상여꾼도 차
림새를 같이하여 소복으로 입혔습니다. 시내에 들어와서 큰 주점
뜰에 상여를 세우고는 상주들은 죽장을 짚고 '아이고, 아이고' 상여
앞에서 곡을 하고 상여꾼들에게는 술을 먹이는데, 어떤 호상객 한
명이 갯국〔개고기국〕 한 그릇을 사가지고 상주에게 권했습니다. 상주
는 온순하게 그자를 향하여 "희롱도 무슨 희롱을 못해서 상제에게
갯국을 권하는가" 하며 그리 말라 하여도 갯국을 권하던 호상인은
도리어 억지로 권하여 기어이 상제들에게 갯국을 먹이려 했습니다.

　온순하던 상주들도 차차 노기를 띠고 거절하다가, "아무리 무례
한 놈이라도 초상상제들에게 갯국을 먹으라는 놈이 어디 있느냐!"
그러자, 그 호상인은 "친구가 권하는 갯국을 좀 먹으면 어떠냐" 하
며 차차 싸움이 되었습니다. 다른 호상인들도 싸움을 말리느라고
야단을 쳤습니다. 시장 장꾼들의 시선이 다 그리로 모이고 웃음을

참지 못할 즈음에, 상주 3형제가 죽장을 들어 상여를 부수고 관을 깨어 관의 뚜껑을 획 잡아 제치니, 시체는 없고 5연발 장총이 가득 들어 있었습니다. 상주, 호상군, 상여군이 총 한 정씩을 들고 사방 길목을 지켜 출입을 막고, 시장에 놓인 돈과 집에 쌓아놓은 부상의 돈을 전부 탈취해가서 쌍계사에서 기관의 일을 마치고 헤어졌습니다.

노형이 황해도에 사시니 몇 년 전에 청단장靑丹場을 치고 곡산 군수를 죽인 소문을 들었을 것입니다. 청단장을 칠 때는 내가 총지휘하여 무리들을 이끌었습니다. 나는 양반 행차로 가장하여 사인교를 타고 여러 하인들을 늘어세우고 호기 있게 달려들어, 시장에서의 일을 무사히 마치고 질풍뇌우와 같이 곡산 군아를 습격하고 군수 놈이 하도 백성을 핍박하였기로 죽여버렸지요."

나는 물었다.

"노형이 이번 징역이 그 사실 때문이오?"

"아니요. 만일 그 사실 때문이라면 5년만 지겠습니까? 기왕 면키 어렵게 되었다 싶어 간단한 사건을 실토하였더니 5년형을 받았소. 조직 방법에 대하여는 근본이 비밀결사인 만큼 엄밀하고 기계적으로 설명을 충분히 해드리기 어렵습니다. 그러나 우선 노형이 연구하여 보아도 단서를 얻지 못하였다는 점에서부터 말씀하지요. 무리들의 숫자만 많고 정밀치 못한 것보다는 숫자가 적어도 정밀한 것을 목적으로 하기 때문에 각 도, 각 지방 책임 유사에게 노사장으로부터 매년 각 분설에서 자격자 한 명씩을 자세히 조사하여 보고하게 합니다. 그 자격자란 첫째로 눈빛이 강하고 맑으며, 둘째 아래가 맑고, 셋째 담력이 강하고 실하며, 넷째 성품이 침착한 자여야 합니다.

351

이상 몇 가지를 갖춘 자를 비밀리에 보고하여 위 설에서 다시 비밀리에 조사하되, 추천한 유사도 모르게 조사해보고 조사한 내용 전후가 부합될 때는 그 설 책임 유사에게 맡겨 그 합격자를 도적놈으로 만듭니다. 그 합격자는 물론 자기에 대한 보고를 하고 조사하는 내용을 전혀 알지 못하게 합니다. 책임 유사가 노사장의 분부를 가지고 그 자격자에게 착수하는 방법은, 먼저 그 자격자가 즐기고 좋아하는 것을 알아보고, 색色을 좋아하는 자에게는 미색으로, 술을 잘 마시는 자에게는 술을, 재물을 좋아하는 자는 재물로 극진히 대접을 하여 환심을 사서 친형제 이상으로 다정하게 된 후에 훈련을 시작합니다.

그 방법의 한 가지를 말하면, 책임자가 자격자를 동반하여 어디로 가서 놀다가 밤이 깊은 후에 같이 돌아오다가 책임자가 어떤 집 문 앞에 와서 자격자에게 청하기를 '그대는 잠시 동안만 이 문밖에서 기다려주면 내가 이 집에 들어가서 주인을 보고 곧 나오겠다' 하면 자격자는 무심히 문밖에서 나오기를 기다리고 서 있을 것입니다. 그런데 갑자기 안뜰에서 '도적이야' 하고 고함이 나오면 그 집 주위로 벌써 포교들이 달려들어 우선 문 앞에 서 있던 자격자를 포박하고 안뜰에 들어가 책임자를 포박하여 심심산곡深深山谷으로 끌고 갑니다. 신문을 시작하여 주로 자격자에게 70여 종의 악형으로 고문을 해보아서 자기가 도적이라고 거짓 실토하면 그 자리에서 죽여서 흔적을 없애버리고, 끝끝내 도적이 아니라고 고집하는 자는 풀어준 후에 유벽한 곳으로 데리고 가서 며칠간 술과 고기를 잘 먹이고 입당식을 거행합니다.

입당식에는 책임 유사가 정석正席에 앉고 자격자를 앞에 꿇어앉혀 입을 벌리라고 한 뒤에 칼을 빼어 칼끝을 입안에 넣고 자격자에게 호령합니다. '아래윗니로 칼끝을 힘껏 물라'고 한 뒤에 칼을 잡았던 손을 놓고 나서 다시 호령하기를 '네가 하늘을 쳐다보아라. 땅을 내려다보아라. 나를 보아라' 한 뒤에 다시 칼을 입안에서 칼집으로 넣고 자격자에게 선고하여 말합니다. '너는 하늘을 알고, 땅을 알고, 사람을 아니, 확실히 우리의 동지로 인정한다.' 식을 마친 후에는 입당자까지 데리고 예정된 방침에 의하여 정식으로 강도질을 한 차례해서 신입 당원에게까지 골고루 나누어주고 몇 번만 동행하면 완전한 도적놈이 되지요."

나는 또 김 진사에게 물었다.

"동지들이 사방에 산재하여 활동하니 동지 중에 서로 낯을 모르는 사람도 많을 터입니다. 서로 만나서 동지인 줄 모르면 충돌을 피하기 어렵고 여러 가지로 불편할 테니 거기에 대해서는 무엇으로 표별〔表別 : 구별〕합니까?"

"그렇지요. 우리의 표별은 자주 고치기 때문에 영구히 정해 시행하는 것은 없으나 반드시 표별이 있습니다. 일례를 들면 몇 년 전에 어떤 여관에 큰 장사치 몇 명이 숙박하는 것을 알고 밤에 무리를 이끌고 침입하여 재물을 빼앗았습니다. 그런데 갑자기 모두 낯을 땅에 대고 꿈쩍을 못하는 여러 사람들 가운데 한 사람이 반벙어리 말로 '에구, 나도 장 담글 때 추렴돈 석 냥 내었는데요' 합디다. 그래서 '저놈이 방자하게 무슨 수작을 하니 저놈부터 동여〔묶어〕 앞세워라' 하여 끌고 와서 물어본 결과 확실히 동지였습니다. 그런 경우에는 그 동지까지 몫을 같이 나누는 법입니다."

나는 또 물었다.

"내가 듣기로는 도적질해가지고 장물을 나누다가 싸움이 되어 그로 인해 발각되어 체포되고 하는데 그것이 결점이 아니오?"

"그것이 소위 북대가 하는 짓들입니다. 우리 계통 있는 도적은 절대로 그런 추태가 없습니다. 첫째, 우리는 그때그때 도적질을 자주하는 것이 아니고 일 년에 한 차례, 많아야 두세 번에 불과하고, 장물을 나눌 때에는 더더욱 예부터 내려오는 엄정한 규칙에 의하여 분배합니다. 백분의 몇은 노사장에게, 그다음으로 얼마는 각 지방의 공용으로, 또 얼마는 난을 당한 자의 유족 구제비로 먼저 제합니다. 그 후에, 제일 힘든 일을 한 사람에게 상금까지 주고 나서 골고루 분배하므로 그럴 일은 절대로 없습니다.

우리 법에는 4대 사형죄가 있습니다. 제1조는 동지의 처첩을 통간한 자, 2조는 사로잡혀 신문을 당할 때 자기 동당을 누(漏 : 이름을 발설하다)한 자, 3조는 도적질을 할 때 장물을 숨긴 자, 4조는 동당의 재물을 강탈한 자입니다. 포교는 피하여 멀리 도망치면 혹시 생명을 보존할 수 있으나 우리 법에 사형을 받고 빠져나가기는 매우 어렵습니다. 그리고 도적질을 하다가 하기 싫든지, 혹 나이가 들어 퇴당 청원을 하여도 동지가 급한 경우에 자기 집에 장물을 숨겨달라는 요구 하나만은 순순히 응한다는 서약을 받고 행락은 면제해줍니다."

"행락이 무엇이오?"

"도적질을 이름하여 행락이라 합니다."

나는 또 물었다.

"만일 행락을 하다가 포교에게 체포되면 생환시킬 방법은 없습니까?"

"여보, 우리가 잡히는 족족 다 죽는다면 누백년 동안에 근거가 소멸되었을 것이오. 우리 떼거리가 민간에만 있지 않고 관계官界에, 더구나 포도청과 군대에 요직으로 있게 합니다. 그랬다가 어느 도에서 도적이 잡힌 후에 서울로 보고가 가면, 자연히 정적正賊인 설과 가적假賊인 북대를 가려낼 수 있습니다. 북대는 지방의 처결에 맡기고, 정적은 서울로 끌고 와 모은 다음, 동당을 털어놓는 자는 사형에 처하게 하고 자기 사실만 공술供述한 자는 기어이 살려 옷가지와 음식도 공급해주다가 출옥시킵니다."

김 진사의 말을 듣고 나는 생각하여 보았다. 내가 국사를 위하여 가장 원대한 계획을 품고 비밀결사로 일어난 신민회 회원의 한 사람이었으나 저 강도단에 비하면 아무것도 아니었다. 우리의 조직과 훈련이 아주 유치한 것을 깨닫고 부끄러움을 금할 수가 없었다. 당시 옥중의 죄수들 중에서도 이 같은 강도의 인격이 제일이었다. 왜놈에게 붙어 순사나 헌병 보조원 등 왜 관리를 하다가 감옥에 들어온 자는 감히 죄수들 가운데 머리를 들지 못했고 사기, 절도, 횡령 등으로 붙잡혀온 죄수들도 강도 앞에서는 옴짝을 못했기 때문에 죄수들 세계의 권위는 강도가 잡고 있었던 것이다.

그러나 우리 동지들 중에는 목단계의 부하 강도보다 월등한 이력을 가진 자가 많았다. 그중에 고정화가 밥의 돌과 옷의 이를 잡았던 항쟁을 위시하여, 고봉수高鳳洙의 담임 간수가 고봉수의 발에 채

355

여 거꾸러졌다가 일어난 후에 벌을 주지 않고 도리어 상을 준 일이 특이했다. 그 거꾸러진 왜놈은 죄수에게 봉변당한 것을 상관에게 보고를 하면 자기 얼굴에 침 뱉는 꼴이 될 것 같으므로 고봉수의 품행이 극히 모범이라고 보고를 했던 것이다. 또 김홍량은 간수들을 매수하여 보약을 몰래 갖다 먹고 각 신문을 들여다보기도 했다.

하지만 가장 특별한 행동을 한 이는 도인권都寅權이었다. 도군은 본래 용강 사람으로 노백린, 김희선, 이갑 등 여러 장령들로부터 무학을 배웠고, 일찍이 정교의 군직을 가졌다가 왜놈에게 군대가 해산된 후 향리에서 거주하던 중, 양산학교 교사로 초빙되어 근무했다. 사람됨이 민첩, 활발, 강직하여 10년 역을 받고 일하는 중에도 예수교를 독실하게 믿었다. 왜놈 교회사敎誨師가 일요일날 불상 앞에서 죄수들에게 머리를 숙여 예불을 명하면, 죄수들은 마음속으로는 천황 급살을 빌면서도 겉으로는 머리를 숙였다. 수백 명이 한 번 호령에 머리를 숙였는데 도인권 한 사람만 머리를 까딱 않고 앉아 있었다. 간수가 이유를 묻자, 도는 자기는 예수교도이므로 우상에 절하지 않는다 하였다. 왜놈들이 화가 나서 도인권의 머리를 억지로 누르려 하나 도는 눌리지 않으려 하여 큰 소동이 일어났다.

"일본 국법에도 신앙의 자유가 있고 감옥법에도 죄수들이 불교만 믿으라는 조문이 없는데, 어디에 근거하여 이런 짓을 하는가. 일본인의 눈으로 보아 도인권이 죄인이라 하나 신의 눈으로 보면 일본인이 죄인이 될지도 모르는 일이다."

이리하여 큰 시비가 일어났다. 급기야 교회(敎誨 : 잘 가르치고 타이르다)할 때 불상에 경배하는 일 한 가지만은 죄수들 자유에 맡긴다는

356

전옥의 교시가 있었다.

뿐만 아니라 전옥이 도인권에게 상표와 상장을 주었지만 도는 절대 받지 않았다.

"죄수들의 상표는 개전(改悛 : 잘못을 뉘우치고 고치다)하는 모습이 보이는 자에게 주는 것인데, 나는 당초에 죄가 없었고 죄수가 된 것은 일본 세력이 나보다 나아서 그런 것뿐이거늘 상이 무슨 상관인가?"

그 후에 가출옥을 시킬 때였다.

"나에게 죄가 없는 것을 지금이라도 깨달았으면 판결을 취소하고 아주 석방할 것이다. 가출옥이란 말에서 '가' 자가 마음에 상쾌하지 못하니 기한까지 있다가 나가겠다."

왜놈도 어쩌지 못하고 기한을 채워서 방면했다. 도인권의 행동은 강도로서는 능히 가지지 못할 것일 뿐 아니라, '만산고목일엽청(萬山枯木一葉靑 : 온 산의 마른나무 가운데 잎사귀 하나만 푸르다)'이라는 말과 같은 특색을 누가 경탄치 않으리오. 불서(佛書)의 '외외낙락정나라(巍巍落落淨裸裸 독보건곤수반아(獨步乾坤誰伴我)[146]란 구절을 도군을 위해 한번 외워보았다.

같은 죄수 중에 이종근(李種根)이라는 나이 스무 살의 청년이 있었다. 의병장 이진룡의 친척 동생으로 어려서부터 일어를 알아 노일전쟁 시에 왜장 명석(明石 : 아카시)이 통역으로 썼다. 그 후 헌병 보조원으로 있던 중에 이진룡이 의병을 일으켰을 초기에 종근을 잡아 사형을 집행하고자 하니, 종근이 이 의사를 향해 말했다.

---

146 불교의 산출게(山出偈)로, '높고 높아 하 넓음이여 감춤 없이 드러났네. 하늘 땅 홀로 걸으니 누가 나와 함께하리요'라는 뜻이다.

"제가 나이가 어려 대의를 모르고 왜의 주졸走卒이 되었으나 지금
이라도 형님을 따라 의병이 되어 왜병을 섬멸하고 공을 세워 속죄
케 하심이 어떻습니까?"

이 의사가 쾌히 승낙했다. 종근은 곧 보조원의 총기를 그대로 메
고 이 의사가 실패할 때까지 종군하다가 왜에게 사로잡혀 사형을
받게 되었다. 종근은 전에 신임을 받았던 명석에게 면회를 청해 용
서를 구한 결과 5년 역을 받았다. 종근은 왜 간수에게 부탁하여 자
기는 낫 놓고 기역자도 모르는 사람인지라 56호와 같이 자고 같이
일하게 해주면 문자를 배우겠다고 하여 허가를 얻었다. 두 해 동안
이나 문자를 가르치니 나도 종근의 애호愛護를 많이 받았다. 그러다
가 종근은 가출옥으로 풀려났다. 그 후에 집에서 온 편지를 보니,
종근이 자기 아내와 함께 안악까지 가서 어머님에게 보였다는 말
이 있었다.

어느 날 일을 나가는데 갑자기 일을 중지하고 죄수들을 한곳에 모
이게 하고, 명치의 사망을 선언한 뒤에 이른바 대사를 반포했다. 먼
저 보안 2년은 면형이 되어 보안율로만 징역을 살던 동지들은 그날
로 출옥하였다. 강도율에 해당자로는 명근 형은 감형이 되지 않았으
나, 15년 역에는 나 한 사람만 8년을 감하여 7년이 되었고, 김홍량
외의 몇몇은 거의 모두 7년을 감하여 8년이 되었고, 10년·7년·5년
들도 차례로 감형되었다. 불과 몇 달 후에 명치의 처 또한 사망하여
남은 기간의 3분의 1을 감하니 5년여의 가벼운 형이 되었다. 그때
는 명근 형도 종신에서 감해져 20년이라 하였으나 명근 형은 형을
더하여 죽을지언정 감형을 받지 않는다 했다. 그러나 왜놈은 "죄수

에 대해서는 모든 것을 강제로 집행하는 것이니, 감형을 받고 안 받고는 죄인의 자유에 있지 않다" 했다.

그때는 공덕리에 경성 감옥을 준공한 후이므로 명근 형은 그리로 이감되어 다시는 서로 얼굴조차 보지 못했다. 명근 형은 전후 17년 동안 감금되었다가 몇 년 전에 방면되어 신천 청계동에서 그 부인과 같이 1년여를 지냈다. 그러다가 중아령(中俄領 : 중국과 러시아령)에 사는 자기 부친과 친형제를 그리워하여 식구들과 이주하였다가, 워낙 긴 세월 동안 가혹한 고생을 한 탓에 저항력이 없어졌으므로 그다지 심하지도 않은 신병으로 만고의 한을 품고 중국 땅 화룡현에서 마침내 불귀의 객이 되었다.

그럭저럭 내가 서대문 감옥에서 지낸 것이 3년여이고 잔기는 불과 2년이라서 이때부터는 마음에 확실히 다시 세상에 나가 활동할 신념을 가지게 되었다. 그리하여 밤낮으로 세상에 나가서 무슨 사업을 할까 생각했다. 나는 본래 왜놈이 이름 지어준 '뭉우리돌'이었다. 뭉우리돌 대우를 받는 지사들 중에도 왜놈의 화부火釜, 즉 감옥에서 인간으로서는 당하지 못할 학대를 받고도 세상에 나가서는 도리어 왜놈에게 순종하며 남은 목숨을 이어가는 자가 있었으니, 그는 뭉우리돌 중에도 석회질이 섞여 있어서 다시 바다 같은 세상에 던져지면 평소 굳은 의지가 석회같이 풀리는 것 같았다. 그러므로 나는 다시 세상에 나가는 데 대해 우려가 적지 않았다. 만일 나도 석회질을 가진 뭉우리돌이라면 만기 이전에 성결한 정신을 품은 채로 죽는 것이 좋지 않을까 싶었다.

결심의 표시로 이름을 구九라 하고, 호를 백범白凡이라 고쳐 동지

359

들에게 알렸다. 구龜를 구九로 고친 것은 왜놈의 민적民籍에서 벗어나기 위함이요, 연하를 백범으로 고친 것은 감옥에서의 다년간 연구에 의해 우리나라 하등 사회, 곧 백정·범부들이라도 애국심이 지금의 나 정도는 되어야 완전한 독립 국민이 되겠다는 바람을 가지자는 것이었다. 감옥살이하면서 뜰을 쓸 때나 유리창을 닦을 때는 이런 생각을 하였다. '우리도 언젠가 독립 정부를 건설하여 내가 그 집 뜰도 쓸고, 창문도 잘 닦는 일을 해보고 죽게 하여 달라'고 상제께 기도했다.

나는 잔기 2년을 채 못 남기고 서대문 감옥을 떠나 인천으로 이감되었다. 원인은 내가 제2과장 왜놈과 싸운 사실 때문이었는데, 그놈이 비교적 고역이 심한 인천 축항 공사를 시키는 곳으로 보냈던 것이다. 서대문에는 우리 동지들이 많이 있어 마음으로 위로도 되고 노역 중에도 편한 점이 많아서 쾌활한 생활을 했다고 할 수 있다. 그곳을 떠나 철사로 허리를 묶고 30~40명 적의군赤衣軍[147]에 편입되어 인천 옥문 앞에 당도했다. 무술년 3월 초 9일, 한밤중에 탈옥하여 도망갔던 이 몸으로 17년 후에 철사에 묶여서 다시 이곳에 올 줄 누가 알았으랴.

옥문 안에 들어서며 살펴보니 새로이 감방을 증축하였으나 옛날에 내가 앉아 글을 읽던 방이 그대로 있고 산보하던 뜰이 그대로 있었다. 호랑이같이 도변이 놈을 꾸짖던 경무청은 매음녀의 검사소로, 감리사가 일을 보던 내원당은 감옥 창고가 되었고, 옛날 순검

---

147 붉은 죄수복을 입은 것을 이리 표현했다.

주사들이 뒤끓던 곳은 왜놈의 세계로 변해버렸다. 마치 사람이 죽었다가 몇십 년 후에 다시 살아나 자기가 놀던 고향에 찾아와서 보는 듯했다. 감옥 뒷담 너머 용동 마루턱에서 옥중에 갇힌 불효자인 나를 보시느라고 날마다 우두커니 서서 내려다보시던 선친의 얼굴이 보이는 것 같았다.

그러나 세상이 바뀌고 시간이 변한 탓에 오늘의 '김구金九'를 옛날의 '김창수'로 알 자는 없을 것이라고 생각되었다. 감방에 들어가보니 서대문에서 먼저 이감된 낯익은 사람들이 더러 있었다. 한 사람이 곁에 다가앉으며 나를 보고서 낯이 매우 익다며, "당신 김창수 아니오" 했다. 참말 청천벽력이었다. 놀라서 자세히 보니 17년 전에 절도 10년 형을 받고 같이 감방살이를 했던 문종칠文種七이었다. 나이가 들어 늙었지만 어릴 때 얼굴은 그대로 있었다. 다만 전과 달리 이마 위쪽에 쑥 파인 구멍이 있었다. 나는 잠시 머뭇거렸다. 그자는 내 얼굴을 자세히 보면서 말했다.

"창수 김 서방. 지금 내 얼굴에 구멍이 없다고 보시면 아실 것 아니오? 나는 당신이 탈옥한 뒤에 죽도록 매를 맞은 문종칠이오."

"그만하면 알겠구려."

나는 반갑게 인사를 하였다. 밉기도 하고 무섭기도 했다. 문종칠이 물었다.

"당시에 항구가 진동하던 충신이 지금은 무슨 사건으로 입감되었소?"

"15년 강도요."

문종칠은 입을 삐쭉거렸다.

"충신과 강도는 상거심원(相距深遠 : 거리가 아주 멀다)한데요. 그때 창수가 우리 같은 도적놈들과 같은 방을 쓰게 한다고 경무관을 꾸짖던 것을 보아서는 강도 15년 맛이 꽤 무던하겠구려?"

나는 문종칠의 말을 탓하기보다는 도리어 빌붙었다.

"여보, 충신 노릇도 사람이 하고 강도도 사람이 하는 것 아니오? 한때는 그렇게 놀고 한때는 이렇게 노는 거지요. 대체 문 서방은 어찌하여 다시 고생을 하시오?"

"나는 이번까지 감옥 출입이 일곱 차례인데 일생을 감옥에서 보내게 됩니다."

"형량은 얼마요?"

"강도 7년인데 5년이 되었으니, 한 반년 후에 다시 나갔다가 오겠소."

"여보, 끔찍한 말씀도 다하시오."

"자본 없는 장사는 걸인과 도적이지요. 더욱이 도적질에 입맛을 붙이면 별수가 없습니다. 당신도 여기서는 별 꿈을 다 꾸리라만은 사회에 나가만 보시오. 도적질하다가 징역한 놈이라고 누가 받아주려 하오? 자연 농공상(農工商)에는 발을 못 붙이지요. 개 눈에는 똥만 보인다는 말과 같이 도적질하여 본 놈은 거기만 눈치가 뚫려서 다른 길은 밤중이라오."

"그같이 여러 번이라면 어찌 감형이 되었소?"

"번번이 초범이지요. 역사적으로 공술하다가는 바깥바람도 못 쐬게요."

나는 서대문 감옥에서 평소에 같은 패거리로 도적질을 하다가 자기는 중형을 지고 복역하던 중에, 같은 패거리가 횡령죄를 지고 입감하여 감옥에서 서로 만나 지내는 가운데 중형을 받은 자가 경형자인 자기 동료를 고발해 종신역을 받게 하고, 자기는 그 공로로 형을 감면받고 후한 대우를 받아 같은 죄수들에게 질시를 받는 것을 보았다. 만일 문가를 건드려 노하게 하면 감옥에 눈치가 훤한 자이기 때문에 어떤 괴악한 행동을 할는지 알 수가 없었다. 나의 신문 기록으로는 단 3개월의 징역도 받을 사실이 없는데도 17년이나 지우는 왜놈들인데, 저희들의 군관을 죽이고 탈옥한 사실이 발각만 되는 날에는 아주 마지막일 것이었다. 처음 체포되었을 때 그 사실이 알려졌다면 죽든 살든 상쾌하게나 지낼 수 있었을 텐데, 만기가 1년 남짓 남은 이때 그동안 당하지 못할 욕, 감당키 어려운 가학을 다 견디고 나서 출세出世의 희망을 가진 오늘 문가가 고발만 하면, 내 한 몸은 고사하고 늙은 어머님, 어린 처자의 정경이 어떠할까.

그래서 문가를 대할 때 친절하고 또 친절하게 대해주었다. 집에서 부쳐주는 사식도 틈이 나면 문가에게 주어 먹게 하고, 감식 중이라도 그자가 곁에만 오면 나는 굶으면서도 문가에게 주어 먹였다. 그러다가 문가가 먼저 만기 출옥을 하고 나니 시원하기가 내가 출옥함보다 못하지 않았다.

아침저녁 쇠사슬로 허리를 마주 매고 축항 공사장에 일을 나갔다. 흙지게를 등에 지고 10여 장의 높은 사다리를 밟고 오르내렸다. 여기서 서대문 감옥 생활을 회고한다면 속담의 '누워서 팥떡 먹기라.' 불과 반일(半日 : 반나절)에 어깨가 붓고 등창이 나고 발이 부어서 운신을 못하게 되었다. 그러나 면할 도리가 없었다. 무거운 짐을 지고 사다리로 올라갈 때 여러 번 떨어져 죽을 결심을 했다. 그러나 같이 쇠사슬을 마주 맨 자들은 거의가 인천항에서 남의 구두 켤레나 담뱃값이나 도적질한 죄로 두세 달 징역 사는 가벼운 죄수들이어서 그들까지 죽이는 것은 도리가 아니기 때문에 생각 다 못해 일에 잔꾀를 부리지 않고 사력을 다해 일을 했다. 몇 개월 후에 소위 상표를 주었다. 도인권과 같이 거절할 용기도 없었고 도리어 다행이라고 생각했다.

감옥문 바깥에서 축항 공장으로 출입할 때, 왼쪽 첫 번째 집은 박영문의 물상객주 집이었다. 17년 전 부모님 두 분이 그 집에 계실 때, 박씨가 후덕한 사람인 데다 몹시 나를 사랑하여 나에게 심적, 물적으로 마음을 많이 쓰고, 아버님과 동갑이므로 친하게 지내던 그 노인이 문 앞에서 우리가 들어가고 나오는 것을 보고 계셨다. 나는 나의 은인이요, 또한 아버님의 동년배 친구이신 그분에게 곧 가서 절하고, "제가 김창수입니다" 하고 싶었다. 그렇게 하면 그이가 오죽이나 반겨할까. 왼편 맞은편 집 역시 물상객주인 안호연安浩然의 집이었다. 안씨 역시 나에게나 부모님에게 극진한 정성을 다하던 노인으로 여전히 그 집에 그대로 살기에 출입 시에 종종 마음속으로나마 인사를 하며 지냈다.

6~7월 더위가 심한 어느 날이었다. 갑자기 죄수들 전부를 교회당에 모이게 해서 나도 가서 앉았다. 소위 분감장分監長 : 감옥소장)이라는 왜놈이 좌중을 향해 55호를 부르기에 내가 대답하였다. 곧 일어나 올라오라는 호령을 듣고 단상에 올라가니 가출옥으로 방면한다는 뜻을 선언했다. 나는 꿈인 듯 생시인 듯 좌중 죄수들을 향하여

꾸벅 절을 하고, 곧 간수를 따라 사무실에 나가보니 벌써 준비해둔 흰옷 한 벌을 내어주었다. 그때부터 적의군이 변하여 백의인白衣人이 되었다. 맡겨두었던 금품과 출역했던 품삯을 계산하여 넘겨받았다.

옥문 밖으로 나와 걸으면서 생각했다. 박영문이나 안호연을 마땅히 찾아뵙고 인사드려야 하겠지만, 여전히 두 집에 객주 문패가 붙어 있으니 집 안이 조용치 못할 것은 보지 않아도 알 수 있었다. 또한 내가 그 두 분을 찾아뵈면 '김창수'라는 나의 본명을 말해야 그이들이 깨달을 것이다. 그 뒤에는 자연 그들 안집에 이야기가 될 것이다. 남자는 고사하고 부인들이 내가 왔다는 말을 들으면 20년 동안이나 생사를 모르던 터에 기이한 일이라고 자연 말이 나돌게 될 것이다. 그렇게 되면 나의 신변에는 위험천만한 일이 될 것이다. 박씨나 안씨 집을 지날 때에 발길이 떨어지지 않는 것을 억지로 지나며 옥중에서 친하던 중국인을 찾아가서 하룻밤을 자고, 다음 날 아침에 전화국으로 가서 안악으로 전화를 걸어 아내를 불렀다. 안악국에서 전화를 받는 고용원이 성명을 물어 김구라고 대답하니, "선생님 나오셨소?" 하였다.

"예, 나와서 지금 차 타러 나갑니다."

"예, 그러시면 제가 댁에 가서 말씀드리겠습니다."

"끊읍시다."

그는 나의 제자였다.

그날로 경성역에서 경의선 차를 타고 신막新幕에서 하룻밤을 잤다. 다음 날 사리원에서 하차하여 선유진을 지나 여물평을 건너가며 살펴보니 전에 없던 신작로로 수십 명이 쏟아져 나오는데, 그 선두에서 어머님이 나의 걸음걸이를 보시고 눈물을 흘리며 와서 붙드시며 말씀하셨다.

"너는 오늘 살아오지만 너를 그렇게 사랑하고 늘 보고 싶다던 네 딸 화경이는 서너 달 전에 죽었구나. 너에게 알릴 것 없다고 네 친구들이 권하기에 기별도 안 했다. 그뿐 아니라 일곱 살도 안 된 어린것이지만 죽을 때에 부탁하기를, '저 죽었다고 옥에 계신 아버지께는 기별 마십시오. 아버지가 들으시면 오죽이나 마음이 상하겠습니까' 하더라."

나는 그 후에 곧 화경이 묘지(안악읍 동쪽 기슭 공동묘지)에 가보았다. 그 뒤로 김용제 등 수십 명의 친구들이 다투어 달려드니 슬픔과 기쁨이 교차하는 얼굴로 인사를 하고 돌아와 안신학교로 들어갔다. 그때까지 아내는 안신여교 교원 사무를 보며 교실 한 칸에 살고 있었으므로, 나는 예배당에 앉아서 오는 손님들을 맞았다. 아내는 무척 수척한 얼굴로 여러 부인들과 같이 잠시 나의 얼굴을 보는 둥 마는 둥 하고서는 음식 준비에 바빴다. 그것은 어머님과 아내가 상의하여 내가 전에 친하던 친구들과 같이 앉아 음식 먹는 것을 보겠다는 마음으로 성심을 다하여 음식을 준비함이었다.

며칠 후에 읍내 친구들이 이인배 집에서 나를 위해 '위로회'를 열고 나를 초청했다. 한편에는 노인들, 한편에는 중늙은이들, 즉 나의 친구들, 또 한편에는 평일 나의 제자들인 청년이 모였다. 식사가 시작될 즈음에 느닷없이 기생 한 떼와 악기가 들어와 놀랐다. 최창림崔昌林 등 몇몇 청년들이 말했다.

"선생님을 오래간만에 뵈오니 너무 좋아서 저희들은 좀 즐겁게 놀랍니다. 선생님은 아무 말씀도 마시고 여러분과 같이 진지나 잡수십시오."

노인들도 김 선생은 젊은 사람들의 일은 묻지 마시고 이야기나 하자고 했다. 청년들이 아무 기생을 지정하여 "김 선생님께 수배(壽 盃 : 장수를 기원하는 잔)를 올려라"하는 말이 끝나자 한 기생이 술잔을 부어 들고 권주가를 했다. 청년들이 한꺼번에 일어나 나에게 "저희들이 성의로 드리는 술 한 잔 하시고 건강하십시오"하고 청원하니, 나는 웃으며 "평소에 내가 술 마시는 것을 여러분이 보았는가? 먹을 줄 모르는 술을 어찌 마신단 말인가?" 하고 사양하였다. 청년들이 물 마시듯 마셔보라고 하며 기생의 손에 든 술잔을 빼앗아 내입에다 대며 강제로 권했다. 나는 그 청년들 감흥을 깨뜨릴까 하여 술 한 잔을 받아 마셨다. 청년들이 한편으로는 나에게 술을 권하며 계속하여 기생의 가무가 시작되었다.

이인배 집 앞이 바로 안신학교이므로 음악소리와 기생의 노랫소리가 어머님과 아내의 귀에 들렸다. 곧 어머님이 사람을 보내어 나를 부르셨다. 그 눈치를 안 청년들이 어머님께 가서 "선생님은 술도 아니 잡수시고 노인들과 이야기나 하십니다"하였다. 그 말을 들으시고 어머님이 친히 오셔서 부르셨다. 나는 어머님을 따라 집으로 왔다. 어머님께서 분노하시어 책망을 내리셨다.

"내가 여러 해 동안 고생을 한 것이 오늘 네가 기생 데리고 술 먹는 것을 보려 함이었더냐?"

나는 무조건 용서를 빌었다. 어머님도 어머님이시거니와 아내가 어머님께 고발하여 그 술자리에서 물러나게 했던 것이다.

아내와 어머님 사이에 예전에는 고부간에 충돌되는 점도 없지 않았으나, 내가 잡혀간 후부터는 6, 7년간 서울과 지방을 전전하며 별별 고생을 다하는 중에 고부간이 일심동체로 조금도 충돌 없이 지냈다고 한다. 경성에서 지낼 때에는 연동 안득은安得恩 여사와 곽귀맹郭貴孟 여사의 도움도 많이 받았다 한다. 살림이 어려워 화경이는 어머님에게 맡기고 아내가 매일 왜놈의 토지국 제책 공장에서 힘든 노동을 했으며, 어느 서양 여자가 아내의 학비를 담부(擔負 : 부담)하고 공부를 시켜주겠다고 하였으나 설움에 파묻힌 어머님과 어린 화경이를 돌볼 결심으로 공부도 못하였노라며, 종종 자기 의사와 맞지 않을 때에는 반드시 이런 말을 해서 나를 괴롭게 했다.

다른 가정에서는 보통 부부간에 말다툼이 생기면 모친은 주로 자기 아들의 편을 들지만, 우리 집안은 아내가 나의 의견에 반대할 때는 어머님이 열 배, 백 배의 권위로 나만 몰아세웠다. 가만히 겪고 보니 고부간에 이어(耳語 : 귓속말)가 있은 후에는 반드시 내게 불리한 문제가 발생했다. 그러므로 집안일에 대해서는 한 번도 내 마음대로 해본 적이 없다고 해도 과언이 아니다. 내가 아내의 말에 반대만 하면 어머님이 만장萬丈[148]의 기염으로 호령하셨다.

"네가 옥에 들어간 후에 젊은 처자를 둔 네 동지들 중에 남편이 죽을 곳에 있음에도 불구하고 이혼을 하든지 추행을 하든지 하는 판이었다. 그런데 네 처의 절행節行은 나는 고사하고 너의 오랜 친구들이 모두 인정하였으니 네 처를 결코 박대하면 못쓴다."

---

148 높이가 만 길이나 된다는 뜻으로, 아주 높거나 대단함을 이르는 말이다.

이런 말씀을 하시기 때문에 내외가 싸우면 나는 한 번도 이기지를 못하고 늘 지기만 했다.

어머님이 말씀하셨다.

"네가 잡혀간 후에 우리 세 식구가 해주 고향에 들러서 경성으로 가려 하니, 네 준영 삼촌은 극력으로 만류했다. 자기가 집이나 한 칸 짓고 살림을 차려드릴 테니 다른 곳으로 가지 말라 하고, 형수와 질부를 고생시키지 않고 조밥이라도 먹으면서 조카가 살아 돌아올 수 있도록 뒤를 돌봐줄 것이라 하며, 젊은 며느리를 데리고 다니다가 무지한 놈들에게 빼앗기면 어찌하느냐고 야단을 했다. 그렇지만 내가 네 처의 굳은 심지를 알기 때문에 그 같은 권유에도 경성으로 출발하였다. 네가 장기간(장기 징역) 판결이 난 후에 아무리 고생을 하더라도 네가 있는 근처에 머물며 살고자 하였으나, 그것도 여의치 못하여 다시 고향으로 돌아왔다. 그 후에 종산 우종서 목사의 도움으로 그곳에서 지낼 때 준영 삼촌이 쌀을 소달구지에 싣고 그곳까지 찾아왔더라. 네 삼촌의 너에 대한 정분이 전보다 더욱 애절하였다. 네가 출옥한 줄만 알면 와볼 텐데. 편지나 하여라. 네 장모도 너를 전보다 더욱 애중히 여기니 곧 통지해라."

이렇게 분부하셨다. 나는 서대문에서 한 번은 어머님을, 한 번은 아내를 면회한 뒤로 매번 면회 기간이면 장모가 늘 오는 것을 보고서, 전날 그 큰딸의 관계로 너무 박하게 한 것도 후회하고 매번 면회하러 오는 것을 감사하게 생각했었다. 준영 삼촌과 장모에게 감옥에서 나온 사유를 편지를 써서 부쳤다.

안악 헌병대에 출두하니 장래 취업에 대하여 물어왔다. 나는 평소에 아무 기술도 없고 단지 학교에서 다년간 근무를 한 경험이 있고, 안신학교에서 나의 아내가 교편을 잡았으니 가르치는 것을 도우면 어떠한가 했다. 그러자 왜놈이 공식으로는 불가능하나 비공식으로 일을 돕는다면 경찰은 묵과하겠다고 말했다. 나는 날마다 안신학교에서 어린아이들을 가르치며 세월을 보냈다.

나의 서신을 본 장모는 좋아라 했다. 큰딸은 이미 부절[婦節 : 부녀자의 절개, 정절]을 잃고 보조원의 첩이 되었으나 몸에 폐렴이라는 중병을 얻어 다시 모녀가 같이 살게 되었는데, 생활할 방도가 없어 곤경에 처해 있던 때라 염치 불구하고 병든 딸을 데리고 우리 집에 들어왔다. 전과 같으면 보조원의 첩이라고 문 안으로 들이지 않았을 터인데, 죽을병이 들어 자기 동생의 집으로 오는 것을 보니 미운 마음보다는 오히려 가련한 마음이 들어 다 같이 살게 되었다. 울적한 나머지 이리저리 다니며 바람이나 쏘일 마음도 들었지만 이른바 가출옥 기간이 일곱, 여덟 달이 남아 있었기 때문에 무슨 볼일이 있어 어디를 가려면 반드시 그 이유를 헌병대에 보고하여 허가를 얻은 후에 나갈 수 있었다. 그런 청원을 하기가 싫은 탓으로 가까운 군에 출입도 하지 않았다. 그 후 해제가 되자 김용진 군의 부탁을 받고 문화의 궁궁[弓弓] 농장의 추수를 살펴보고 돌아왔다.

그때 해주 준영 작은아버지께서 점잖은 조카를 보러 가면서 초라하게 갈 수 없다 하여 남의 말까지 빌려 타고 와서 이틀이나 지내셨는데, 내가 언제 돌아올지 몰라 몹시 섭섭해하시며 돌아가셨다 했다. 나도 역시 섭섭하였으나 그해 연말이 얼마 남지 않았고 해서 정초를 기다려 삼촌에게 신정 문안을 하고 선친 묘소에 성묘를 하기로 하고 새해 정초를 맞았다. 정초 사나흘은 이곳 존장도 찾아보고 어머님을 뵈러 오는 친구들을 접대하기도 했다.

초닷새에 해주에 가보기로 작정했는데, 초나흘 저녁 무렵에 재종동생 태운이가 와서 "준영 당숙이 별세하셨습니다"는 소식을 전하니 놀라지 않을 수 없었다. 여러 해 동안 옥중 고생을 하던 나를 보고 싶어서 찾아오신 다음, 정초에는 볼 줄 알고 기다리시다 끝내 내 얼굴을 못 보고 멀고 먼 길을 떠나실 때에 그 마음이 어떠하셨을까. 하물며 당신 역시 딸은 하나 있으나 아들이 없고, 4형제 소생으로는 오직 나 하나뿐인 조카를 보고 영결하고 싶은 마음이 얼마나 간절하셨을까?(백부 백영은 두 아들 관수, 태수가 있었으나 관수는 스무 살 무렵에 결혼까지 하고 사망하였고, 태수는 나보다 두 달 먼저 태어난 동갑으로 장련에서 나와 같이 살다가 갑자기 죽어 역시 자손이 없었다. 딸 둘도 모두 출가한 후 죽어 후사가 없었다. 필영 숙부는 딸 하나뿐이었고, 준영 숙부도 역시 딸 하나뿐이었다.)

다음 날 아침에 태운과 같이 기동에 도착하여 장례를 치르고 기동(텃골 고개) 동쪽 기슭에 입장했다. 집안을 대강 처리하고 선친 묘소에 나가 내가 손으로 심은 잣나무 두 그루를 살펴본 후 다시 안악으로 돌아왔다. 그 후로는 정도 많고 한도 많은 기동 산천을 보지 못했고, 아직 생존해 계신 당숙모와 재종조도 찾아뵙지 못했다. 그 해에 셋째 딸 은경이가 태어났다. 나는 안신학교에서 교수를 하고 있었기 때문에 매번 추수 때에는 김용진의 농장에 타작을 보러 갔다.

농부

읍 생활에 취미가 식어가면서 홍량과 용진, 용필을 만나 농촌 생활을 부탁했다. 그이들은 자기네 소유 중에 산천이 맑고 아름다운 곳을 골라 드리겠으니 농사나 잘 감독해달라고 하기에 쾌히 승낙했다. 내가 해마다 수확을 살펴본바, 예부터 농사하기가 가장 성가시고 말썽 많고 풍토병 구덩이로 유명한 곳은 동산평이었다. 그리로 보내달라고 하니 그이들 숙질은 놀라며 물었다.

"동산평이야 되겠습니까? 소작인들의 인품이 극히 험난할 뿐 아니라 물과 땅도 극히 좋지 못한 곳으로 가서 어찌 견디시렵니까?"

"나 역시 몇 해 동안 그 땅 소작인들의 악습 패속을 자세히 살펴보았으므로 그런 곳에 가서 농촌 개량에나 취미를 붙이려고 그런다네."

물과 땅에 대한 것은 주의하여 지낼 셈 잡고 기어이 동산에 가겠다고 고집하였다. 그이들은 '마음속으로는 원하는 바이지만, 밖으로는 감히 청하지 못한다'는 말이 있듯이 동산평 감독을 내가 지원하는 것을 다행으로 생각했다.

동산평은 예부터 궁장宮庄으로 감관(監官 : 감독관)이나 작인(作人 : 소작인)들이 호상협잡(互相挾雜 : 그릇된 짓으로 남을 속이다)하여 추수에 1000석을 거두고서도 궁宮에는 몇백 석만을 거두었다고 보고하여 감관이 가로채는 한편, 소작인들도 수확기에 벼를 베어 거두어 운반하고 탈곡할 때 전부 도적질을 해서 실제 곡량(穀量 : 곡식의 수확량)이 얼마 못 되었다. 게다가 감관 역시 스스로 도적질해오기를 수백 년이 되었고, 소작인의 악습 악풍도 극히 달해 있었다. 김씨 집안에서 이 농장을 사들인 것도, 처음에 진사 김용승이 혼자 사들여 큰 손해를 입어 파산 지경에 빠졌었다. 그러자 우애가 각별한 여러 아우들이 그 손해를 분담하고 동산평을 김씨 문중의 공동 소유로 한 것이었다.

예부터 노형극盧亨極이란 자가 그 땅 감관으로 있었는데, 소작인 등을 자기 집에 불러 모아 도박을 하게 하여 추수 때에 소작인들 몫의 곡물을 전부 탈취하므로, 도박에 응하지 않는 사람은 농작지를 얻기가 어려웠다. 소작인의 풍습은, 부형[父兄 : 아버지와 형]은 도박하고 자제[子弟 : 아들과 동생]는 망보는 것이 보통이었다. 내가 굳이 그 땅의 감농을 요구한 본뜻은 그러한 풍기를 개선하고자 함이었다.

정사[丁巳 : 1917] 2월에 동산평으로 이사하였다. 나는 어머님께 소작인들 중에 뇌물을 가지고 오는 사람이 있으면 내가 없더라도 일체 거절하시라고 주의를 드렸다. 그러나 내 앞에 연초[煙草 : 담뱃잎], 닭, 어과품[魚果品 : 생선, 과일] 등 물건을 가져다주는 사람들이 있었으며, 그들은 반드시 농작지를 부탁했다.

"그대가 공수[空手 : 빈 손]로 왔으면 사량[思量 : 생각하고 헤아리다]할 여지가 있으나, 뇌물을 가지고 와서 부탁한다면 그 말부터 듣지 않을 터인즉, 물건을 도로 가져가고 후일 다시 빈손으로 와서 말하라."

"뇌물이 아니올시다. 선생께서 새로 오셨는데 내가 그냥 오기 섭섭하여 좀 가져왔습니다."

"그대 집에 이러한 물건이 많다면 구태여 남의 토지를 소작할 것 없으니 그대의 농작지는 타인에게 주겠소."

그자들은 처음 들어보는 말인 까닭에 어쩔 줄을 몰라 하며 말하였다.

"이것은 전에 계시던 감관님에게 항상 주어오던 것입니다."

"전자 감관은 어찌했던지 본 감관에게 그런 수단을 써서는 안 되오."

이렇게 말하며 매번 그들을 돌려보냈다. 그리고 나는 소작인 준수 규칙 몇 조항을 반포하였다.

1. 소작인으로 도박을 하는 자에게는 소작권을 허락하지 않을 것임
2. 학령 아동이 있는 사람으로 그 아동을 학교에 입학시키는 자는 일등지 두 마지기씩을 덧붙여 지급할 것임
3. 집에 학령 아동이 있는데 입학을 시키지 않는 자에게는 이미 지급된 소작지에서 상등지 두 마지기를 거두어들일 것임
4. 농업에 근실한 성적이 있는 자는 조사하여 추수할 때 곡물로 상여할 것임

이상 몇 개의 조항을 공포한 후에 동산평 안에 소학교를 설립하여 교사 한 명을 초빙하고, 학생 20여 명을 모집하여 학교를 열었다. 교원이 부족하여 나도 시간이 나면 교과를 맡았다. 소작인들이 토지를 부탁하고자 하여도 학부형이 아니면 말 붙이기가 어렵게 되었다. 자연히 전 감관 노형극 대여섯 형제는 규칙을 지키지 않고 나의 농사 정책에 대하여 반대의 입장에 섰다. 노가 형제의 소작 전지는 동산평 안에서 상등지라, 그 토지 전부의 소작권을 회수한다는 통지를 보내놓고 학부형들에게 분배하고자 하였으나, 한 명도

374

감히 경작하겠다는 사람이 없었다. 이유를 물어보니 노가의 위협을 두려워해서였다. 그래서 나는 나의 소작지를 분배해주고 내가 노가에게서 회수한 농지를 경작하기로 했다.

어느 날 어두운 밤에 문밖에서 김 선생님을 부르는 자가 있어서 집 밖에 나가니 누군가가 "김구야, 좀 보자"고 했다. 나는 그자의 음성을 듣고 노형근盧亨根임을 알았다. 밤중에 무슨 이유로 왔느냐고 물으니, 노가는 와락 달려들어 나의 왼쪽 팔을 힘껏 물고 늘어졌다. 그러고는 힘껏 나를 끌고 저수지 근처로 나갔다. 이웃에 사는 동네 사람들이 겹겹이 둘러섰으나 한 명도 감히 싸움을 말리는 자가 없었다. 나는 생각하였다. 이같이 무리한 놈에게는 의리도 소용이 없고 당장에 완력으로 대항하는 수밖에 없는데, 노가는 나에 비해 연부역강(年富力强 : 나이도 젊고 힘도 세다)한 놈이었다. '목상목치상치(目償目齒償齒 : 눈에는 눈, 이에는 이)' 격으로 나는 그놈의 오른팔을 힘껏 물고 치하포에서와 같이 극단의 용기를 내어 저항하니, 노가는 그만 나의 물었던 팔을 놓고 물러섰다.

나는 노가의 여러 형제와 도당이 몰려와서 인가에 숨어 있고 노형근을 선봉으로 내보낸 사실을 알고 있었다. 나는 큰 소리로 말했다.

"형근이 한 명만으로는 나의 적수가 못 되니 너희 노가의 무리는 숨어 있지만 말고 도적질을 하든지 사람을 죽이든지 예정 계획대로 해보아라."

과연 숨어서 형세를 엿보던 노형극의 무리들은 웅성거리기만 하고 나오는 자가 없었다. 형근이 말했다.

"야, 김구야. 이전에 당당하던 경감(京監 : 서울에서 파견된 감관)도 저

375

수지 물맛을 보고 쫓겨 간 자가 얼마나 되는지 아느냐?"

잠복하고 있던 한 사람이 툭 튀어나와 다른 곳으로 가며 "어느 날이고 바람 잘 부는 날 두고 보자"고 말했다. 나는 겹겹이 둘러서서 싸움 구경하는 자들을 향해 소리쳤다.

"여러 사람들은 저자의 말을 명심하시오. 어느 날이고 내 집에 화재가 나면 저놈들의 소행이 분명할 것이니 여러 사람들은 그때 증인이 되어주시오."

형근이 물러간 후에 여러 사람들은 나에게 노가 형제들과 원수를 맺지 말라고 권했다. 나는 준엄하게 책망하고 밤을 지냈다. 어머님은 밤으로 안악에다가 그날 일어난 일을 알려주었다.

다음 날 아침, 용진과 홍량 숙질이 의사 송영서宋永瑞를 동반하여 급한 걸음으로 달려와서는 나의 상처를 진단하고 소송 수속을 준비했다. 노가 형제들은 몰려와서 머리를 숙여 사죄를 했다. 용진과 홍량 두 사람을 말리는 한편, 노가로부터 다시는 그 같은 일이 없을 거라는 서약을 받고 그 문제를 매듭지었다. 그 후로는 이미 반포한 규칙을 한결같이 준수하였다.

나는 날마다 일찍 일어나서 소작인의 집을 방문하여 게으름을 부리며 늦도록 잠을 자는 자가 있으면 깨워서 꾸짖고 집안일을 보도록 했다. 또 집 안이 더러운 자는 깨끗이 청소하라고 하고, 땔나무로 쓸 마른풀을 베고, 짚신을 삼고, 자리를 짜도록 장려했다. 수확기에는 평시에 소작인들의 〈근만부勤慢簿〉[149]를 비치하였다가 농

149 근면하고 태만한 자를 적은 장부를 말한다.

장주의 허가를 얻은 범위 내에서 열심히 농사를 지은 자에게는 후하게 상을 주고, 태만한 자에게는 다시 태만하면 경작권을 허락하지 않을 것이라고 미리 알려주었다.

종전 추수 때에는 대개가 타작하는 마당에 채권자가 모여들어 곡물 전부를 다 가져가버리고, 소작인은 타작 기구만 가지고 집으로 갔었다. 그런데 내가 감독을 한 후로는 곡식 자루를 소작인들이 자기 집으로 운반하게 되었다. 농가 부인들이 더욱 감사하는 마음을 갖게 되어 나를 집안의 늙은이 모양으로 친절하게 대우해주었고 도박 풍조는 거의 근절이 되었다. 이때 장덕준 군이 재령에서 명신여학교 소유의 장토〔庄土 : 개인이 소유하는 논밭〕를 관리하게 되었다. 장군이 평시 연구한 것과 일본 유학 때 시찰한 농촌 개발의 방안을 갖추어 앞으로 협조하기로 하여, 몇 차례 서신이 오갔다. 동산평에서 같이 농토를 간검〔看儉 : 두루 살펴어 검사하다〕하는 동업자요, 동시에 동지인 지일청池一靑 군은 전에 교육운동을 하던 시절부터 아는 사이여서 둘이 힘을 모아 진행하였으므로 그 효과를 크게 보았다.

출국

딸아이 은경이가 죽고 처형 역시 사망하여 그곳 공동묘지에 매장하였다. 무오〔戊午 : 1918〕 11월에 인仁이가 태어났다. 인이가 뱃속에 있을 때에 어머님 소망은 물론이고 여러 친구들이 아들을 얻기 바란 것은, 내 나이가 마흔이 넘었고 또 누이가 없이 혼자이므로 자식이 없을까 걱정해서였다.

인이가 난 후에 김용제는 어머님을 치하하면서 말했다.

"아주마님, 손자 장가보낼 때 내가 후행後行 갈게요."

김용승 진사가 이름 짓는 것을 맡아 '김인金麟'이라 했는데 왜의 민적에 등록이 되어 있어서 '仁'으로 고쳤다.

인이 태어난 지 석 달째였다. 무거운 구름이 드리워진 추운 겨울이 지나고 따스한 봄날에 부드러운 바람이 부는 기미(己未 : 1919) 2월이 돌아왔다. 청천벽력과 같이 경성 탑골공원에서는 독립 만세 소리가 일어났다. 〈독립선언서獨立宣言書〉가 각 지방에 배포되자 평양, 진남포, 신천, 안악, 온정, 문화 각지에서 벌써 인민이 궐기하여 만세를 불렀다. 안악에서도 준비하던 때라 장덕준 군이 사람을 시켜 자전거에 태워 편지 한 통을 보내왔다. 편지를 열어보니 국가 대사가 일어났으니 같이 재령에 앉아서 토의를 진행하자고 하였다. 나는 기회를 보아서 움직이마고 답장을 보내고 몰래 진남포를 건너 평양으로 가려 했다. 그러나 그곳 친구들이 평양에 무사히 도달하기 불가능하니 고향으로 돌아가라는 권고를 하기에 그날로 돌아왔다.

집으로 돌아와 보니 안악에서는 이미 준비가 다 되었으니 나도 나가서 만세를 같이 부르자고 하는 청년들이 있었다. 나는 그들에게 만세운동에는 참여할 마음이 없다고 하였다. 그러자 그들은 선생님이 참여하지 않으면 누가 이끌어가겠냐고 물었다. 나는 그들에게 "독립은 만세만 불러서 되는 것이 아니고 장래사를 계획하고 진행하여야 할 테니 나의 참, 불참이 문제가 아니다. 그러니 어서 가서 만세를 부르라" 하고 돌려보냈다. 그날 안악읍에서 만세를 불렀다. 나는 다음 날 아침 동산평의 모든 소작인들을 지휘하여 농구를 가지고 일제히 모이라 하고 지팡이를 짚고 축동에 올라 제방 수리에 몰두하였다. 우리 집 안을 감시하던 헌병 놈들이 나의 동정을 살펴보았지만, 농사 준비만 하는 것으로 생각했는지 정오가 되자 유천柳川으로 올라가버렸다. 나는 점심시간에 각 소작인들에게 하던 일을 마저 하라고 일러 부탁한 후, "잠시 근처 동네에 다녀오마" 하고 안악읍에 도착했다.

도착해보니 김용진 군이 말했다.

"홍량더러 상해에 가라고 했더니 10만 원을 주어야 가지 그렇지 않으면 못 떠나겠다고 합니다. 그러니 선생님부터 가시고 홍량은 추후로 가게 하지요."

지체할 수 없는 형편을 보고 즉시 출발하여 사리원에 도착하여 김우범 군의 집에서 하룻밤을 묵은 후 다음 날 아침 신의주행 기차에 올랐다. 차 안에는 물 끓듯 하는 말소리가 만세 부르는 이야기뿐이었다. 평금천(평천과 금천)은 어느 날 불렀고, 연백은 어느 날, 황봉산에서 어떻게 불렀다 하는 이야기들이었다. 평양을 지나는데 역시 어디서 만세 부르다가 사람 몇 명이 다쳤다고 하였다. 어떤 사람은 우리가 죽지 않고 독립이 된다 하고, 또 어떤 사람은 우리 독립은 벌써 되었다고 하고, 아직 왜가 물러가지만 않은 것뿐이니 전국의 인민이 다 떠들고 일어나 만세를 부르면 왜놈이 자연 쫓겨나고야 말 것이라고도 하였다. 그런 이야기에 배고픈 것도 잊고 신의주역에서 내렸다.

그 전날 신의주에서 만세를 부르고 21명이 구금되었다고 했다.

개찰구에 왜놈이 지키고 서서 승객들을 엄밀히 검사했다. 나는 아무 짐도 없이 수건에 여비만 싸서 요대에 잡아매었다. 무슨 물건이냐 하고 물으면 돈이라 답하고 무엇 하는 사람이냐고 물으면 목재상이라 했다. 왜놈은 "재목이 사람이야" 하고 가라고 했다. 신의주 시내에 들어가 요기를 하며 공기를 살펴보니 그곳 역시 흉흉하였다. 오늘 밤에 또 만세를 부르자고 아까 통지가 돌아갔다는 등 술렁술렁했다.

나는 중국인 인력거를 불러 타고 바로 큰 다리 위를 지나서 안동현의 어떤 여관에서 이름을 바꿔 말하고 좁쌀 장수로 위장하여 7일을 보낸 후, 이릉양행 배를 타고 상해로 출발했다. 황해안을 지날 때 일본 경비선이 나팔을 불고 따라오며 정지할 것을 요구했다. 하지만 영국인 함장은 들은 체도 않고 전 속력으로 경비 구역을 지나서 4일 후에 무사히 황포黃浦 동마두東碼頭에 하정〔下碇 : 닻을 내리다〕하였다. 그 배에 함께 탄 동지는 모두 15명이었다. 안동현에서는 아직 얼음 덩어리가 첩첩이 쌓인 것을 보았는데 황포 부두에 내리며 바라보니 녹음이 우거졌다. 공승서리公昇西里 15호에서 하룻밤을 지냈다.

이때 상해에 모인 인물들 중에 평소 나에게 친숙한 이들의 이름은 이동녕, 이광수, 김홍서, 서병호 네 사람만 들어서 알겠고, 그 외는 구미와 일본에서 건너온 인사들과 중아령과 내지〔內地 : 일본〕에서 모인 인사들, 전부터 중국에 유학 중이거나 상업을 하던 동포들로 그 숫자를 합하면 500여 명이라 했다. 다음 날 아침, 전부터 식구들과 상해에 먼저 와서 살던 김보연 군이 와서 자기 집으로 데리고 가 숙식을 같이하였다. 김군은 장연읍 김두원의 큰아들인데 경신학교 출신으로 전에 내가 장연에서 학교일을 맡아볼 때부터 나에게 성심 애호하던 청년이었다. 동지들을 방문하여 이동녕, 이광수, 김홍서, 서병호 등 옛날 동지들을 만나보았다.

그때 임시정부가 조직되었다. 이에 대해서는 국사에 자세히 기록될 것이기 때문에 그만 생략하고 나는 내무위원의 한 사람으로 뽑히게 되었다. 그 후에 안창호 동지는 미주로부터 상해로 건너와서 내무총장으로 취임하였고, 제도는 차장제를 채용하였다.

경무국장

나는 안창호 동지에게 정부의 문지기를 시켜달라고 부탁했다. 이유는 종전에 국내에 있을 때 나의 자격을 시험하기 위해 순사 시험 과목을 보고 혼자 슬며시 시험해본 결과 합격이 어려울 것임을 알았다. 그런 경험과 허영을 탐하여 실무에 소홀히 할 염려가 있었기 때문이었다. 안 내무총장은 내 청을 쾌히 받아들였다. 자기가 "미국에서 본 바에 의하면 특히 백궁(白宮 : 백악관)만을 지키는 관리를 두었으니, 우리도 백범 같은 이가 정부 청사를 지키도록 하는 것이 좋다 하며 국무회의에 제출하여 결정하겠다" 했다.

다음 날 도산은 나에게 느닷없이 경무국장 사령서를 교부하며 취임하여 업무를 시작할 것을 강력히 권했다. 그때는 국무회의의 각부 총장들이 아직 다 취임하지 않았으므로, 각부 차장이 총장의 직권을 대리하여 국무회의를 진행하던 때였다. 그때 차장들은 윤현진, 이춘숙 등 젊은 청년들이었으므로 노인에게 문을 여닫게 하고 그리로 통과하기가 미안하다 하고, 내가 다년간 감옥 생활로 왜놈의 실정을 잘 알 터이니 경무국장이 적합해 인정되었다고 했다.

나는 한사코 사양했다.

"순사의 자격조차 되지 못하는데 어찌 경무국장이 된단 말이오?"

그러나 도산은 굽히지 않았다.

"백범이 만일 사양하고 피하면 청년 차장들의 부하가 되기 싫어한다고 여러 사람들이 생각할 테니 사양하지 말고 공무를 집행하시오."

나는 부득이 응해 승낙하고 취임할 수밖에 없었다.

대한민국 2년에 아내가 인이를 데리고 상해에 와서 살았다. 국내에는 어머님이 장모와 같이 동산평에 계시다가 장모 또한 별세해역시 그곳 공동묘지에 안장하였다. 4년에 어머님이 상해에 오셔서모처럼 재미있는 가정을 이루었다. 그해 8월에 신信이가 태어났다.

경무국에서 접수한 국내 보도에 의하면, 왜놈이 나의 '국모보수사건'을 24년 만에 비로소 알았다 했다. 그 비밀이 그처럼 오랜 세월, 더구나 양서에서는 인인개지(人人皆知 : 사람들이 다 알다)하던 일을그같이 오랫동안 왜놈들에게 감추어진 것은 참으로 드물고 기이한일이었다. 내가 학무총감의 직을 띠고 해서 각 군을 순회할 당시,학교에서나 공중에게 "왜놈을 다 죽여 우리 원수를 갚자"고 연설할때마다 매번 나를 본받으라고 치하포 사실을 말했었다. 해주 검사국과 경성 총감부에서 각 방면의 보고를 수집하여 나의 일언일동一言一動을 '김구'란 제목의 책자에 자세히 실었지만, 어떤 정탐꾼도 그사실만은 왜놈에게 보고하여 알리지 않았던 것이다. 그러다가 내가 본국을 떠나서 상해에 도착한 것을 알고 나서야 비로소 그 사실이 왜놈들에게 알려졌다고 했다. 이것 하나만 보더라도 우리 민족의 애국심이 충분히 장래에 독립의 행복을 누릴 수 있으리라고 나는 예견할 수 있었다.

상처喪妻

민국 5년에는 내무총장으로 시무視務하였다. 그 사이 가처家妻 : 아내)는 신이를 해산한 후에 낙상으로 인해 폐렴에 걸려 몇 년을 고생하고 있었다. 그러다가 상해 보륭의원에서 진찰을 받고, 역시 서양인 시설의 격리 병원에 입원하게 되었다. 나는 보륭의원에서 아내와 마지막 작별 인사를 했는데, 그 후 아내는 홍구 폐병원에 입원하였다가 6년 1월 1일에 영원의 길을 떠났다. 법계法界 : 프랑스 조계) 숭산로崇山路 포방浦房 뒤편의 공동묘지에 아내를 매장하였다.

나는 본래 우리가 독립운동을 하는 동안에 혼례나 장례를 성대한 의식으로 치러 금전을 소모하는 것을 찬성하지 않았다. 그래서 아내의 장례는 매우 검약하게 하기로 하였으나 여러 동지들이 아내가 오래전부터 나 때문에 수없이 어려운 일을 겪어왔는데, 그것도 나라의 일에 공헌한 것이라고 하여 나의 주장을 고집하지 않고 각기 연금捐金 : 의연금)하여 장의葬儀도 성대하게 지내고 묘비까지 세웠다. 그중에 유세관柳世觀 인욱寅旭 군은 병원 교섭과 묘지 주선에 성력을 다했다.

아내가 병원에 입원할 때 인이도 병이 깊게 들어 공제의원에서 입원 치료를 받아오다가 아내의 장례 후에 완전히 나아 퇴원하였다. 신이는 겨우 걸음마를 배울 때였고 아직 젖을 먹어야 할 때였다. 그래서 먹을 것은 우유를 사용하였으나 잘 때는 반드시 할머니의 빈 젖을 물어야 잠이 들었다. 차차 말을 배울 때는 단지 할머니만 알고 어머니가 무엇인지도 몰랐다.

8년에 어머니는 신이를 데리고 고국으로 가셨다.

9년에는 인이까지 보내라는 어머니 말씀에 인이를 보내고 상해에는 나만 혼자 남았다.

국무위원

같은 해 11월에 국무령으로 선출되었다. 나는 의정원 의장 이동녕에게 말했다.

"내가 김 존위 아들로서 아무리 추형(雛形 : 형태가 고정되기 전의 최초의 형식)일망정 한 나라의 원수가 되는 것은 국가의 위신을 추락하게 하는 것이니 감당하기 어렵겠습니다."

그러나 혁명 시기에는 상관없다고 하며 부득이 권하여서 승낙하였다. 윤기섭, 오영선, 김갑, 김철, 이규홍으로 내각을 조직한 후에 헌법 개정안을 의원에 제출하여 독재제인 국무령제를 고쳐서 평등인 위원제로 개정 실시하여 지금은 위원의 한 사람으로 임무를 맡아 일을 보고 있다.

나의 60 평생을 회고하면 너무도 상식적 이치에 벗어나는 일이 한두 가지가 아니다. 대개 사람이 귀하면 궁함이 없고 궁하면 귀가 없을 것이나, 나는 귀역궁궁역궁〔貴亦窮窮亦窮 : 귀하면서 궁하고 궁하면서 또 궁하다〕으로 일생을 지냈다. 국가가 독립을 하면 삼천리강산이 다 내 것이 될지는 모르나, 천하의 넓고 큰 지구 표면에 일촌토반간옥〔一寸土半間屋 : 한 치의 땅과 반 칸의 집〕도 소유한 것이 없었다. 그러한 까닭으로 과거에는 부귀와 영화를 누리고자 하는 생각으로 궁을 면해보려고 버둥거리기도 하고 옹졸한 계산도 많이 해보았다. 그러나 지금에 와서는 이런 생각을 한다.

'옛날 한유韓愈[150]는 〈송궁문送窮文〉을 지었으나 나는 〈우궁문友窮文〉을 짓고 싶다. 그러나 문장이 뛰어나지 못하므로 그도 할 수 없다. 자식들에 대해서도 아비 된 의무를 조금도 못하였으므로, 나를 아비라 하여 자식 된 의무를 하여주기도 원치 않는다. 너희들은 사회의 은택을 입어서 먹고 입고 배우는 터이니, 사회의 아들 된 마음으로 사회를 알고 효도하면 나의 소망은 이에서 더 만족할 것이 없을 것이다.'

기미년 2월 26일이 어머님 환갑이었다. 약간의 술과 안주를 마련하여 친구들이나 부르고 축하 잔치나 할까 해서 아내와 의논을 하고 진행하려고 했는데, 어머니께서 어떻게 눈치를 아시고 극구 만류하셨다.

"네가 일 년 추수만 더 지내도 좀 생활이 나을 터이고, 또 한다면 네 친구들을 모두 초청하여 하루 놀아야 하지 않느냐? 네가 곤란한 중에 무엇을 준비한다면 도리어 내 마음이 불안하니 후년으로 미

---

150 중국 당나라의 문인으로, 당송 팔대가의 한 사람이다.

루어라."

그래서 결국 이루지 못하였다. 며칠 지나지 않아 나는 조국을 떠나게 되었고 그 후에 어머니께서는 상해로 오셨다. 그러나 공사간 公私間 경제적 여건이 허락하지 않았고, 설사 그만한 역량이 있다 하여도 독립운동을 하다가 죽거나 집안이 망하는 동포가 하루에 수십, 수백에 이른다는 비참한 소식을 듣고 앉아서 어머님을 위하여 수연을 준비할 용기가 나지 않았다. 그런 이유로 나의 생일 같은 것은 입 밖에 내지도 못하고 지내는데, 대한민국 8년에 나석주가 식전에 많은 고기를 사가지고 와서 어머님에게 드리며 말했다.

"오늘이 선생님 생신이 아닙니까? 그래서 돈은 없고 옷을 전당포에 잡히고 고기 근이나 좀 사가지고 밥해 먹으러 왔습니다."

그래서 가장 영광스러운 대접을 받은 것을 영원히 기념하기로 결심하였다. 그리고 어머님께 너무 죄송하여, 내가 죽는 날까지 나의 생일을 기념하지 않게 하고 내 생일 날짜를 기입하지 않았다.

상해에서 인천의 소식을 들었는데 박영문은 별세하였고 안호연은 생존하였다 하였다. 그래서 믿을 만한 사람 편에 회중시계 하나를 사서 보내고 나의 사실 행적을 말해달라고 하였다. 하지만 회보 回報는 없었다. 성태영은 그사이 길림에 와서 살고 있었으므로 연락을 하였다. 유완무가 북간도에서 피살된 후에 그 아들 한경이 아직 북간도에서 살고 있다고 했다. 이종근은 아국(俄國 : 러시아) 여자를 아내로 맞아 상해로 와서 종종 만나보았다. 김형진 유족의 소식은 아직 듣지 못했고 김경득의 유족은 계속 그 소식을 탐문 중이다.

나의 지난 기사記事 중에 연월일자를 기입한 것은 내가 기억하지 못해서 국내에 계시는 어머님께 서신으로 물어서 쓴 것이다.

내 평생 가장 행복한 것이 있다면 그것은 나의 기질이 튼튼한 것이다. 힘든 감옥살이 근 5년에 하루도 병으로 휴역(休役 : 노역을 쉬다)한 적이 없었고, 인천 감옥에서 학질에 걸려 반회(半回 : 반나절) 동안 정역(停役 : 노역을 멈추다)하였다. 병원이란 곳에는 혹을 떼고 제중원에 입원했던 한 달, 상해에 온 후에 서반아 감모(感冒 : 감기)로 20일 동안 치료한 것뿐이었다.

기미 도강(渡江 : 강을 건너다. 여기서는 압록강) 이후에 중국으로 건너온 이후 지금까지 10여 년 동안 겪었던 일 중에는 '중요차진기(重要且珍奇 : 중요하고도 또 진기하다)'한 사실이 많으나, 독립 완성 이전에는 절대 비밀로 할 생각이므로 너희들이 알 수 있도록 기록하지 못하는 것이 지극히 유감이다. 이해하여 주기를 바라고 그만 그친다.

이 글을 쓰기 시작한 지 1년이 넘은 11년 5월 3일에 종료하였다. 임시정부 청사에서.

백범일지

하권

백범일지하권자인언白凡逸志下卷自引言

〈하권〉은 중경 화평로 오사야항 1호 임시정부 청사에서 예순일곱 살에 집필.

본지 〈상권〉은 쉰세 살 때 상해의 법조계 마랑로 보경리 4호 임시정부 청사에서 1년여의 기간 동안 기술하였다. 그 동기를 말하자면, 약관의 나이에 붓을 놓은 후 예순 살이 다 되도록 큰 뜻을 품고, 내 역량이 박약하고 재주가 고루함도 돌아보지 않고, 성공과 실패도 따지지 않고, 영예와 욕됨도 묻지 않고, 국가와 민족을 위하여 30여 년 동안 분투했시만 하나도 이룬 게 없고, 임시정부를 10여 넌 동안 지켜왔으나 기미 이래 독립운동이 점점 퇴조기에 접어들어 정부 이름만도 유지하기 어려웠다.

당시 떠돌던 말과 같이 몇 명의 동지와 더불어 고성낙일(孤城落日 : 외로운 성에 지는 해. 외롭고 힘든 처지를 가리킨다)에 슬픈 깃발을 날리며 스스로 생각하기를, 운동도 부진하고 세월도 많이 흘러 죽을 날이 가까웠으니, '불입호혈不入虎穴이면 부득호자不得虎子'〔호랑이굴에 들어가지 않으면 호랑이를 잡을 수 없다〕 격으로 침체한 국면을 전환할 목적으로 한편으로는 미국의 동포들에게 편지를 보내 성금을 부탁했고, 한편으로는 굳세고 용감한 젊은이들을 물색하여 테러(암살, 파괴) 운동을 계획하던 때에 〈상권〉의 기술을 마쳤다. 그 후 동경 사건(東京事件 : 이봉창 의거)과 홍구작안(虹口炸案 : 윤봉길 의거) 등이 진행되었는데 천만다행으로 성공하였다.

그렇지만 한낱 취피낭(臭被囊 : 냄새나는 껍질 주머니, 김구 자신)으로 최후를 마치지나 않을까 해서, 본국에 있는 자식들이 장성하여 해외로 건너오거든 전해주라고 부탁하여 〈상권〉을 등사하여 미주, 하와이의 몇 명 동지에게 보냈었다. 그러나 〈하권〉을 쓰는 오늘, 불행히 천한 목숨이 그대로 부지되었고 자식들도 이미 장성하였으니 〈상권〉으로 부탁한 것은 문제가 없게 되었다.

지금 〈상권〉을 쓰는 목적은 ◎◎◎◎◎[151] 내가 50년 동안 분투했던 여러 일들을 잘 살펴보고 그중 있었던 많은 과오로 은감殷鑑을 삼아 다시 답습하지 않도록 하기 위함이다. 전후 정세를 논하자면, 〈상권〉을 쓰던 때의 임시정부는 외국인은 고사하고 한인으로도 국무위원들과 10여 명의 의정원 의원 이외에는 무인과문(無人過問 : 지나가면서도 묻는 사람이 없다)이니 당시 일반의 평판과 같이 이름만 있을 뿐 실이 없었다.

---

151 《필사본》에는 '해내외 동포들로 하여곰'이라 쓰여 있다.

그러나 〈하권〉을 쓰는 지금 이때는, 의원·위원들의 시들한 분위기도 사라지고 내內·외外·군軍·재財 4부 행정이 비약적으로 진전했다고 할 수 있다.

내정으로 말하건, 관내(關內 : 중국 땅) 한인의 각 당 각 파가 모두 일치하여 임시정부를 옹호 지지하고 미주, 멕시코, 쿠바 각국의 한인 교포 만여 명이 추대하고 독립 자금을 정부로 상납했다.

외교로 말하면, 임시정부 원년(元年 : 1919) 이후로 국제 외교에 노력이 없었던 것은 아니지만 중·소·미 등 정부 당국자들의 비공개적인 도움 외에 공식적 지원은 없었다. 오늘날에 이르러서는 미 대통령 나사복(羅斯福 : 루스벨트) 씨는 장래 한국이 완전 독립해야 한다고 전 세계를 향해 공식적으로 널리 알렸고, 중국의 입법원장 손과孫科[152] 씨는 우리 23주년 공공석상에서 "일본 제국주의를 박멸하는 중국의 좋은 방법으로 한국 임시정부를 승인하는 것보다 앞서는 것이 없다"라고 크게 주창했다. 그리고 임시정부에서는 화성돈(華盛頓 : 워싱턴)에 외교위원부를 설치하고 이승만 박사를 위장(委長 : 위원장)으로 임명하여 외교와 선전에 노력 중이다.

군정으로는 한국광복군이 정식으로 창설되어 이청천을 총사령으로 임명하고 서안西安에 사령부를 설치하여 징집·훈련·작전을 계획 실시 중이다.

재정으로 말하면, 원년도元年度로 2, 3, 4년까지는 본국에서 들어오는 비밀 연납(捐納 : 납부한 의연금)과 미주, 하와이 교포의 성금 상납

---

152 손문의 아들로, 대한민국임시정부를 지원한 공이 인정되어 건국훈장 대통령장을 받았다.

의 실정이 원년도보다 2년째의 금액이 줄었고 3, 4, 5, 6년 이하로 점점 감하(減下, 원인은 왜의 강압과 운동의 퇴조 등)되어 임시정부 직무도 정체되고 총·차장들 중에 투항 귀국자가 하나둘이 아니었다. 그러니 그다음은 알 만한 것이니 중요 원인이 경제 곤란이었다. 그러던 현상이 '홍구작안' 이후로 국내외 국민의 임시정부에 대한 태도가 호전되어 정부의 재정 수입고가 해마다 증가하였다. 민국 23년도 수입이 53만 이상에 이르게 되니, 임시정부 설립 이래 최고의 기록이었으며 이후부터 몇백 몇천 배의 수로 늘어날 단계에 들어섰다.

상해 법조계 보경리 4호 2층에서 참담하고 어려운 환경을 극복하기 위해 최대 최후의 결심을 하고 본지 〈상권〉을 쓰던 그때에 비해 지금은 임시정부로는 약간 진보된 상태로 볼 수 있으나, 나 자신을 본다면 날마다 늙고 병들고 쇠약함을 맞느라 골몰하게 되었다. 상해 시대를 '죽자꾸나' 시대라 하면, 중경 시대를 '죽어가는 시대'라 하겠다.

누가 "어떻게 죽는 것이 소원인가" 하고 묻는다면 나의 최대 욕망은 독립을 이룬 후에 본국에 들어가 입성식을 하고 죽는 것이다. 그러나 그보다 작게는 미주, 하와이의 동포들을 만나보고 돌아오다가 비행기 안에서 죽으면 시체를 내던져 산중에 떨어지면 금수복중(禽獸腹中 : 짐승의 뱃속)에, 바다에 떨어지면 어류복중(魚類腹中 : 물고기의 뱃속)에 안장하는 것이라고 대답할 것이다.

세상은 고해苦海라더니 살기도 힘들고 죽기도 역시 힘들다. 타살보다 자살은 결심만 강하다면 쉬울 것 같지만, 자살도 자유가 있는 데서 가능한 것이다. 옥중에서 나도 자살을 하려다가 두 번이나 실패(인천 옥에서 장질부사 앓을 때와 17년 후 축항 공사 때)했고, 서대문 감옥에서 안매산 명근 형이 굶어죽기로 결심하고 나에게 조용히 묻기에 찬성했었다. 급기야 실행에 들어가 3, 4일 절식을 하며 배가 아프다느니 머리가 아프다느니 하는 것으로 간수의 질문에 대답했으나, 눈치 빠른 왜놈은 의사에게 진찰하게 하고 매산을 결박한 후 계란을 풀어서 입을 강제로 벌려 목에 흘려 넣었다. 그래서 "자살을 단념하노라"는 통고를 한 것 등을 보면 자유를 잃으면 자살도 쉬운 일이 아니었다.

나의 70 평생을 회고하면 살려고 하여 산 것이 아니고 살아져서 산 것이고, 죽으려고 하여도 죽지 못한 이 몸이 필경은 죽어져서 죽게 될 것이다.

백범일지 하권

상해 도착

안동현에서 기미 2월 ◎일 영국 상인 솔지〔조지 쇼〕[153]의 윤선을 타고 15명의 동행들과 같이 4일간의 항해를 마치고 상해 황포 동마두에 닿았다. 뭍에 오르고자 할 때 눈에 선뜻 들어오는 것은 치마도 입지 않은 여자들이 삼판선三板船[154]의 노를 저으면서 승객들을 실어 나르고 있는 것이었다. 불조계〔佛租界 : 프랑스 조계〕에 오르니 안동현에서 승선할 때는 얼음덩어리가 쌓인 것을 보았는데 이곳의 길가 가로수에는 녹음이 우거져 있었고, 무명옷을 입고서도 배 안에서는 추위에 고생을 했는데 이제는 등과 얼굴에 땀이 났다. 그날은 일행들과 같이 공승서리 15호, 우리 동포의 집에서 담요만 깔고 방바닥

---

153 영국의 상인으로 한국의 독립운동을 도왔다.
154 항구 안에서 사람이나 짐을 실어 나르는 중국식의 작은 돛단배이다.

잠을 잤다.

다음 날 상해에 모인 동포 중에 친구를 조사해보자, 이동녕 선생을 비롯하여 이광수, 서병호, 김홍서, 김보연 등이 있었다. 김보연은 장연군 김두원의 장자로 몇 년 전에 처자를 거느리고 상해에 와서 살고 있던 터라, 찾아와서는 자기 집에 함께 머무르기를 청하므로 이에 응하고부터 상해 생활이 시작되었다. 주인 김군을 안내자로 하여 10여 년 동안을 밤낮으로 그리워하던 이동녕 선생을 찾았다. 그분은 10여 년 전 양기탁 집 사랑에서 서간도에 가서 무관학교 설립과 지사들을 소집하여 장래에 광복 사업을 준비할 무거운 책임을 전부 맡으시던 그때보다, 숱한 고생을 겪어서인지 풍영(豐盈 : 풍성)하던 얼굴에는 주름살이 잡혀 있었다. 서로 악수하고 나니 강개무량(慷慨無量 : 의기에 북받쳐 원통하고 슬픔이 한이 없다)하여 무슨 말을 해야 할지도 생각이 나지 않았다.

당시 상해의 한인은 500여 명 정도였는데 그중에 약간의 상업자와 유학생과 10명 정도의 전차회사 사표원(査標員)을 제외하고는 대부분이 독립운동을 목적하고 우리나라, 일본, 미주, 중국, 아령(러시아령)에서 와서 모인 지사들이었다. 우리나라 13도의 각 대도시는 물론이고 벽항, 궁촌에서도 독립 만세를 부르지 않는 곳이 없어 물 끓듯 하고, 해외에서도 우리나라 사람들은 어느 나라에 거주하든지 정신으로나 행동으로나 독립운동을 똑같이 전개하였는데, 그 원인을 말하면 대체로 두 가지로 나눌 수 있었다.

첫째, 이른바 한일합병의 진정한 의미를 알지 못하였던 것이다. 단군개국 이후 명의상 외족(外族 : 다른 민족)의 속국이 된 때도 있었고 민족 안에서도 이씨가 왕씨를 혁명하고 스스로 왕이 된 전례가 있으므로, 왜놈에게 병탄併呑을 당하여도 당, 원, 명, 청 등의 때와 같이 우리가 완전히 자치自治는 하고 명의상으로만 왜의 속국이 되는 줄 알고 있던 동포가 대부분이었다. 안남〔베트남〕, 인도에서 행하는 영·불의 정치〔베트남과 인도에서 하고 있던 영국과 프랑스의 식민 정치를 가리킨다〕를 절충하려는 왜놈들의 간사한 계책을 꿰뚫어본 사람은 백분의 2, 3에 불과하였다. 그러나 합병 후 첫 번째로 안악 사건을 만들어낸 것과 두 번째로 선천 105인 사건의 참학무도慘虐無道한 것을 보고 '이 역시 잊을 수 없는 일'이라는 악감정이 터질 분위기가 짙었다.

둘째, 제1차 세계대전이 끝나고 파리강화회의에서 미 대통령 윌슨이 민족자결주의를 제창한 이상, 양개〔兩個 : 두 가지〕 원인으로 우리의 만세운동이 폭발되었던 것이다. 그러므로 상해에 와서 모인 500여 명의 인원은 어느 곳에서 왔든지 우리의 지도자인 연로한 선배들과 젊고 튼튼한 청년 투사들이었다.

당시 상해에 새로 도착한 인사들은 벌써 신한청년당을 조직하여 김규식金奎植을 파리에 대표로 파송하였고, 김철金澈을 본국 내에 대표로 파견하여 활동하였다. 여러 청년들 중에 정부 조직이 대내외의 독립운동 진전에 절대 필요하다는 목소리가 높아져, 각도에서 온 인사들이 각기 대표를 선출하여 임시의정원을 조직하고 임시정부가 태어나게 되었으니, 즉 대한민국 임시정부이다. 이승만이 총리를 맡았고, 내·외·군·재·법·교 등 부서가 조직되었다. 안도산〔안창호〕이 미주에서 와서 내무총장으로 취임하였으며, 각부 총장이 먼 곳에서 미처 오지 못하여 차장들을 대리로 하여 국무회의를 진행하던 중에, 이동휘와 문창범은 아령으로, 이시영과 남형우 등은 북경으로 집합하여 정부 사무의 실마리가 잡혀갔다.

그즈음에 한성漢城에서 비밀리에 각도 대표가 모여 이승만을 집정관 총재로 임명한 정부를 조직하였는데 국내에서는 활동하기가 힘들어 상해로 보냈다. 불모이동[不謀而同 : 미리 짜거나 의논하지 않았는데도 의견이 같다]으로 두 개의 정부가 되었다. 여기서 두 개의 정부를 개조하여 이승만을 대통령으로 임명하고 4월 11일에 헌법을 발포하였다. 이러한 문자[文字, 내용]는 운동사와 임시정부 회의록에 상세히 기재하였으니 간단히 쓰고 나에 대한 사실만을 쓴다.

경무국장

나는 내무총장인 안창호 선생에게 정부의 문 파수[임시정부의 문지기]를 시켜주기를 청하였다. 그이는 내가 벼슬을 시켜주지 않아 반감이나 가지고 있지 않은가 의심하고 걱정하는 빛이 보였다. 나는 "종전에 국내에서 교육 사업을 할 때 어느 곳에서 순사 시험 과목을 보고는 집에 가서 혼자 시험을 쳐보았으나 합격이 못 되었고, 서대문 감옥에서 복역할 때에 세운 소원이 후일 만일 독립 정부가 조직되면 정부의 뜰을 쓸고 문을 지키는 것이었고, 또한 이름은 구九로, 별호는 백범으로 고친 사연까지 이야기하면서 평소의 소원"을 말하였다.

도산은 쾌히 승낙을 하며 말했다. "내가 미국에서 백궁을 수위하는 관원이 있는 것을 보았으며, 백범 같은 이가 우리 정부 청사를 지키는 것이 적당할 것이니 내일 국무회의에 제출하마" 한즉, '심독희자부心獨喜自負'[155] 하였다.

다음 날 아침 도산은 나에게 경무국장 임명장을 주며 취임 시무를 권했으나 나는 고사했다.

"순사의 자격에도 못 미치는 내가 경무국장의 직을 감당할 수는 없습니다."

"백범은 수년간 감옥에서 지내 왜놈의 사정을 잘 알고 있고, 혁명 시기의 인재는 그 정신을 보고 등용하는 것이오. 국무회의에서 기왕 임명한 것이니 사양하지 말고 일을 보시오."

이렇게 강권하므로 맡아 일을 보게 되었다.

5년 동안 복무하는 동안 경무국장은 신문관, 검사, 판사로 집형까지 하였다. 요약하면 범죄자 처리에 있어 말로 타이르든지, 아니면 사형이었다. 예를 들면 김도순은 열일곱 살의 소년으로 본국으로 파견했던 정부 특파원의 뒤를 따라 상해에 와서, 왜 영사관에게 협조하여 특파원을 체포하기 위해 여비 10원을 받은 미성년이었다. 그를 부득이 극형에 처한 일은 기성 국가에서는 보지 못할 특종 사건이었다.

경무국의 사무는 남의 조계에 붙어 지내는 임시정부인 만큼 현재 세계 기성 각국의 보통 경찰 행정이 아니었다. 왜적의 정탐 활동을 방지하고, 독립운동자 중 투항자 유무를 정찰하며, 왜의 마수魔手

---

155 마음속으로 홀로 기뻐하며 자부심을 가진다'는 뜻으로, 《사기》의 〈고조본기〉에 나오는 문구이다.

가 어느 방면으로 침입하는가를 살피는 일이었다. 그리하여 정복과 사복 경호원 20여 명을 임명해서 썼다. 홍구의 왜 영사관과 우리 경무국이 대립하며 암투 중이었다. 당시 불조계 당국이 우리 독립운동에 대해 특별히 동정적이었으므로, 일본 영사로부터 우리 운동자를 체포하겠다는 요구가 있을 때는 우리 기관에 통지를 해주어 체포할 때는 일본 경관을 대동하고 와서 빈집만 수색하고 갈 뿐이었다.

왜구 전중의일〔田中義一 : 다나카 기이치〕이 황포 마두에서 오성륜吳成倫 등에게 폭탄을 맞았으나 폭발이 되지 않아 권총을 발사했는데, 미국 여행인 여자 한 명이 총탄에 맞아 죽었다. 그 후 일, 영, 불 세 나라가 함께 불조계의 한인들을 대거 수색 체포하게 되었다. 그때 우리 집에는 모친까지 본국에서 와 계셨다. 하루는 아침 일찍 왜경 7명이 노기등등하여 침실에 침입했는데 불란서 경관 서대납西大納도 같이 왔다. 그는 나와 친숙한 사람으로 사전에 나인 줄 알았으면 잡으러 오지도 않았을 텐데 왜말과 불어가 서로 달라 체포장에 써진 이름이 김구인 '줄도 모르고 다만 한인 강도로 알고 체포하고자 하였던 것이다. 급기야 와서 보니 잘 아는 사람이었던 것이다. 왜놈들이 달려들어 철수갑을 채우려 할 때 서대납이 금지하며 나에게 옷을 입고 불란서 경무국으로 가자는 뜻을 표했다. 나는 그 말에 따라 숭산로 유치장으로 가보니 원세훈元世勳 등 5명은 먼저 잡아다가 유치장에 구금하여 놓고서 내게 왔던 것이었다.

내가 유치장에 들어간 후 왜경이 와서 신문을 하려 하자 불인〔佛人 : 프랑스 사람〕들은 허락하지 않고, 일 영사가 인도 요구를 하는 것

401

도 듣지 않고 나에게 물었다. "체포된 5명 모두 김군이 잘 아는 사람들인가?" "5명 다 좋은 동지들"이라 하였다. 또다시 묻기를, "김군이 이 다섯 사람을 담보하고 데리고 가기를 원하는가?" "원한다" 한즉 즉시 석방해주었다.

나는 여러 해 동안 불란서 경찰국에 한인 범죄자들이 체포될 때 배심관으로 임시정부를 대표해 신문, 처단하였다. 불란서 공무국에서는 나만 인도하지 않았을 뿐 아니라, 내가 보증하면 현행범 외에는 즉시 석방시켜주었다. 왜가 불인들과 나의 관계를 알게 된 이후로는 체포 요구를 하지 않고, 정탐꾼이 나를 유인하여 불조계 바깥 영국 조계나 중국 지계地界에만 데리고 오면 체포하여 중·영 당국에는 통보만 하고 잡아갈 작정이었다. 이런 의도를 안 후로는 불조계에서 한 걸음도 넘어가지 않았다.

불조계 생활 14년 동안의 기괴한 사건을 일일이 기록하기가 힘든 것은 연월일시를 잊어 순서를 차리기 어려워서이다. 5년 동안 경무국장의 직임을 맡고 있을 때 고등 정탐 선우갑鮮于甲을 유인하여 붙잡아 신문한 일이 있었다. 그가 스스로 자신의 죽을죄를 시인하고 사형 집행을 원하는 것을 보고 내가 "살려줄 테니 장공속죄(將功贖罪: 장차 공을 세워 속죄하다)할 터이냐" 한즉, 소원이라 하여 결박을 풀어 보내주었다. 그 후 상해에서 정탐한 문건을 임시정부에 바치겠다고 하여, 김보연·손두환 등을 왜놈의 승전여관으로 시간 약속을 하고 보냈다. 만일 그가 왜에게 고발했다면 체포되었을 것이나 그리하지 않았다. 그리고 내가 전화로 호출하면 즉시 와서 대기했는데 4일 후에 몰래 본국으로 돌아가서 임시정부의 덕의를 칭송했다 한다.

강인우姜麟佑는 왜 경부警部로 비밀 사명을 띠고 상해에 와서, "김구 선생에게 내가 상해로 온 임무를 보고하겠으니 면대를 허락하겠는가" 하고 편지를 보내왔는데, 왜놈과 동행한다면 족히 체포할 수 있는 영국 조계 신세계 음식점으로 청했다. 정각에 가서 보니 강인우 한 사람만 나와서 "총독부에서 받은 사명은 모모某某 사건이니 그 점을 주의하시고, 선생께서 거짓 보고 자료를 주시면 귀국하여 맡은바 책임을 다했다고 하겠습니다" 하기에, 나는 쾌히 승낙하고 자료를 잘 만들어주었더니 귀국 후에 그 공로로 풍산 군수가 되었다고 한다.

구한국 내무대신 동농東農 김가진金嘉鎭 선생은 한일합병 후에 남작을 받았다. 그렇지만 기미년 3·1선언 이후에 대동당大同黨을 조직하여 활동하다가, 아들 의한毅漢 군을 데리고 여생을 독립운동 책원지〔策源地: 전방 부대에 보급, 정비, 위생 따위의 병참 지원을 행하는 후방 기지〕에서 보내는 것을 대영광 대목적으로 생각하고 상해로 왔다. 그 후에 왜 총독은 남작이 독립운동에 참가하는 것은 일본의 수치라 하여, 그의 자부〔子婦: 아들의 아내로, 며느리〕의 종남형〔從男兄: 사촌오빠〕인 정필화鄭弼和를 밀파하여 김동농 선생에게 은밀히 권고하여 귀국하도록 하려 했다. 이러한 일이 진행되고 있음을 발견하고 비빌리에 검거하여 신문하니 일일이 자백하므로 교수형에 처했다.

해주 사람 황학선黃鶴善은 독립운동 이전에 상해로 온 자인데, 청년으로 우리 운동에 가장 열정이 있어 보였다. 그래서 각처에서 상해로 온 지사들이 황모黃某의 집에 숙식하게 되었는데, 이를 기회로

하여 황학선은 임시정부를 성립된 지 며칠도 안 된 정부라며 악평하였다. 그리하여 새로 온 청년 중에 동농 선생과 같이 경성에서 열렬히 운동하던 나창헌羅昌憲 등이 황모의 계략에 빠져 정부에 대해 극단의 악감을 품게 되었고 김기제金基濟, 김의한金懿漢 등 십수 명이 임시정부 내무부를 습격한 사건이 발생했다. 그러자 당시 정부를 옹호하던 청년들이 극도로 격분하여 육박전이 벌어져 나창헌과 김기제 두 사람은 중상을 입었다. 내무총장 이동녕 선생의 명령으로 붙잡힌 10여 명의 청년은 말로 타일러 풀어주고 중상을 당한 나창헌과 김기제 두 사람은 입원 치료하게 했다.

경무국에서 그 사건의 원인을 깊이 조사해보니 놀랄 만한 사실이 밝혀졌다. 나·김 등의 활동 배후에는 황학선이 있었는데 그가 활동 자금을 공급했고, 황모의 배후에는 일본 영사관이 있어 그들이 자금을 대고 계획을 실시했던 것이다. 황모를 비밀리에 체포하여 신문하니 나창헌 등의 애국 열정을 이용하여 정부의 각 총장과 경무국장 김구까지 전부 암살하기 위해 외딴 조용한 곳에 3층 양옥을 얻어 대문을 민생의원이라는 큰 간판을 붙이고(나군은 의과생이었다) 정부 요인들을 유치, 암살하려 했다는 것이다. 황의 신문 기록을 나창헌에게 보여주니 나군은 크게 놀라, 처음부터 황에게 속아서 자기도 모르게 큰 죄를 범할 뻔한 그간의 내용을 설명하고는 황의 극형을 주장했다. 그러나 그때는 벌써 형을 집행한 다음이었고 나군 등의 행위는 그 뒤에 조사했던 것이다.

어느 때는 박모라는 우리 청년이 경무국장 면회를 청하기에 만나보니, 초면에 눈물을 흘리며 가슴에서 단총 한 자루와 왜놈이 준

404

수첩 한 권을 내놓으며 말했다.

"저는 며칠 전에 본국에서 생계를 위해 상해에 왔습니다. 처음 왔을 무렵 일 영사관에서 제 체격이 튼튼한 것을 보더니, 김구를 살해하고 오면 돈도 많이 주고 본국의 가족들에게는 국가의 토지를 주어 경작하게 하겠다고 했습니다. 그러나 만일 불응하면 불령선 인不逞鮮人으로 체포하겠다고 하기에 응하였습니다. 그러나 불조계에 와서 선생을 멀리서 보기도 하고 독립을 위하여 애쓰시는 것을 보고서 나도 한인의 한 사람으로 어찌 감히 살해할 마음을 품을 수 있겠습니까? 이런 까닭으로 단총과 수첩을 선생께 바치고 중국 지방으로 가서 상업을 하고자 합니다."

나는 감사의 뜻을 표했다.

나의 신조는 '임사任事면 불의인不疑人하고, 의인疑人이면 불임사不任事'이니,[156] 일생을 통해 이 신조로 인해 종종 해를 당하면서도 천성이라 고치지 못했다.

경호원 한태규韓泰奎는 평양 사람으로 사람됨이 근실하므로 7, 8년 동안 써오는 사이에 내외인의 신망이 심히 두터웠다. 내가 경무국장을 사임한 후에도 경무국 일을 여전히 보았다. 계원 노백린 형이 어느 날 이른 아침에 우리 집에 와서, "뒷길가에 어떤 젊은 여자의 시체가 하나 있는데 한인이라고 중국인들이 떠드니 나가봅시다" 하여 같이 가서 보니 명주明珠의 시체였다.

명주는 하등下等 여자로 상해에 어찌하여 왔는지, 정인과鄭仁果와

---

156 일을 맡겼으면 의심하지 않고, 사람을 의심하면 일을 맡기지 않는다는 뜻이다.

황진남黃鎭南 등 집의 취모(炊母 : 식모)로도 있었고, 젊은 남자들과 야합野合하는 행위도 있었던 모양이었다. 어느 날 밤 한태규와 함께 다니는 것을 보고 '한군도 청년이니 서로 친한 관계에 있나 보다'라고 생각했는데 그때가 그다지 오래되지 않았던 것으로 기억된다. 시신을 자세히 살펴보니 피살이 분명했다. 처음에는 타박으로 머리에 핏자국이 있고 목을 끈으로 졸랐는데, 그 교살한 수법이 내가 서대문 감옥에서 김 진사에게 활빈당에서 사형하는 것을 배워 그것을 경호원들에게 연습시켜 정탐꾼 처치에 응용했던 그 수법과 비슷했다.

나는 불란서 공무국으로 달려가서 서대납에게 고발하고 협동 조사에 착수했다. 한태규가 명주와 야간 출입하던 집집마다 가서 '모양이 어떤 남녀가 함께 산 일이 있는가' 탐문한 결과, 1개월 전에 한군과 명주가 동거한 사실을 알아냈다. 그러나 명주의 시체가 있던 곳과는 거리가 멀었다. 그 시체가 놓여 있던 근처 동네의 셋방 명부를 조사해보니, 10여 일 전에 방 하나를 성이 한씨인 사람에게 빌려준 곳이 있어 그 방문을 열고 자세히 살펴보니 마루 위에 핏자국이 있었다. 그러므로 한에게 의혹이 집중되었다.

서대납과 한태규 체포를 상의한 다음, 나는 한태규를 불러서 물었다.

"요즘은 어디서 숙식을 하고 있는가?"

"방을 구하지 못해 이리저리 다니며 숙식합니다."

이때 불란서 경찰이 들어와 체포했다. 내가 배심관으로 신문하였다. 그는 내가 경무국장을 사임한 후 여러 가지 이유로 왜놈에게 매수되어 밀탐을 하였다. 그리고 명주와 비밀 동거하던 중에 명주에게 자신이 왜의 앞잡이임이 알려지게 되었다. 명주는 배운 것이 없는 하류 여자였으나 애국심이 강하고 나를 극히 존경해 믿고 지내니, 틀림없이 고발할 형세이므로 흔적을 없애기 위해 암살한 사실을 자백했다. 한은 종신 징역에 처해졌다.

이 사건에 대한 조사를 할 때 같은 배심관이었던 나우羅愚 등이 말했다.

"우리는 한이 돈을 물 쓰듯 하고 괴상한 행동을 하기에 십중팔구 정탐꾼이라고 추측한 지 오래됐습니다. 그러나 확실한 증거 없이 단지 의심만으로 선생께 보고하였다가는 도리어 선생에게 동지 의심한다는 책망이나 받을 것이므로 입을 다물고 있었습니다."

그 후 한태규는 감옥에서 죄가 무거운 죄수들과 함께 탈옥을 공모하여 양력 1월 1일 이른 아침에 거사키로 했으나, 그 사실을 한이 불란서 옥관에게 밀고하였다. 정각에 간수들이 총을 메고 경계를 하고 있는데 각 옥방의 문이 일시에 열리며 칼, 몽둥이, 석회를 가진 죄수들이 나오자 일제히 총을 쏘아 8명의 죄수가 즉사했다. 그러자 나머지는 감히 움직이지 못하여 옥란獄亂은 진정되었다. 재판할 때에 태규가 여덟 구 시체의 머리 앞에 서서 증인으로 출정하더라는 말을 들었다. 그런 악한을 절대 신임하던 나야말로 세상에 머리를 들기 어렵다는 자괴심으로 깊은 고민에 빠져 지냈다. 그러던 중 하루는 태규의 서신이 왔기에 보았다. 감옥 죄수로 함께 지내던 죄수들을 8명이나 잔인하게 해치고 그 공으로 불란서 옥관이 특전으로 풀어주었으니, 전죄前罪를 용서하고 다시 써주기를 원한다

407

고 했다. 내 회답이 없자 겁이 났던지 귀국하여 평양에서 소매상으로 돌아다니더라는 소식을 들었다.

민족주의와 공산주의

당시 상해의 우리 시국을 논하면 기미년, 즉 대한민국 원년에는 국내·국외가 일치하여 민족운동으로만 나아갔으나 세계 사조가 점차 봉건이니, 사회니 하고 복잡화함에 따라 단순하던 우리 운동계도 사상이 갈라지고, 따라서 음으로 양으로 투쟁이 시작되었다.

임시정부 직원 사이에도 공산주의니, 민족주의니(민족주의는 세계가 규정하는 자기 민족만 강화하여 타민족을 압박하는 주의가 아니고, 우리 한국 민족도 독립, 자유를 하여 다른 민족과 같은 완전 행복을 누리자는 것이다) 하는 분파적 충돌이 격렬해졌다. 심지어 정부 국무원에서도 대통령과 각부 총장들 사이에 민주주의 혹은 공산주의로 각기 옳다 하는 데로 달려갔다. 거개대자(擧皆大者 : 큰 것을 예로 들다)하면, 국무총리 이동휘는 공산혁명을 부르짖고 대통령 이승만은 민주주의를 주창하여 국무회의 석상에서도 의견이 일치하지 않았다. 그리하여 종종 쟁론이 일어나고 국시國是가 서지 못해 정부 내부에 기괴한 현상이 자꾸 거듭해서 일어났다.

예를 들면, 국무회의에서 아라(러시아) 대표로 여운형, 안공근, 한형권 세 사람을 뽑아 보내기로 결정하고 여비를 모았다. 그런데 여비가 모아진 것을 보고 이동휘는 자기 심복인 한형권을 비밀히 먼저 보내 서백리아(西伯利亞 : 시베리아)를 통과한 후에야 공개하니 정부나 사회에서 물의가 분분했다. 이동휘는 호가 성재省齋인데, 해삼위에서 이름을 바꿔 대자유大自由라고 행세하던 일도 있다고 한다.

어느 날 이 총리가 내게 공원 산보를 청하기에 동반하였더니, 이 씨는 조용히 자기를 도와달라는 말을 했다. 나는 좀 불쾌한 생각이 들어 이같이 대답했다

"아우인 제가 경무국장으로 총리를 보호하는 터에 직책상 무슨 잘못된 일이라도 있습니까?"

이씨는 손을 저으며 말했다.

"아니요, 아니요. 무릇 혁명은 유혈流血의 사업이니 어느 민족에게나 큰일이오. 그런데 지금의 우리 독립운동은 민주주의이니 이대로 독립을 한 후에는 다시 공산혁명을 해야 하오. 두 번 유혈은 우리 민족의 큰 불행이니 적은이〔동생〕도 나와 같이 공산혁명을 하자는 요구인데, 뜻이 어떠하오."

나는 반문했다.

"우리가 공산혁명을 하는 데는 제3국제당〔國際黨 : 제3인터내셔널, 코민테른〕의 지휘명령을 받지 않고 독자적으로 할 수 있습니까?"

이씨는 고개를 저으며 불가능하다고 했다.

나는 강경한 어조로 말했다.

"우리 독립운동이 우리 한민족의 독자성을 떠나 어느 제3자의 지도, 명령을 받는다는 것은 자존성을 상실한 의존성 운동입니다. 선생이 우리 임시정부 헌장에 위배되는 말을 하심이 대불가大不可하고, 제弟는 선생 지도를 따를 수 없습니다. 선생이 자중해주시기를 경고합니다."

하였더니 이씨는 불만스러운 얼굴로 나와 헤어졌다.

이씨가 밀파한 한형권은 단신으로 서백리아에 도착하여 아국 관리에게 자기가 온 사명을 전달하였다. 관리가 즉시 막사과(莫斯科 : 모스크바) 정부에 보고하여 아국 정부에서 한국 대표를 환영했는데, 모스크바로 가는 길 근처의 한인을 동원시켜 한이 도착하는 정거장마다 한인 남녀들은 태극기를 가지고 나와 임시정부 대표를 열렬히 환영했다.

마침내 모스크바에 도착하니 아국 최고 수령 레닌이 친히 환영하여 한에게 "독립 자금은 얼마나 요要하느냐" 물었을 때, 솔구이출(率口而出 : 입에서 나오는 대로 말하다)로 200만 루블을 요구했다. 레닌은 웃으면서 물었다. "일본에 대항하는데 200만으로 될 수 있는가." 한은 말하기를, "본국과 미국에 있는 동포들이 자금을 조달한다" 한즉, "자기 민족이 자기 사업하는 것은 당연하다" 하고 직시(直視 : 곧) 아국 외교부에 명령하여 200만 현금전(現今錢 : 루블)을 내주게 했다. 금괴 운반을 우선 시험적으로 제1차 40만 원元을 한형권이 휴대하고, 서백리아에 도착할 시기에 맞추어 이동휘는 비서장 김립을 밀파해 한형권을 종용하여 그 금괴를 임시정부에 바치지 않도록 했다.

김립은 그 돈으로 북간도의 자기 식구를 위해 토지를 샀고 이른바 공산운동자라는 한인, 중국인, 인도인에게 얼마씩 지급했으며, 자기는 상해에 비밀히 잠복하여 광동 여자를 첩으로 얻어 향락을 누렸다. 임시정부에서 이동휘에게 죄를 묻자, 이씨는 총리의 직을 사임하고 아국으로 도주해갔다. 한형권은 다시 아경(俄京 : 모스크바)으로 가서 통일운동을 하겠다는 이유를 설명하고 20만 루블을 얻어 상해로 잠입하여 공산당원들에게 자금을 풀어 소위 국민대표대회國民代表大會를 소집했다.

한인공산당韓人共産黨은 3파로 나뉘어져 있었는데, 상해에서 설립한 것이 이른바 상해파로 그 우두머리는 이동휘이며, 또 말하기를 일꾸쓰크[이르쿠츠크]니 그 우두머리는 안병찬, 여운형 등이었다. 일본에서 공부하던 유학생들이 일본에서 조직한 것이 이른바 엠엘파[마르크스 레닌]로 일본인 복본화부[福本和夫 : 후쿠모토 가즈오]와 김준연金俊淵 등을 우두머리로 하였는데, 이들은 상해에서는 세력이 미약했으나 만주에서는 맹렬한 활동을 하였다. 그리고 응유진유[應有盡有 : 있을 것은 다 있다]로 이을규, 이정규 형제와 유자명柳子明 등은 무정부주의를 신봉하여 상해, 천진 등지에서 활동이 맹렬했다.

상해에서 개최된 국민대표대회는 잡종회雜種會라고 할 만했다. 일본, 조선, 중국, 아국 등 각 곳의 한인 단체 대표라는 형형색색의 명칭으로 200여 대표가 모였다. 그중에 니시[尼市 : 이르쿠츠크]파와 상해파, 두 공산당이 서로 경쟁적으로 민족주의자 대표들을 분열시켜 양파兩派 공당共黨이 라롱[囉曨 : 나누어 가지다]하여, 니시파는 창조創造, 상해파는 개조改造를 주장하다가 결국 하나로 일치를 보지 못해 그 회의는 분열되었다. 그리하여 창조파에서는 한국 정부를 새로 조직했고, 그 정부의 외무총장인 김규식은 이른바 한국 정부를 이끌고 해삼위까지 가서 아국에 출품出品했지만, 아국이 치지불리[置之不理 : 내버려두고 거들떠도 보지 않다]함으로 계불입량[計之不入量 : 계획을 세웠지만 딱 들어맞지 않다]되었다.

국민대표대회의 양 공산당파가 서로 다투는 바람에 순진한 독립

411

운동자들까지도 양 공산당파에 분립하여, 창조 혹은 개조로 전체가 요란하였다. 그래서 나는 당시 내무총장의 직권으로 국민대표대회의 해산령을 내리니 시국이 안정되었다. 정부의 공금횡령범 김립은 오면직, 노종균 등 청년에게 총살을 당하니 모두 통쾌하다고 했다. 임시정부에서는 한형권을 아국 대표에서 파면하고 안공근을 주아국(駐俄國 : 주러시아) 대표로 보냈지만 별 효과가 없었고, 아국과의 외교 관계는 이후 단절되었다.

상해에서는 공산당들의 운동이 국민대회에서 실패한 후에도 통일이라는 미명 아래 끊임없이 민족운동자들을 종용하였다. 공산당 청년들은 여전히 양파로 나뉘어 동일한 목적, 동일한 명칭인 재중국청년동맹(在中國靑年同盟)과 주중국청년동맹(駐中國靑年同盟)으로 각기 상해의 우리 청년들을 서로 끌어들이면서 처음의 주장이던 독립운동을 공산운동화하자고 절규했다. 그러다가 레닌이 공산당 사람들에게 식민지운동은 복국(復國)운동이 사회운동보다 우선한다고 말하자, 이에 따라 지금까지 민족운동, 즉 복국운동을 비난하고 조소하던 공산당원들이 갑자기 변해 독립운동·민족운동을 공산당시(共産黨是 : 공산당 기본 방침)로 주창하게 되었다. 여기에 민족주의자들이 자연적으로 찬동하여 '유일독립당촉성회(唯一獨立黨促成會)'가 성립되었다. 그러나 내부에서는 여전히 양파 공산당 사이에 권리 쟁탈전이 드러나게 혹은 드러나지 않게 일어나 한 걸음도 앞으로 나아가기가 힘들었다. 그러므로 민족운동자들도 차차 각오가 생겨 공산당의 속임수에 응하지 않게 되었고 결국 공산당의 음모로 해산되고 말았다.

그 후에 한국독립당이 조직되었으니 순수한 민족주의자인 이동넝, 안창호, 조완구, 이유필, 차이석, 김붕준, 김구, 손병조 등을 주축으로 하여 창립되었다. 이로부터 민족운동자와 공산운동자가 조직을 따로 가지게 되었다.

공산낭들은 상해의 민족운동자들이 자기들의 수단에 농락되지 않음을 깨닫고는 남북 만주로 진출하여 상해에서보다 십층 백층 더 맹렬히 활동했다. 이상룡의 자손은 살부회殺父會까지 조직하였다. 살부회에서도 체면은 있었는지, 회원이 직접 자기 손으로 아비를 죽이는 것이 아니라 너는 내 아비를 죽이고 나는 네 아비를 죽이는 규칙이라 한다.

정의부, 신민부, 참의부

남북 만주의 독립운동 단체로 정의부正義府, 신민부新民府, 참의부參議府 외에 남군정서南軍政署, 북군정서北軍政署 등이 있었는데, 각 기관에 공산당이 침입하여 여지없이 파괴하고 인명을 살해했다. 그래서 백광운白狂雲, 정일우鄭一雨, 김좌진, 김규식 등 우리 운동계에 없어서는 안 될 건장(健將 : 훌륭한 장군)들을 다 잃게 되었고, 그로 인해 국내외 동포의 독립사상이 날로 미약해져갔다.

화불단행(禍不單行 : 재앙은 항상 겹쳐 온다)으로, 동삼성의 왕이라 할 수 있는 장작림張作霖과 일본과의 협정이 성립되어 독립운동하는 한인韓人은 잡히는 대로 왜에게 넘겨졌다.[157] 심지어 중국 백성들은 한

<hr />

157 1925년 6월 조선총독부 경무국장 미쓰야 미야마쓰와 만주 군벌 장작림이 체결한 협약으로, '미쓰야 협약'이라 한다. '만주에서 활약하는 독립군을 체포하여

인 한 명의 머리를 베어 왜놈 영사관에 가서 몇십 원 내지 3, 4원씩 받고 팔기도 했다. 어찌 중국 백성뿐이랴. 그곳 우리 한인들도 처음에는 비록 중국 경내에 거주하더라도 집집마다 매년 우리 독립 운동 기관인 정의부나 신민부로 세금을 정성을 다해 부지런히 바쳐왔다. 그러나 이런 순한 백성들도 우리 무장대오에게 지나친 위협과 침탈을 당하자, 점차 반심을 가지게 되었다. 독립군이 자가자동〔自家自洞 : 자기 집과 자기 동네〕에 찾아오면 비밀히 왜놈에게 고발하는 악풍이 생겼고, 독립운동자들 중에도 점차 왜에게 투항하는 자가 생기고 보니 동삼성의 운동 근거는 자연 박약해졌다. 왜놈의 품안에 있는 만주 제국이 새로 생기니 만주는 제2의 조선이 되어버렸다. 이 얼마나 쓰리고 아픈 일인가.

동삼성의 정의, 신민, 참의 3부와 임시정부와의 관계는 어떠했던가? 임시정부가 처음 조직되었을 때는 최고 기관으로 인정하여 추대를 하였다. 그러나 나중에는 점점 할거화〔割據化 : 세력이 나뉘어 흩어지다〕하여 군정과 민정을 3부에서도 합작하지 않았고, 반면 지역적 기반을 다투어 서로 전쟁을 하기까지 했다. '자모이후인모지〔自侮以後人侮之 : 스스로 업신여긴 이후에야 남도 업신여기게 된다〕'라는 말이 바로 이를 가리킨 격언이었다.

정세로 본다면 동삼성 방면의 우리 독립군이 벌써 자취를 감추었을 것이나, 30여 년(독립선언 이전 근 10년 신흥학교 시대부터 무장대가 있었다)이 된 오늘날까지 오히려 김일택金―擇[158] 등의 무장부대가 의연

<hr />

일본에게 넘길 것과 이때 일본은 대가로 상금을 지불할 것'이 내용이다.

히 산악 지대를 굳게 지키고 있었다. 압록, 두만강을 넘어 다니며 왜병과 전쟁을 할 때는 중국 의용군과도 연합 작전을 했으며 아국의 후원도 받아서 현상을 유지하는 정세였으나, 관내 임시정부 방면과의 연락은 극히 곤란하였다. 종전 통의統義, 신민, 참의 3부 중 참의부는 임시정부를 시종 옹호 추대했으나, 나중에 이 3부가 통일하여 '정의부'가 되자 스스로 서로 발로 밟아 종막을 고하게 되었다. 이는 공당(共黨 : 공산당)과 민당(民黨 : 민족당)의 충돌이 중요 원인이었다. 그리하여 공共이나 민民의 말로는 같은 운명으로 귀결되었다.

국무위원

상해의 정세도 대략 양쪽이 서로 망한 꼴이었으나, 임시정부와 한국독립당으로 민족진영의 잔해만은 남았다. 그러나 임시정부는 인재를 구하기도 극히 어렵고 경제 상태도 매우 힘들었으며 정부 제도도 대통령이 이승만에서 박은식朴殷植으로 바뀐 후 대통령 제도를 국무령제로 변경하게 되었다. 제1회 국무령으로 이상룡이 취임

---

158 여기 언급된 김일택의 '擇'은 '聲'의 흘림체로 볼 수도 있으므로, 바로 '김일성'을 지칭한 것으로 볼 수도 있다. 그런데 《친필본》다른 부분에 적혀 있는 '聲' 글자와는 너무나 뚜렷하게 차이를 보이고 있다(《친필본》70쪽. '四. 聲樂'의 '聲'과 185쪽 '金一擇'의 '擇' 글자를 같은 '聲'이란 글자로 보기엔 많은 무리가 따른다고 하겠다). 사실상 이러한 글자의 판독은 별 의미가 없다고 생각한다. 더욱이 《필사본 2》에서 이 글자는 '靜'으로 표기되어 있다. 따라서 중요한 사실은 《친필본》에서 김구가 언급한 인물이 과연 누구인가 하는 것이다. 물론 이 인물은 '김일성'일 가능성이 매우 크다. 다만, 김구가 언급했을 것이라고 추정되는 '김일성' 이라는 인물에 대해 《친필본》의 글자를 무리하게 판독할 것까지는 없다는 생각이다.

차 서간도에서 상해로 와서 인재를 고르다가 입각入閣 지원자가 없으므로 도로 간도로 돌아갔고, 그다음에는 홍면희洪冕熙가 선출되어 진강鎭工에서 상해로 와서 취임한 후 조각組閣에 착수했으나 역시 응하는 인물이 없으므로 실패했다. 그리하여 임시정부는 마침내 무정부 상태에 빠지고 말았다.

마침내 의정원에서 일대 문제가 되었다. 의장 이동녕 선생이 내게 와서 국무령이 되어 조각하라고 강하게 권했지만 나는 사양했다. 의장이 다시 강권하기에 양개兩個 이유를 가지고 사양했다. 첫째로, 나는 해주 서촌 김 존위의 아들로서 아무리 정부가 모양뿐인 시기라 해도 한 나라의 원수가 되는 것은 국가 민족의 위신에 크게 관계가 되므로 불가하고, 둘째로는 이, 홍 양씨도 응하는 인재가 없어 실패했는데 나에게는 더욱 응할 인물이 없을 것이니, 이상 두 가지 이유로 준명(遵命 : 명령을 따르다)치 못할 뜻을 천명하였다. 그러자 이동녕 선생이 말했다. "첫 번째의 것은 이유가 될 것도 없고, 두 번째는 백범만 나선다면 지원자들이 있을 것이니 쾌히 승낙하시오. 그러면 의정원의 수속을 거쳐 조각하여 무정부 상태를 면하게 될 것이오"라는 권고에 응해 국무령으로 취임하여 조각하니 윤기섭, 오영선, 김갑, 김철, 이규홍 등이었다. 조각이 심히 곤란한 것을 절감하여 국무령제를 위원제로 개정하여 의정원에서 통과되었다.

명색으로는 국무회의의 주석主席이 있었으나 개회 시에만 주석할 뿐, 각 위원이 번갈아 맡을 따름이어서 평등한 권리였다. 이로부터 정부의 분규는 멈추었으나 경제적으로는 정부 이름만이라도 유지할 길이 막연했다. 청사 가옥의 집세가 불과 30원, 고용인의 월급이

20원 미만이었으나 집세 문제로 집주인에게 소송을 종종 당하는 형편이었다.

다른 위원들은 거의 식구들이 있었으나 나는 민국 6년에 아내를 잃었고 7년에 어머니께서 신이를 데리고 고국으로 돌아가셔서 상해에는 나 혼자 인이를 데리고 지내고 있었다. 그러나 모친의 명령에 의하여 인이까지 본국으로 보내고 형영상종〔形影相從 : 그림자만 따라다니다〕으로 잠은 정청〔政廳 : 정부 청사〕에서 자고 식사는 직업을 가진 동포들의 집(전차 공사와 공공 기차 공사 검표원이 60~70명 있었다)에 다니며 걸식하고 지내니, 거지도 상등上等 거지였다.

나의 처지를 아는 까닭에 푸대접하는 동포가 아무도 없었고 조봉길, 이춘태, 나우, 진희창, 김의한 등은 절친한 동지들이니 더할 말이 없고, 그 밖의 동포들에게서도 동정적으로 대접을 받았다. 엄항섭嚴恒燮 군은 뜻을 가진 청년으로 지강대학 중학을 마친 후에 자기 집의 생활보다는, 석오(石吾, 이동녕 선생의 명호名號) 선생과 나 같이 의식衣食이 어려운 운동자를 구제하기 위해 불〔佛 : 프랑스〕 공무국에 취직을 했다. 그것은 월급을 받아 우리에게 식사를 제공하는 외에 왜 영사가 우리를 교섭, 체포하려는 계획을 미리 살펴 피하게 하거나 우리 동포 중에 범죄자가 있을 때에 편리를 도모하기 위한 두 가지 목적 때문이었다.

엄군의 첫 부인인 임씨는 구식 부인이었는데 내가 자기 집에 갔다가 나올 때는 문밖까지 나와 전송을 할 때는, 아기 한 명도 못 낳은 아가씨면서도 은전을 한두 개씩 내 손에다 쥐어주며 "인아仁兒 사탕이나 사주셔요" 하였다. 그것은 내가 자기 남편이 존경하는 노선배로 친절히 대접하기 위한 것이었다. 그이는 초산에 딸 하나를 해산하고는 불행히 사망하여 노가만盧家灣 묘지에 매장했다. 나는 그이의 무덤을 볼 때마다 엄군이 능력이 부족하면 나라도 능력이 생기면 기념 묘비나 세우리라 유념을 하였다. 하지만 상해를 떠날 때 그만 능력이 내게 넉넉하였지만 환경이 악렬惡劣하여 그것만도 불여의不如意 : 일이 뜻대로 되지 않다)되어, 이 글을 쓰는 오늘에도 노가만 공무국 공동묘지의 임씨 무덤이 눈에 아른거린다.

당시 나의 주요 임무가 무엇이었던가를 추고追考 : 더듬어 생각하다) 할진대, 다시 당시의 환경이 어떠했는가를 말해야 한다. 원년으로 3, 4년이 지나고 보니 당시에는 열렬했던 독립운동자들이 한 명씩 두 명씩 왜놈에게 투항하고 귀국하는 자들이 생겼다. 임시정부 군무차장 김희선과 독립신문사 주필인 이광수, 의정원 부의장 정인과 따위를 비롯하여 점점 그 수가 늘어났다. 그러나 다른 한편으로는 정부에서 국내로 밀파하여 정치로는 연통제聯通制를 실시하고, 비밀 조직으로 경성에 총판부總辦部를 설치하고, 13도에 독판督辦을 세웠으며, 각 군에 군감郡監, 각 면에 면감面監을 두어, 이상 각 주무 장관들을 임시정부에서 임명하였다. 그리하여 이면裏面 : 드러나지 않은 국면)으로 전국을 통치했으며 인민이 비밀리에 납세도 성심으로 하여 상해 임시정부의 위신이 볼처럼 발양광대發揚光大하였다.

그러나 함남咸南 : 함경남도)에서 연통제가 왜에게 발각되자, 각 도가 파괴되었으며 비밀 사명을 띠고 갔다가 체포된 이가 부지기수였다. 또한 처음에는 열성적으로 큰 뜻을 품고 상해로 왔던 청년들도 점점 경제난으로 인해 취직을 하거나 혹은 행상을 하게 되었다.

418

그리하여 상해 독립운동자가 1000여 명이던 것이 차차 그 수가 줄어들어 수십 명에 불과하니, 최고 기관인 임시정부의 현상을 족히 추측할 수 있었다. 나는 처음에 정부의 문 파수를 청원했으나 마침내는 노동총판으로, 내무총장으로, 국무령으로, 위원으로, 주석으로 중임을 거의 역임하게 되었다. 그러나 그것은 문 파수를 보던 자격이 나아진 것이 아니라, 임시정부의 인재난과 경제난이 극도에 달해 마치 명예가 쟁쟁하던 사람들의 집이 몰락하고 고대광실이 걸인의 소굴이 된 것과 흡사했다.

이 대통령이 취임 시무할 때에는 중국 인사는 물론이고 눈이 푸르고 코가 높은 영, 불, 미 친구들도 더러 임시정부를 방문하였으나, 이제 서양인이라고는 공무국 불국佛國 순포(巡捕 : 순경)가 왜놈을 대동하고 사람을 잡으러 오거나, 세금 독촉이나 오는 것 외에는 오지 않았다. 서양인 무리 중에 살지만 서양인 친구는 한 사람도 방문하는 자가 없었다. 그렇지만 매년 크리스마스에는 적어도 몇백 원어치의 물품을 사서 불佛 영사領事와 공무국, 종전의 서양인 친구들에게 선물했다. 어떠한 곤란이 있더라도 14년 동안 연중행사로 실행했으니, 이는 우리 임시정부가 존재한다는 표시를 그들에게 인식시키는 방법일 뿐이었다.

미국과 하와이 동포 성금

내가 한 가지 연구 실행한 일종一種 사무가 있으니 바로 편지 정책이었다. 사방을 돌아보아도 정부 사업의 발전은 고사하고 명의名

義라도 보전할 도리가 없는데, 임시정부가 해외에 있으니 같이 해외 교포에게 의뢰할 수밖에 없었다. 동삼성이 제1위로 250여 만 명의 동포가 있으나 본국과 같은 형편이 되었고, 아령이 제2위로 150여 만 명이나 공산국가라 민족운동을 금지하니 그곳 동포들에게 의뢰하기가 힘들었으며, 제3위인 일본에 40~50만 명이 거주하나 의뢰할 것이 없었다.

미국, 멕시코, 쿠바가 제4위로 제4위로 만여 명인데, 그들 대다수가 노동자였지만 애국심이 극부(極富 : 매우 강하다)한 것은 그곳의 서재필 박사, 이승만 박사, 안창호, 박용만 등에게 가르침을 받아서였다. 그러므로 그곳 동포들에게 사정을 알려 정부에 성금을 바치게 할 계획을 정했으나, 나는 영어를 몰랐으므로 겉봉투도 쓸 수가 없었고 동포들 중에 몇 명의 친지가 있었으나 주소도 알 수 없었다. 그래서 나는 엄항섭, 안공근 두 사람의 도움으로 그곳에 있는 몇 명의 주소와 성명을 얻어 임시정부의 현상을 극진히 설명하고 동정을 구하는 편지를 써서, 엄군이나 안군에게 겉봉투를 쓰게 하여 보내는 것이 유일한 방법이었다. 수신인이 없어 반환도 되었지만 회답하는 동포들이 점점 늘어났다.

그중에 시카고의 김경金慶 같은 이는 집세를 내지 못해 정부의 문을 닫게 되었다는 보도를 보고, 즉시 공동회를 소집하고 미금(美金 : 미국 돈) 200여 원을 걷어 보내준 일도 있었다. 김경 씨 역시 일면부지(一面不知 : 한 번도 만난 적이 없는 사람)이나 애국심으로 이와 같은 의거를 했던 것이다.

미포묵(美包墨 : 미국 본토와 하와이, 멕시코) 동포들이 이 같은 애국심

420

이 있는데 어찌하여 정부에 헌성獻誠하는 데 소홀했던가. 다름 아니라 정부가 1년에도 몇 번씩 각원閣員 : 각료]이 바뀌고 헌법도 자주 바뀜에 따라 정부의 위신이 추락했기 때문이었고, 또한 정부 사정을 자수 알려주지 않아 동포들이 정부를 믿지 않았던 것이다. 그러다가 나의 편지에 진실성이 있는 데서 점차 믿음이 생기기 시작하였다.

하와이의 안창호安昌鎬 : 도산 안창호와 동명이인], 가와이加蛙伊 : 카우아이 섬, 하와이 북부에 있는 섬] 현순玄楯·김상호·이홍기·임성우·박종수·문인화·조병요·김현구·안원규·황인환·김윤배·박신애·심영배 등 제씨諸氏 : 여러 사람을 높여 이르는 말]가 나와 정부에 정성을 쏟기 시작했다. 상항桑港 : 샌프란시스코]의 《신한민보新韓民報》 방면에서도 점차 정부에 대한 관심이 생겨 김호·이종소·홍언·한시대·송종익·최진하·송헌수·백일규 등 제씨와 묵서가墨西哥 : 멕시코]의 김기창·이종오, 쿠바의 임천택·박창운 등 제씨가 임시정부를 후원했다. 동지회同志會 방면에서는 이승만 박사를 위수爲首 : 우두머리]하여 이원순·손덕인·안현경 제씨도 정부 후원에 참가하게 되니, 미국·하와이·멕시코·쿠바 한교韓僑 : 한인 동포]의 전부가 정부 유지 발전에 공동 책임을 지게 되었다.

하와이의 안창호·임성우 등 제씨가 편지로 묻기를,

"당신이 정부를 지키고 있는 것에 감사하오. 당신 생각에 무슨 사업을 하여 우리 민족에 큰 보람이 되도록 하고 싶은데 거기 쓸 자금이 문제가 된다면 주선하겠소."

"무슨 사업을 하겠다고 말할 수는 없으나 간절히 하고 싶은 일이 있으니 조용히 금전을 구취(鳩聚 : 모음)하였다가 보내라는 통지가 있을 때에 보내주시오."

이렇게 회신을 보냈더니 그리하겠다는 승낙이 있었다.

나는 그때부터 민족에게 큰 보람이 될 일이 무엇이며, 내가 그런 일을 할 수 있을까 연구하였다. 그때 나는 재무부장이면서 민단장民團長을 겸임하고 있었다.

이봉창 투탄

하루는 중년 동포 한 명이 민단을 찾아왔다.

"일본서 노동을 하다 독립운동이 하고 싶어 상해에 가정부(假政府, 일인들이 가정부라 지칭했다)가 있다기에, 일전日前에 상해로 와서 다니다가 전차 사표원에게 물어보니 보경리 4호로 가라기에 찾아왔습니다. 저는 본래 경성 용산에서 살았고 이름은 이봉창李奉昌이라 합니다."

"상해에 독립 정부가 있으나 운동자들은 의지식지(衣之食之 : 옷 입고 먹다)할 역량이 없으니 가지신 돈이 있습니까?"

이씨가 말하기를,

"지금 가진 돈은 여비로 쓰고 남은 것이 불과 10여 원입니다."

"그러면 생활 문제를 어찌할 방법이 있소."

이씨가 답했다.

"그런 것은 근심이 없습니다. 저는 철공장에서 작업을 할 수 있은즉, 노동을 하면서 독립운동을 못합니까."

내 말은, "오늘은 해가 저물었으니 근처 여관에 가서 쉬고 내일 다시 이야기합시다" 하고 민단 사무원 김동우에게 여관을 잡아주라 했는데, 언어가 절반은 일어이고 동작이 일인과 비슷하여 특별히 조사할 필요가 있었다. 며칠 후 민단 주방에서 이봉창이 민단 직원들과 함께 주면(酒麵 : 술과 국수)을 사다 먹으며 주지반감(酒至半酣 : 술이 반쯤 취하다)에 민단 직원들과 주담(酒談)하는 말소리가 문밖으로 흘러나왔다. 그 말을 측문(側聞 : 곁에서 듣다)한즉, 이씨는 이런 말을 하는 것이었다.

"당신들 독립운동을 한다면서 일본 천황을 왜 못 죽입니까."

민단원들 대답은 "일개 문무관도 쉽게 죽이지 못하는데 천황을 죽이기가 쉽겠소."

이가 말하기를, "내가 거년(去年 : 작년) 동경에 있을 때 하루는 천황이 행차한다고 행인을 포복하라고 하기에 엎드려서 생각하기를 내게 지금 폭탄이 있다면 용이하지 않겠는가" 하고 생각했습니다.

나는 젊은이들이 술을 마시는 주방에서 흘러나오는 이씨의 말을 유심히 듣다가 저녁에 이씨의 여관방으로 조용히 방문했다. 이씨와 나는 간담(肝膽 : 속마음)을 피력하여 심중사(心中事 : 가슴속의 여러 일들)를 토진(討盡 : 다 털어놓다)하였다. 이씨는 과연 의기남자로 일본에서 상해로 건너올 때 살신성인할 큰 결심을 가슴에 품고 임시정부를 찾아온 것이었다.

이씨는 이런 말을 했다.

"제 나이가 서른입니다. 앞으로 다시 30년을 더 산다 하여도 과거 반생 동안 방랑 생활에서 맛본 것에 비한다면 늙은 생활이 무슨 취미가 있겠습니까. 인생의 목적이 쾌락이라 하면 30년 동안 육신의 쾌락은 대강 맛보았으니, 이제는 영원쾌락(永遠快樂을 도(圖 : 도모)키 위하여 우리 독립 사업에 헌신할 목적으로 상해로 왔습니다."

나는 이씨의 위대한 인생관을 보고 감루영광(感淚盈眶 : 감동의 눈물이 눈에 가득 차다)을 참을 수가 없었다. 이봉창 선생은 공경하는 의지로 나랏일에 몸을 바칠 수 있도록 지도를 청하기에 나는 쾌락(快諾 : 흔쾌히 승낙)하였다.

"1년 이내에 군의 행동에 대한 준비를 할 터인데 지금 우리 정부의 형편이 궁핍하여 군을 접제(接濟 : 살아갈 길을 세우다. 여기서는 먹고살 길을 구한다는 의미)키 어렵고, 군의 장래 행동을 위해서도 우리 기관 가까이 있는 것이 불리하니 어찌하는 것이 좋겠소?"

이가 말하기를,

"그러시다면 더욱 좋습니다. 저는 어릴 때부터 일어에 능숙하여 일본에서 지낼 때 일본인의 양자가 되어 이름을 목하창장(木下昌藏 : 기노시타 쇼조)이라 행세했습니다. 이번에 상해로 오는 도중에도 이봉창이라는 본명을 쓰지 않았으니 계속 일본인 행세를 하겠습니다. 준비하실 동안 제가 철공 일을 할 줄 아니 일인의 철공장에 취직하겠습니다. 그러면 봉급도 많이 받을 수 있습니다."

나는 크게 찬성하였다. 그리고 우리 기관이나 우리 사람들과의 왕래나 교제를 빈번히 하지 말고, 순전히 일본인으로 행세하고 매월 한 번씩 밤에 찾아오라고 주의시켜 홍구로 떠나보냈다.

며칠 후에 오더니 일인 철공장에 매월 80원을 받기로 하고 취직하였다고 알려주었다. 그 후부터는 종종 민단 사무실로 술과 고기,

국수를 사가지고 와서 민단 직원들과 술을 마셨고, 취하면 일본 노래를 유창하게 하며 호방하게 놀았으므로 별명을 일본 영감이라 하게 되었다. 어느 날은 일인 행색인 하오리(일본식 겉옷)에 게다(일본식 나무신)를 신고 정부 문을 들어서다가 중국 하인에게 쫓겨난 일도 있었다.

그리하여 이동녕 선생과 다른 국무원들에게서 한인인지 일인인지 판단하기 어려운 의심스러운 인물을 정부 문 안으로 출입하게 하여 직무에 소홀하다는 꾸지람이 있었으나, 이에 대해 내가 조사 연구하는 사건이 있다고 말했다. 여러 동지들은 강경하게 책비(責備 : 남에게 모든 일을 다 잘하기를 요구하다)는 못하나 불쾌한 생각을 가지기는 일반이었다. 시간은 그럭저럭 흘러 1년이 다 되었다.

미국과 하와이의 통신은 아직 항공이 통하지 못하던 때라 왕복에 거의 두 달이 걸렸는데, 하와이에서 명목을 정한 돈 몇백 달러가 왔다. 나는 그 돈을 받아서 거지 차림의 옷과 전대 안에 감추고 걸식 생활을 그대로 계속하니, 나의 남루한 옷 속에 1000여 원의 돈이 있다는 것은 나 한 사람 외에는 아는 사람이 없었다.

그해 12월 중순이라, 나는 이봉창 선생을 비밀히 법조계 중흥여사로 불러 함께 자며 일본행에 대한 여러 가지 문제를 상의했다. 나는 돈을 준비하는 외에 폭탄도 준비했다. 왕웅(王雄 : 독립운동가 김홍일의 중국식 이름)으로 하여금 병공창(兵工廠)에서, 김현(金鉉)은 하남성 유치(劉峙 : 중국의 국민당 장군) 쪽에서 한두 개의 수류탄을 얻어서 감춰두고 있었던 것이다. 수류탄은 두 개를 지니게 했는데, 한 개는 일 천황에게 터뜨릴 것이고 한 개는 자살용으로 정하였다. 수류탄의 사용법과 만일 자살에 실패하여 체포되었을 때 신문에 응할 말을 지시해주었다.

다음 날 아침, 가슴에서 지폐 한 뭉치를 꺼내어 주면서 일본행 준비를 다해놓고 다시 오라고 하고 작별했다. 이틀 후에 다시 와서 중흥여사에서 마지막 하룻밤을 함께 잘 때에 이씨는 이런 말을 했다.

"그저께 제가 선생께서 폐파의(弊破衣 : 다 헤진 옷) 전대 속에서 많은 돈을 꺼내어 주시는 것을 받아가지고 갈 때에 눈물이 나더이다. 왜 그런고 하니 제弟가 일전에 민단 사무실에 가보니 직원들이 밥을 굶는 것 같아서 제가 돈을 내어 국수를 사다가 같이 먹은 일이 있습니다. 그리고 전날 밤 함께 자면서 하시는 말씀을 일종의 훈화로만 들었는데 작별하시며 생각지도 못한 돈뭉치를 주셨습니다. 선생께서는 법조계에서 한 걸음도 나가지 못하시니, 내가 이 돈을 가지고 가서 내 마음대로 써도 선생이 돈을 찾으러 오지 못하실 테지요. 과시 영웅의 도량이로소다. 내 일생에 이런 신임을 받은 것은 선생께 처음이요, 마지막입니다."

그 길로 안공근 집에 가서 선서식을 행하고, 나는 폭탄 두 개와 다시 300원을 주고 말했다.

"선생은 마지막 가시는 길이니 이 돈은 동경 가시기까지 다 쓰시고, 동경에 도착하는 즉시 전보하시면 다시 송금하오리다."

그러고는 사진관으로 기념사진을 찍으러 갔는데, 나의 면상에 자연 처연한 기색이 있었던지 이씨가 나를 권勸한다.

"나는 영원쾌락을 누리고자 이 길을 떠나는 것이니, 우리 두 사람이 기쁜 얼굴을 하고 사진을 찍으십시다."

나 역시 미소를 띠고 사진을 찍었다.

기차에 오른 이봉창은 머리 숙여 최후의 경례를 했고, 무정한 기차는 한 번의 기적 소리를 내며 홍구 방면을 향해 질주해버렸다. 10여 일 후에 동경에서 온 전보를 보니, 1월 8일에 물품을 방매하겠다' 하였다. 200원을 마지막으로 부쳤더니, 그 후 편지에 '돈을 미친 것처럼 다 써버려서 주인에게 줄 밥값까지 빚이 있었는데, 200원을 받아 빚을 다 갚고도 돈이 남겠다' 하였다.

1년 이전부터 우리 임시정부에서는 하도 운동계가 침체되어 있어 군사 공작을 못한다면 테러 공작이라도 하는 것이 전대 필요했다. 그것은 왜놈이 중한中韓 양 민족의 감정을 악화시키기 위해 만보산萬寶山 사건[159]을 날조했고, 그로 인해 조선에서 중국인 대학살 사건이 일어났던 것이다. 인천, 평양, 경성, 원산 등 각지에서 한인 무뢰배가 일본인의 사주를 받아 중국인을 닥치는 대로 죽였던 것이다. 또한 만주에서는 9·18 전쟁[160]이 일어나 중국은 왜와 굴욕적으로 강화를 하게 되었다. 그런데 전쟁 중에 한인 부랑자가 왜의 권세를 업고 중국인에게 극단적인 악행을 저질렀기 때문에, 중국이 무식無識 계급은 물론이고 유식有識 계급의 인사들 중에도 종종 민족적 감정을 말하는 자들이 생겨 우리는 극히 우려하지 않을 수 없었다. 상해에서도 길거리에서 중·한 노동자 간에 종종 충돌이 생기던

---

159 1931년 7월 만주 길림성 만보산에서 조선인과 중국 농민 사이에 벌어진 충돌 사태로, 일본은 이 사건을 빌미로 만주사변을 일으켜 만주를 점령했다.

160 1931년 9월 18일 노구교 사건으로 시작된 일본의 만주 침략 전쟁으로, 만주사변을 말한다.

때였다.

그리하여 나는 정부 국무회의에서 한인애국단(韓人愛國團)을 조직하여 암살, 파괴 등 공작을 실행하고, 금전이든 인물이든 사용하는데 전권(專權) 판리(辦理 : 일을 판별하여 처리하다)하되 성공과 실패의 결과 여부만 보고하면 되는 특권을 가졌다. 그래서 제1착으로 동경 사건을 맡게 되었는데, 1월 8일이 임박하여 국무위원에 한정하여 경과를 보고하고, 만일 사건이 곧 일어난다면 우리가 조금 곤란해질 것이라고 했다.

1월 8일 신문에 '이봉창이 저격일황부중(狙擊日皇不中 : 일황을 저격했으나 적중하지 않았다)'이라고 기사에 실렸다. 나는 극히 불쾌했으나 여러 동지들이 나를 위로했다. "일황이 즉사한 것만은 못하나 우리 한인의 정신상으로는 일본의 신성불가침의 천황을 죽인 것이며, 이 것은 세계만방에 한인이 일본에 동화되지 않았음을 웅변으로 증명한 것이니, 족히 성공한 것으로 볼 수 있습니다. 다만 지금부터 백범은 주의하라"는 부탁을 하였는데, 과연 다음 날 아침에 불란서 공무국에서 비밀 통지가 왔다.

"10여 년 동안 법국(불란서)에서 김구를 지극히 보호하여 왔으나 이번에 김구가 부하를 보내 일황에게 폭탄을 던진 사건에 대해서는 일본이 반드시 체포·인도를 조회할 터인즉, 불란서가 일본과 전쟁을 할 결심을 하기 전에는 김구를 보호한다는 것은 불가능하다."

중국의 국민당 기관보인 청도의 《민국일보(民國日報)》는 큰 활자로 '한인 이봉창이 저격일황불행부중(狙擊日皇不幸不中 : 일황을 저격했으나 불행히도 적중하지 못하다)'이라 보도했다. 그러자 그곳의 일본 군경이 민국일보사를 파괴했다. 특히 청도뿐만 아니라 복주, 장사 그 밖의 많은 지방에서도 '불행부중不幸不中'의 글을 게재한 곳이 많았다. 일본이 이 사실을 들어 중국 정부에 항의 교섭을 제기하자, 각 신문사를 폐쇄 처분하고 일을 마무리했다.

일본은 한인에게 당한 한 가지 사건만으로는 침략 전쟁을 일으키기가 체면이 안 섰던지, 상해에서 일본 승도(僧徒 : 승려) 한 명을 중국인이 죽였다는 두 가지 이유로 상해에서 1·28 전쟁[161]을 일으켰다. 왜는 전쟁 중이라 그런지 나를 체포하려는 심한 교섭은 없는 모양이었다. 그러나 동지들은 안심을 못하고 숙식을 일정하게 하지 말라고 하여, 낮에는 활동을 쉬고 밤에는 동지들의 집이나 창기 집에서 잤으며, 식사는 동포들의 집으로 가면 간단하고 조촐하나마 누구나 정성스럽게 대접해주었다.

중일 전쟁이 시작된 후, 용감히 싸우는 19로군 채정해(蔡廷楷 : 중국 19로군 총사령관)의 군대와 중앙군으로는 제5군장 장치중(張治中)이 참전하여 전쟁이 격렬해졌다. 갑북(閘北 : 상해 북쪽 지역으로 당시 공공조계였다)에서는 일병日兵이 불을 지르고 불 속에다 남녀노유(男女老幼)를 집어넣어 잔인하게 죽이는, 참불인견(차마 눈 뜨고는 볼 수 없다)의 비극이 일어났다. 법조계 안에서도 곳곳에 후방 의원을 설립하고 ◎차에 전사자의 시체와 부상병들을 가득 실었는데, 그 목판 틈으로 붉은 피가 흘러나오는 것을 보자 가슴 가득히 열렬한 정성으로 경의를 표하며 누하위우(淚下爲雨 : 눈물이 비 오듯 하다)하였다. 우리도 어느 때

---

161 1932년 일본이 상해에서 중국군과 충돌한 사건으로, 1937년에 2차 충돌이 있었고 이 충돌로 중일 전쟁이 더욱 확대되었다.

나 저와 같이 왜와 혈전을 벌여 본국 강산을 충혈充血로 물들일 날이 있을까. 눈물이 너무 흘러서 길에서 보는 사람들이 수상하게 볼까 하여 물러와버렸다.

동경 사건이 세계에 전파되자, 미국·하와이·멕시코·쿠바의 우리 동포 중에서도 그동안 나를 동정하던 동지들은 크게 흥분하여 나를 애호신임愛護信任하는 서신이 태평양 위로 설화雪花같이 날아왔다. 그중에는 이전부터 임시정부를 반대하던 동포들도 태도를 고쳐, 다시 하고 싶은 일을 하라며 금전적 후원이 더욱 광범위하게 일어났다. 또한 중국 전쟁에 참여하여 다시 우리 민족에 빛이 될 사업을 하라는 부탁이 답지했으나, 임갈굴정(臨渴掘井 : 목이 말라야 우물을 판다)이라 준비 없이 무슨 일을 할 수 있으랴.

우리 청년들 중에 근본 장한 뜻을 품고 상해에 왔던 이들 중에 친신지사(親信志士 : 가까이하며 믿을 수 있는 뜻있는 지사)이자 제자인 나석주, 이승춘 등이 있었다. 나 의사는 총과 폭탄을 품고 연전(몇 년 전에)에 경성의 동양척식회사에 침입하여 7명의 일인을 사살하고 자살하였고, 이승춘은 천진에서 피랍되어 사형당했다. 상해에 거주하는 친신親信 청년 몇 사람이 1·28에 일어난 송호 전쟁(淞滬戰爭 : 상해사변)에서 우리 민족에게 광영이 될 만한 사업을 하고자 강구 중이었다. 그러던 중 왜군이 우리 한인 노동자를 채용하는 것을 계기로 몇 명의 청년이 결탁하여 홍구 방면으로 파송되어 일본군 역군으로 일하며 조사할 수 있게 되었다. 몇 명이 군용 창고에 일본인 노동자와 같이 무난히 출입하며 조사해본 결과, 탄약고와 비행기고에 연소탄燒彈을 장치하기로 했다. 왕웅에게 부탁하여 상해 병공창에 교섭해서

430

연소탄을 제조하기로 하고 날마다 재촉하고 있었다.

그러던 차에 송호협정[162]이 조인되어 실행이 무산되었다. 그 때문에 몹시 한탄하고 있을 때 열혈 청년들이 비밀히 나를 방문하고 나랏일에 몸을 바칠 것이니 자신들의 자격에 알맞은 일감을 연구하여 써달라고 요구했다. 이는 동경 사건을 본 청년들이 나의 머릿속에는 부단히 무슨 연구가 있을 것으로 생각한 모양이었다.

윤봉길 의거

이덕주李德柱와 유진식兪鎭萬은 왜 총독 암살을 명하여 먼저 국내로 입국시켰고, 유상근柳相根과 최흥식崔興植은 만주로 보내 본장번〔本藏番 : 혼조 시게루, 관동군 사령관〕 등 암살을 명하여 기회를 엿보아 진행하고자 할 즈음이었다. 동포 박진朴震의 종품(鬃品 : 말총으로 만든 모자와 일용품) 공장에서 공원으로 일하던 윤봉길尹奉吉 군이 홍구 채소 시장에서 채소 장사를 하다가 어느 날 조용히 찾아와서 말했다.

"제가 채소 바구니를 등에 지고 날마다 홍구 방면으로 다니는 것은 제가 천신만고로 상해로 올 때 품었던 대지大志를 이루고자 해서입니다. 그럭저럭 중일 전쟁도 중국의 굴욕적인 정전협정으로 결착되는 형세이니, 아무리 생각해봐도 죽을 만한 곳을 구할 길이 없습니다. 선생님에게 동경 사건과 같은 경륜이 계실 줄 믿고 찾아왔으

162 1933년 중국의 송호(탕구)에서 일본 관동군과 중국 국민 정부군 사이에 맺은 정전협정이다. 이 협정으로 중국은 만주 일대에서 군대를 철수했고, 일본이 사실상 만주를 지배하게 되었다.

므로 믿고 지도해주시면 은혜 백골난망입니다."

내가 종전에 공장 구경을 다니며 보니, 윤군은 진실한 청년 공원으로 학식도 있었으므로 다만 생활을 위해 노동을 하거니 하고 생각했었다. 그런데 이제 마음을 터놓고 이야기를 해보니 살신성인의 크고 의로운 뜻을 품은 의기남자임을 알게 되었다.

나는 감복해 말했다.

"유지자사경성(有志者事竟成 : 뜻이 있으면 마침내 일을 이룰 수 있다)이니 안심하시오. 내가 요즘 연구하는 바가 있으나 적당한 인물을 구하지 못해 고민하던 참이었소. 전쟁 중에 연구 실행하고자 생각하던 일이 있었으나 준비가 덜 되어 실패했는데, 지금 신문을 보니 왜놈이 전쟁에 이긴 위세를 업고 4월 29일에 홍구 공원에서 이른바 천황의 천장절(天障節 : 천황의 생일) 경축 전례식을 성대하게 거행하며 요무양위(耀武攘威 : 무력과 위세를 드높이다)를 할 터이니, 군은 일생의 대목적을 이날에 달성함이 어떠하오?"

윤군은 쾌히 승낙하며 하는 말, "저는 이제부터는 흉숭에 한 점의 번민도 없이 편안해질 것입니다. 준비해주십시오" 하고 자기 침소로 돌아갔다.

운퇴뢰굉천복비(運退雷轟薦福碑 : 운이 막히니 벼락이 복을 비는 비석까지도 부셔버리다) 격으로 왜놈이 상해 《일일신문日日新聞》에 영사관 이름으로 자기 주민에게 포고하였다.

4월 29일 홍구 공원에서 천장절 축하식을 거행하니 그날 식장에 참례하는 자는 물통 한 개, 점심 도시락, 국기 하나씩을 가지고 입장하라.

나는 즉시 서문로 왕웅(김홍일)을 찾아가서 "상해 병공창장 송식표宋式驫에게 교섭하게 해서, 일인의 어깨에 메는 물통과 도시락을 사서 보낼 테니 그 속에다가 폭탄을 장치하여 3일 이내로 보내달라"고 부탁했다. 왕군이 돌아와 보고하기를, "내일 오전에 선생님을 모시고 병공창으로 와서 선생님이 친히 시험하는 것을 보라고 하니 가십시다"고 하였다. 나는 "좋다"고 하고 다음 날 아침에 강남 조선소로 찾아갔다.

내부에 병공창이 일부분 있었는데 규모는 크지 않았고, 대포나 보창步槍 : 소총) 등을 수리하는 것이 주된 일인 듯했다. 기사 왕백수王白修 영도 아래 물통, 도시락 두 종류 폭탄의 시험 방법을 지켜보았다. 마당 한쪽에 토굴을 파고, 안쪽에 사면으로 철판을 두른 후 폭탄을 그 안에 놓았다. 뇌관 끝에 긴 줄을 연결하여 공원 한 명이 줄 끝을 끌고 수십 보 밖에 기어 나와서 줄을 잡아당기니, 토굴 속에서 벽력같은 소리가 진동하며 파편이 날아오르는 것이 일대 장관이었다. 시험법은 뇌관 20개를 시험하여 20개가 전부 폭발한 후라야 실제 물건에 장치한다고 하는데, 이번 시험의 성적은 양호하다는 말을 듣고 나는 속으로 크게 기뻐하면서 자신했다. 상해 병공창에서 이와 같이 친절하게 20여 회 폭탄을 무료로 제조해주는 것은 바로 이봉창 의사의 은혜라 볼 수 있다. 창장廠長 : 병기창 공장장)부터 자기네가 빌려주었던 폭탄의 위력이 약해서 일황을 죽이지 못한 것을 유감으로 생각하던 차에 김구가 요구한다니 성심으로 제조해주었던 것이다.

다음 날 그들은 우리가 폭탄을 운반하기 곤란한 것을 알고 병공창 기차로 서문로 왕웅 군의 집으로 가져다주었다. 나는 거지 차림이었던 중국옷을 벗고 넝마전에 가서 양복 한 벌을 사서 입으니 엄연한 신사였다. 물통과 도시락을 한 개씩 두 개씩 운반하여 법조계 안의 친한 동포들 집으로 가져가 주인도 모르도록 "귀한 약품이니 불만 조심하라"고 하고 까마귀 떡 감추듯 했다.

당시 동경 사건 이후, 우리 동포들의 나에 대한 동정은 더욱 비할 데가 없을 정도였다. 그러므로 우리나라 풍속으로는 내외를 해야 할 처지이나, 오랜 해외 생활로 인해 형제친척과 같아서 나에 대하여는 남자들보다 부인들의 애호가 더 깊었다. 그리고 어느 집에 가든지 "선생님, 아이 좀 안아주시오. 내 맛있는 음식을 해드리리다" 하였다. 이것은 내가 아이를 안아주면 아이들이 잘 잔다고 해서 부인들이 아이가 울면 내게 안겨주었던 것이다. 그런고로 푸대접 음식은 먹지 않은 듯했다.

4월 29일이 점점 다가왔다. 윤봉길 군은 말쑥하게 일본식 양복으로 갈아입고 날마다 홍구 방면에 가서 공원의 식장 설비하는 것을 살펴보고 당일에 자기가 거사할 위치를 점검하였다. 백천(白川 : 시라카와 요시노리) 대장의 사진과 일본 국기인 태양기(일장기)를 구입하는 등의 일로 매일 홍구를 왕래하며 듣고 본 것을 보고하던 중에 이런 말을 했다.

"오늘 홍구에 가서 식장 설비를 구경하는데 백천이 놈도 왔길래 그놈 곁에 서자, '어찌 내일을 기다릴까. 오늘 폭탄을 가졌다면 지금 당장 쳐 죽일 텐데' 하는 생각이 들었습니다."

나는 윤군에게 이렇게 주의시켰다.

"여보, 그것이 무슨 말이오. 사냥하는 포수가 꿩을 쏠 때 날게 하여 쏘아 떨어뜨리는 것과 수풀 속에 잠든 사슴을 쏘지 않고 달릴 때에 사격하는 것은 사냥하는 맛을 위함이오. 군은 내일 성공에 자신감이 없어 그러시오?"

윤이 말하기를,

"아닙니다. 그놈이 곁에 선 것을 볼 때에 문득 그런 생각이 나더란 말씀입니다."

"이번에는 확실히 성공할 것이라고 미리부터 알고 있소. 군이 일전에 나의 말을 듣고 나서 하시던 말씀 중에 '이제는 가슴에 번민이 없어지고 편안해진다'고 한 것을 성공의 철증鐵證으로 믿고 있소. 내가 치하포에서 토전양량을 타살코자 할 때 가슴이 울렁거렸으나 고능선 선생이 가르쳐주신 '득수반지무족기 현애살수장부아'라는 구절을 문득 생각했는데, 이는 군과 나의 결심 행사가 시간적으로는 아득히 멀지만, 완전하게 같은 까닭이오."

윤군은 눈으로 수긍하는 안색을 가지더라.

윤군을 여관으로 보내고 나는 폭탄 두 개를 휴대하고 김해산金海山 군의 집으로 가서 그 내외와 상의했다.

"봉길 군에게 내일 아침 일찍 중대 임무를 주어 동삼성으로 보낼 것이니 저녁에 쇠고기를 사다가 내일 새벽조반을 부탁하오."

다음 날이 바로 4월 29일이었다. 새벽에 윤군과 같이 김해산의 집으로 가서 윤군과 함께 마지막으로 같이 앉아 아침밥을 먹으면서 윤군의 기색을 살펴보니 태연자약했다. 농부가 들에 일하러 나가기 위해 일부러 자던 입에 먹는 것을 보아도, 힘든 일을 떠나는 것은 밥을 먹는 모양으로 알 수 있었다. 김해산 군은 윤군의 침착 용감한 태도를 보고 조용히 나에게 이런 권고를 했다.

"선생님, 지금 상해에서는 우리의 행동이 있어야만 민족적 체면을 보전할 수 있는데 윤군을 왜 구태여 다른 곳으로 보내려 하십니까?"

나는 두루뭉수리로 대답했다.

"모험사업은 실행자에게 전임하는 것이니 윤군 마음대로 어디서나 하겠지요. 어디서 무슨 소리가 나는지 들어봅시다."

그때 7시를 치는 종소리가 들렸다. 윤군은 자기 시계를 꺼내어 나에게 주며 내 시계와 바꾸기를 청했다.

"제 시계는 어제 선서식 후에 선생님 말씀에 의하여 6원을 주고 산 것입니다. 선생님 시계는 2원 짜리이니 제 것을 가지십시오. 저에게는 1시간밖에 소용이 없습니다."

나는 기념품으로 그 시계를 받고 내 시계를 주었다. 윤군은 식장으로 길을 떠나는데 기차를 타면서 있던 돈을 꺼내어 나의 손에 들려주었다.

"왜, 약간의 돈을 가진 것이 무슨 방해가 있는가?"

"아닙니다. 기차 요금을 주고도 5, 6원은 남습니다."

그러는 즈음에 기차가 움직였다. 나는 목멘 소리, "후일 지하에서 만납시다" 했다. 윤군이 차창으로 나를 향해 머리를 숙이자, 기차는 소리를 높이 지르고 천하영웅 윤봉길을 싣고 홍구 공원을 향해 달려가버렸다.

나는 그 길로 조상섭의 상점에서 편지 한 통을 써서 점원 김영린에게 주어 안창호 형에게 급히 보냈다. 그 내용은 '오늘 오전 10시 경부터 댁에 계시지 마시오. 무슨 대사건이 일어날 듯합니다'였다. 그 길로 또 석오 선생 처소로 가서 일의 진행을 보고한 후 점심을 먹고 무슨 소식이 있기를 기다렸다.

오후 1시쯤 되어 곳곳에서 많은 중국 사람들이 술렁거리기 시작했다. 그러나 모두 말들이 일치하지 않았다. 홍구 공원에서 중국인이 폭탄을 던져서 많은 일인이 즉사했다는 등, 고려인이 한 일이라는 등 말이 많았다. 우리 사람들도 엊그제까지 채소 바구니를 메고 날마다 홍구로 다니면서 장사하던 윤봉길이 경천동지의 대사건을 연출할 줄이야 생각도 못하고 있었다. 나 이외에는 이동녕, 이시영, 조완구 등 몇 명만이 짐작할 뿐이었다. 그러나 그날에 거사한다는 사실은 나 혼자만 알고 있었으므로 석오 선생께 가서 보고하고 정확한 소식을 기다렸던 것이다.

오후 2, 3시경에 신문 호외가 나왔다. '홍구 공원의 일인 경축식장 무대 위에서 고성능의 폭탄이 폭발하여 민단장 하단(河端 : 가와바타 데이지)은 즉사하고, 백천 대장, 중광(重光 : 시게마쓰 마모루) 대사와 식전(殖田 : 우에다 겐키치) 중장, 야촌(野村 : 노무라 기치사부로) 중장 등 문무대관이 중상' 운운이고, 일인 신문에서는 중국인이 한 짓이라고 했다가, 그다음 날은 각 신문이 모두 윤봉길의 이름을 큰 활자로 실었다.

법조계에 대수색이 벌어졌다. 나는 안공근과 엄항섭 두 사람을 비밀히 불러서, "지금부터 자네들의 집안 생활은 내가 책임질 테니 우리 사업에만 힘을 써주시오" 하고 부탁하고, 미국인 비오생(費吾生 :

조지 A. 피치)의 집에 피신처를 교섭했다. 비씨의 부친 비 목사가 생존 시에 우리를 크게 동정했던 터라 그런지 극히 환영해주었다. 그리하여 일강—江 김철과 안, 엄 그리고 나까지 4명이 비씨 집으로 이주하였다. 2층을 전부 쓰며 식사까지 비씨 부인이 정성을 다해주니 벌써 윤 의사 희생의 공덕을 받기 시작했던 것이다. 비씨 댁 전화를 사용하여 법조계 내 우리 동포의 집에 연락하며 알아보니, 때때로 우리 동포가 체포되었다는 보고를 듣게 되었다. 서양인 법률가를 초청하여 법률을 통해 체포된 동포를 구하려고 했으나 별 효과가 없었다. 다만, 돈은 주어 생계를 도왔고 피신하고자 하는 자는 여비를 주는 등 사무를 집행했다. 체포된 사람으로는 안창호, 장헌근, 김덕은 외에 소년 학생들이었다.

날마다 왜놈들이 사람을 잡으려고 미친개와 같이 돌아다녔다. 그리하여 우리 임시정부와 민단의 직원들과 심지어 부녀단체인 애국부인회까지도 활동을 할 수 없게 되자, 우리 사람 사이에 이 같은 비난이 생기기 시작했다.

"이번 홍구 사변의 주모 획책자는 따로 있으면서 자기가 사건을 감추어 관계없는 자들만 붙잡히게 하는 것은 옳지 못하다."

이는 이유필 등 일부 인사의 말이었다. 나의 편지를 보고도 그날은 무방하리라고 이씨 집으로 찾아갔던 안창호 선생의 체포는 자기의 불찰이었지만, 주모자가 아무 발표도 하지 않은 관계로 사람이 함부로 체포된다는 원성이었다. 나는 진상을 세상에 공개하자고 주장했으나 그 자리에 있던 안공근은 극단으로 반대했다.

"형님이 법조계에 계시면서 그러한 발표를 한다는 것은 지극히 위험한 일입니다."

그러나 나는 반대하고 엄항섭으로 하여금 선언문을 기초하게 되었다. 비 부인에게 영문으로 번역하도록 한 후, 루터(로이터) 통신사 발(發)로 세계 각국에, '동경 사건과 상해 홍구 사건의 주모 획책자는 김구요, 집행자는 이봉창과 윤봉길'이라 했다. 신천 사건과 대련 사건[163]은 다 실패했으나 아직 발표 시기가 아니었기에 이상 두 가지 사건만을 우선 발표했던 것이다.

상해에서 중대 사건이 발생된 것을 알고 남경에 주찰(駐札 : 머물러 있다)이던 남파(南波) 박찬익 형이 상해로 와서 중국 인사들과 만나 활동한 결과, 물질적으로는 물론 여러 가지 편의가 많았다. 주간에는 전화로 체포된 동포들의 가족을 위로했고, 야간에는 안·엄·박 등 동지가 출동하여 체포자 가족들의 구제와 여러 가지 교섭을 하였다. 그러던 중에 중국 인사인 은주부(殷鑄夫), 주경란(朱慶瀾), 사량쇠(查良釗) 등의 면회 요구가 있었다. 그래서 밤에 기차를 타고 홍구와 정안사로(靜安寺路) 방면으로 다니니, 이것은 평일에 법조계 밖으로는 한 걸음도 나가지 않던 나의 행동에 있어 커다란 변동이었다.

다시 중국 인사들의 우리에 대한 태도를 말하고, 그다음으로 미국·하와이·멕시코·쿠바 한인 교포들의 나에 대한 태도와 관내 우리 인사들의 나에 대한 태도를 말하겠다.

첫 번째로 중국인들의 태도를 말하겠다. 만보산 사건 등 왜구의

---

163 신천 사건은 1932년 3월 조선 총독 암살을 위해 이덕주, 유진식을 파견했다가 체포된 사건이다. 대련 사건은 혼조 시게루 등을 처단하기 위해 유상근, 최흥식 등을 파견했다가 대련에서 체포된 사건이다.

양 민족 감정 악화 정책으로, 조선의 곳곳에서 한인 무뢰배를 총동
원하여 중국인 상인과 노동자를 만나는 대로 죽이게 했다. 중류中
流 이상의 중국인들은 왜구의 독계毒計로 알았지만 하류 계급에서는
여전히 '고려인이 중국인을 때려죽인다'라며 악감정이 동경 사건
후에도 없어지지 않았다. 거기에다 1·28 상해 전쟁 때, 왜병은 불
을 지르는 한편 최영택 같은 악한을 사주하여 중국인들의 집에 들
어가 재물을 자기 물건같이 만인이 보는 앞에서 약탈한 일이 많았
다. 그래서 주로 기차나 전차의 한인 사표원들이 중국인 노동자들
에게 이유 없이 구타를 당하곤 했다. 그러나 4·29 사건으로 인해
중·한인의 감정은 극도로 호전되었다.

두 번째로 미국·하와이·멕시코·쿠바에 사는 한인 교포들의 나
에 대한 신념은 전무후무하였으리라고 자신하고 싶다. 동경 사건이
완전히 성공하지는 못했으나 조금이라도 민족에게 광영이 되었고,
홍구 사건이 크게 성공했기 때문이었다. 과연 그 이후로는 임시정
부에 대한 납세와 나에 대한 후원이 격증하여 점차 사업이 확장되
는 단계로 나가게 되었다.

관내 우리 독립운동자들 사이에서 나에 대한 태도는 낙관적인
면보다 비관적인 면이 더 많았다. 4·29 이후로 자연 신변이 위험
하게 된 관계로, 평소 친지들의 면담 요구에 함부로 응할 수 없다는
것이 그들의 유일한 감정이었다. 그러나 다음의 일은 모두 다 아는
일이다.

지난달에 전차 사표원인 별명 박대장(사리원 사람)의 혼인잔치 청
첩을 받고 잠시 축하차 그 집에 들렀다. 주방의 부인들을 보고 나는

"속히 가야 하니 빨리 국수 한 그릇만 달라"고 부탁하여 냉면 한 그 릇을 급히 먹고 궐련 하나를 피워 물고 그 집 문간을 나섰다. 그 바로 앞이 우리 사람의 가게였으므로 왔던 길이니 방문하고 가려고 가게로 들어갔다. 미처 앉기도 전에 주인이 내 옆구리를 쿡 찌르며 손으로 길을 가리키기에 보니, 왜경 10여 명이 길에 죽 서서 전차 지나가기를 기다리고 있었다. 나는 다시 피할 곳이 없었으므로 서서 유리창 밖으로 왜놈의 동향을 보니 쏜살같이 박대장의 집으로 들어가는 것이었다. 그것을 보고 그 가게에서 나와 전차 선로를 따라 김의한 군의 집으로 들어갔다. 그 부인이 박대장의 집에 가보니 바로 전에 왜놈들이 들어와, "방금 들어온 김구가 어디 있는가" 하고 물으며 심지어 아궁이 속까지 뒤지다가 갔다는 것이다. 나에 대한 현상금은 이번 4·29 사건 이후에 제1차는 20만 원이었고, 제2차는 일본 외무성과 조선총독부와 상해 주둔군 사령부 3부 합작으로 60만 원이 되었다.

가흥 피신

나를 만나고자 한다는 말을 듣고 남경(국민당) 정부 요인에게 신변의 위험을 말했더니, "김구가 온다면 비행기라도 보내마" 한다는 둥, 또는 "아무리 위험해도 모험을 하지 않고 안전한 생활을 해서야 되겠느냐" 등의 말을 하였다. 그 이면에는 자기들과도 함께 지내며 일도 같이하자는 것이었으나, 내가 어찌 여러 사람들에게 다만족을 줄 도리가 있겠는가. 누구는 후하게, 누구는 박하게 대접할 수 없으므로 일체를 사양하고 비씨 댁에서 20여 일 동안 지내며 비밀 활동을 하였다.

그러던 중 하루는 비 부인이 급히 2층에 와서, "정탐에게 우리 집이 발각된 모양이니 속히 이 집을 떠나셔야겠다"고 말하고는 곧 아래층으로 가서 전화로 자기 남편을 불렀다. 그들의 자동차에 그 부인은 나와 부부처럼 나란히 앉고, 비 선생은 운전수가 되어 정원에서 차를 타고 문밖으로 나가며 보니 법인(프랑스인), 아인(러시아인), 중국인(일본인은 보이지 않았다) 등 각국 정탐이 문 앞과 주위에 수풀처럼 둘러싸고 있었다. 그러나 미국인의 집이어서 어쩔 도리가 없어 손을 쓰지 못하고 있었다. 법조계를 지나 중계(中界 : 중국 지역)에 차를 세웠다. 나와 공근은 기차역으로 가서 그날로 가흥嘉興 수륜사창秀綸沙廠으로 피신하였다. 그곳은 남파 박찬익 형이 은주부와 저보성褚補成 제씨에게 주선하여 며칠 전에 엄군의 가족과 김의한 일가, 석오 선생이 벌써 이사하였던 곳이다.

상해에서 비 부인이 보고하였던 말은 이러했다. 자기가 아래층에서 유리창으로 문밖을 살펴보니, 자기네 주방에 동저고리 노동자 차림의 어떤 중국인이 들어오기에 따라가서 "누구십니까?" 하고 물으니, 그 사람이 "저는 양복점 사람인데 댁에 양복 지을 것이 있는가 물어보고자 왔습니다"는 것이었다. 비 부인이 다시 "당신이 왜 내 주방 하인에게 양복 짓는 것을 물어봅니까? 수상하네요" 하니, 그 사람이 호주머니에서 법포방(法浦房 : 프랑스 경찰) 정탐의 증명을 내보이더라는 것이었다. 그래서 "외국인 집에 왜 함부로 침입하는 거요?" 하니, "미안하다"며 가더라는 것이었다. 그 집을 정탐들

442

이 살피게 된 원인을 생각해보면 비씨 집 전화를 너무 사용해서인 것 같았다.

나는 그때부터 가흥 생활을 계속하게 되었다. 성은 아버지 외가 성자를 따서 장씨張氏로 행세하고, 이름은 진구震球 혹은 장진張震이라고 하였다. 가흥은 저보성 씨의 고향이었다. 저씨는 절강성장浙江省長도 지낸 바 있는 경내에서 덕이 높은 신사였고, 큰아들 봉장(鳳章, 漢雛)은 미국 유학생으로 그 현의 동문 밖 민풍지창(民豊紙廠 : 제지 공장 이름)의 고등기사였다. 그 집은 남문 밖에 있었는데, 옛날식 집으로 그다지 크고 굉장하지는 못하였으나 사대부 저택으로 보였다. 지선생은 자기 수양아들 진동락陳桐落 군이 반서양식으로 호숫가에 세운 정자 한 곳을 나의 침실로 정해주었다.

그곳은 수륜사창과 서로 가까이 접해 있고 풍경도 무척 아름다운 곳이었다. 나의 진짜 모습을 아는 사람은 저씨 댁 부자 내외와 진동생(陳桐生 : 진동락) 내외뿐이었다. 그런데 가장 곤란한 것은 언어라, 비록 광동인으로 행세를 했지만 중국어를 너무도 모르는 가운데 상해 말이 또 다르니 자연 벙어리 같은 행동을 하였다.

가흥에는 산은 없지만 호수는 낙지발같이 사방이 트여서, 일고여덟 먹은 어린아이라도 다 노를 저을 줄 알았다. 토지는 매우 비옥하여 각종 물산이 풍부하고 인심 풍속이 상해와는 딴 세상이었다. 상점에는 에누리가 없었고, 가게에 고객이 무슨 물건을 잊어버리고 놓고 갔다가 며칠 후에라도 찾으러 가면 잘 보관하였다가 공손히 내주었는데, 이것은 상해에서는 보기 드문 미풍이었다.

진동생 내외는 나를 데리고 남호南湖 연우루와 서문 밖 삼탑으로

갔다. 그곳은 명나라 임진란에 일병이 침입하였던 곳으로, 인근 부
녀들을 잡아다가 사원에다 가두고 한 승도에게 지키게 하였더니
밤중에 그 중이 부녀들을 모두 풀어주었기에 왜놈들이 그 중을 죽
였는데, 핏자국이 아직 돌기둥에 은은히 나타나 보인다고 했다.

동문 밖 10리쯤 되는 곳에 한나라 주매신朱買臣의 묘가 있고 북문
밖에 낙범정落凡亭이 있었다. 주매신은 글 읽기에만 골몰하여 세상
일을 돌아보지 않는 어리석은 사람이었다. 그의 처 최씨가 농사일
을 나가면서 보리 널어놓은 것을 보라고 부탁하고는 밭에서 돌아
와서 보니 소낙비에 보리가 다 떠내려갔다. 주매신은 그것도 모르
는 채 독서만 하고 있었고, 이를 본 그의 아내는 목수에게 개가하였
다. 그 후에 주매신이 등과하여 회계 태수가 되어 돌아오는 길에 길
을 닦고 있는 여자를 보니 자기의 처였다. 그래서 뒤차에 태우라 명
하고 관사에 들어가 그 여자를 부르니, 최씨가 주매신의 영귀함을
알아보았다. 최씨가 다시 처가 되기를 원하니, 주매신은 물 한 동이
를 길어다가 땅에 엎지르고 다시 주워 담아 한 동이가 되거든 같이
살자고 했다. 최씨가 그대로 시험하다가 물이 동이에 채워지지 않
음을 알고 낙범정 앞 호수에 빠져 죽었다 한다. 그러한 사적을 다
찾아 살펴보았다.

상해에서 온 비밀 보고에 따르면, '김구의 활동이 더욱 사나워져
서 김구가 상해에 있는 형적이 없으니 필연 호항선(滬杭線 : 상해-항주
간 철도선)이나 경호선(京滬鐵 : 북경-상해간 철도선) 방면으로 피하여 숨
었을 것이라 하여 첩자를 양 철로선으로 보내어 몰래 염탐하고 있
으니 각별히 주의하라'고 하였고, 일본 영사관 일본인 관리의 비밀

보고에 '오늘 아침에 수색대가 호항로로 출발했다고 하였으니, 만일 김구 선생이 그쪽에 숨어 있다면 연로(沿路 : 길가 근처) 정거장으로 사람을 보내 일경의 행동을 살펴보라'는 보고를 받았다. 정거장 근처에 사람을 보내 몰래 살펴본즉, 역시 일경이 변장하고 차에서 내려 눈에 불을 켜고 이곳저곳을 순탐하다가 가는 것을 보았다고 했다.

세상에 기괴망측한 일도 있었다. 4·29 이후에 상해 일본인의 삐라에 '김구 만세'라는 인쇄물이 배포되었다고 하는데 실물은 얻어 보지 못하였다. 일본인으로 우리 금전을 먹고 밀탐한 자도 여러 명이었다. 위혜림(韋惠林) 군이 알선해준 사람도 몇 명 있었는데 매우 믿을 만했다. 일이 이미 이렇게 되고 보니 부득불 가흥에 오래 머물러 살기는 위험하다고 해서 또다시 나만이라도 가흥을 떠날 필요가 있었으나, 떠난다고 해도 안전하지는 못할 것 같았다.

저한추(褚漢雛 : 저봉장의 다른 이름)의 처가는 해염현(海鹽縣) 성내에 있었고, 거기서 서남쪽으로 40여 리를 가면 해염 주씨 신당이 있었는데 피서 별장이었다. 한추 형은 자기 부인과 상의했다. 부인은 재취 후 첫아들을 낳은 미인으로 홀로 나와 기선을 타고 하루 일정으로 해염 성내 주씨 공관에 도착했다. 주씨 사택은 해염현 내에서 최대라고 했는데 그 규모가 광대하였다. 나의 숙소는 뒤편 양옥 한 곳이었는데 대문 앞은 돌바닥 길이었으며, 그 밖은 호수로 선박이 왕래했다. 대문 안쪽은 정원이었고, 좁은 문으로 들어가면 사무실, 즉 집안일을 맡아보는 총경리가 매일 주씨 댁 생계를 맡아보는 곳이었다. 예전에는 400여 명의 식구가 공동 식당에서 식사를 했으나,

445

근래에는 식구 대부분이 직업에 따라 사농공상업仕農工商業으로 나뉘어 흩어졌고 그 나머지는 따로 살기를 원하므로 물품을 분배하여 자취한다고 했다.

가옥의 모양새는 벌집과 같았는데, 서너 개의 방을 한 집으로 하고 그 앞면에는 화려한 객청 한 칸씩이 있었다. 구식 건축 뒤편에는 몇 채의 2층 양옥이 있고, 그 뒤편은 화원이었다. 그리고 그 뒤편은 운동장이었다. 해염의 3대 화원 중에 주가朱家 화원이 제2요, 전씨집 화원이 제1이라 하였다. 그래서 전가錢家 화원도 구경하였는데 화원 설비는 주가보다 낫고 건물 설비는 전가가 주가만 못하였다.

주가에서 하룻밤을 지내고 기차로 노리언에서 내렸다. 서남산 고개 가까이로 500~600리를 걸어갈 때, 저씨 부인은 고근피혜〔高跟皮鞋 : 굽 높은 가죽신〕를 신고 7, 8월 염천炎天에 친정 여자 하인 한 명에게 나의 식료품과 각종 육류를 들려가지고 수건으로 땀을 씻으며 산 고개를 넘는 것이었다. 그 모양을 보고 나는, 그곳에 활동사진 기구가 있었더라면 우리 일행의 이런 모습을 활동사진으로 찍어 영구적 기념품으로 만들어 만대자손에게 전할 마음이 간절하였으나 어쩔 수 없는 일이었다. 우리 국가가 독립이 된다면, 저씨 부인의 용감하고 친절한 모습을 우리 자손이나 동포 중 누가 흠모하고 우러르지 않을 것인가. 활동사진을 찍어두지는 못하였으나 글로라도 기록하여 후세에 전하고 싶어 이 글을 쓴다.

산꼭대기에 주씨가 세운 정자에서 휴식하고, 다시 일어나 수백 보를 가니 산허리에 일좌양방〔一坐洋房 : 한 채의 양옥〕이 그윽하고 우아하게 서 있었다. 들어가니 그곳을 지키는 고용인 가족들이 나와서 저씨 부인을 공경스럽게 맞이했다. 저씨 부인은 고용인에게 자기 친정에서 가지고 온 육류와 과일을 주고, "저 양반의 식성은 이러이러하니 주의하여 모시고, 등산하면 하루 3각을 받고, 어떤 곳은 얼마, 응소정應燒頂은 4각만 받으라"고 명하였다. 그리고 그날로 고별한 후 본가로 돌아갔다. 그 산당山堂은 저씨 부인 친정 숙부를 매장하기 전에는 피서 장소로 사용되던 곳이었는데, 지금은 그이 묘소 제청祭廳164이 되었다.

나는 날마다 묘지기를 데리고 산과 바다 풍경을 완상玩賞하는 데 무한한 취미를 가졌다. 본국을 떠나 상해에 도착한 후 14년간 다른 사람들이 남경, 소주, 항주의 산천을 구경하고 이야기하는 말을 들었으나, 나는 상해에서 단 한 발짝도 떠나질 못해 산천이 극히 그립던 차에 매일 산에 오르고 물가로 나게 되었는데 그 취미는 비할 데 없이 유쾌하였다. 산 위에서 앞쪽으로 바다 위를 범선 윤선이 오가고, 좌우로 푸른 소나무와 붉은 단풍의 여러 가지 광경은 '자연유자비추풍(自然遊子悲秋風 : 스스로 혼자 여행하는 사람은 가을바람이 슬프다)'의 느낌이 있었다. 나는 세월이 가는 것도 잊어버리고 매일의 일과가 산에 올라 물 구경하는 것이었다. 14년 동안 산수에 굶주렸던 마음이 십수 일 동안에 넘치도록 가득찼다.

묘지기를 따라 응소정에 가보니, 산 위에 비구니 암자가 하나 있고 늙은 비구니 한 사람이 나와 우리를 맞았다. 묘지기와는 서로 아는 사이인 모양이었다.

---

164 제사를 지내기 위하여 무덤 옆에 마련한 곳이다.

"이 어른은 해염 주씨 댁의 안주인께서 모셔왔는데 광동인이고 안약차(眼藥次 : 눈을 치료하는 일)로 산당에 오셔서 머무르시고 계시는데 구경차 이렇게 왔습니다."

묘지기가 이렇게 말하자 그 늙은 비구니는 나를 향해 머리를 숙이며, "아미타불. 먼 곳에서 잘 오셨습니다. 아미타불. 안으로 들어가시지요. 아미타불" 하였다.

나는 쉬지 않고 염불하는 도가 높은 비구니를 따라 암자 안으로 들어섰다. 각 방에서는 붉은 입술과 흰 얼굴에 승복을 맵시 있게 입고, 목에는 긴 염주를 걸고, 손에는 짧은 염주를 쥔 묘령의 비구니들이 나와서 고개를 낮게 숙이고 추파를 보내는 식의 인사를 하였다. 그 모양을 보니 상해 팔선교 창녀촌 구경을 하던 광경이 떠올랐다.

묘지기가 나의 시계 끝에 작은 지남철이 있는 것을 보고, "뒤쪽 산 옆에 바위가 하나 있는데 그 바위 위에 지남침을 놓으면 곧 변하여 지북침이 된답니다" 하기에 식사를 마치고 따라가보았다. 바위 위에 동전 한 개를 놓을 만한 오목하게 파인 자리가 있었다. 거기에 지남침을 들어놓으니 지남침이 지북침이 되었는데, 내가 광학을 모르나 분명 자석광(磁石鑛)이나 자철광(磁鐵鑛)인 듯했다.

하루는 해변 5리쯤에 진(鎭)이 있는데, 그날이 장날이니 구경을 가지 않겠는가 하여 좋다 하고 따라갔다. 이름은 잊어버렸는데 보통 진이 아니고 해변 요새였다. 포대도 있는 옛날 건축물인 작은 성이었는데 임진왜란 때 건조하였다고 했다. 성안에는 인가도 즐비하고 약간의 관청도 있는 모양이었다. 성안을 한 바퀴 돌아 대강 구경을 해도 외진 진이라서 그런지 장꾼도 드물다. 국수집에 들어가 점심을 먹는데 노동자, 경찰, 노인 등이 수군거리며 나를 주시하더니 묘지기를 부르기도 하고 나에게는 직접 캐물었다. 나는 광동 상인이라고 서툰 중국말로 대답을 하면서 벽을 사이에 두고 묘지기가 답변하는 말을 들어보았는데, 해염 주씨 댁 안주인이 산당에 모셔다 둔 손님이라고 대담하게 말하는 것이었다. 그것만 보아도 주씨의 세력을 알 수 있었다. 무슨 이유인지도 모르고 산으로 돌아와 묘지기에 물어보니 이렇게 대답하였다.

"그까짓 경찰들이 영문도 모르고 장 선생이 광동인이 아니라 일본인이 아니냐고 묻기에 '주씨 댁 안주인께서 일본인과 동행하였는가?' 했더니 아무 말도 못하던데요."

며칠 후에 안공근, 엄항섭, 진동생이 산으로 와서 응소정 승경(勝景: 뛰어난 경치)을 완상하고 다시 함께 가흥으로 돌아왔다. 그것은 다른 이유에서가 아니라 전날 그 진에서 경찰이 캐물은 후로는 즉시 산당을 비밀리에 감시하고 있었기 때문이었다. 하지만 별반 단서를 얻지 못했고 경찰국장이 해염 주가에 출장하여 산당에 머무르는 광동인의 정체를 조사하였는데, 저씨 부인의 부친이 사실대로 말을 하였다. 이에 경찰국장은 크게 놀라며 "정말 그렇다면 힘을 다해 보호하겠다" 하더라는 것이었다. 그러나 지각없는 시골구석의 경찰을 전적으로 믿기 어려워 가흥으로 돌아온 것이었다.

그 길에 해녕현성에 들러 청조 건륭 황제가 남순시(南巡視)에 술을 마셨다는 누방(樓房)도 구경했다. 가흥에 돌아와서는 작은 배를 타고 날마다 남호에서 뱃놀이로 일을 삼고, 시골로 가서 닭을 사다 배 안에서 삶아먹었는데 흥미가 진진했다. 가흥 남문 밖 운하로 10여 리쯤 되는 곳의 엄가빈殿家浜이란 농촌에는 진동생의 밭이 있었는데, 그 마을의 손용보孫用寶란 농인農人은 진동생과 아주 친한 사이였으므로 나는 손용보의 집에 머무르게 되었다. 나는 날마다 시골집 늙은이가 되어 식구들이 전부 밭으로 나간 빈집에서 아기가 울면 아기를 안고 밭으로 아이 엄마를 찾아가곤 했다. 그러면 아이 엄마는 황공하여 어찌할 바를 몰라 했다.

5, 6월 잠업 시기에 집집에 양잠하는 것을 돌아다니며 살피고, 부녀들이 고치실 켜는 것을 보았다. 예순 살 가량의 노파가 일을 하는데 물레 한 개 곁에 솥을 걸고 물레 밑에 발판을 달아 발로 누르면 바퀴가 돌아 움직였다. 왼손으로 장작을 지피며 누에고치를 삶고, 오른손으로 실을 물레에 감았다. 그것을 보니 내가 어려서부터 본국에서 부인들이 실을 잣는 것을 본 것과는 천지차이였다.

내가 물었다.

"올해 춘추가 얼마신지요?"

"육십하고 조금 더 되었지요."

"몇 살부터 이 기계를 사용하였습니까?"

"일곱 살부터요."

"그러면 근 60년 전에도 실 잣는 기계가 이것이었습니까?"

"네. 무변개(無變改 : 변한 게 없다)이오."

나는 실지로 일고여덟 살의 어린아이가 소서(繅絲 : 실을 잣다)함을 목도하고 의심하지 않았다. 농가에서 묵고 있었으므로 농구를 자세히 조사하고 그 사용하는 것을 보았는데, 우리 본국의 농구에 비하면 비록 구식이라도 우리 농구보다는 퍽 진보된 것이었다. 전답에

450

물을 대는 일 한 가지만 보아도 그렇다. 나무 톱니바퀴를 말이나 소로, 혹은 남녀 몇 명이 밟아 굴려 한 길 이상이나 되는 아래의 호수 물을 끌어올려 물을 대니 얼마나 편리한가. 모내기 한 가지 일을 보아도 그렇다. 모내는 날 미리 벼 벨 날짜를 잡는데, 이른 벼는 80일, 중간 벼는 100일, 늦벼는 120일이라 한다. 우리나라에서 줄모는 일본인이 발명한 것으로 알았는데, 중국에서 예부터 줄모를 심었다는 것은 김매는 기계를 보아도 알 수 있었다.

농촌을 시찰한 나는 불가무일언(不可無一言 : 한 마디 하지 않을 수 없다)이라. 우리나라에는 한·당·송·명·청 각 시대에 갓 쓴 사신들이 왕래하였다. 북방보다도 남방 명나라 시대에 우리의 선인들이 사절로 다니던 때에는 모두가 안맹자(眼盲者 : 장님)이었던가. 분명 국계민생(國計民生)이 무엇인지를 생각도 못하였던 것이니, 기불통한재(豈不痛恨哉 : 어찌 통한스러운 일이 아니겠는가)아.

문영(文永)이란 옛사람은 면화씨를, 문노(文勞)란 옛사람은 물레를 중국에서 수입하였다고 하나, 그 외에는 말을 할 때마다 오랑캐라 지칭하면서도, 명대(明代)의 의관문물을 다 중화 제도에 따른다고 하고 실제로는 아무런 이익도 없고 불편하고 고통만 더하는 기구들만 들여왔다. 예를 들어 망건, 갓 등 몹쓸 놈의 것들인데 이야말로 생각만 하여도 이가 시린 것들이다.

우리 민족의 비운은 사대사상이 만들어낸 것이라 할 수 있다. 나라를 이롭게 하고 백성을 복되게 하는 실제적인 것은 도외시하고, 주희 학설 같은 것은 주희 이상으로 강고한 이론을 주창하여 사색의 파당이 생겼으니, 여러 백 년 동안 다투기만 하다가 민족적 원기가 소진되어 남은 것이 없게 되었고, 오직 발달한 것은 의타심뿐이니 어찌 망하지 않겠는가.

한탄스럽게 오늘날을 보아도 청년들이 노인들을 지칭하기를 노후니 봉건 잔재니 하니 긍정할 점이 없지 않다. 그러나 사회주의자들이 강경하게 주장하기를 '혁명은 피를 흘리는 사업이므로 한번은 가능하지만 민족운동 성공 후에 또다시 사회운동을 하는 것은 절대 반대'라고 하더니, 아국 국부 레닌이 '식민지 민족은 민족운동을 먼저 하고, 사회운동을 후에 하는 것이 옳다'라는 말을 하자 조금의 주저도 없이 민족운동을 한다고 떠들지 않는가. 정주(程朱 : 정자와 주자)[165]가 방귀를 뀌면 그대로 향기라고 주장한다며 비웃던 그 입과 혀로, 레닌의 방귀는 단것이라 할 듯하니, 청년들아, 좀 정신 차릴지어다. 나는 결코 정주학설의 신봉자가 아니며 마르크스와 레닌주의 배척자도 아니다. 우리 국성國性과 민도民度에 맞는 주의 제도를 연구, 실시하려고 머리를 쓰는 자가 있는지, 만일 없다면 이보다 더한 슬픔은 없을 것이라 생각된다.

엄가빈에서 다시 사회교에 있는 엄항섭 군의 집으로 와서 오룡교 진동생의 집에서 숙식하며, 낮에는 주애보朱愛寶의 작은 배를 타고 인근 운하와 각 농촌을 구경하는 것이 유일한 일이었다. 가흥 성내에는 몇 개의 고적이 있는데 옛날 부자로 유명한 도주공陶朱公의 가대(家垈, 진명사鎭明寺, 집터)가 있고, 축오자畜五牸하는[166] 외에 연못을

---

165 정자程子는 중국 송나라 때 성리학의 기초를 다진 정호, 정이 형제를 말한다. 주자는 주희를 가리킨다.

166 '魯人猗頓問術焉 鐵曰 畜五牸'라는 고사에서 나온 말이다. 춘추 전국 시대 때,

파서 만든 양어장이 있는데 문 앞에 '도주공유지陶朱公遺址'라는 비석이 있었다.

하루는 심심해서 동문으로 가는 큰길가에 있는 광장의 군경 조련장에서 군대가 훈련하는 것을 보게 되었다. 오가는 사람들이 모여서 보고 있기에 나도 발걸음을 멈추고 구경하고 있었는데, 연병장에서 군관 한 사람이 나를 유심히 보더니 돌연 달려와 물었다.

"어느 지방 사람인가?"

"광동인이오."

그러나 그 군관이 광동인일 줄이야 어찌 알았으리오. 당장에 보안대 본부로 가서 취조를 받게 되었다.

"나는 중국 사람이 아니니 그대의 단장을 만나게 해주면 본래의 신분을 글로 써서 설명해주겠소."

단장은 아니 나오고 부단장이 얼굴을 내밀었다.

"나는 한인韓人인데 상해 홍구 폭탄 사건 이후에 상해 거주가 곤란하여, 잠시 이곳 저한추의 소개로 오룡교 진동생의 집에 머무르고 있소. 성명은 장진구요."

경찰은 그 길로 남문 저씨 집과 진씨 집에 가서 엄밀히 조사를 한 모양이었다. 4시간쯤 후에 진형이 와서 담보를 하고서야 풀려났다. 저한추 군은 나에게 이런 권고를 했다.

"김 선생의 피신 방법으로, 마침 김 선생은 홀아비시니 나의 친우 중 과부로 나이가 근 서른인 중학교 교원이 있으니 보시고 합의

노나라 사람 의돈이 부자가 되는 방법에 대해 물으니, 려가 말하기를 '암소 다섯 마리를 길러라'고 하였다 한다.

453

하시면 부인으로 얻는 것이 어떠시오?"

그러나 나는 "중학교 교원이라면 즉각 나의 비밀이 탄로 날 것이니 안 된다"고 하고, "차라리 배 젓는 여자와 가까이 지내며 의탁하면, 주녀(朱女 : 주애보)가 글자를 전혀 모르니 나의 비밀을 지킬 수 있을 것"이라 했다. 그 후로는 아주 배 안 생활을 계속했다. 오늘은 남문 호수에서 자고, 내일은 북문 강가에서 자고, 낮에는 그저 땅위를 걸어 다닐 뿐이었다.

장개석 면담

나는 잠복한 반면 박남파(朴南波 : 박찬익), 엄일파(嚴一坡 : 엄항섭), 안신암(安信菴 : 안공근) 세 사람은 부단히 외교와 정보 방면에 치중해 활동했다. 물질상으로는 중국인 친우의 도움을 받았고, 또한 미주 동포들도 내가 상해를 탈출했다는 소식을 알고 점차 원조가 늘어 활동비는 그다지 궁색치 않았다.

박남파 형은 원래 남경에서 중국 국민당 당원으로 중앙당부에서 일했던 관계로 중앙 요인 중에도 잘 아는 사람이 많았다. 그러므로 중앙 방면으로 교섭한 결과, 중앙당부 조직부장이며 강소성 주석인 진과부(陳果夫)의 소개로 장개석 장군과의 면담이 성사되었다. 나는 통지를 받고 안공근, 엄항섭을 대동하고 남경에 도착했다. 공패성(貢沛誠), 소쟁(蕭錚) 등 요인이 진과부의 대표로 환영을 나왔고 중앙반점을 숙소로 정했다.

다음 날 밤 진과부의 차에 남파를 통역으로 대동하고 중앙군 교

454

내 장 장군의 자택에 도달했다. 장씨는 온화한 얼굴에 중국옷을 입고 맞아주었다. 서로 날씨를 말하는 등 인사를 마치고 장씨는 간단한 어조로, "동방 각 민족은 손중산[손문] 선생의 삼민주의에 부합되는 민주적 정치를 하는 것이 마땅할 듯하다" 하기에, 나도 "그렇다"라고 대답한 후에, "일본의 대륙 침략의 마수가 시시각각으로 중국에 침입하고 있으니 좌우를 물려주시면 필담으로 몇 마디를 올리겠다" 하니, 장씨가 "좋다"고 하여 진과부와 박남파는 문밖으로 물러났다. 장씨가 붓과 벼루를 친히 가져다주기에, "선생이 100만 원의 돈을 허락해주면 2년 이내에 일본, 조선, 만주 3방면에서 큰 폭동을 일으켜 일본의 대륙 침략의 교량을 파괴할 것이오. 어떻습니까?" 하니, 장씨는 붓을 들어 써서 말하기를, "계획서를 자세히 제시하기 바랍니다"라 하기에 알겠다고 하고 물러났다.

다음 날 간략한 계획서를 보냈더니 진과부 씨가 자기 별장에서 잔치를 베풀며 장씨의 의사를 대신해서 묻기를 "특무 공작으로 천황을 죽이면 천황이 또 있고, 대장을 죽이면 대장이 또 있지 않은가. 장래 독립하려면 무인武人을 양성해야 하지 않는가" 하기에 "고소원불감청[固所願不敢請 : 간절히 바라지만 감히 청하지 못하는바]이다. 장소와 물력物力이 문제다" 하였다.

그리하여 장소는 낙양분교洛陽分校로, 물력은 발전에 따라 공급한다고 약속하기에 1기에 군관 100명씩을 양성하기로 결의하고 동삼성에 사람을 보내 예전의 독립군 사람들을 소집했다. 이때 이청천, 이범석, 오광선, 김창환 등 장교들과 그 부하 수십 명의 청년들과 관내 북평, 천진, 상해, 남경 등지에 있던 청년들을 모두 모아 100명을 제1차로 입학시켰다. 이청천, 이범석은 교관, 영관으로 입교하여 시무케 했다.

5당 통일 논의

이때 우리 사회에서는 또다시 통일의 바람이 일어나 '대일전선통일동맹對日戰線統一同盟'[167]의 발동으로 의론이 분분하였다. 하루는 의열단장 김원봉 군이 특별 면회를 청하기에 남경 진회秦淮의 하반〔河畔 : 강둑〕에서 비밀히 만났다.

김군이 말했다.

"저는 지금 발동되는 통일운동에 부득불 참가하겠으니 선생도 동참하는 것이 어떻습니까?"

"내 소견에는 통일의 대체는 동일하나 동상이몽으로 보이오. 군의 소견은 어떻소?"

"제가 통일운동에 참가하는 주요 목적은 중국인들에게 공산당이란 혐의를 면하고자 함이올시다."

나는 그렇게 목적이 각각 다른 통일운동에는 참가하고 싶지 않다고 말했다. 그 이후 이른바 5당 통일회의가 개최되니, 의열단·신한독당·조선혁명당·한국독립당·미주대한인독립단이 통합하여 조선민족혁명당으로 나타나게 되었다.

5당 통일 시에 임시정부를 눈엣가시로 생각하던 의열단원 중 김

---

167 1932년 11월 중국 상해에서 조직된 좌우익 독립운동단체들의 협의체로, 1935년 민족혁명당이 결성되자 해체했다.

두봉金枓奉, 김약산(金若山 : 김원봉) 등이 임시정부 취소 운동을 극렬히 벌였다. 당시 국무위원 김규식, 조소앙, 최동오, 송병조, 차이석, 양기탁, 유동열 7인 중에서 김규식, 조소앙, 최동오, 양기탁, 유동열 5인이 통일에 심취했으나 임시정부의 파괴에는 무관심하였다. 이를 본 김두봉은 임시 소재지인 항주로 가서 송병조, 차이석 두 사람에게 "5당 통일이 되는 이때에 명패만 남은 임시정부를 존재케 할 필요가 없으니 해체하여 버립시다" 하고 강경히 주장했으나 송, 차 두 사람은 강경하게 반대했다. 그러나 국무원 7인 중에 5인이 직책을 버리고 보니 국무회의를 진행하지 못해 무정부 상태라는 조완구 형의 편지를 받고 나는 심히 분개하여 급히 항주로 갔다. 그러나 그곳에 살던 김철은 이미 병사했고 5당 통일에 참가했던 조소앙은 벌써 민족혁명당에서 탈퇴해 있었다.

그때 항주에 살고 있던 이시영, 조완구, 김붕준, 양소벽, 송병조, 차이석 등 의원들과 임시정부 유지 문제를 협의한 결과 의견이 일치했다. 일동이 가흥에 도착하여 이동녕, 안공근, 안경근, 엄항섭, 김구 등이 남호에 놀잇배 한 척을 띄우고 의회를 배 안에서 열었다. 그 자리에서 국무위원 3인을 보선하여 이동녕, 조완구, 김구와 송병조, 차이석 5인이 되니 이로써 국무회의를 진행할 수 있었다.

5당 통일이 형성될 당시부터 우리 동지들은 단체 조직을 주장했지만 나는 극히 만류했다. 그 이유로, "다른 사람들은 통일을 하는데 그 통일 내용이 복잡하여 아직 참가를 하지 않고 있다. 그런데 내가 차마 어찌 딴 단체를 조직하겠느냐"라는 것이었다. 그러나 지금은 조소앙의 한독(韓獨 : 한국독립당) 재건설說이 출현하여 이제는 내가 단체를 조직하여도 통일 파괴자는 아니며, 임시정부가 여러 가지 위험을 당하는 것은 튼튼한 배경이 없었음이고, 이제 임시정부를 형성하였으니 정부 옹호를 목적으로 하는 하나의 단체가 필요하다고 생각되어 한국국민당을 조직했다.

낙양군교洛陽軍校의 한인 학생 문제로 남경 일본 영사 수마(須麻 : 스마)가 중국에 엄중히 항의했다. 더욱이 경비사령 곡정륜谷正倫에게 와서 말하기를, "대역大逆 김구를 우리가 체포할 것인데 나중에 체포할 때에 가서 입적入籍이니 무엇이니 딴말을 해서는 안 된다"고 하기에, 곡씨는 "일본에서 큰 상을 걸었다니 내가 김구를 체포하면 상금을 달라고 했다. 그러니 남경에서 근신하라"고 부탁하는 것을 내가 직접 들었다. 낙양군교 한인 학생은 겨우 1기가 졸업한 후에 "다시는 수용하지 말라"는 상부 명령에 따르게 되니, 중국에서의 한인 군관 양성은 종막을 고하였다.

나의 남경 생활도 점점 위험기에 들어왔다. 왜가 나의 족적이 남경에 있다는 냄새를 맡고 상해에서 남경으로 암살대를 보낸다는 보도를 듣고, 부자묘(夫子廟 : 공자 사당) 근처로 사람을 보내 살펴보니 평복 차림의 일경 7명이 대를 지어 순탐하고 있었다. 나는 부득이 가흥의 주애보라는 뱃사공을 매월 15원씩 그 본가에 주고 데려다가 회청교에 방을 얻어 동거하였다. 직업은 고물상이라고 했고 여전히 광동 해남도 사람으로 행세했다. 경찰이 호구조사를 와도 애보가 먼저 나가 설명하고 나와 직접 이야기하는 것을 피하도록 했다.

그러다가 노구교 사건으로 중국은 항전을 시작했다. 한인韓人의 인심도 불안하게 되었는데, 5당 통일이던 민족혁명당은 쪽쪽이 분열되었다. 조선혁명당도 또 한 개 생겼으며, 미주대한인독립단은 민족혁명당에서 탈퇴하고, 근본 의열단 분자들만이 민족혁명당을 지지하게 되었다. 그같이 분열되는 내용은 겉으로는 민족운동을 표방하고 속으로는 공산주의를 실행하려 했기 때문이었다. 시국이 점점 급박해졌으므로 우리 한국국민당과 조선혁명당과 한국독립당과 미국과 하와이 각 단체를 연결하여 민족진영을 결성하고 임시정부를 옹호, 지지하게 되니 정부는 점차 건전한 길로 나아가게 되었다.

상해 전쟁(1937년 8월 13일에 일어난 제2차 상해사변)은 차츰 중국 측에게 불리하게 되어 남경에 왜 비행기의 폭격은 하루하루 심해졌다. 내가 살고 있던 회청교 집에서도 초저녁에 적기敵機 때문에 곤란을 받다가 경보 해제 후 자리에 들어 잠이 깊이 들었다. 갑자기 잠결에 공중에서 기관포성이 들렸다. 놀라서 일어나 방문 밖으로 나가자 벽력이 진동하며 내가 누웠던 천장이 무너져 내렸고, 뒷방에서 자던 애보를 부르니 죽지는 않았다. 뒤편 각 방에서 같이 살던 사람들이 먼지흙 속에서 다들 나오는데, 뒷벽이 무너졌고 그 바깥에 시체가 무수했다. 각처에 불빛이 환하고 하늘색은 붉은 담요와 같았다.

날이 밝아 마로가馬路街에 있는 어머니의 집을 찾아가며 보니 여기저기 죽은 자, 상한 자가 길에 널리 가득했다. 모친 댁 문을 두드리니 어머니께서 친히 나오셔서 문을 열어주셨다.

"놀라셨지요."

모친은 웃으면서 말씀하셨다.

"놀라기는 무엇을 놀라. 침상이 들썩들썩하더군. 사람이 많이 죽었나?"

"예, 오면서 보니 이 근처에서도 사람이 상했던데요."

"우리 사람들은 상하지 않았나?"

"글쎄올시다. 지금 나가서 보렵니다."

곧 나와 백산(白山 : 이청천의 호)의 집을 방문하였다. 집의 진동으로 경황을 겪었으나 별고는 없었고, 남기가藍旗街 대다수 학생 및 식구들도 무고하니 다행이었다. 성암醒庵 이광李光 댁 자녀가 7명인데, 한밤중에 경보를 듣고 피난을 가다가 중도에서 천영天英 한 명이 자고 있다는 것을 깨닫고 담을 넘어 들어가서 자는 아이를 안고 온 우스운 일도 있었다.

남경이 점점 더 위험해지자, 중국 정부는 중경을 전시 수도로 정하고 각 기관이 바삐 옮겨갔다. 우리 광복진선光復陣線 3당 인원 및 가족 100여 명은 물가가 싼 호남성 장사로 우선 이주하기로 결정하고, 상해 항주 표양 고당암에서 선도仙道를 닦고 있던 운강雲岡 양기탁 형에게까지 각지 식구에게 남경으로 올 여비를 보내어 소집령을 발했다.

안공근을 상해로 파견하여 그의 가족과 대형수(大兄嫂, 중근 의사의 부인)를 기어이 모시고 오라고 거듭 부탁했는데, 결국 가족을 거느리고 온 것을 보니 자기의 가족들뿐이고 대형수가 없었다. 나는 크게 야단을 쳤다.

"양반의 집에 화재가 나면 사당부터 안고 나오나니 혁명가가 피난을 하면서 나라를 위해 살신성인한 의사의 부인을 왜구의 점령지에 버려두는 것은 군의 가정의 도리는 물론이고 혁명가의 도덕으로도 인정할 수 없는 일이오. 그런데 군의 가족도 단체 생활의 범위 안에 편입하는 것은 오늘 생사고락을 같이하자는 뜻이 아닌가?"

공근은 자기 식구만 중경으로 이주하게 하고 단체 편입을 원하시 않았으므로 자의自意에 맡겼다. 나는 안휘 둔계중학에 재학 중이던 신이를 불러오고, 모친을 모시고 안공근 식구와 같이 영국 윤선을 타고 한구漢口를 향해 갔다. 그리고 대가족 100여 식구는 중국 목선 한 척에 행장까지 가득 싣고 남경을 떠났다.

내가 모친을 모시고 먼저 한구에 도착하여 장사로 가니, 선발대로 먼저 떠났던 조성환, 조완구 등이 진강에서 임시정부의 문서와 장부를 가지고 남경 일행보다 며칠 먼저 도착해 있었고, 남경에서 출발한 일행도 풍랑 중에도 무사했다. 그러나 남기가 사무소에서 물 긷는 고용인으로 있던 채군은 모친께서 사람됨이 충실하니 동행하라는 명령을 하여 편입시켜 함께 오다가, 무호 부근에서 풍랑 중 물을 긷다가 발을 헛디뎌 물에 빠져 죽은 일만은 불행이었다.

남경에서 출발할 때 주애보는 고향인 가흥으로 보냈다. 그 후에도 종종 후회가 되는 것은 송별 시에 여비 100원밖에 더 주지를 못했던 것이다. 근 5년 동안 나를 위해 애썼고, 나를 한갓 광동인으로만 알고 있었지만 모르는 사이에 부부 사이 비슷했다. 나에게 끼친 공로가 없지 않은데 나중에 기회가 있을 줄 알고 돈을 넉넉히 주지 못한 것이 유감천만이다. 한구까지 동행한 공근의 식구는 중경으로 이주했고, 100여 식구와 동지, 동포들은 공동생활을 할 줄 모르므로 각자 방을 얻어 취사했다.

망명 가정

모친의 생활 문제가 기록에서 빠졌으므로 옛일을 거슬러 올라가서 상고하여 쓴다. 나는 상해에서 민국 1년 1월 1일에 상처하였다. 처는 아들 신이를 낳고 몸이 채 회복되지 않았을 때에 영경방 10호 2층에서 세숫물을 모친더러 버리라기 황송했던지 세숫대야를 들고 아래층으로 내려가다가 실족하여 층계에서 구르게 되었다. 그래서 협막염(늑막염)이 폐병이 되어서 홍구 서양인이 경영하는 폐병원에서 사망했는데, 내가 그곳에 갈 수 없었으므로 나와는 보륭의원에서 최후의 작별을 했다. 김의한 부처가 찾아가서 집사람의 임종을 보아주었고 다시 돌아와 보고함으로 알았으며, 미주에서 상해에 온 유세관이 입원 때와 장례 때에 많은 수고를 하였다. 모친은 세 살인 신에게 우유를 먹여 길렀는데, 밤에 잘 때는 모친의 빈 젖을 물려 재우곤 했다.

상해에서의 우리 생활은 극도로 곤란했다. 그때 우리 독립운동하는 동지들은 취직자와 영업자를 제외하면 수십 명에 불과했다. 모친께서는 청년, 노년들이 굶주리는 것을 애석하게 생각하셨지만 구제 방법이 없었고, 상해 생활로는 두 손자도 키우기 어려우셨으므로 환국하고자 하셨다. 그 무렵, 우리 집 뒤편 쓰레기통 안에는 근처 채소상이 배추 껍데기를 버린 것이 많았으므로, 매일 깊은 밤에 먹을 만한 것들을 골라 소금물에 절여 반찬거리로 하려고 여러 항아리를 만들기도 하셨다. 아무리 생각해도 상해 생활을 유지하기 어려운 것을 보신 모친께서는 네 살이 채 안 된 신이를 데리고 귀국의 길을 떠나셨고, 나는 인이를 데리고 여반로에 단층집 하나를 빌려 석오 선생과 윤기섭, 조완구 등 몇 분 동지들과 동거하며 모친께서 담아주신 우거지김치를 오래두고 다 먹었다.

모친께 입국 시에 여비를 넉넉히 드리지 못해 겨우 인천에 상륙했는데 여비가 모자랐다. 떠나실 때 그런 말씀을 드린 바도 없었는데, 인천 동아일보 지국에 가서서 말씀하니 그 지국에서는 상해 소식으로 신문에 난 것을 보고 벌써 알았다며 경성 갈 노비와 차표를 사서 드렸다. 경성 동아일보사를 찾아가시니 역시 사리원까지 보내드렸다 한다. 상해를 떠나실 때 내가 부탁하기를, "사리원에 도착하신 후 안악 김홍량 군에게 통지해보아서 영접을 오거든 따라가시고, 소식이 없거든 송화 득성리(수교에서 동쪽으로 10리) 이모某 댁(장용운 이종제 집)으로 가시라"고 했다. 그 부탁대로 사리원에서 안악으로 통지를 했으나 아무 회보가 없으므로 송화로 가셨던 것이다. 2, 3개월 후인 음력 정초에 안악에서 김선량(용제의 큰아들) 군이 모친께 찾아와서는 안악으로 모셔갈 의사를 고했는데 이유는 이러했다.

"할머님을 안악으로 모시지 않고 중로中路에 계시게 하고, 우리 집안에서 할머님에게 금전을 보내어 상해 계신 김 선생님에게 독립 자금을 공급한다며 경찰서에서 일인이 여러 번 우리 집으로 와서 야단을 하므로 집안 어른들이 가서 모셔오라기에 왔습니다."

모친께서 크게 노해 말씀하셨다.

"내가 사리원에서 왔다는 통지를 하였으되 아무 대답이 없다가 지금에야 일 순사의 심부름으로 왔느냐?"

"그리된 것도 정이 부족해서가 아니옵고 환경 때문이오니 용서하시고 같이 가십니다."

간곡히 말씀드리자 모친께서 말씀하셨다.

"네 말 잘 알았다. 일기가 온화해지거든 해주 고향에 다녀서 안악으로 가마."

선량은 돌려보내고 봄에 득성리를 떠나서 도고로陶古路 임선재(셋째 삼촌의 사위)의 집과 백석동 손진현(고모의 아들) 집을 방문하시고, 해주 기동 김태운과 몇몇 집안사람들과 부친 묘소를 마지막으로 하여 안악으로 가셨다. 먼저 선량의 집으로 들어가셨는데 김씨 집에서 알고 다정한 용진과 홍량 등이 찾아와 뵙고, "모친 오시기 전에 주택과 모든 살림살이와 식량과 옷 등을 다 준비하였으니 편안히 계십시오" 하고 모셔가더라고 말씀하셨다. 모친께서는 밤낮으로 상해의 자손을 잊지 못하시고 생활비에서 아껴 약간의 돈이라도 보내셨지만, '뜨거운 불에 한 줌의 눈'일 수밖에 없음을 아시므로 다시 인이를 보내라는 명령을 하셨다. 그래서 김철남 군의 삼촌 편에 인이까지 귀국하게 되니, 나는 혈혈단신으로 한 점의 집안 걱정이 없게 되었다.

세월이 흐른 물과 같아 내 나이 쉰여 살이어라. 과거를 회상하고 장래를 생각하니 신세가 가련하다. 서대문 감옥에서 소원을 세우기를, '천우신조로 우리도 어느 때 독립 정부가 성립되면 정부의 문지기를 하다가 죽어도 한이 없으리라'고 한 소원이 초과하여 최고직을 지낸 나의 책임을 무엇으로 이행할까 하는 생각에서 모험사업에 착수할 결심을 했다. 그리하여 《백범일지》〈상편〉을 쓰기 시작하여 1년 2개월에 사연을 마쳤는데, 지나간 사실의 모년 모월 모일을 기입한 것은 매번 본국에 계신 모친에게 편지를 보내 답장을 받아 기입하였다. 지금 〈하편〉을 쓰는 때에도 모친께서 생존하셨더라면 도움이 많으련만, 슬프도다.

모친이 안악에 계실 때, 동경 사건이 발생한 후 순사대가 집을 포위하고 며칠을 경계했고 홍구 사건 때는 더 심했다고 한다. 나는 비밀히 어머니에게 "아이들을 데리고 다시 중국에 오셔도 연전과 같이 굶지는 않을 형편이오니 나올 수만 있으시거든 오십시오"라고 알렸다. 모친께서는 원래 다른 여자들이 미치지 못할 정도로 용감하셨으므로 안악 경찰서에 출국원을 제출하셨다. 이유는 나이가 많아 죽을 날이 얼마 남지 않았으므로 생전에 손자 둘을 데려다 아비에게 맡기겠다는 것이었다. 다행히 안악 경찰서에서 허가를 얻어 짐을 꾸리던 즈음에 경성 경시청에서 사람을 안악으로 파견하여 모친을 위협하고 타일렀다.

"상해에서 우리 일본 경관들이 당신 아들을 체포하려 하여도 찾지를 못했소. 노인이 괜한 고생을 할 필요가 없으므로 상부 명령에 의한 당신 출국은 불허합니다. 그리 알고 집으로 돌아가서 안심하고 지내시오."

이 말을 들은 모친은 크게 노하여 말씀하셨다.

"내 아들을 찾는 데는 내가 그대네 경관보다 나을 것이다. 언제는 출국을 허가한다기에 집과 살림을 다 처리케 하더니, 지금 와서는 출국을 불허한다니, 남의 나라를 탈취하여 정치를 이같이 하고 오래갈 줄 아느냐?"

노인이 너무 흥분하여 기절하시므로 경찰은 김씨 집에 위탁하여 보호를 명하고 모친께 다시 물었다.

"여전히 출국할 뜻이 있습니까?"

"그같이 말썽 많은 출국은 하지 않기로 결심했소."

그리고 돌아오셔서 토목공을 불러 가옥을 수리하고 가구 집물을 준비하여 오랫동안 살 계획임을 보여주었다.

몇 개월 후에 송화에 사는 동생의 병문안을 간다며 신이를 데리고 신천읍까지 자동차표를 사가지고 신천으로 가셨다. 그곳에서 재령으로, 사리원으로, 평양에 도착하여서는 숭실중학에 재학 중인 인이를 불러 안동현 직행차를 타셨다. 대련에서 일경의 조사에 인이가 "어린 동생과 늙은 할머니를 모시고 위해위 친척집에 의탁하고자 가는 길이다" 하니 잘 가라고 특허하였다. 상해 공근 군의 집에 들어가 하룻밤을 지내고, 가흥 엄항섭 군의 집으로 오셨다는 소식을 남경에서 듣고 즉시 가흥으로 갔다. 이별 후 9년 만에 모친을 뵙고 그간 본국서 지낸 일들을 일일이 들었다. 9년 만에 모자가 상봉하여 하신 첫 말씀에 나는 큰 은전을 받았으니 그 말씀이란 이것이었다.

"나는 지금부터 시작하여 '너'라는 말을 고쳐 '자네'라 하고, 잘못하는 일이라도 말로 책하지 회초리로 볼기나 종아리를 때리지 않겠네. 이유는 듣건대 자네가 군관학교를 하면서 많은 청년들을 거느린다니 남의 사표가 된 모양이라 나도 체면을 보아주자는 것일세."

나는 나이 만 예순에 모친께서 주시는 대은전을 입었다. 그 후에 남경으로 모셔다가 1년을 지낸 후 남경 함락이 가까이 닥쳤으므로 장사로 모시고 갔다. 남경에서 모친 생신에 청년단과 우리 노동자들이 돈을 모아 잔치를 하려는 눈치를 챈 모친은, 그 돈을 주면 내

구미대로 음식을 만들어 먹겠다고 하시므로 그 돈을 드리니, 단총을 사서 일본 놈 죽이라며 도리어 보태어 청년단에 하사하셨다.

이제부터는 다시 장사 생활의 대개大概를 기록하기로 한다. 100여 명의 남녀노유와 청년을 끌고 사람과 땅이 모두 생소한 호남성 장사로 간 이유는, 단지 많은 수의 식구가 있으므로 곡식 값이 매우 싸다는 것과 장래 홍콩을 통해 해외 통신을 계속할 계획 때문이었다. 선발대를 보내고 안심을 못하여 뒤미처 장사에 도착하자. 천우신조로 전부터 친하던 장치중 장군이 호남성 주석으로 취임하므로 만사가 잘 풀렸다. 보호가 절실하여 우리의 선전 등 공작도 유리하게 진전되었고, 경제 방면으로는 이미 남경에 있을 때부터 중국 중앙에서 매월 다소의 보조를 받았고, 그 밖에 미국 교포들의 원조도 있었다. 물가가 싼 곳이라 많은 식구의 생활이 고등 난민의 자격을 보유하게 되었다.

내가 본국을 떠나 상해에 도착한 후, 우리 사람과 초면에 인사할 때 외에는 본명을 내놓고 인사를 못하고 매번 이름을 바꾸어가며 생활을 계속하였으나 장사에 도착한 이후로는 기탄없이 김구로 행세하였다. 당시 상해 항주 남경에서 장사로 온 식구는 광복진선光復進線 원동〔遠東 : 극동〕 3당의 당원 및 가족과 임시정부 직원들인데 가끔 3당 통일 문제가 동행 중에 제기되었다. 3당은 첫째 조선혁명당이니 중요 간부로는 이청천, 유동열, 최동오, 김학규, 황학수, 이복원, 안일청, 현익철 등이요, 두 번째는 한국독립당이니 간부 조소앙, 홍진, 조시원 등이며, 내가 창립한 한국국민당은 이동녕, 이시영, 조완구, 차이석, 송병조, 김붕준, 엄항섭, 안공근, 양묵, 민병길, 손일민, 조성환 등이 간부였다.

3당 통일 문제를 협의하기 위해 5월 6일에 조선혁명당 당본부인 남목청南木靑에서 회식을 하기로 하고 나도 출석하였다. 정신을 차려보니 우리 집이 아니라 병원인 듯한데 몸이 극히 불편했다. "내가 어디에 와 있냐"고 묻자 남목청에서 술을 드시다 졸도하여 입원하였다 한다. 의사가 자주 와서 내 가슴을 진찰하는데 가슴에는 무슨 상흔이 있는 듯하여 어찌된 일인가 물어보았다. 졸도할 때 상 모서리에 엎어져서 작은 상처가 났다고 하기에 나 역시 그렇게 믿고 별다른 의심을 하지 않았다.

그러다가 거의 1개월이 지나서야 내가 입원한 진상을 엄항섭 군이 상세히 보고하였다. 즉, 그날 남목청에서 회식이 시작될 무렵, 조혁(朝革 : 조선혁명당) 당원으로 남경에서부터 상해로 특무공작을 가고 싶다 해서 금전 보조도 해주었던 이운한(李雲漢 : '漢'은 '煥'의 착오이다)이 돌입해서 단포短炮를 난사했다는 것이다. 제1발에 내가 맞고, 제2발에 현익철이 중상, 제3발에 유동열이 중상, 제4발에 이청천이 경상을 입었다. 현익철은 의원에 당도하자 절명했고, 나와 유동열은 입원 치료하여 경과가 양호하니 동시에 퇴원할 것이라 했다. 범인은 성省 정부의 긴급 명령으로 체포 투옥되었고, 혐의 공범으로 박창세朴昌世, 강창제姜昌濟, 송욱동宋郁東, 한성도韓成道도 수금되었다는데 가장 큰 의혹은 강창제와 박창세 두 사람에게 있었다.

강, 박 두 사람은 종전 상해에서 이유필의 지휘로 병인의용대丙寅義勇隊라는 특무공작 기관을 설립한 일종의 혁명 난류(亂類 : 불법한 일을 함부로 하는 무리)로, 금전을 가진 동포를 강탈하기도 하고 일본의 정탐꾼을 총살도 하며 직접 정탐꾼 노릇도 하며 우리 사회에 신용은 없으나 반혁명자로 규정하기는 어려웠다.

수십 일 전에 강창제가 나에게 청하기를 "상해에서 박창세가 장사로 올 마음이 있으나 여비가 없어 오지를 못한다니 여비를 보조하여 주시오" 하기에 "상해 기관에 위탁하여 처리하마" 했다. 그 이유는 내가 박제도(朴濟道, 박창세의 큰아들)가 일본 영사관의 정탐이 된 것을 자세히 알고 있었고, 박창세가 자기 집에 안주하는데 특별히 주의하고 있었기 때문이었다. 여비가 없어 오지 못한다던 박창세는 장사에 와서 나도 한번 만나보았다.

이운한은 필시 강, 박 두 사람의 악선전에 넘어가 정치적 감정으로 충동되어 남목청 사건의 주범이 된 것이었다. 경비 사령부 조사에 의하면, 박창세가 장사에 도착한 이후 즉시 상해에서 박창세에게로 200원 돈이 들어갔다. 그러나 이운한이 체포된 후 몸에는 단지 18전만을 소지한 것으로나, 이운한이 범행 후 유동열의 사위 최덕신(崔德新, 최동오의 아들)에게 단총을 겨누고 10원을 강요하여 장사를 탈출한 실정으로 보아서도 강, 박의 마수에 이용된 것이 사실 같았다. 전쟁으로 인해 장사도 위급하게 되어 중국 법정에서 여러 종범 죄인들을 법에 따라 처리하지 못하고 거의 풀어주었으며, 이운한까지 탈옥하여 귀주 방면으로 와서 걸인 모양을 하고 다니는 것을 구양군(歐陽群 : 광복군 장군 박기성의 중국식 이름)이 만나서 말까지 하였다는 보고를 내가 중경에서 들었다.

당시 장사에는 일대 소동이 일어났다. 경비 사령부에서는 그때 장사에서 출발하여 무창으로 가던 기차를 다시 장사까지 후퇴시켜

469

범인 수색을 했고, 우리 정부에서는 광동으로 사람을 보내 중·한 합작으로 범인 체포에 노력했다. 성慮 주석 장치중 장군은 상아의원에 직접 와서 나의 치료 비용은 어떤 방법으로든지 성慮 정부가 책임질 것이라 했다고 한다.

내가 남목청에서 차에 실려 상아의원에 도착한 후, 의사는 가망이 없다고 진단하여 입원 수속을 할 필요도 없이 문간방에서 절명을 기다릴 뿐이었다. 한두 시간 내지 세 시간 동안 죽지 않는 것을 본 의사는 네 시간 동안만 생명이 연장되면 방법이 있을 듯하다고 했다. 마침내 네 시간이 지난 후에 우등 병실에 입원시키고 치료에 착수하였던 것이다.

그때 안공근은 중경에 데려다놓은 자기 가족과 광서로 이주했던 중형(둘째 형) 정근의 가족들까지 홍콩으로 이주시킬 일로 홍콩에 가 있었고, 인이도 상해 공작 가는 길에 역시 홍콩에 있었다. 그래서 내가 자동차에 실려 와서 병원 문간에서 의사가 가망이 없다는 선고를 받은 즉시 홍콩으로 보낸 전보에는 내가 총에 맞아 죽게 되었다는 내용이었다. 며칠 뒤 인이와 공근이 장례에 참가하기 위해 장사로 돌아왔다.

당시 한구에서 전쟁을 주관하고 있던 장개석 장군은 하루에도 수차례씩 안부를 물었으며, 한 달이 지나서 퇴원한 뒤에는 장씨를 대신하여 나하천羅霞天 씨가 치료비 3000원을 가지고 장사로 와서 위로해주었다. 퇴원 후에 바로 걸어가서 모친을 찾아뵈었다. 모친께는 사실을 직접 알리지 않고 지내오다가 거의 퇴원할 무렵에 신이 말씀드렸다는데, 마침내 가서 뵈었을 때 말씀은 조금도 흔들리는 빛이 없으셨다.

"자네의 생명은 상제께서 보호하시는 줄 아네. 바르지 못한 것이 바른 것을 감히 범하지 못하는 법이지."

이 말씀뿐이셨고 직접 지으신 음식을 먹으라 하시므로 먹었다. 그러고는 엄항섭 군의 집에서 휴양 중이었는데 하루는 갑자기 정신과 기운이 없고 구역질이 나며 오른쪽 다리가 마비되므로 다시 상아의원으로 가서 진단을 받았다. 엑스광선으로 심장 옆에 있던 탄환을 검사해보니 위치가 바뀌어 오른쪽 갈비뼈 옆으로 가 있었다. 서양 외과 주임이 말했다.

"본래 심장 옆에 머물러 있던 탄환이 대혈관을 통과하여 오른쪽 갈비뼈로 옮겨가 있습니다. 불편하면 수술도 쉽고, 그대로 두어도 생명에는 아무 상관이 없습니다. 그리고 오른쪽 다리의 마비는 탄환이 대혈관을 압박하기 때문이나 점차 소혈관들이 확대됨에 따라 감소될 것입니다."

광동 이전以前

이때 장사에 적기의 공습이 심하고 중국 기관들도 피난하는 중이었으므로 3당 간부들이 회의한 결과, 광동으로 갔다가 남녕이나 운남 방면으로 가서 해외와 교선을 지지할 계획이었다. 그러나 피난민이 산과 바다처럼 많아 먼 곳은 고사하고 100여 명 인구와 산처럼 쌓인 짐을 가지고는 가까운 시골로 옮기기도 극히 힘든 실정이었다. 절뚝발이 다리를 끌고 성省 정부 장 주석을 방문하여 광동

471

이주를 상의해보았다. 그는 철로 기차 한 량을 우리 일행에게 무료로 쓰게 하도록 명령을 내리고 광동성 주석 오철성吳鐵城 씨에게 소개 편지를 친필로 작성해주니 큰 문제는 (---다음 50줄 정도 불명---) 약속을 하고 3일 후에 광주로 돌아오니 대가족과 모친께서 무사히 와 계셨다. 아세아 여관 전체를 가족 주택으로 하니 100원은 (---다음 불명---) 는 해결되었다. 대가족 일행보다 하루 먼저 출발하여 광주에 도착하여 이전부터 중국 군계에서 근무하던 이준식, 채원개 두 사람의 주선으로 동산백원東山栢園은 임시정부 청사로, 아세아 여관 전부는 대가족의 수용에 쓸 수 있게 되었다.

그리하여 안심하고 홍콩으로 갈 수 있었다. 홍콩으로 간 것은 특히 안정근, 안공근 두 사람에게 부탁할 큰 일이 있었기 때문이었는데, 바로 그들의 형수인 안중근 의사의 부인을 상해에서 모셔 내어 왜놈의 점령지에서 면免하게 하는 일이었다. 당초 남경에서 대가족을 장사로 옮기기로 정하고 공근을 상해로 밀파했을 때, 자동차를 사용(당시 철도가 전쟁으로 인해 불통)하여 자기 가족을 남경으로 오게 하였는데, 그때 형수댁 식구도 같이 데려오라고 했으나 성공하지 못한 것이 큰 유감이었던 까닭이다. 마침 홍콩에서 상해로 비밀히 보내려던 유서와 함께 안군 형제와 회의를 하였다. 나는 형수를 상해 점령지에서 구출해오도록 하자고 강경하게 주장했으나, 그들이 난색을 표하므로 나는 도리를 들어 책망하여 말했다.

"양반의 집에서 화재가 나면 사당부터 꺼내오는데 우리 혁명가에게 의사 부인을 점령지에서 구출하는 일 이상으로 급한 일은 없소."

그러나 사실상 그때 그 일은 불가능한 일이었다.

또 한 가지 유감스러운 일이 있었다. 그것은 남경에서 대가족을 장사로 이주코자 할 때, 이전부터 선도를 연구하려고 율양 대부진 고당암의 중국 도사 임한정(任漢廷)에게 의탁하여 수도하고 있던 양기 탁 선생에게 여비를 보내고 즉시 남경으로 와서 장사로의 출발에 참가하라고 했다. 그러나 날짜가 되어도 오지 않아 부득이 그저 떠 나서 (---다음 10줄 정도 불명---) 모이고 광주에 적기의 공습이 심해 대가족과 모친을 불산(佛山 : 중국 광동성 주장강 연안에 있는 도시로 상업이 발달하였다) 접지로(接地路)에 머무르도록 하고 사무원들만 근무하게 하 면서 2개월을 광주에서 지내고 있었다.

중국 정부가 전시 수도를 중경으로 정했으므로 장개석 장군에 청했더니 오라는 회전이 왔다. 그리하여 조성환, 나태섭 두 동지 와 함께 중한철도(重漢鐵道 : 중경과 남경을 잇는 철도)로 다시 장사로 와 서 장치중 성(省) 주석을 만나 중경행의 편의를 부탁하였다. 그는 쾌 히 승낙하고 공로(公路) 차표 3매와 귀주성의 주석 오정창(吳鼎昌) 씨에 게 소개 편지를 써주었다. 중경으로 출발한 지 10여 일 만에 귀양에 도착했다. 몇 년간 토지가 비옥하고 물산이 풍부한 남중국 지방만 보아서 그런지 모르겠으나 귀양시에서 왕래하는 사람 중 극소수를 제외하고는 절대 다수가 옷을 기워 입었고 안면채색(顔面彩色 : 굶주림 으로 얼굴빛이 누렇게 된 상태)이라. 산천은 석다토소(石多土少 : 돌이 많고 흙 이 적다)하여 농가에서 흙을 져다가 암석 위에 펴고 씨앗을 뿌리는 것을 보아도 흙이 극히 귀함을 알 수 있었다.

그중에서 한족보다도 이른바 묘족들의 형색이 극히 가난해 보였 고 행동이 야만스러워 보였다. 중국어를 모르는 내가 언어로는 한족과 묘족을 구별하기 어려웠으나, 묘족 여자들은 옷차림이 달랐고, 묘족 남자는 문명과 야만의 눈빛을 통해 분별할 수 있었다. 그러나 묘족화한 한인漢人도 많은 듯했다. 묘족도 4000여 년 전 삼묘씨三苗氏의 자손이라고 하였다. 삼묘씨는 전생에 무슨 업보로 자손들이 저러하며, 수천 년 역사상에 특이한 인물이 있었다는 역사 기록을 보지 못했으므로 나는 삼묘씨라는 것은 고대의 명칭만이 남아 있을 뿐이고 근대에는 없어진 줄로 알았다. 그런데 이제 묘족도 몇십, 몇백의 종별로 세분되어 호남, 광동, 광서, 운남, 귀주, 사천, 서강 등지에 널리 퍼져 있는 형세이다. 근대에 들어서는 한족화한 무리 중에 영걸(英傑 : 영웅호걸)도 있다고 했다. 바람에 들리는 말로는 광서의 백숭희白崇禧 장군과 운남의 주석 용운龍雲 등이 묘족이라 하나, 그 선조를 알지 못하는 나로서는 진위를 말할 수 없다.

　귀양에서 8일을 지내고 중경까지 무사히 도착했다. 그러나 그사이에 광주가 함락되어 대가족의 소식이 극히 궁금하던 차에, 일행이 고요高要로, 계평桂平으로 해서 유주柳州에 도착했다는 연락을 받고 적이 안심은 되었다. 그러나 중경 근처로 이사를 시켜달라는 것은 큰 문제였다. 중국 중앙에서도 차량이 부족하여 군수물자 운반에 천 량도 부족한데 백 량밖에 없으니 해주고 싶어도 해줄 수가 없다고 했다. 교통부와 중앙당부에 여러 번 교섭하여 기차 여섯 량을 구해 식구들과 짐을 운반하도록 하고 여비까지 보내주었다.

　하루는 우정국에 갔더니 인이가 와서 인사를 하며, "유주에서 조모님이 병이 나셨는데 급속히 중경으로 가시겠다고 말씀하시므로 신이와 함께 모시고 왔습니다" 하여 따라가보니, 내가 있던 여관인 홍빈여사 맞은편이었으므로 홍빈여사로 모시고 와서 하룻밤을 지냈다. 다음 날 김홍서 군이 자기 집으로 모시기로 하고 남안 아궁보의 손가화원으로 가셨다. 어머님의 병은 인후증咽喉症이었는데 의사의 말을 들으니 광서의 풍토병이라 했다. 고령만 아니면 수술을 할 수도 있으며 병이 일어난 초기면 방법이 있겠으나 때가 늦었다고 했다.

모친께서 중경으로 오신 줄 알고, 노쇠하신 모친을 모실 성심을 품고 중경으로 가족을 데리고 온 사람이 있었다. 그는 다른 사람이 아니라 유진동劉振東 군과 그의 부인 강영파姜暎波였다. 상해에서 동제대학 의과를 졸업하고 고령 폐병요양원 원장으로 개업하다가 고령이 전쟁 거점이 될 것을 간파하고 의창으로, 만현으로 해서 중경까지 온 사람들이었다. 그들 부처는 상해의 학생 시대부터 나를 특별히 애호하던 동지들이었다. 나를 애중하는 그들 부처가 나의 형편이 모친을 잘 모시지 못하게 된 것을 알고는 모친은 자기 부처가 모실 테니 나는 마음 놓고 독립 사업에 전념하라는 것이었다. 그들이 그런 성심을 품고 남안에 도착한 때는 인제의원에서도 손을 놓아 퇴원하고 시일을 기다리는 때였으니 천고의 한이 된다.

다시 거슬러 올라가 중경에 처음 도착하여 진행한 일을 말하여 본다. 세 가지 일이 있었으니, 첫째는 중국 당국과 교섭하여 차량을 얻는 일과 이사 비용을 마련하여 유주로 보내는 일, 둘째는 미국과 하와이의 각 단체에 임시정부와 직원 권속이 중경으로 이주했다는 것을 알리고 원조를 청하는 일, 셋째는 각 단체의 통일 문제를 제기한 일이었다.

남안 아궁보 조선의용대와 민족혁명당 본부를 방문했다. 김약산은 계림에 있었으나 간부인 윤기섭, 성준용, 김홍서, 석정, 최석순, 김상덕 등 모두가 즉시 환영회를 열어주었다. 그 자리에서 통일 문제를 꺼내어 민족주의 단일당을 주장하니 모두 일치 찬성했다. 그 다음에 한 걸음 더 나아가 유주와 미국, 하와이에 일치를 구하니 회답이 왔다.

"통일은 찬성하나 김약산은 공산주의자니 선생이 공산당과 합작하여 통일하는 날은 우리 미국 교포와는 입장상立場上 인연과 관계가 끊어지는 줄 알고 통일운동을 하시오."

나는 약산과 상의한 결과 '연명선언聯名宣言'으로 "민족운동이라야 조국 광복에 필요하다"고 발포發布하였고, 유주 국민당 간부들은 좌우간 중경으로 가서 토론한 후 결정하자고 회답이 왔다.

기강 선발대가 도착하고, 이어 100여 식구들이 다들 무사히 도착하였다. 그러나 유독 모친만은 병이 점점 중태에 드니 당신도 회생치 못할 것을 각오하고 말씀하셨다.

"어서 독립에 성공하도록 노력하고, 성공하여 귀국할 때는 나의 해골과 인이 어미의 해골까지 가지고 돌아가 고향에 매장하라."

50여 년 동안 고생하다가 자유 독립하는 것을 보지 못하고 죽는 것을 극히 원통해하시고, 대한민국 ○○년 4월 26일 손가화원 안에서 불귀不歸의 길을 가셨다. 5리쯤 떨어진 화상산 공동묘지에 석실을 만들어 모셨다. 모친은 생전에도 대가족 중 최고령이셨으므로 존장 대접을 받으시더니, 돌아가신 후에도 매장지 부근에 현정경, 한일래 등 수십 명 한인 연하자年下者들의 지하 회장이신 듯했다.

476

종전에 종을 부리던 시대는 물론이고, 국가가 합병된 후 서울과 지방을 막론하고 동포들의 양심이 발동하여 '내가 일인의 노예가 되고 어찌 차마 내 동포를 종으로 사용하랴' 하며 불모이동[不謀而同 : 의논함이 없어도 의견이 서로 같다]으로 노복제를 폐지하고 고용제를 쓸 때에도, 모친은 일생 생활에서 노비와 종에게 공대함은 물론이고 80 평생에 '고용雇傭' 두 자와도 상관이 없으셨다. 돌아가실 때까지 손수 옷을 꿰매 입으셨고, 직접 밥을 지어 드셨으니 일생에 타인의 손으로 자기 일을 시켜보지 못하신 것도 특이하다고 하겠다.

대가족이 기강에 안착한 후 조완구, 엄항섭 등 국민당 간부들을 불러 통일 문제를 토론해보니 나의 의사와는 정반대였다. 간부는 물론이고 국민당 전체 당원뿐 아니라 조혁, 한독 양당도 일치하게 연합 통일을 주장한다는 것이었는데, 그 이유는 주의가 같지 않은 단체와는 단일 조직이 불가능하다는 것이었다. 그러나 나의 생각은 달랐다.

"각 당이 자기 본신을 그대로 두고 연합 조직을 한다면, 통일 기구 내에서 각기 자기 단체의 발전을 도모할 테니 도리어 마찰이 더욱 심해질 것이다. 또한 전에는 사회주의자들이 민족운동을 반대했으나 지금은 사회운동은 독립 완성 후 본국에 가서 하고, 해외 운동은 순전히 민족적으로 국권 광복에서만 전력하자는 것이 공산주의자들의 강력한 주장이다. 그러니 하나가 될 수도 있지 않은가?"

"이사장 의견이 그러면 속히 기강으로 함께 가서 우리 국민당 전체 당원들과 양 우당[友黨 : 조선혁명당, 한국독립당] 당원들의 의사가 일치하도록 노력해야 할 것입니다. 그렇지 않으면 성공하기 어려울 것입니다. 그것은 유주에서 국민당은 물론이고 조혁·한독, 우당 당원들까지도 연합론이 강하기 때문입니다."

나는 모친이 돌아가신 후 몸이 건강하지 않아 휴양 중이었으나 일이 이와 같이 되니 기강으로 갈 수 밖에 없었다. 기강에 도착한 후 8일간 국민당 간부와 당원 회의를 하여 단일적 통일의 의견 일치를 얻게 되었다. 그리하여 기강에서 7당 통일 회의가 열렸는데 한국국민당, 한국독립당, 조선혁명당 이상이 광복진선 원동 3당이며 조선민족혁명당, 조선민족해방동맹, 조선민족전위동맹, 조선혁명자연맹 이상 4개 단체는 민족전선연맹이었다. 개회 후에 대다수 논점이 단일화됨을 간파한 해방, 전위 양 동맹은 자기 단체를 해산하기를 원하지 않는다는 이유를 설명하고 자리를 물러났다. 그들 공산주의 단체들은 민족운동을 위해 자기 단체를 희생하기는 불가능하다고 이왕부터 주장하던 터였으므로 크게 놀라거나 이상히 여기지 않았다. 그 후 그대로 5당 통일의 단계로 들어가 순전한 민족주의적 신당을 조직하여 8개조를 내세우고, 각 당 수석대표들이 8개 조항의 협정에 친필 서명했다.

그 후 며칠간 휴식 중이었는데 민족혁명당 대표 김약산 등이 돌연, "통일 문제 제창 이래로 순전히 민족운동을 역설했으나 민혁당 간부는 물론이고 의용대원들까지도 공산주의를 신봉하므로 지금 8개조를 고치지 않고 단일 조직을 한다면 청년들이 전부 도주케 되었으니 탈퇴하겠소"라고 선언하니 통일 회의는 파열되었다.

나는 3당 동지들과 미국, 하와이 각 단체에게 사과를 하는 한편, 원동 3당 통일 회의를 계속 열어 한국독립당이 새로 생겼다. 7당,

5당의 통일은 실패했으나 3당 통일이 완성될 때 하와이 지부로 성립되었으니 실은 3당이 아니고 5당이 통일된 것이었다.

한국독립딩의 집행위원장은 김구, 집행위원으로는 홍진·조소앙·조시원·이청천·김학규·유동열·안훈·송병조·조완구·엄항섭·김붕준·양묵·조성환·박찬익·차이석·이복원 등이었고, 감찰위원장으로 이동녕·이시영·공진원·김의한 등이었다.

광복군

임시의정원에서는 임시정부 국무위원을 개선하고, 국무회의의 주석을 종래와 같이 돌아가며 하던 '윤회 주석제輪回主席制'를 폐지하여 회의의 주석 외에 대내외의 책임을 지는 권한을 부여케 했다. 나는 국무회의 주석으로 임명되어 미국 수도 워싱턴에 외교위원부를 설치하고 이승만 박사를 위원장으로 임명하여 취임하게 했다.

내가 중경에 온 이후 중국 당국과 교섭한 결과는, 교통편이 곤란할 때 기차 5, 6량을 무료로 얻어 대가족과 많은 짐을 수천 리 험로에 무사히 운반하게 한 일, 진제위원회(구호위원회)와 교섭하여 토교土橋 동감폭포 위쪽 지단(地段 : 넓은 땅을 몇 단으로 나누어 가른 때의 한 구역) 한 구역을 사들인 후 기와집 세 동을 건축한 일, 길가에 2층 기와집 한 동을 매입하여 100여 식구를 머물도록 한 일 등이었다. 그러나 그 밖에 우리 독립운동에 관한 원조를 청할 때에는 냉담한 태도를 보이므로 중앙당부에 이렇게 교섭하였다.

"중국의 대일 항전이 이와 같이 곤란한 때에 도리어 원조를 구하는 일은 극히 미안하오. 그러나 미국에 만여 명의 한인 교포들이 있어 나를 오라 하며, 또한 미국은 부국이며 장차 미·일 개전을 준비 중이니, 대미 외교도 시작하고 싶소. 여비도 문제가 없으니 여행권 수속만을 청구하오."

당국자가 말했다.

"선생이 중국에 있었으니만큼 중국과 약간의 관계를 짓고 출국 하는 것이 좋지 않겠소?"

나는 웃으면서 대답했다.

"나 역시 그런 의사로 수년 동안 중국 수도를 따라온 것이나 중국이 5, 6개의 대도시를 잃은 나머지 당신들의 전쟁만으로도 극도로 곤란한 것을 보니, 한국 독립을 원조하라는 요구를 하기가 극히 미안하기 때문이오."

당사자 서은증徐恩曾은 책임지고 상부에 보고할 것이니 나에게 계획서 1부를 만들어 보내달라고 하였다. 나는 광복군, 즉 한국 국군 조직을 허락하는 것이 3000만 한민족의 총동원적 요소임을 설명하여 장개석 장군에게 보냈다. 그러자 즉시 김구의 광복군 계획에 찬동한다는 회신을 받아, 임시정부에서 이청천을 광복군 총사령으로 임명하고 온갖 역량을 다해(3~4만 원, 미국과 하와이 동포들이 원조한 것) 중경 가릉빈관에서 중·서中西 인사를 초청하고 우리 한인을 총동원하여 광복군 성립 전례식典禮式을 거행했다. 이어서 30여 명의 간부를 선발하여 서안으로 보내 연전에 서안으로 먼저 보냈던 조성환 일행과 합해 한국광복군 사령부를 세웠다. 그 후 나월환羅月煥 등의 한국청년전지공작대韓國靑年戰地工作隊가 광복군으로 편입되어 광복군

제5지대가 되었다. 재래 간부 중 이준식을 제1지대장으로 임명하여 산서성 방면으로, 공진원(公鎭遠, 고운기)을 제2지대장으로 임명하이 수원성(綏遠省) 방면으로, 김학규(金學奎)을 제3지대장으로 임명하여 산동성 방면으로 각각 배치하여 모병, 선전, 정보 등 사업을 착수하여 진행하게 했다.

강남 강서성 상요(上饒)의 중국 제3전구 사령부 정치부에 근무 중이던 황해도 해주 사람 김문호(金文鎬) 군은 일본 유학생으로 큰 뜻을 품고 중국으로 와서 각지를 유람하였다. 그러다 절강성 동남 금화 방면에서 정탐 혐의로 체포되어 신문을 받다가 일본에서 함께 공부하던 중국인을 만나 동기들과 같이 제3전구 사령부에 복무하고 있었다. 그러다가 김구란 이름이 신문에 오르는 것을 보고 먼저 편지로 사정을 말하다가 후에 중경으로 찾아와 모든 일을 보고했다. 그리하여 상요에 한국광복군 징병처 제3분처를 세우고 김문호를 주임으로, 신정숙(申貞淑, 鳳彬)을 회계조장으로, 이지일(李志一)을 조장으로, 한도명(韓道明)을 훈련조장으로 임명했고, 선전조는 주임 김문호가 겸임하는 것으로 하여 각각 임명한 후 상요로 파견했다.

대가족

모든 당·정·군의 비용은 미국, 하와이, 멕시코, 쿠바의 한인 교포들이 가슴에 가득 찬 열성으로 거두어 보내주는 것을 각기 분배하여 3부 사업을 진행하고 있었다. 한국광복군은 장개석 부인 송미령(宋美齡) 여사의 부녀위로총회로부터 중국 돈 10만 원의 위로금을 특별히 받아 도움을 얻기도 했다.

제3징모처 신봉빈 여사의 내력이 하도 이상하므로 기록하고자 한다. 내가 연전에 가슴에 총을 맞고 장사의 상아의원에서 치료하던 때였다. 하루는 병상에 앉아 바깥을 바라보고 있는데, 방문이 조금 열리더니 어떤 여자가 편지 한 통을 내 방에 넣은 후 사라지는 것이었다. 전임 간호부 당화영唐華英이 마침 방에 있었으므로 그 편지를 주워오도록 하여 열어보니, 이상한 일이었다. 우편으로 온 편지가 아니고 사람이 직접 가져온 편지로, 신봉빈이란 여자가 상덕尙德 포로수용소에 포로로 있는데 해방시켜주기를 청원하는 진정서였다.

자기는 상해에서 남편과 같이 살았고, 4·29 홍구 폭탄 사건 후 귀국한 이근영의 처제요, 당시 만국 사무원으로 체포되어 귀국한 송진표(진짜 이름은 장현량張鉉悢)의 처인데, 언니나 남편에게서 내가 언니의 집에서 냉면을 잘 대접받곤 했다는 이야기를 듣고 우러러 사모해왔다고 했다. 그러다가 상업차 산동 평원에 갔다가 중국 유격대에게 체포되어 이곳까지 오는 도중에 장사를 지나쳐 왔으나, 내가 있는 곳을 알지 못해 그대로 상덕까지 끌려왔으니 사지에서 구출해달라는 뜻이었다.

나는 아무리 생각해보아도 그 편지의 내력을 알 수가 없었다. 그 여자가 이근영의 처제라는 것과 일찍이 본국으로부터 나를 들어 안다는 것도 사실인 듯했으나, 죄수의 편지가 어디에서 왔으며, 본국에서 내 이름을 들어 알겠지만 지금 내가 장사 상아의원에서 입원해 치료를 받고 있다는 것을 수백 리 떨어진 상덕 수용소에서 어찌 알고 편지를 보냈는지, 우표도 없고 일부인(日附印 : 우편 소인)도 없는 순전히 인편으로 보낸 편지이니, 아까 방문 밖으로 그림자만 어른거리고 없어진 어자는 천사였던가. 하여튼 요청하여 포로 조사의 특권을 얻어 노태준, 송면수 두 사람을 상덕에 파견하여 조사하도록 했다.

그 결과는 다음과 같았다. 상덕 포로수용소에는 한인 포로가 30여 명이 있고 일인은 수백 명이었다. 한일인(韓日人)을 한 방에 함께 있게 하는 것 외에, 포로로서도 한인은 일인의 지휘를 받게 되어 있어 운동 체조를 할 때에도 일인이 명령 지도하고 모든 일에도 일인의 권리가 많았다. 그중 신봉빈은 극단적으로 일인의 지휘와 간섭을 받으려 하지 않고 유창한 일어로 일인에게 극렬하게 항쟁하였다. 이것을 본 중국 관리원들은 신봉빈이 인격자임을 알게 되어 비밀 신문을 통해 신봉빈의 배일 사상의 유래를 조사했다. 그 후 중국에서 활동하는 한국 독립운동자 중에 친숙한 사람이 있는가 하고 묻자, "김구를 잘 압니다" 하여 관리원이 다시 "그러면 김구가 지금 어디에 있소" 하고 물으니 나도 모르겠다고 했다. "김구에게 편지를 보내 구원을 청하면 김구가 너를 구해준다는 믿음이 있는가"고 묻자, "김구 선생이 알기만 하면 필연코 나를 구해줄 것이다"라고 했다.

그 조사를 하던 관리원은 바로 장사 사람이었다. 5월 6일 사건으로 인해 장사 일대에 큰 소동이 일어났고, 김구가 저격을 당해 상아의원에서 치료 중이라는 소식은 모르는 사람이 없던 때였다. 관리원이 장사 자기 집에 오는 길에 봉빈의 서신을 가지고 왔고, 상아의원에 가서 김구가 어느 방에 있는 것을 탐문 후, 내 방문 바깥에는 헌병 파출소가 있어 감시하고 있었으므로 직접 편지를 전하지 못하고 친한 간호부로 하여금 편지를 방으로 넣도록 했던 것이다. 그것을 본 관리원은 급히 떠났다고 했다. 이로부터는 수용소에서 봉빈을 특대했다고 한다.

그리고 장사가 위험해져 광부로 퇴거한 후, 나는 중경으로 가는 길에 다시 장사까지 기차로, 장사로부터는 자동차를 타고 상덕을 지나갔다. 그러나 시간 관계로 포로수용소를 방문하지 못하고 신봉빈에게 편지 한 통만을 보내고 중경에서 구원의 길을 강구했다. 중경에 와서 알아보니 의용대에서 벌써 포로 해방을 교섭하여 신봉빈 등 일부는 석방되었다고 했다. 신봉빈이 누누이 내게 오기를 요구했으므로, 김약산 군에게 편지를 보내 신봉빈을 계림에서 중경으로 데려오도록 하여 직접 만나본 후, 기강과 토교 대가족과 함께 지내도록 하다가 상요로 보낸 것이다. 봉빈은 비록 여성이나 총명하고 과감하여 전시 공작의 효과와 능률이 중국에서까지 칭찬을 받는다고 하였으며, 봉빈 자신도 항상 놀랄 만한 공헌을 하리라고 다짐하니 장래 촉망되는 바였다. 저這 (---다음 32줄 정도 불명---) 통痛한 일이다. 대가족 중에 빠진 식구들이 있으니 상해의 오영선吳泳善, 이의순(李義橓, 이동휘李東輝의 딸) 내외와 그 자녀들이다. 그들 중 오영선 군은 몸이 불편하여 움직이지 못하므로 대가족에 편입되는 것이 불가능했다. 오영선 군은 연전에 작고했다고도 하나 상해가 완전히 적에게 함락되었으니 손을 쓸 여지가 없이 되고 말았다.

그리고 이명옥李溟玉 군의 가족인데 이명옥 군은 본시 김천 사람으로 3·1운동에 참가하여 일본의 정탐을 암살한 후 상해로 건너와

484

민단 사무원이 되었다. 그 처자가 상해로 나온 후에는 생활을 위해 영국 상인이 운영하는 전차의 검표원으로 근무하면서 내가 남경으로 이주한 후에도 종종 비밀공작으로 왕래하다가 왜놈에게 체포되어 본국에 가서 20년 징역형을 받았다. 명옥 군의 부인 이정숙李貞淑 여사는 그대로 자녀를 데리고 상해에서 생활을 계속했다. 그러므로 내가 남경에 있을 때 생활비를 보조하다가 대가족으로 편입하기를 통지하니, 이 부인은 상해에서 생활을 하면서 본국 감옥에 있는 남편에게 2개월에 한 번씩 오가는 편지를 할 성심으로 차마 상해를 떠나지 못하겠다고 했다.

그러던 중 장자 호상好相이 조선의용대에 참가하여 절동 일대에서 공작하다가 모친과 남동생, 누이들이 그리웠던 모양인지, 33인의 동지들과 함께 상해로 잠입·활동하며 간간이 자기 모친에게 비밀 왕래하다가 왜구에게 발각되었다. 이 부인은 체포되어 사랑하는 아들 호상의 주소를 엄하게 신문받았으나 털어놓지 않자 당장에 타살을 당했고, 호상은 동지 3인과 함께 기차를 타고 도망가다가 차 안에서 4명이 모두 잡혀 내지로 호송되던 중 배 안에서 작은 누이를 만났다. 누이로부터 모친과 어린 동생은 왜놈에게 피살되었고 자기는 내지로 압송된다는 말을 듣고 호상은 기절해 죽었다고 한다.

아프고 슬프도다! 하늘이 무심하구나. 어린 남녀도 왜의 독수毒手에 목숨을 잃었구나. 아직도 인간이 있단 말인가. 망국 이래로 왜구에게 온 집이 도륙당한 일이 무릇 몇백, 몇천 집이랴마는 기미년 이래 상해에서 운동하던 장면 중에는 이명옥 군이 당한 참사가 첫째 자리에 있다 하겠다. 무릇 우리 동포 자손들에게 한마디 말을 남기노니, 광복 완성 후에 이명옥 일가를 위해 충렬문을 수안遂安 고향에 세워 영원히 기념하도록 하기를 부탁해두노라.

처음부터 대가족들과 함께 움직이던 중에 장사 사변으로 인해 왜구의 앞잡이 이운한에게 총을 맞아 순국한 묵관黙觀 현익철 군은 나이 쉰 미만이었고 위인이 의기가 있고 아는 것이 많았다. 그는 과거 만주에서 정의부 수뇌로 왜구와 공산당, 장작림 부하 친일분자들에게 3면이 포위당한 중에서도 독립운동을 위해 격렬히 투쟁했는데, 마침내 왜구에게 체포되어 신의주 감옥에서 무거운 징역을 겪었다. 그 후 만주가 완전히 왜구의 천지가 되었으므로 관내로 들어와서 이청천, 김학규 등 옛 동지들과 조선혁명당을 조직하여 남경 의열단의 주최인 민족혁명당을 같이 조직했다가(소위 5당 통일) 탈퇴하고, 광복진선 9개 단체(원동의 조선혁명당, 한국독립당, 한국국민당, 미주국민회, 하와이국민회, 애국부인구제회, 단합회, 동지회)에 참가했다. 그러다가 남경에서 장사로 대가족에 편입하여 부인 방순희方順熙와 어린 아들 종화鐘華를 데리고 장사에 도착하였다. 그 후 동고동행同苦同行하는 3당 통일부터 실현하자는 묵관의 제의에 응해 회의를 약속하고, 나 역시 회식하는 자리에 참가했다가 불행히 묵관 한 사람만 목숨을 잃었던 것이다.

그 후 광주에서 조성환, 나태섭 두 동지와 같이 중경으로 오던 길에 장사에서 귀양행 기차를 기다리고 있었는데 그때는 바로 음력 추석절이었다. 그래서 내가 묵관의 묘소를 찾아가보자고 주장하니, 두 동지는 나의 참묘를 극력 말리고 두 동지만 술과 안주를 가지고 갔다. 그것은 아직 나의 몸이 완쾌되지 않은 데다가 또 먼 길 여행 중인데 내가 묵관의 묘 앞에 당도하면 애절, 통절하여 정신이나 몸에 무슨 이상이 생길까 우려하여 동행을 못하게 했던 것이다. 결국 장사에서 귀양행 자동차를 타고 가다가 두 동지는 길가의 산중턱에 서 있는 비석을 가리키며, "저것이 묵관의 묘입니다" 하기에 나는 목례를 보냈다.

"군의 불행으로 인해 우리 사업에 큰 지장이 생겼지만 어찌하겠소. 군은 편히 쉬시오. 귀 부인과 귀 자녀들은 안전하게 보호하겠습니다."

무정한 기차는 비석조차 보여주지 않고 질주해버렸다.

모친께는 중경에서 세상을 뜨셨고 대가족이 기강에 도착하여 1년이 지났을 때, 석오 이동녕 선생이 일흔하나의 노령으로 작고하여 그곳에 안장했다. 선생을 내가 처음으로 만난 것은 30여 년 전 을사신조약 때 경성 상동 예수교당에서 진사 이석李石으로 행세할 때였다. 만나서 같이 상소운동에 참가했고, 합병 후에 경성 양기탁의 사랑에서 밀회하여 서간도에 무관학교를 세워 장래 독립 전쟁을 하기로 하고 선생에게 그 사무를 위임했다. 그리고 기미년 상해에서 또다시 만나 20여 년을 고초를 함께 나누고 일을 같이하면서 한마음 한뜻으로 지냈다.

선생은 재덕이 출중했으나 일생을 자기보다 못한 동지를 도와 앞에 내세우고 자기는 남의 부족을 보완하고 고치고 이끌어주셨는데 그것이 선생 일대의 미덕이었다. 그런데 선생의 최후의 일각까지 애호를 받은 사람은 바로 나 한 사람이었다. 석오 선생이 세상을 떠난 후에 일이 생기면 바로 선생 생각이 났는데 그것은 선생만 한 고문이 없어서였다. 어찌 나 한 사람만의 생각이겠는가. 우리 운동계의 대손실이었다.

그다음은 손일민孫逸民 동지의 사망이니, 나이 예순에 항상 병을 지니고 있다가 마침내 기강의 한 줌 흙이 되었다. 그는 청년 때부터 나라를 되찾겠다는 큰 뜻을 품고 만주 방면에서 여러 해 동안 활동하다가 북경으로, 남경으로, 장사로, 광주로, 유주로 다니다가 기강까지 와서 대가족에 편입했는데 자녀가 없고 근 예순이 된 미망인만 있었다.

기강에서 대가족이 2년여를 지내는 사이에 괴이한 상사喪事가 있었다. 조소앙의 부모가 모두 일흔 살가량의 고령이었는데 자당慈堂이 세상을 떠난 후에 부친이 물에 빠져 자살하였으니, 정사情死인지 염세厭世인지 모르겠으나 일종의 드물고 괴상한 일이었다.

대가정이 토교로 이사한 후 근 2년이 되는 민국 24년 3월에 김광요金光耀의 자당이 폐병으로 별세하였다.

신암新岩 송병조宋秉祚 동지가 예순다섯 살의 나이로 병사했다. 그는 임시 의정원 의장으로 한국독립당 중앙집행위원과 임시정부 고문 겸 회계 검사원 원장이었다. 일찍이 국무위원으로 동인同人 등 7명이 직책을 버리고 남경 의열단이 주창한 5당 통일로 달아났을 때, 차이석 위원과 두 사람만이 정부를 고수한 공로자였다. 임시정부의 국제적 승인 문제가 떠오르고 있는 이때 천추의 원한을 품고 돌아오지 못할 먼 길을 떠나 토교에 한 줌의 흙으로 남은 것은 '장사영웅루만금(長使英雄淚滿襟 : 길이 영웅으로 하여금 눈물이 옷깃에 가득 차게 한다〕'이다.

임시정부와 독립당과 광복군은 삼위일체로 그 중심인물이 한독당원이었다. 그러므로 한국 혁명의 노선배들이 집중한 곳에서 생산율生産律보다 사망률死亡律이 초과함은 어찌할 수 없는 사실이었다.

이제 대가족 명부를 작성하여 후세에 전하고자 한다. 기미운동으로 인해 상해로 와서 살던 500여 동포가 거의 대가족이라 말할 수 있으나, 여기 '일지逸志'에 기재하는 대가족은 홍구 폭탄 사건으로 인해 상해를 빠져 나온 동지들과 그 가족들이 대부분이다. 손일민, 이광李光 등 동지들은 북경 방면에서 여러 해 거주하다가 노구교전사폭발蘆溝橋戰事爆發 이후 남하하여 남경으로 가족을 데리고 와서 합류했다.

대부분 상해를 빠져나온 가족 중에서 남경을 빠져나온 두 개 파가 있었으니, 김원봉 군의 조선민족혁명단과 우리 측의 한국국민당, 조선혁명당, 한국독립당 3당이었다. 두 개 파가 동시에 남경을 빠져나와 김원봉은 동지들과 가족들을 데리고 한구를 거쳐 중경으로 이주했고, 나는 동지들과 그 가족들을 데리고 한구를 거쳐 장사로 갔다. 장사에서 8개월, 광주로 가서 3개월, 광주에서 유주, 유주에서 몇 달 뒤 기강으로 갔다. 거기서 근 1년을 지낸 후, 토교 동감으로 와서 이곳에 새로 지은 가옥 네 동에 대부분 가족이 거주했다. 그 밖에 중경에는 당부黨部, 정부政府, 군부軍府의 기관에 근무하는 동지들과 가족들이 있었다. 대가족 명부는 별지別紙로 작성한다.

부록

나의 소원

민족국가

"네 소원이 무엇이냐?" 하고 하느님이 물으시면, 나는 서슴지 않고

"내 소원은 대한 독립이오" 하고 대답할 것이다.

"그다음 소원은 무엇이냐?" 하면, 나는 또

"우리나라의 독립이오" 할 것이요, 또

"그다음 소원이 무엇이냐?" 하는 세 번째 물음에도, 나는 더욱 소리를 높여서

"나의 소원은 우리나라 대한의 완전한 자주 독립이오" 하고 대답할 것이다.

동포 여러분!

나 김구의 소원은 이것 하나밖에는 없다. 내 과거의 70 평생을 이 소원을 위해 살아왔고, 현재에도 이 소원 때문에 살고 있고, 미래에도 나는 이 소원을 달하려고 살 것이다.

독립이 없는 백성으로 70 평생에 설움과 부끄러움과 애탐을 받은 나에게는 세상에 가장 좋은 것이 완전하게 자주 독립한 나라의 백성으로 살아보다가 죽는 일이다. 나는 일찍이 우리 독립 정부의 문지기가 되기를 원하였거니와, 그것은 우리나라가 독립국만 되면 나는 그 나라의 가장 미천한 자가 되어도 좋다는 뜻이다. 왜 그런고 하면, 독립한 제 나라의 빈천이 남의 밑에 사는 부귀보다 기쁘고 영광스럽고 희망이 많기 때문이다.

옛날 일본에 갔던 박제상朴堤上이, "내 차라리 계림의 개, 돼지가 될지언정 왜왕의 신하로 부귀를 누리지 않겠다" 한 것이 그의 진정이었던 것을 나는 안다. 제상은 왜왕이 높은 벼슬과 많은 재물을 준다는 것을 물리치고 달게 죽음을 받았으니, 그것은 "차라리 내 나라의 귀신이 되리라" 함에서였다.

근래에 우리 동포 중에는 우리나라를 어느 큰 이웃 나라의 연방에 편입하기를 소원하는 자가 있다 하니, 나는 그 말을 차마 믿으려 아니하거니와, 만일 진실로 그러한 자가 있다 하면, 그는 제정신을 잃은 미친놈이라밖에 볼 길이 없다.

나는 공자, 석가, 예수의 도를 배웠고 그들을 성인으로 숭배하거니와, 그들이 합하여서 세운 천당, 극락이 있다 하더라도, 그것이 우리 민족이 세운 나라가 아닐진대, 우리 민족을 그 나라로 끌고 들어가지 아니할 것이다. 왜 그런고 하면, 피와 역사를 같이하는 민족이란 완연히 있는 것이어서, 내 몸이 남의 몸이 못 됨과 같이 이 민족이 저 민족이 될 수 없는 것은, 마치 형제도 한집에서 살기에 어려움이 있는 것과 같은 것이다. 둘 이상이 합하여서 하나가 되자면

494

하나는 높고 하나는 낮아서, 하나는 위에 있어서 명령하고 하나는 밑에 있어서 복종하는 것이 근본 문제가 되는 것이다.

이에 대하여 일부 소위 좌익의 무리는 혈통의 조국을 부인하고 소위 사상의 조국을 운운하며, 혈족의 동포를 무시하고 소위 사상의 동무와 프롤레타리아트의 국제적 계급을 주장하여, 민족주의라면 마치 이미 진리권 외에 떨어진 생각인 것같이 말하고 있다. 심히 어리석은 생각이다. 철학도 변하고 정치, 경제의 학설도 일시적이거니와 민족의 혈통은 영구적이다. 일찍이 어느 민족 내에서나 혹은 종교로, 혹은 학설로, 혹은 경제적·정치적 이해의 충돌로 하여 두 파, 세 파로 갈려서 피로써 싸운 일이 없는 민족이 없거니와, 지내어놓고 보면 그것은 바람과 같이 지나가는 일시적인 것이요, 민족은 필경 바람 잔 뒤에 초목 모양으로 뿌리와 가지를 서로 걸고 한 수풀을 이루어 살고 있다. 오늘날 소위 좌우익이란 것도 결국 영원한 혈통의 바다에 일어나는 일시적인 풍파에 불과하다는 것을 잊어서는 아니 된다.

이 모양으로 모든 사상도 가고 신앙도 변한다. 그러나 혈통적인 민족만은 영원히 흥망성쇠의 공동 운명의 인연에 얽힌 한 몸으로 이 땅 위에 남는 것이다. 세계 인류가 네오 내오 없이 한집이 되어 사는 것은 좋은 일이요, 인류의 최고요 최후인 희망이요 이상이다. 그러나 이것은 멀고 먼 장래에 바랄 것이요, 현실의 일은 아니다. 사해동포四海同胞의 크고 아름다운 목표를 향하여 인류가 향상하고 전진하는 노력을 하는 것은 좋은 일이요 마땅히 할 일이나, 이것도 현실을 떠나서는 안 되는 일이니, 현실의 진리는 민족마다 최선의 국가를 이루어 최선의 문화를 낳아 길러서, 다른 민족과 서로 바꾸고 서로 돕는 일이다. 이것이 내가 믿고 있는 민주주의요, 이것이 인류의 현 단계에서는 가장 확실한 진리다.

그러므로 우리 민족으로서 하여야 할 최고의 임무는, 첫째로 남의 절제도 아니 받고 남에게 의뢰도 아니하는, 완전한 자주 독립의 나라를 세우는 일이다. 이것이 없이는 우리 민족의 생활을 보장할 수 없을 뿐더러, 우리 민족의 정신력을 자유로 발휘하여 빛나는 문화를 세울 수가 없기 때문이다. 이렇게 완전한 자주 독립의 나라를 세운 뒤에는, 둘째로 이 지구상의 인류가 진정한 평화와 복락을 누릴 수 있는 사상을 낳아, 그것을 먼저 우리나라에 실현하는 것이다.

나는 오늘날의 인류의 문화가 불완전함을 안다. 나라마다 안으로는 정치상, 경제상, 사회상으로 불평등, 불합리가 있고, 밖으로 국제적으로는 나라와 나라의, 민족과 민족의 시기, 알력, 침략, 그리고 그 침략에 대한 보복으로 작고 큰 전쟁이 끊일 사이가 없어서 많은 생명과 재물을 희생하고도, 좋은 일이 오는 것이 아니라 인심의 불안과 도덕의 타락은 갈수록 더하니, 이래 가지고는 전쟁이 끊일 날이 없어, 인류는 마침내 멸망하고 말 것이다.

그러므로 인류 세계에는 새로운 생활 원리의 발견과 실천이 필요하게 되었다. 이야말로 우리 민족이 담당한 천직이라고 믿는다. 이러하므로 우리 민족의 독립이란 결코 삼천리 삼천만의 일이 아니라, 진실로 세계 전체의 운명에 관한 일이요, 그러므로 우리나라의 독립을 위하여 일하는 것이 곧 인류를 위하여 일하는 것이다.

만일 우리의 오늘날 형편이 초라한 것을 보고 자굴지심自屈之心을 발하여 우리가 세우는 나라가 그처럼 위대한 일을 할 것을 의심한다면, 그것은 스스로 모욕하는 일이다. 우리 민족의 지나간 역사가 빛나지 아니함이 아니나, 그것은 아직 서곡이었다. 우리가 주연 배우로 세계 역사의 무대에 나서는 것은 오늘 이후다. 삼천만의 우리 민족이 옛날의 그리스 민족이나 로마 민족이 한 일을 못한다고 생각할 수 있겠는가.

내가 원하는 우리 민족의 사업은 결코 세계를 무력으로 정복하거나 경제력으로 지배하려는 것이 아니다. 오직 사랑의 문화, 평화의 문화로 우리 스스로 잘 살고 인류 전체가 의좋게 즐겁게 살도록 하는 일을 하자는 것이다. 어느 민족도 일찍이 그러한 일을 한 이가 없으니 그것은 공상이라고 하지 마라. 일찍이 아무도 한 자가 없기에 우리가 하자는 것이다. 이 큰일은 하늘이 우리를 위하여 남겨놓으신 것임을 깨달을 때에 우리 민족은 비로소 제 길을 찾고 제 일을 알아본 것이다.

나는 우리나라의 청년 남녀가 모두 과거의 조그맣고 좁다란 생각을 버리고, 우리 민족의 큰 사명에 눈을 떠서 제 마음을 닦고 제 힘을 기르기로 낙을 삼기를 바란다. 젊은 사람들이 모두 이 정신을 가지고 이 방향으로 힘을 쓸진대 30년이 못하여 우리 민족은 괄목 상대하게 될 것을 나는 확신하는 바이다.

정치 이념

나의 정치 이념은 한마디로 표시하면 자유다. 우리가 세우는 나라는 자유의 나라라야 한다.

자유란 무엇인가? 절대로 각 개인이 제멋대로 사는 것을 자유라 하면 이것은 나라가 생기기 전이나, 저 레닌의 말 모양으로 나라가 소멸된 뒤에나 있는 일이다. 국가 생활을 하는 인류에게는 이러한 무조건의 자유는 없다. 왜 그런고 하면, 국가란 일종의 규범의 속박이기 때문이다. 국가 생활을 하는 우리를 속박하는 것은 법이다. 개인의 생활이 국법에 속박되는 것은 자유 있는 나라나 자유 없는 나라나 마찬가지다. 자유와 자유 아님이 갈리는 것은 개인의 자유를 속박하는 법이 어디서 오느냐 하는 데 달렸다. 자유 있는 나라의 법은 국민의 자유로운 의사에서 오고, 자유 없는 나라의 법은 국민 중의 어떤 일개인, 또는 일계급에서 온다. 일개인에서 오는 것을 전제 또는 독재라 하고, 일계급에서 오는 것을 계급 독재라 하고 통칭 파쇼라고 한다.

나는 우리나라가 독재의 나라가 되기를 원치 아니한다. 독재의 나라에서는 정권에 참여하는 계급 하나를 제외하고는 다른 국민은 노예가 되고 마는 것이다. 독재 중에서 가장 무서운 독재는 어떤 주의, 즉 철학을 기초로 하는 계급 독재다. 군주나 기타 개인 독재자의 독재는 그 개인만 제거되면 그만이거니와, 다수의 개인으로 조직된 한 계급이 독재의 주체일 때에는 이것을 제거하기는 심히 어려운 것이니, 이러한 독재는 그보다도 큰 조직의 힘이거나 국제적 압력이 아니고는 깨뜨리기 어려운 것이다. 우리나라의 양반 정치도 일종의 계급 독재이거니와 이것은 수백 년 계속하였다. 이탈리아의 파시스트, 독일의 나치 일은 누구나 다 아는 일이다.

그러나 모든 계급 독재 중에도 가장 무서운 것은 철학을 기초로 한 계급 독재다. 수백 년 동안 이조 조선에 행하여 온 계급 독재는 유교, 그중에도 주자학파의 철학을 기초로 한 것이어서, 다만 정치에 있어서만 독재가 아니라 사상·학문·사회생활·가정생활·개인 생활까지도 규정하는 독재였었다. 이 독재 정치 밑에서 우리 민족의 문화는 소멸되고 원기는 마멸된 것이었다. 주자학 이외의 학문은 발달하지 못하니 이 영향은 예술·경제·산업에까지 미쳤다. 우리나라가 망하고 민력이 쇠잔하게 된 가장 큰 원인이 실로 여기 있었다. 왜 그런고 하면 국민의 머릿속에 아무리 좋은 사상과 경륜이 생기더라도 그가 집권 계급의 사람이 아닌 이상, 또 그것이 사문난적斯文亂賊이라는 범주 밖에 나지 않는 이상 세상에 발표되지 못하기 때문이었다. 이 때문에 싹이 트려다가 눌려 죽은 새 사상, 싹도 트지 못하고 밟혀버린 경륜이 얼마나 많았을까. 언론의 자유가 얼마나 중요한 것임을 통감하지 아니할 수 없다. 오직 언론의 자유가 있는 나라에만 진보가 있는 것이다.

시방 공산당이 주장하는 소련식 민주주의란 것은 이러한 독재정치 중에도 가장 철저한 것이어서 독재정치의 모든 특징을 극단으로 발휘하고 있다. 즉, 헤겔에게서 받은 변증법, 포이에르바하의 유물론 이 두 가지와, 애덤 스미스의 노동가치론을 가미한 마르크스의 학설을 최후의 것으로 믿어, 공산당과 소련의 법률과 군대와 경찰의 힘을 한데 모아서 마르크스의 학설에 일점일획一点一劃이라도 반대는 고사하고 비판만 하는 것도 엄금하여 이에 위반하는 자는 죽음의 숙청으로써 대하니, 이는 옛날에 조선의 사문난적에 대한 것 이상이라, 만일 이러한 정치가 세계에 퍼진다면 전 인류의 사상은 마르크스주의 하나로 통일될 법도 하거니와, 설사 그렇게 통일이 된다 하더라도 그것이 불행히 잘못된 이론일진대, 그런 큰 인류의 불행은 없을 것이다. 그런데 마르크스 학설의 기초인 헤겔의 변증법 이론이란 것이 이미 여러 학자의 비판으로 말미암아 전면적 진리가 아닌 것이 알려지지 아니하였는가. 자연계의 변천이 변증법에 의하지 아니함은 뉴턴, 아인슈타인 등 모든 과학자들의 학설을 보아서 분명하다.

그러므로 어느 한 학설을 표준으로 하여서 국민의 사상을 속박하는 것은 어느 한 종교를 국교로 정하여서 국민의 신앙을 강제하는 것과 마찬가지로 옳지 아니한 일이다. 산에 한 가지 나무만 나지 아니하고, 들에 한 가지 꽃만 피지 아니한다. 여러 가지 나무가 어울려서 위대한 삼림의 아름다움을 이루고 백 가지 꽃이 섞여 피어서 봄들의 풍성한 경치를 이루는 것이다. 우리가 세우는 나라에는 유교도 성하고, 불교도 예수교도 자유로 발달하고, 또 철학을 보더라도 인류의 위대한 사상이 다 들어와서 꽃이 피고 열매를 맺게 할 것이니, 이러하고야만 비로소 자유의 나라라 할 것이요, 이러한 자유의 나라에서만 인류의 가장 크고 가장 높은 문화가 발생할 것이다.

나는 노자의 무위無爲를 그대로 믿는 자는 아니어니와, 정치에 있어서 너무 인공을 가하는 것을 옳지 않게 생각하는 자이다. 대개 사람이란 전지전능할 수가 없고 학설이란 완전무결할 수 없는 것이므로, 한 사람의 생각, 한 학설의 원리로 국민을 통제하는 것은 일시 속한 진보를 보이는 듯하더라도 필경은 병통이 생겨서 그야말로 변증법적인 폭력의 혁명을 부르게 되는 것이다. 모든 생물에는 다 환경에 순응하여 저를 보존하는 본능이 있으므로 가장 좋은 길은 가만히 두는 것이다. 작은 꾀로 자주 건드리면 이익보다도 해가 많다. 개인 생활에 너무 잘게 간섭하는 것은 결코 좋은 정치가 아니다. 국민은 군대의 병정도 아니요, 감옥의 죄수도 아니다. 한 사람 또 몇 사람의 호령으로 끌고 가는 것이 극히 부자연하고 또 위태한 일인 것은, 파시스트 이탈리아와 나치 독일이 불행하게도 가장 잘 증명하고 있지 아니한가.

미국은 이러한 독재국에 비겨서는 심히 통일이 무력한 것 같고 일의 진행이 느린 듯하여도, 그 결과로 보건대 가장 큰 힘을 발하고 있으니 이것은 그 나라의 민주주의 정치의 효과이다. 무슨 일을 의논할 때에 처음에는 백성들이 저마다 제 의견을 발표하여서 훤훤효효喧喧囂囂하여 귀일歸一할 바를 모르는 것 같지만, 갑론을박으로 서로 토론하는 동안에 의견이 차차 정리되어서 마침내 두어 큰 진영으로 포섭되었다가, 다시 다수결의 방법으로 한 결론에 달하여 국회의 결의가 되고, 원수의 결재를 얻어 법률이 이루어지면, 이에 국민의 의사가 결정되어 요지부동하게 되는 것이다.

이 모양으로 민주주의란 국민의 의사를 알아보는 한 절차 또는 방식이요, 그 내용은 아니다. 즉, 언론의 자유, 투표의 자유, 다수결에 복종, 이 세 가지가 곧 민주주의이다. 국론國論, 즉 국민의 의사의 내용은 그때그때의 국민의 언론전으로 결정되는 것이어서 어느 개

501

인이나 당파의 특정한 철학적 이론에 좌우되는 것이 아님이 미국식 민주주의의 특색이다. 다시 말하면 언론·투표·다수결 복종이라는 절차만 밟으면 어떠한 철학에 기초한 법률도 정책도 만들 수 있으니, 이것을 제한하는 것은 오직 그 헌법의 조문뿐이다. 그런데 헌법도 결코 독재국의 그것과 같이 신성불가침의 것이 아니라, 민주주의의 절차로 개정할 수가 있는 것이니, 이러므로 민주, 즉 백성이 나라의 주권자라 하는 것이다. 이러한 나라에서 국론을 움직이려면 그중에서 어떤 개인이나 당파를 움직여서 되지 아니하고, 그 나라 국민의 의견을 움직여서 된다.

백성들의 작은 의견은 이해관계로 결정되거니와, 큰 의견은 그 국민성과 신앙과 철학으로 결정된다. 여기서 문화와 교육의 중요성이 생긴다. 국민성을 보존하는 것이나 수정하고 향상하는 것이 문화와 교육의 힘이요, 산업의 방향도 문화와 교육으로 결정됨이 큰 까닭이다. 교육이란 결코 생활의 기술을 가르치는 것만을 의미하는 것이 아니다. 교육의 기초가 되는 것은 우주와 인생과 정치에 대한 철학이다. 어떠한 철학의 기초 위에, 어떠한 생활의 기술을 가르치는 것이 곧 국민교육이다. 그러므로 좋은 민주주의의 정치는 좋은 교육에서 시작될 것이다. 건전한 철학의 기초 위에 서지 아니한 지식과 기술의 교육은 그 개인과 그를 포함한 국가에 해가 된다. 인류 전체를 보아도 그러하다.

이상에 말한 것으로 내 정치 이념이 대강 짐작될 것이다. 나는 어떠한 의미로든지 독재정치를 배격한다. 나는 우리 동포를 향하여서 부르짖는다. 결코 독재정치가 아니 되도록 조심하라고, 우리 동포

각 개인이 십분의 언론 자유를 누려서 국민 전체의 의견대로 되는 정치를 하는 나라를 건설하자고. 일부 당파나 어떤 한 계급의 철학으로 다른 다수를 강제함이 없고, 또 현재의 우리들의 이론으로 우리 자손의 사상과 신앙의 자유를 속박함이 없는 나라, 천지와 같이 넓고 자유로운 나라, 그러면서도 사랑의 덕과 법의 질서가 우주 자연의 법칙과 같이 준수되는 나라가 되도록 우리나라를 건설하자고.

그렇다고 나는 미국의 민주주의 제도를 그대로 직역하자는 것은 아니다. 다만 소련의 독재적인 민주주의에 대하여 미국의 언론 자유적인 민주주의를 비교하여서 그 가치를 판단하였을 뿐이다. 둘 중에서 하나를 택한다면 사상과 언론의 자유를 기초로 한 자를 취한다는 말이다.

나는 미국의 민주주의 정치 제도가 반드시 최후적인 완성된 것이라고는 생각지 아니한다. 인생의 어느 부분이나 다 그러함과 같이 정치 형태에 있어서도 무한한 창조적 진화가 있을 것이다. 그러나 우리나라와 같이 반만년 이래로 여러 가지 국가 형태를 경험한 나라에는 결점도 많으려니와, 교묘하게 발달된 정치 제도도 없지 아니할 것이다. 가까이 이조 시대로 보더라도 홍문관, 사간원, 사헌부 같은 것은 국민 중에 현인賢人의 의사를 국정에 반영하는 제도로 멋있는 제도요, 과거 제도와 암행어사 같은 것도 연구할 만한 세노다. 역대의 정치 제도를 상고하면 반드시 쓸 만한 것도 많으리라고 믿는다. 이렇게 남의 나라의 좋은 것을 취하고, 내 나라의 좋은 것을 골라서 우리나라에 독특한 좋은 제도를 만드는 것도 세계의 문운文運에 보태는 일이다.

내가 원하는 우리나라

나는 우리나라가 세계에서 가장 아름다운 나라가 되기를 원한다. 가장 부강한 나라가 되기를 원하는 것은 아니다. 내가 남의 침략에 가슴이 아팠으니 내 나라가 남을 침략하는 것을 원치 아니한다. 우리의 부력富力은 우리의 생활을 풍족히 할 만하고 우리의 강력強力은 남의 침략을 막을 만하면 족하다. 오직 한없이 가지고 싶은 것은 높은 문화의 힘이다. 문화의 힘은 우리 자신을 행복하게 하고 나아가서 남에게 행복을 주겠기 때문이다. 지금 인류에게 부족한 것은 무력도 아니요, 경제력도 아니다. 자연 과학의 힘은 아무리 많아도 좋으나 인류 전체로 보면 현재의 자연 과학만 가지고도 편안히 살아가기에 넉넉하다.

인류가 현재에 불행한 근본 이유는 인의가 부족하고 자비가 부족하고 사랑이 부족한 때문이다. 이 마음만 발달이 되면 현재의 물질력으로 20억이 다 편안히 살아갈 수 있을 것이다. 인류의 이 정신을 배양하는 것은 오직 문화이다.

나는 우리나라가 남의 것을 모방하는 나라가 되지 말고 이러한 높고 새로운 문화의 근원이 되고 목표가 되고 모범이 되기를 원한다. 그래서 진정한 세계의 평화가 우리나라에서, 우리나라로 말미암아서 세계에 실현되기를 원한다. 홍익인간弘益人間이라는 우리 국조國祖 단군의 이상이 이것이라고 믿는다.

또 우리 민족의 재주와 정신과 과거의 단련이 이 사명을 달성하기에 넉넉하고 우리 국토의 위치와 기타의 지리적 조건이 그러하며, 또 1차, 2차의 세계 대전을 치른 인류의 요구가 그러하며, 이러한 시대에 새로 나라를 고쳐 세우는 우리의 서 있는 시기가 그러하다고 믿는다. 우리 민족이 주연 배우로 세계무대에 등장할 날이 눈앞에 보이지 아니하는가.

이 일을 하기 위하여 우리가 할 일은 사상의 자유를 확보하는 정치 양식의 건립과 국민 교육의 완비다. 내가 위에서 자유와 나라를 강조하고 교육의 중요성을 말한 것이 이 때문이다.

최고 문화 건설의 사명을 달한 민족은 일언이 폐지하면 모두 성인聖人을 만드는 데 있다. 대한大韓 사람이라면 간 데마다 신용을 받고 대접을 받아야 한다. 우리의 적이 우리를 누르고 있을 때에는 미워하고 분해하는 살벌, 투쟁의 정신을 길렀었거니와, 적은 이미 물러갔으니 우리는 증오의 투쟁을 버리고 화합의 건설을 일삼을 때다. 집안이 불화하면 망하고 나라 안이 갈려서 싸우면 망한다. 동포 간의 증오와 투쟁은 망조다. 우리의 용모에서는 화기가 빛나야 한다. 우리 국토 안에는 언제나 춘풍春風이 태탕駘蕩하여야 한다. 이것은 우리 국민 각자가 한번 마음을 고쳐먹음으로써 되고, 그러한 정신의 교육으로 영속될 것이다.

최고 문화로 인류의 모범이 되기로 사명을 삼는 우리 민족의 각원各員은 이기적 개인주의자여서는 안 된다. 우리는 개인의 자유를 극도로 주장하되, 그것은 저 짐승들과 같이 저마다 제 배를 채우기에 쓰는 자유가 아니요, 제 가족을, 제 이웃을, 제 국민을 잘살게 하기에 쓰이는 자유다. 공원의 꽃을 꺾는 자유가 아니라 공원에 꽃을 심는 자유다.

우리는 남의 것을 빼앗거나 남의 덕을 입으려는 사람이 아니라

505

가족에게, 이웃에게, 동포에게 주는 것으로 낙을 삼는 사람이다. 우리말에 이른바 선비요, 점잖은 사람이다. 그러므로 우리는 게으르지 아니하고 부지런하다. 사랑하는 처자를 가진 가장은 부지런할 수밖에 없다. 한없이 주기 위함이다. 힘든 일은 내가 앞서 하니 사랑하는 동포를 아낌이요, 즐거운 것은 남에게 권하니 사랑하는 자를 위하기 때문이다. 우리 조상네가 좋아하던 인후지덕仁厚之德이란 것이다.

이러함으로써 우리나라의 산에는 삼림이 무성하고 들에는 오곡백과가 풍성하며, 촌락과 도시는 깨끗하고 풍성하고 화평한 것이다. 그리하여 우리 동포, 즉 대한 사람은 남자나 여자나 얼굴에는 항상 화기가 있고, 몸에서는 덕의 향기를 발할 것이다. 이러한 나라는 불행하려야 불행할 수 없고 망하려 하여도 망할 수 없는 것이다. 민족의 행복은 결코 계급투쟁에서 오는 것도 아니요, 개인의 행복이 이기심에서 오는 것이 아니다. 계급투쟁은 끝없는 계급투쟁을 낳아서 국토에 피가 마를 날이 없고, 내가 이기심으로 남을 해하면 천하가 이기심으로 나를 해할 것이니, 이것은 조금 얻고 많이 빼앗기는 법이다. 일본이 이번에 당한 보복은 국제적, 민족적으로도 그러함을 증명하는 가장 좋은 실례다.

이상에서 말한 것은 내가 바라는 새 나라의 용모의 일단을 그린 것이거니와, 동포 여러분! 이러한 나라가 될진대 얼마나 좋겠는가. 우리네 자손을 이러한 나라에 남기고 가면 얼마나 만족하겠는가. 옛날 한토漢土의 기자가 우리나라를 사모하여 왔고, 공자께서도 우리 민족이 사는 데 오고 싶다고 하셨으며, 우리 민족을 인仁을 좋아하는 민족이라 하였으니, 옛날에도 그러하였거니와 앞으로도 세계 인류가 모두 우리 민족의 문화를 이렇게 사모하도록 하지 아니하려는가.

나는 우리의 힘으로, 특히 교육의 힘으로 반드시 이 일이 이루어질 것을 믿는다. 우리나라의 젊은 남녀가 다 이 마음을 가질진대 아니 이루어지고 어찌하랴.

나도 일찍 황해도에서 교육에 종사하였거니와, 내가 교육에서 바라던 것이 이것이었다. 내 나이 이제 70이 넘었으니 직접 국민 교육에 종사할 시일이 넉넉지 못하거니와, 나는 천하의 교육자와 남녀 학도들이 한번 크게 마음을 고쳐먹기를 빌지 아니할 수 없다.

1947년

새문 밖에서

김구와 인천 그리고 탈옥
_ 치하포 사건의 전말

1. 머리말

백범 김구는 한국 독립운동의 상징적인 존재로 널리 알려져 있다. '독립운동' 하면 대한민국임시정부를 생각하게 되고, '대한민국임시정부' 하면 '백범 김구'를 떠올리는 것이 일반인들의 생각일 것이다. 그만큼 김구는 독립운동을 초지일관 전개하였고 주도하였으며, 그 중심 기관으로 널리 알려진 대한민국임시정부를 이끌어왔다.

그리하여 1920년대 후반 이후 김구와 때로는 경쟁하면서, 때로는 협조하면서 독립운동의 한 축을 형성하였던 인물들에 의해, '한국 독립운동의 상징'과도 같은 존재로 각인되어왔다. 이를테면 김구가 한인애국단을 결성해서 대일 투쟁을 전개할 때 남화한인청년연맹南華韓人靑年聯盟을 결성하여 치열한 대일 투쟁을 경쟁적으로 전개하였던 정현섭鄭賢燮은, "그저 민족을 위해서 최후를 마쳐야겠다는 결심 하나, 자기 자신의 모든 것을 극복하고 나라를 위한 일편단심으로 산 사람이 백범"[168]이라고 해서 김구의 단심丹心을 증언해주고 있다.

그렇지만 독립운동가로서의 명망에 비해 젊을 적 김구에 대한 사적은 그다지 잘 알려져 있지 못하다. 물론 일본 제국주의의 압제에서 벗어나기 위해 노력한 김구의 투쟁을 선양하는 것은 중요한 일일 것이다. 다만 조선 왕조 사회가 갖는 말기적 현상과 대외적 모순을 김구가 직접적으로 체험하였다는 점을 간과한다면, 왜 그가 그토록 독립 투쟁에 헌신하였는지를 규명하는 데 장애를 초래하게 될지도 모른다.

하여 여기서는 훗날 독립운동가로서의 김구가 아닌, 한 의열義烈 청년으로서의 김구를 재조명하고자 한다. 특히 중국 망명 이전 김구에게 최대의 자부심을 안겨줌과 동시에 김구의 인생을 결정짓는 하나의 사건을 통해 항일 투쟁의 일단을 살펴보겠다. 가능하면 김구의 기억을 좇아가되, 필요한 경우 동시대의 기록들을 참조해서 글을 이어가겠다.

2. 치하포 사건

김구가 조선 사회의 구조적 문제들에 대해 고민할 수 있었던 계기는 동학에 입도하고부터이다. 김구는 동학의 교리를 접하면서 조선 사회의 신분 모순을 해결할 수 있는 새로운 세계를 인식하게 되

---

168 이정식 면담, 김학준 편집 · 해설,《혁명가들의 항일 회상》(민음사, 1988), 325쪽

었다. 그리하여 '신국가 건설'의 희망을 갖게 되었고, 일본의 조선 침략에 맞서 일어난 동학 농민 전쟁에 주도적으로 참여하였다.

또한 화서 이항로의 제자인 고능선(호는 후조)에게 사사하여 위정 척사사상을 수용한 이후에는 김이언이 주도하는 강계 의병진에 합류하였으며, 명성황후가 일인에게 살해된 이후 이른바 국모의 원수를 갚기 위하여 기회를 엿보던 중, 일본인 토전양량(土田讓亮 : 쓰치다 조스케)을 타살하기도 하였다. 이후 김구는 기독교를 수용하고 신교육운동만이 최선의 구국 방책이라고 주장하면서 본격적인 교육계몽운동에 투신하였다. 그리하여 1905년 이후에는 국권 회복을 목표로 한 비밀결사조직인 신민회에 가입하여 활동하기도 했다.

그중에서 대한민국임시정부에 참여하기 이전 개인적으로 김구에게 가장 의미 있는 사건은 1896년 3월 황해도 안악군 치하포에서 국모의 원수를 갚는다는 이른바 '국모보수(國母報讎)'의 명분으로 일본인 토전양량을 타살한 일이다. 이때까지의 사건을《백범일지》를 통해 재구성하면 다음과 같다.

이전 김구는 동학운동에 실패하고 안중근 의사의 부친인 황해도 신천 청계동의 안태훈 진사 집에 머무를 때, 평생의 스승인 고능선을 만나 주자의 성리학과 화서 이항로의 학문을 수학하면서 위정 척사사상을 수용하였다. 고능선의 충고로 김구는 나라의 장래를 위해 1895년에는 청국을 시찰하기도 하였다. 이때 의병장 김이언이 이끄는 강계의 고산리 전투에도 참여하였으나 뜻을 이루지 못하고 청계동으로 돌아왔다.

청계동에서 스승인 고능선의 손녀와 혼담이 있었으나 뜻하지 않

은 일로 혼약이 깨지자, 김구는 다시 청국 여행에 나섰다. 이때 을
미사변이 일어나 나라의 국모가 일본인 자객들에게 살해되는 참담
한 일이 발생하였고, 또한 단발령으로 전국의 민심이 아주 흉흉하
였다. 이런 상황이었으므로 김구는 청국행을 포기하고 청계동으로
돌아오기 위해 1896년 3월 평안남도 용강군을 거쳐 안악군 치하포
에 머물렀다. 여기서 바로 그의 운명을 결정짓게 되는 사건이 일어
나는 것이다.

일기가 불순하여 김구는 여관을 겸하고 있는 치하포구 주인집에
서 하룻밤을 보내었는데, 이때 김구의 눈에 행색이 수상한 인물이
들어왔다. 김구는 잠시 말을 건네보고서 그자가 왜놈임을 확신하였
다. 《백범일지》에는 그자를 처리하기 전 그의 행색과 김구 자신의
결심을 다음과 같이 적어놓고 있다.

나는 그놈의 행색에 대하여 연구해보았다. '저놈이 보통 상업이나 공
업을 하는 왜놈 같으면 이곳은 진남포 대안對岸이므로 매일 몇 명의 왜
놈이 왜의 본색本色으로 다니는 곳이다. 지금 경성 분란으로 인하여 민
후閔后를 살해한 삼포오루三浦梧樓가 몰래 도망가는 것이 아닌가? 이 왜
놈이 삼포는 아니더라도 삼포의 공범일 것 같고, 하여튼 칼을 차고 몰
래 다니는 왜놈은 우리나라와 민족의 독균일 것은 명백하니, 저놈 한
놈을 죽여서라도 국가에 대한 치욕을 설雪하리라.

그렇지만 결심은 결심이고 현실은 현실이었다. 상대는 칼을 차고
있을 뿐만 아니라 어느 곳에 일행이 있을지도 모르는 상태였다. 김

구는 갑자기 자신감이 없어졌다. 이때 김구에게 용기를 준 것은 스승인 고능선이 들려준 '득수반지무족기 현애살수장부아'라는 경구警句였다.

김구는 몇 가지 계책으로 방 안 사람들의 주의를 돌려놓고 그자의 행동을 살폈다. 다행히 그자는 김구의 행동에 별 주의를 주지 않고 문기둥에 기대어 서서 여관 종업원이 밥값 계산하는 것을 보고 있었다. 김구는 천천히 일어나 갑자기 큰 소리를 지르며 그자를 발길로 차서 한 길이나 되는 댓돌 밑으로 떨어뜨리고, 쫓아가 목을 힘껏 밟았다. 뜻밖의 소란에 네 개나 되는 각 방문이 열리면서 손님들이 모두 그 장면을 보았다. 김구는 그자와의 결투를 다음과 같이 실감나게 기록하고 있다.

"누구든지 이 왜놈을 위하여 내게 덤비는 자는 거개살지擧皆殺之하리라." 말을 그치기도 전에 일시에 발에 차이고 발에 밟혔던 왜놈은 새벽 달빛에 검광劍光을 번쩍이며 나에게 달려들었다. 나는 얼굴 위로 내리치는 칼을 피하면서 발길로 왜놈의 옆구리를 차서 거꾸러뜨리고 칼 잡은 손목을 힘껏 밟으니 칼이 저절로 땅에 떨어졌다. 그러고는 그 왜검으로 왜놈의 머리부터 발끝까지 마구 난도질했다.

김구는 그자의 행장을 검색하여 신분이 육군 중위임을 확인하고[169] 사후 처리를 한 다음, '국모보수國母報讎를 목적으로 이 왜놈을 죽이

---

169 토전양량의 신분이 육군 중위라는 사실은《백범일지》의 기록이고, 일본 측 기록에는 단순히 상업을 위해 진남포로 귀환하는 도중 변을 당한 것으로 기록되어

512

노라' 하는 포고문과 함께 '해주 백운방 기동 김창수'[170]라는 자신의 거주지와 성명을 써놓고, 고향으로 돌아왔다. 이 사건은 김구가 위정척사사상을 바탕으로 일본인의 침략에 항거한 거사로서, 김구의 일생에 큰 전기를 주었다.

치하포 사건의 범인이 자신이라고 써놓았으므로 체포당하는 것은 시간문제였다. 그런데 황해도 수부首府인 해주부에서는 안악 군수의 사건 전말 보고를 통해 4월 18일이 되어서야 김창수가 치하포 사건의 주역임을 파악하였을 뿐만 아니라,[171] 사건이 발생한 지세 달이 훨씬 넘은 6월 말이 되어서야 해주부에서는 김구를 체포하게 된다.

그런데 치하포 사건은 사실상 김구가 해주부에 체포되기 이전에 이미 그 전말이 거의 밝혀져 있었다. 따라서 김구가 그 사건을 부인하거나 승복하거나에 관계없이 김구가 주범임은 관계 기관에서 인지하고 있었다. 현재 남아 있는 각 기관의 '보고서'를 통해서도 알수가 있지만,[172] 정부의 기관에서, 특히 해주부에서 필요한 절차는

있다.《백범일지》내용을 참고할 경우에는 따로 각주를 달지 않는다. 다만,《백범일지》를 직접 인용할 경우에는 이 책 번역을 활용하였음을 밝힌다.

170 《백범일지》에 의하면, 김구의 초명은 '창암昌巖'이다. '창수昌洙'라는 이름은 김구가 동학에 입도할 당시부터 사용하였던 것으로 보인다.

171 〈보고 제2호報告第二號〉《백범김구전집》3권, 202~203쪽를 참조하라. 이 보고서는 해주부 관찰사 서리인 해주부 참서관 김효익金孝益이 외부대신에게 올리는 글이다. 그런데 이 보고서에는 치하포 사건이 김구의 소행이라고 적시되어 있지만, '전라도 동학 괴수'인 김형진과 해주 대덕방大德坊에 거주하는 최창조崔昌祚 등의 이름도 함께 등장하고 있다. 따라서 얼핏 보면 이들도 치하포 사건에 일정하게 관련된 것처럼 생각될 수도 있는 것이다.

172 치하포 사건과 관련 있는 당시의 자료는,《백범김구전집》3권에 모두 실려 있

김구와 여관 주인 이화보의 대질이었다.[173] 우리 정부 기관에서는 이화보를 해주로 보내는 절차를 밟으려 하였다. 그러나 일본 영사관 측은 치하포 사건이 외국인의 생명과 재산에 관련된 사건인 만큼 외국인 재판을 담당하는 인천 감리서로 사건을 이관시킬 것을 강력히 요구하였고, 이에 정부는 김구를 인천 감리서로 압송하였던 것이다.

3. 인천 감리서와 김구

1876년 조선과 일본은 이른바 '조일수호조약'을 체결하였다. 이 조약은 조선에게는 최초의 근대 조약이었다. 조선의 입장에서 볼 때 조선과 일본의 조약 체결은 여러 가지 측면에서 기본적인 문제를 내포하고 출발된 '잘못된 만남'이 틀림없다. 특히 조선은 수백 년 동안 중국을 제외한 그 어느 나라와도 정상적인 국제 관계를 경

다. 몇 가지를 보면, 〈보고 제2호〉《백범김구전집》3권, 202~204쪽은 안악 군수 황익대의 조사 보고를 받은 해주부 관찰사 서리인 참서관 김효익이 외부대신 이완용에게 올린 보고서인데, 여기에 사건의 대강이 기록되어 있다. 이 보고를 받은 이완용은 참서관 김효익에게 〈지령제일호指令第一號〉(위의 책, 205쪽)를 발하여 범인을 신속히 잡아 법부로 '압상'하라고 지시하였다. 그리고 〈조회照會〉(17호)와 〈조복〉은 모두 내부대신 박정양이 외부대신 이완용에게 보낸 것이다. 이 〈조회〉와 〈조복〉은 새로운 것이 아니고, 기존 김효익의 보고서 내용을 인용하면서 치하포 사건의 범인을 속히 체포할 것을 산하 기관에 지시하였다는 내용이다. 이 밖에도 김구를 체포한 후 심문 기록이 다수 수록되어 있지만, 거의 대동소이한 내용을 담고 있다.

173 예컨대 해주부 관찰사 서리 업무를 보고 있던 참서관 김효익은 외부대신에게 보내는 보고서에서 이화보를 해주로 압송하여 김구와 대질 심문케 해줄 것을 요청하고 있다.(〈보고 제3호報告第三號〉《백범김구전집》3권, 126~217쪽)

험한 적이 없었다. 따라서 대등한 입장에서의 국제 관계란 조선의
입장에서는 매우 생경한 환경적 조건이 되었다.

그중에서도 통상 사무에 관한 것이 시급한 현안으로 대두가 되
었고, 이에 대응할 목적으로 설치된 것이 바로 감리서였다. 1883년
1월 1일을 기하여 인천이 개항되자, 그해 8월 19일 감리서가 설
치되었고 조병직이 감리인천항통상사무監理仁川港通商事務로 임명되
었다.[174] 이후 인천 감리서는 을미개혁 때 지방 제도 개편에 따라
1895년 윤 5월 1일을 기해 폐지되었다가, 1896년 8월 7일에 다시
설치되었다. 감리서는 처음 일반적으로 통상 관계海關 업무만을 담
당하는 관청이었지만, 1896년 복설復設되었을 때는 보다 광범위한
업무를 담당하게 되었다.

특히 감리는 외국 영사와의 여러 가지 교섭권을 가지고 개항장에
거류하는 외국인과 내국인 간에 일어나는 분쟁을 해결하며, 개항장
내의 치안을 유지해야 한다. 이를 위해서 항구에 경무관을 두었는
데 경무관의 소속은 내부內部이지만, 감리의 지휘와 감독을 받게 하
였다. 그리고 감리의 직무 집행에 있어서는 관찰사와 대등한 지위
를 부여하였고, 주변의 부윤府尹, 군수郡守, 경찰서장을 훈령하고 지
령할 수 있는 권한을 부여하고 있다. 이렇게 본다면 감리의 업무는
결국 부윤과 별 차이가 없게 되었으므로, 인천과 같은 개항장의 감

---

174 《인천 개항 100년사》, 120쪽. 인천의 개항은 1883년 1월 1일을 기하여 이루어
졌지만, 감리서가 인천에 설치되면서부터 실질적으로 인천이 개항되었다고 보
는 견해가 일견 타당성이 있어 보인다(《인천부사》, 120쪽을 전후로 참조하라).
이때 설치된 감리서의 위치는 인천 내동內洞 이전 법원 자리이다.

리는 그 지방의 부윤을 겸하도록 하는 조치가 취해졌던 것이다.[175]

한편 개항장의 이러한 일반 행정적인 성격과 더불어서, 갑오개혁 이후 사법 기관 역시도 일정한 변화가 왔다. 개항장에는 1895년 윤 5월 10일 칙령 114호인 〈개항장재판소 지방재판소 개설에 관한 건〉에 의해서 개항장에서의 모든 사법 업무를 맡는 개항장 재판소를 같은 해 5월 15일부터 개설할 것을 규정하였다.[176] 또한 1896년 1월 20일자 법부고시法部告示 제2호는 개항장과 지방재판소를 개설할 구체적인 위치를 정한 것이었는데, 이에 의해서 인천에 인천 재판소가 개설되었던 것이다.

그런데 1896년에는 1895년에 개설된 개항장과 지방재판소를 폐지하고, 칙령 55호인 〈개항장재판소 및 지방재판소의 개정 개설에 관한 건〉에 의하여 새롭게 재판소를 개설하도록 하였다. 이에 따라서 각 재판소에서 관리하던 문건과 장부들 그리고 죄수와 일체 응용 기구들을 새롭게 설치되는 부근 지역의 신설 재판소로 이속케 하였다. 또한 이때 새롭게 개설될 재판소의 위치와 명칭도 변경되었다. 인천 지역의 재판소가 '인천항 재판소'로 명명된 것도 이때인 것이다.

이처럼 인천의 감리서와 재판소는 개항장이라는 특수성을 반영하여 설치되었다. 이에 의하면 인천 개항장 내의 재판권은 개항장 재판소, 즉 인천항 재판소에 귀속되어 감리서와는 별 관계가 없어

---

175 손정목,《한국지방제도·자치사연구(상)》(일지사, 1992), 59~60쪽을 참조하라.
176 김병화,《근대한국재판사》(한국사법행정학회, 1974), 59~60쪽

보이지만 실제로는 부윤의 직을 겸하고 있던 감리서의 감리가 재판소의 판사를 겸하고 있었다. 이러한 사정으로 경찰과 치안 업무를 담당하는 경무청과 그 부속 기관(예컨대 감옥 등) 감리서, 재판소 등은 거의 한자리에 있게 되었다.

김구가 해주에서 인천으로 이송되었던 것은 바로 이러한 재판소 설치의 변화가 있었기 때문이기도 하였다. 그렇다고는 하더라도 김구의 이른바 '국모보수'의 행위가 발생한 곳은 황해도 안악군인데도 거리상 멀리 떨어져 있는 인천 개항장 재판소로 이관되어 온 것은 역시 일본인과 관련된 사건이었기 때문이다. 일본 영사관 측으로서는 치하포 사건을 처리하는 데 있어서 자신들도 포함되어 조사를 할 수 있는 공간이 필요했고, 그에 적당한 곳이 바로 인천 개항장 재판소라고 판단하였던 것이다. 이러한 조치는 물론 일본 측이 가한 정치적인 압력 때문이었다. 그리하여 김구의 호송에 인천 관찰부(인천 감리서의 경무청이나 순검부 소속이었을 것이다) 순검과 인천항 일본 영사관 소속 순사가 동행하여, 김구를 인천으로 압송할 수가 있었다.[177]

치하포 사건에 대한 김구와 관련 있는 사람의 신문은 인천 감리서에서 행해졌다. 1896년 8월 31일과 9월 5일, 9월 10일 각각 진행

177 1896년 9월 13일, 인천항재판소 판사인 이재정李在正이 법부대신인 한규설韓圭卨에게 올린 보고서에 따르면, '전前 관찰부' 소속의 순검과 '주항일영사駐港日領事' 소속의 순사가 안악군으로 가서 치하포 사건이 발생한 장소인 여관 주인 이화보를 연행하였다고 한다(〈보고 제1호〉《백범김구전집》 3권, 273쪽). 따라서 이 보고서에는 이화보를 연행한 인물의 소속만이 있을 뿐이고, 김구를 연행한 구체적인 기관과 인물의 소속 기관에 대해서는 기록되어 있지 않다. 다만, 사건의 성격으로 보아서 이화보의 예와 같지 않을까 하는 것이다.

된 신문은 인천항 재판소 관련자와 일본 영사관 관계자가 배석하는 일종의 합동 신문이었다.[178] 김구는 《백범일지》에서 재판을 주재하고 신문한 인물을 '윤치호의 장인'인 경무관 김윤정金潤晶이라고 기록하고 있으나,[179] 공초문供招文에 의하면 인천항의 경무관인 김순근金順根이다.[180] 그리고 재판의 일본인 배석자도 《백범일지》에는 도변(渡邊 : 와타나베)로 되어 있지만 일본 영사관 경부인 신곡청(神谷淸 : 가미야 기요시)이 확실하다.[181] 다만 치하포에서 일인이 살해된 이후 범인 체포가 지연되자, 인천의 일본 영사관 측에서는 독자적으로

---

178 《백범김구전집》 3권에는 김구의 신문 기록인 〈해주거김창수년이십일 초초海州居金昌洙年二十一 初招〉(8월 31일)와 〈김창수재초金昌洙再招〉(9월 5일), 「김창수삼초金昌洙三招」(9월 10일)가 모두 실려 있다. 그리고 중간중간에 증인으로 소환되어 있던 이화보의 신문 기록인 〈안악국치하포점주이화보년사십팔 초초安岳郡鷗河浦店主李化甫年四十八 初招〉(8월 31일)와 〈이화보재초李化甫再招〉(9월 5일)가 함께 실려 있다. 이러한 당시의 현장 기록들은 김구 회고록인 《백범일지》의 관련 기록과 더불어서 재판의 진행 과정을 알 수 있게 하고 치하포 사건이 갖는 의미들을 해석하는 데 도움을 주고 있다. 다만 이때의 신문 기록이 과연 김구의 진술을 가감 없이 전하고 있는지에 대해서는 확인할 바가 없다.

179 《백범일지》에 보이는 윤치호尹致昊는 '윤치오尹致旿'의 오기일 것이다.

180 〈해주거김창수년이십일 초초〉《백범김구전집》 3권, 252쪽

181 1896년 9월 13일, 김구와 이화보에 대한 신문을 마친 후 인천항재판소 판사인 이재정이 법부대신인 한규설에게 보고한 〈보고 제1호〉《백범김구전집》 3권, 274쪽을 참조하라. 《백범일지》의 이러한 착오는 어쩔 수가 없는 것이다. 치하포 사건이 발생한 것은 1896년이며, 《백범일지》 상권에 그 사건과 재판 과정의 내용이 기록된 시점은 1928년이기 때문이다. 그리고 김구의 《백범일지》 상권은 독립운동을 전개하던 중에, 상해의 임시정부 청사에서 작성한 것이다. 그 어떤 자료나 비망록 혹은 일기와 같은 도움이 될 만한 기록을 토대로 적은 것이 아니라 전적으로 그 자신의 기억에만 의존하였을 뿐이고, 간혹 연기年紀와 날짜 등은 본국에 있는 그의 모친에게 편지로 물어서 기입한 것이다. 따라서 《백범일지》, 특히 상권에는 종종 연대가 실제 있었던 시점과 차이가 있는 부분이 있다.

사건 조사를 위해 영사관 소속 순사 3명을 평양으로 출장 보내는데, 이때 도변응차랑(渡邊應次浪 : 와타나베 다카지로)이 파견되었다는 기록이 있다.[182] 그러므로 인천항 재판소에서 진행된 세 차례에 걸친 신문 중 어느 때라도 도변(와타나베)이라는 인물이 배석할 여지는 있는 것이다.

세 차례에 걸친 신문 내용을 보면, 김구에게 물은 전체 질문은 22가지로 파악이 된다. 그중에서 위에서 예로 든 단 한 번의 질문을 제외한 나머지 질문들은 이미 밝혀진 사건의 내용들을 반복하고 있다. 동행자가 누구인지, 살해 방법, 흉기의 사용 여부, 피해자가 소지한 금전과 물품의 처리 내용 등, 김구가 주장하였던 거사 동기와는 무관한 내용들로 신문이 이루어진 것을 알 수가 있다. 이러한 신문의 전개 과정에 대한 기록은 재판 과정에 일본 영사관의 개입이 있었던 사실과 더불어서 볼 때,[183] 결코 김구의 거사 동기를 올

---

182 《전집》 3, 220~225쪽

183 재판 과정에 일본 영사관 직원이 일정하게 개입하고 있다는 것은, 《백범일지》는 물론이고 〈신문조서〉의 내용을 통해서도 입증할 수 있다. 그런데 〈조서〉에는, 김구가 살해한 토전양량의 신분에 대해 주목할 만한 기록이 있다. 《전집》 3에 수록되어 있는 일본 영사(대리) 적원수일(하기하라 유이치)가 재판이 끝난 다음 인천항 감리인 이재정에게 보낸 문서(〈인부제일오○호仁府第一五○號〉《전집》 3, 268쪽)에는 '상인商人'으로 적시되어 있다. 이에 비해 《백범일지》에는 '일본 육군 중위'로 기록되어 있다(103쪽). 그런데 〈조서〉에는 신문에 배석한 신곡청〔가미야 기요시〕의 질문 내용 중 "죄인은 돈이 탐나고 칼이 탐이 나서 대일본제국의 육군 대위를 살해한 것이 아닌가?"라는 부분이 있는 것이다(손충무, 《상해임시정부와 백범김구》(범우사, 1976 초판, 1988 개정판, 32쪽 ; 밑줄―필자). 손충무가 제시한 이 〈조서〉의 원문을 확인하지 못하였음으로 확언할 수는 없겠지만, 가미야 기요시의 이 질문은 김구가 '국모보수'에 의한 거사라고 주장하는 치하포 사건의 본질과 관련해서 중요한 관점을 제공해줄 수는 있을 것이다.

바르게 전해주지는 못하고 있다.

결국 인천항 재판소에서 세 차례에 걸친 재판 과정을 통해서도 김구는 '치하포 사건'이 명성황후 시해에 대한 정당한 복수라는 대의명분을 명문화하지는 못하였다.[184] 그렇지만《백범일지》에는 재판 과정에서 보여준 인천 주민들의 호의적인 태도나 재판 담당자들의 반응에 대해서도 자세한 기록이 남아 있다. 첫 신문 자리에서 김구는 자신의 행위가 대의명분에 합당하다는 점을 당당히 천명하였고, 김구의 진술을 들은 경무관을 비롯한 여러 사람들은 부끄러운 빛을 보였다고 기록하였다. 또한 치하포 사건의 핵심적인 동기, 곧 '국모의 원수를 갚았다'라는 김구의 진술이 입으로 전해지면서 감리서 부근은 물론이고 개항장 전체로 김구 재판에 대한 소식이 퍼져나갔다고 하였다.

그리하여 비록 치하포 사건이 김구의 개인적인 차원에서의 거사였지만, 김구가 위정척사사상을 수용하고 나서 일으킨 '의거義擧'라는 데 큰 의의가 있는 것이다. 이 의거는 이후 김구 자신에게도 애국적 행위로 큰 자부심을 주었다. 1905년 이후 김구는 구국교육계몽운동에 헌신하였는데, 바로 치하포 사건은 민중들의 애국심을 유발시키는 훌륭한 본보기가 되었다.

184《백범일지》에는 인천항 재판소에서 진행된 재판 과정에 대해 자세한 기록이 있다. 김구 개인이 경험한 그 어떤 단일 사건보다도 훨씬 많은 분량을 치하포 사건의 기록에 할애하고 있는 것이다. 이러한 사실은 김구가 이 사건에 대해 자신의 생애에서 그만큼 중요한 의미를 부여하고 있다는 것을 의미한다.

4. 인천의 지사志士와 김구

인천항 재판소(인천 감리서)에서 세 차례에 걸친 신문은 끝났지만, 김구에 대한 처리 방향은 결정되지 않았다. 증인으로 소환되어 신문을 받았던 이회보는 1896년 10월 2일 법부의 훈령으로 '무죄방송無罪放送'되었다.[185] 김구의 경우에는 이미 재판이 끝난 직후, 재판에 참여한 일본 측에 의해서 '사형'이 거론되었다. 일본 영사관 영사 대리인 적원수일(荻原守一 : 하기하라 유이치)이 인천항 감리인 이재정에게 보낸 문서에서, 김구를 대명률大明律에 의거하여 사형에 처하는 것이 합당하다는 보고를 법부에 올리도록 촉구하였던 것이다. 조선 측에서는 10월 22일, 법부대신인 한규설이 국왕에게 올린 〈상주안건上奏案件〉을 통해서 김구를 교형絞刑에 처할 것을 건의하였다.[186] 《백범일지》에는 이러한 사정을 다음과 같이 기록하고 있다.

하루는 아침에 《황성신문》을 보니 경성, 대구, 평양에서 아무 날(지금까지 7월 27일로 기억된다) 강도 누구누구, 살인 누구누구, 인천에서는 살인 강도 김창수를 교수형에 처한다고 기재되었다.

김구가 보았다는 위의 《황성신문》은 《독립신문》의 착오이다. 《황성신문》은 이때 아직 간행되지 않았다. 《독립신문》 1896년 11월

---

185 〈답전答電〉《전집》3, 276쪽

186 〈상주안건〉《전집》3권, 279~284쪽을 참조하라. 이에 의하면 법부대신 한규설은 장명숙, 엄경필 등 11명의 강도 죄인과 함께 김구를 교형에 처하도록 고종에게 건의하였다(김구에 해당하는 부분은 281~282쪽을 참조하라).

16일자에는 '그전 인천 재판소에서 잡은 강도 김창수는 자칭 좌통영이라 하고 일상 토전양량을 때려 죽여 강에 던지고 재물을 탈취한 죄로 교에 처하기로 하고'라는 기사가 실려 있다.[187] 이처럼 김구는 판사의 정식 판결에 의해서가 아니라《독립신문》에 실린 자신의 기사문을 보고 사형이 임박하였다고 생각하였다.

그렇지만 김구에 대한 처형이 확정된 것은 아니었다. 김구는 여러 차례에 걸쳐 자신이 일으킨 치하포 사건이 개인적인 감정에 의해서 저지른 것이 아니라, '국모보수'라는 국가적 차원에서 애국심에 기초한 '의거'라고 밝힌 바가 있다. 김구의 그러한 행위는 재판 과정을 통해서 인천항 재판소 관계자와 재판을 참관한 인천의 민중들에게 커다란 공감을 얻고 큰 반향을 일으켰다. 김구는 이러한 반응에 크게 고무되어 있었고, 그 구체적인 내용은《백범일지》에 자세히 기록되어 있다.[188]

김구가 첫 신문을 받은 1896년 8월 31일 이후부터 인천항에는 이 특이한 재판이 화제로 오르게 되었다고 한다. 재판 과정에서 보여준 김구의 의연함도 그러한 화제 중 하나였지만, 무엇보다도 점증하고 있는 일본의 침략에 대한 항거로서 김구의 행위가 부각되

187《독립신문》1896년 11월 16일자 보도문(《전집》3, 285쪽). 그리고 이전《독립신문》1896년 9월 22일자 〈잡보〉에는 '구월 십육일 인천 감리 리재정 씨가 법부에 보고하였는데 해주 김창수가 안악군 치하포에서 일본 장사 토전양량을 때려 죽여 강물에 던지고 환도와 은전 많이 빼앗기로 잡아서 공초를 받아 올리니'라는 기사도 실려 있다.

188 김구가 미결수로서 감옥 생활을 하는 모습은《백범일지》에 자세히 기록되어 있다. 특히 김구의 애국적인 행위를 존경하는 인천 민중들의 적극적인 후원이 자신에게 큰 힘이 되었음을 구체적으로 기록하였다.

었기 때문이었을 것이다. 청일 전쟁과 갑오개혁, 을미사변과 단발령, 아관파천으로 이어지는 일련의 사회, 정치적 변동에는 항상 일본이 개입되어 있었다. 일본은 일반 민중에게 정치적인 침략 세력으로 인식이 되었고, 이른바 개혁의 일환으로 단행된 단발령과 을미사변에 대한 일반인들의 분노는 컸다. 특히 인천 지역은 개항 이후 여러 신문들이 발행되고 있어서 그러한 정치적 변동에 민감하였던 것으로 보인다. 비록 그 신문들이 친일본 성격을 가지고는 있었지만 오히려 인천민들에게 정치적인 각성을 주었던 것으로 보인다.[189]

그런 인물들 가운데 강화의 지사志士인 김주경은 특히 김구의 구명에 헌신적이었다. 김구가 김주경을 만나게 된 것은, 인천 감리서 주사와 인천 감옥의 압뢰로 일하던 최덕만의 주선이었다.[190] 최덕

---

189 개항 이후 인천 지역에서 발행되던 신문 중《조선신보》는 1894년 일본군의 경복궁 침입 사건에 대하여, 이를 〈호외〉라는 형식으로 보도하였다(1894년 7월 23일자). 이 〈호외〉는 지금까지 국내 최초로 보이며, 이후 국내에도 '호외'라는 용어가 도입되었다고 한다(정운현,《호외, 백 년의 기억들》(도서출판 삼인, 1997). 중요한 것은 개항장이라는 특수성으로 인해서, 인천 지역 민중들의 민족의식이 다른 일반 지역에 비해 비교적 높았다는 사실이다. 그 예로서 독립협회의 기관지 역할을 하던《대조선독립협회회보》(이하《회보》라 한다)가 발간되자,《회보》에 대한 인천 지역민의 호응과 지지는 대단하였다.《회보》4호에 있는 보조금 명단을 보면, '인천 상봉루相鳳樓' 기생 9명이 1원을 기부한 사실이 기재되어 있고,《회보》8호에는 '저포전도중苧布廛都中'과 '과실전도중果實廛都中'을 비롯하여 衣·靑布·壽進床·下米·望門床·綿布·布·白木 등, 각 전도중廛都中들의 기부금 내역이 자세하게 적혀 있다. 기부한 총인원 수는 1501명이고(개인이 아닌 단체 20건 포함) 그중에는 많은 수의 '상민常民' 혹은 하층민들이 포함되어 있을 정도이다.

190 최덕만은《백범일지》에 의하면 강화 출신으로 '압뢰 중 우두머리'인데, 강화 김주경 집 계집종의 남편으로 상처 후 인천항에 와서는 경무청의 사령으로 다년

523

만에 의하면 김주경은 강화의 이속이었는데 대원군이 강화의 방비를 강화하고자 할 때, 그 인물이 뛰어남을 보고 '포량감'이라는 중책을 맡겼다고 하였다. 또한 김주경은 강화에서 큰 세력을 형성하였는데, 당시 강화의 인물로 '양반에는 이건창李健昌이요, 상놈에는 김경득'이라는 평이 있을 정도라는 것이다.

《백범일지》에는 김구에게 김주경을 소개한 '감리서 주사'가 누구인지 구체적인 이름이 기록되어 있지 않다. 다만 이 '감리서 주사'는 김구가 사형 당할 것을 알고, 인천항 내의 여러 지사들과 김구의 구명을 위해서 치밀한 준비를 하였던 것으로 기록되어 있다. 그러한 움직임은 김구가 만약 사형을 당하게 될 때 인천항의 객주들이 김구의 구명을 위해 몸값을 추렴할 계획으로 구체화되기도 하였다.

《백범일지》에 의하면, 김주경은 김구의 부친과 모친을 번갈아가며 모시고 서울로 올라가 법부대신인 한규설을 만나서 김구의 충의忠義를 표창하여 석방할 것을 요청하였다고 한다. 그리고 이 요청이 받아들여지지 않자, 김주경은 자신의 막대한 재산을 풀어서 7~8차례나 법부에 소장을 올렸다는 것이다. 이 모든 노력이 수포로 돌아가자, 김주경은 김구에게 탈옥을 권유하는 시 한 수를 보내고는[191]

간 봉직한 인물로 기록되어 있다(123쪽). 그런데 김구가 탈옥한 이후 김구의 체포에 실패하자, 법부에서는 인천 감옥에 책임을 물었다. 이때 죄를 받은 인물은 간수 순검인 오기환吳基煥과 황세영黃世永 그리고 압뢰인 김춘화金春化 등이다(의정부 찬정贊政 법부대신이 인천항 재판소 판사인 서상교徐相喬에게 보내는 〈훈령인항소 제17호訓令仁港所第十七號〉《전서》3, 297쪽)

191 김주경이 김구에게 보냈다는 시는 다음과 같다.
脫籠眞好鳥 새는 새장을 벗어나야 진정한 새이고
拔扈豈常鱗 물고기는 그물을 벗어나니 어찌 상서롭다 아니할 것인가

524

이미 가산이 탕진하였지만 해삼위(블라디보스토크) 방면으로 망명하였다고 한다.

김구의 회고처럼 김주경이 서울에서 7~8차례나 법부에 청원을 올렸는지는 확인할 수가 없다. 현재 김구와 관련된 〈청원서〉로 볼 수 있는 것은 두 가지가 남아 있을 뿐이다.[192] 모두 법부대신 한규설에게 보내는 것인데 시기는 1898년 2월로 되어 있으며, 청원인은 '농민 김하진金夏鎭'과 '김소사金召史'로 되어 있다. 이 청원서들은 모두 김구가 지금 '강도'라는 명목으로 감옥에 갇혀 있으나, 본래는 '복수지의復讎之義'로 일으킨 사건이니 부디 석방해달라는 내용이다. 이에 대해서 법부에서는 '청원인의 정은 비록 가련하지만 김창수의 죄는 왕장王章에 관련된 것이므로 용납되기 어렵다'는 답변뿐이었다.[193] 이처럼 김주경을 비롯한 인천민들의 헌신적인 노력에도 김구의 석방은 현실적으로 기대하기 어렵게 된 것이다.

결국 김구는 인천 감옥에서 탈출을 결심하고 자신의 결심을 부친에게 알렸다. 1898년 3월 19일 밤, 같이 수감되어 있던 징역 죄인인 조덕근, 양봉구, 황순용, 강백석 등과 함께 '천옥월장穿獄越墻'하여 탈출하였다.[194] 1898년 4월 3일 인천항 재판소 판사 서상교가 법

求忠必於孝 충신은 반드시 효성이 있는 집에서 나오는 것이니
請看依看人 청컨대 애쓰는 부모를 생각하라

192 《전집》3의 286~292쪽에 두 가지 청원서가 모두 수록되어 있다.

193 〈청원서請願書〉《전집》3, 292쪽

194 〈보고서 제3호報告書 第三號〉(1898년 3월 21일), 인천항 재판소 판사 서상교가 의
정부 찬정 법부대신 이유인에게 올린 보고서(《전집》2, 293~294쪽). 그런데《백
범일지》에는 탈출한 날짜를 3월 9일이라 하였고, 강백석을 김백석으로 적고 있다.

부대신 이유인李裕寅에게 보고한 탈옥 사건에 관한 내용에는 탈옥수 중 조덕근은 체포하였지만, 김구를 비롯한 나머지 4명은 잡지 못하였다고 한다.[195] 이후에도 법부에서는 탈옥자들을 계속 추적하였던 것으로 보이지만 결국 해결을 보지 못한 것으로 보인다.

《백범일지》에 기록된 김구의 도피로를 정리하면 대개 다음과 같다. 1898년 3월 19일 밤, 인천 감리서 감옥을 탈출하는 데는 성공하였지만 김구는 인천 지역 지리에 어두웠다. 밤새 주변 해변을 헤매고 새벽에 보니, 겨우 내동 감리서 뒤쪽 용동 마루터기였다. 인천 순사가 수시로 순찰을 함으로 주변에 잠시 숨어 있었는데, 날이 완전히 밝아서 보니 '천주교당 뾰족집'이 보였다고 한다. 김구는 화개동을 향해 걷다가 모군꾼의 안내로 깊숙이 있는 소로小路만을 따라 걸어서 화개동 마루터기에 올랐다. 모군꾼은 이곳에서 수원으로 가는 길과 시흥을 거쳐 서울로 가는 길을 가르쳐주고는 헤어졌다. 김구는 시흥을 거쳐 서울로 가기로 하였다. 김구는 '허즉실실즉허'라는 격언을 따라 작은 길을 버리고 인천에서 시흥으로 가는 대로변에 숨어 있다가 해 질 때를 기다려서 길가로 나왔다. 여기까지가 김구가 지낸 만 하루 동안의 일이다. 이 도피로는 다음과 같이 정리할 수 있다.

인천 내동 감리서 감옥 → 용동 마루턱(감리서 후방) → 시흥 방면……
소로小路……화개동 마루터기 → 벼리고개(부평에서 만수동 넘는 고개)

---

195 〈보고서 제5호報告書 第五號〉《전집》3, 295쪽

→ 부평 지역 → 양화도 → 남대문 → 남영희궁 → 청파(동)······동적강
→ 삼남행[196]

이승에서 김구가 탈옥한 이후 만 하루 동안 피해 다닌 도피로를
당시 지명과 현재 지명을 고려해서 재구성해보면 다음과 같다.[197]

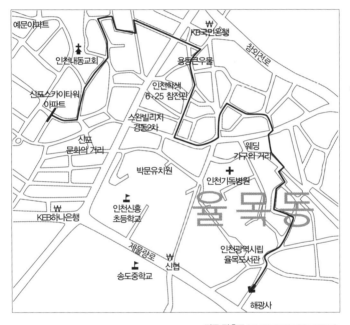

김구 탈출로 (지도의 지명은 현재 지명이다)

---

196 이 이후 김구의 삼남 지방 여정은 다음과 같다.

과천 → 수원 오산장 → 공주 → 은진 강경포 → 금산 → 무주 → 남원(이동) →
임실 → 전주 → 금구원평 → 목포 → 해남관두 → 강진 고금도, 완도 → 장흥,
보성 → 화순, 동복 → 순창, 대명 → 하동 쌍계사, 칠불아자방 → 계룡산 갑사
→ 마곡사

5. 맺음말

김구는 1896년 안악군 치하포에서 '국모보수'의 의거를 일으키고, 해주 감옥에 수감되고, 다시 인천항 재판소에서 세 차례에 걸친 신문을 받으면서, 많은 인천의 민중들에게 애국심과 일본 침략에 대한 경각심을 높여주었다. 이후 미결수로서 인천 감리서 감옥에 수감되어 있다가 탈옥을 감행하여, 인천 내동에서 서울을 거쳐 삼남 지역까지 파란 만장한 여정을 보낸다.

이 모든 과정의 출발은 위정척사사상을 밑바탕으로 전개된 김구의 반일 투쟁, 곧 치하포 사건이라 할 수 있을 것이다. 그리고 이러한 항일 투쟁은 김구의 일생을 결정짓게 되었고 고난의 독립 투쟁과 자주통일운동을 전개하는 기반이 되었다고 하겠다.

김구는 1946년 전국을 순회할 당시 맨 처음 들른 곳이 바로 인천일 정도로 인천에 대한 강렬한 기억을 간직하고 있었다. 그 기억을 그는 다음과 같은 기록으로 남기고 있다.

김구는 마곡사에서 중이 되었으나 몇 개월 지나지 않아서 마곡사를 떠난다. 마곡사를 출발하여 '경성서문외 → 임진강 → 송도(개성) → 해주 → 평양 → 해주 기동'으로 다시 돌아오게 된다. 그런데 김구는 강화에서 김주경의 소식을 기다리며 아동 교습을 하던 중, 일군의 지사志士 그룹을 접하고 그들의 시험으로 다시 다음과 같은 여정에 오르게 된다.

강화 → 서울 공덕리 → 충청도 연산 침립리 → 무주읍 → 지례군 천곡 → 무주읍 → 서울 → 강화장관(버드러지) → 서울 → 송도 → 해주 비동 → 기동

197 본문에 제시한 지도 작성에는, 도시자원디자인연구소 공동대표로 있는 장회숙 선생과, 경기연구원 공감도시연구실 연구위원인 남지현 박사의 도움이 컸다. 필자는 도시재생전문가인 이들과 함께 김구(당시 이름은 김창수) 탈옥로를 면밀하게 추적한 바가 있고, 이 지도는 그 결과의 일부라는 것을 밝혀둔다.

나는 38 이남만이라도 돌아보리라 하고 제일 먼저 인천에 갔다. 인천은 내 일생에 뜻 깊은 곳이었다. 스물두 살에 인천 감옥에서 사형 선고를 받았다가 스물세 살에 탈옥 도주하였고, 마흔한 살 적에 17년 징역수로 다시 이 감옥에 이수되었었다. 저 축항에는 내 피와 땀이 배어 있는 것이다. 옥중에 있는 이 불효를 위하여 부모님이 걸으셨을 길에는 그 눈물 흔적이 남아 있는 듯하여 마흔아홉 해 전 기억이 어제런듯 새롭다. 인천에서도 시민의 큰 환영을 받았다.[198]

---

198 김구 저,《김구자서전 백범일지》(백범김구선생기념사업회, 1969(9판), 358쪽)

몇 년 전 서울시에서 주관했던 '정부 수반 사적 답사'를 진행한 적이 있었습니다. 서울 시민들과 함께 장면 총리의 서울 혜화동 가옥과 이승만 대통령의 이화장 그리고 대한민국임시정부 최후의 청사이자 김구 주석이 머물렀던 경교장을 답사하는 것이었습니다.

잘 진행되던 답사는 한창 복원 공사가 진행 중이던 경교장에서 외부적 요인으로 그만 작은 사단이 발생했습니다. 김구 주석과 이승만 대통령과의 관계를 설명하던 중이었는데, "김구는 구국계몽 운동을 전개한 이후, 1948년 대한민국 정부가 재건되기 전까지 이승만과 동지적 관계를 유지했다", "김구는 임시정부 전 기간에 걸쳐 이승만의 독단적인 정치 행위에 대해 우호적으로 동조한 측면이 강했다", "김구의 경교장이나 이승만의 이화장 같은 건물들은 모두 해방 당시의 정치적 행위들과 밀접한 관련이 있다" 등 뭐 이런저런 이야기들을 하고 있었지요.

그런데 그곳 경교장은 평소 김구를 존경하거나 김구의 자주독립 정부 수립을 위한 삶에 공감해서 이런저런 단체를 만들어 활동하던 분들에게는 거의 성지聖地나 마찬가지였습니다. 따라서 평소에도 김구의 삶을 흠모하고 따르고자 하는 분들이 많이 방문하는 곳이었지요. 그런 분들에게 위와 같은 설명은 아마 말도 안 되는 것이었을 겁니다. 나와 함께 답사를 했던 시민들이야 내 설명이 그럴 수도 있겠구나 했겠지만, 그 현장에서 시민들 답사와는 아무 관련 없이 김구의 사상과 행동을 실천적으로 전개하려는 각오를 하던 분들이 듣기에는 아마도 많이 거슬렸던 모양입니다. 대뜸 "언제 김구가 이승만을 존경했는가", "이승만은 김구 죽음과 관련된 나쁜 사람인데 어디 경교장에서 그런 망발을 하는 것인가" 등 뭐 분노 섞인 항의를 받았던 것이지요. 사실 여기서는 조금 약하게 표현한 겁니다.

그렇지만 내가 보기에 그분들의 항의와 그와 관련된 행위들은 일단 시민들의 답사를 방해하는 것이었습니다. 나와 함께한 시민들은 우리 현대사에 관심이 많기 때문에 토요일 소중한 시간을 내어 답사에 참가했을 테고, 나는 그 시민들에게 내가 공부했던 내용들을 실제의 역사 현장에서 제대로 이야기하는 것이 의무라고 생각했습니다. 해서, 나와 그분들 사이에 작은 마찰이 있었습니다. 물론 서로간에 그렇게 정중한 언어가 교환되지는 않았지요. 그 부분에 대해서는 이 자리를 빌려 그분들께 미안했다는 말씀을 드립니다.

그때 이후 나는 강연을 하거나 답사를 할 때, 늘 조심했습니다. 과거의 사실과 현재의 언어 사이에는 꽤 먼 거리가 있다는 것을 인정한 것이지요. 이를테면 근대사 연구를 업으로 하는 사람들에게 《백범일지》는 그저 하나의 자료일 뿐입니다. "과거에 어떤 일이 있었는가"라는 질문에 대해 《백범일지》는 다른 동시대의 여러 기록물들과 함께 중요한 증거로 작용한다는 말입니다. 그런데 어떤 사람들에게 《백범일지》는 인생 자체가 바뀌어버리는 중요한 기제가 되기도 합니다.

과거 사실은 《백범일지》가 존재했다는 것이지요. 하지만 현재의 언어로 《백범일지》는 뭐랄까, 일종의 권력입니다. 물론 실질적으로 정치계에서 작동하는 그런 권력은 아니지요. 그렇지만 《백범일지》라는 과거가 현실 세계에 미치는 영향은 우리가 알게 모르게 다방면에서 작용하고 있음을 부정할 수는 없지요. 많은 사람들이 《백범일지》를 읽어왔고, 읽고 있으며, 앞으로도 읽을 가능성이 많다고 보는 겁니다. 그만큼 현실 세계에서 특이한 위치를 점하고 있는 책이 《백범일지》라는 것이지요.

그렇다면 《백범일지》는 과연 어떤 책인가, 아니 과거에 《백범일지》는 어떤 책이었는가라는 기본적인 과거 사실로 다시 돌아가게 됩니다. 현실 언어로 표현되고 있는 《백범일지》를 제대로 이해하고자 한다면 어쩔 수 없이 다시 과거가 등장하게 되고, 바로 이 지점이 '역사란 과거 사실과 현재 역사가와의 끊임없는 대화다'라는 두 세대 전의 말이 아직도 살아 있다는 증거가 됩니다. 이 책에서 내가 유지한 관점이 있다면 바로 이것입니다.

우선, 친필본 《백범일지》 자체를 번역하는 입장은 과거의 사실적 기억을 보존하자는 것입니다. 그것이 맞든 틀리든 《백범일지》가 전하고자 하는 사실적인 측면을 있는 그대로 옮기는 것이었고, 가능하면 김구의 표현 방식을 해치지 말자는 것이었지요(이 부분은 사실 별로 자신이 없지만 말입니다). 물론 현실적으로 존재하는 여러 어려움이 있는데, 김구의 시대와 지금의 시대에 존재하는 언어적 습관이 너무도 다르기 때문입니다. 그래도 노력은 조금했다는 사실을 독자들이 조금이라도 알아주셨으면 합니다.

다음은 김구의 기억과 당시의 의식에 대한 겁니다. 사실 1929년과 1942년 그리고 1947년 사이는 짧다면 짧고 길다면 긴 시간입니다. 이 세 개의 시간 단위로 김구 자신 혹은 김구가 몸담았던 역사 현장은 매우 빠르게 변화했고 여러 국면이 겹치거나 전환했습니다. 《백범일지》는 바로 그러한 변화들을 보여주고 있지요. 그래서 친필본 번역에 앞서 《백범일지》의 변화 과정과 자신의 기록 자체에 대한 김구의 인식 변화가 어떻게 이루어졌는가를 언급한 것입니다.

이 책은 현재 보물로 지정된 친필본 《백범일지》를 번역한 것입니다. 사실 번역이라기에는 조금 어색한 측면이 있습니다. 아마 '풀었다'는 표현이 좀 더 낫겠지요. 그리고 《백범일지》를 푼 것에 한 가지를 더했습니다. 바로 너무도 많이 알려져 있는 김구의 〈나의 소원〉이라는 문건이지요. 〈나의 소원〉은 1947년에 간행된 《백범일지》 안에 들어가 있고, 또 그래서 일반적으로 널리 알려진 《백범일지》가 완성되기도 합니다.

바로 이 《백범일지》, 1947년에 간행된 《백범일지》가 현재 여러 방면에서 여러 사람에게 영향을 미치고 있는 《백범일지》입니다. 오히려 친필본 자체보다도 〈나의 소원〉이 훨씬 더 널리 알려져 있다고 봅니다. 그러니까 김구에 대한 일반적인 이미지는 친필본《백범일지》보다는 1947년 간행된《백범일지》가 훨씬 더 크게 작용하고 있다는 생각입니다. 뭐, 어쩌면 당연한 현상입니다만 나는 과거를 먹고사는 사람인지라 좀 다른 생각을 갖고 있습니다.

앞에서 언급했던 것과 연관된 겁니다만, 과연 김구는 어떤 사람이었을까. 격변의 시대를 체험한 것은 동시대 인물들과 하나도 다른 것이 없는데, 유독 김구에게 매혹되는 사람들이 많은 이유는 대체 어떤 이유에서일까. 존경하는 근현대 인물을 꼽으라 했을 때, 단 한 번도 1위 자리를 놓치지 않는 이유는 무엇일까. 과연 김구의 삶과 행동 그리고 생각들은 완전무결한 것들로만 채워졌을까. 뭐 이런저런 생각들이 늘 머릿속에 자리 잡고 있는 것이지요. 그래서 다른 사람들보다는 아마 좀 더 많이《백범일지》를 읽고 생각하고 주변 자료들을 찾아 다녔을 겁니다.

이 책에 있는 모든 내용은 김구와 관련된 것입니다. 친필본 내용이야 온전하게 김구 것이지만, 그 나머지 것들은 지금까지 나와 비슷한 입장에 있는 다른 분들의 작업에서 큰 도움을 받았습니다. 물론 대부분은 지금까지 내가 했던 작업들을 정리한 것이지요. 여기저기 발표한 글들을 다시 정리한 것입니다. 모두 김구를 이해하는 데 조금이라도 도움이 되기를 희망하기 때문이지요. 해서, 여기 실린 글들에 문제가 있다면 그것은 오로지 나의 책임입니다.

이렇게 번듯하게 한 권의 책으로 나오는 데는 미르북컴퍼니(더스토리) 선생님들의 인내가 결정적이었습니다. 원고는 늘 마감 시간을 넘기는 걸 일종의 자랑으로 여기는 관습이 종종 있었습니다. 정말 좋지 않은 관습이지요. 난 그걸 타파하고 싶었지만, 여지없이 그렇게 되었습니다. 그걸 견뎌준 출판사 선생님들께 정말 고맙다는 인사로 후기를 마치겠습니다.

2017년 10월 11일 비 오는 새벽

안산의 한 아파트 베란다에서

양윤모 쓰다

옮긴이 **양윤모**

1970년대 말쯤 영등포고등학교를 졸업하였다. 이곳저곳을 기웃거리며 시간과 공간에 대한 이해를 모색하다가 지리산 피아골쯤에 있는 다 쓰러져가는 집에 주목하고, 좀 어떻게 살아볼까 궁리하다가 사정이 생기는 바람에 포기하고 말았다. 이후 거처를 어디에 둘 것인가 고민하다가, 결국 인하대학교에서 박사까지 하게 되었고, 학교 연구소에 있다가 지금은 (사)인하역사문화연구소에서 공부를 하면서, 인하대학교에 출강을 하고 있다. 이 책 주인공인 김구와 그가 쓴 《백범일지》를 쭉 연구해왔고, 박은식과 신채호, 여운형 등 근대 인물에 대한 논문을 써왔다. 겸해서 주요 활동 무대가 인천이므로 인천 지역의 역사나 문화, 독립운동에 대한 여러 편의 글을 집필하였고, 관련 자료들의 번역을 공동으로 진행하였다. 앞으로는 지금까지 해왔던 작업들을 잘 정리해서 어떻게 하면 좀 더 나은 글을 쓸까 하는 궁리를 하고 있다.

초판본 백범일지 : 1947년 오리지널 초판본 표지디자인

초판 1쇄 펴낸 날 2017년 11월 15일

지은이　　김구
옮긴이　　양윤모
펴낸이　　장영재
펴낸곳　　(주)미르북컴퍼니
자회사　　더스토리
전　화　　02)3141-4421
팩　스　　02)3141-4428
등　록　　2012년 3월 16일(제313-2012-81호)
주　소　　서울시 마포구 성미산로32길 12, 2층 (우 03983)
E-mail　　sanhonjinju@naver.com
카　페　　cafe.naver.com/mirbookcompany

(주)미르북컴퍼니는 독자 여러분의 의견에
항상 귀 기울이고 있습니다.